U0572149

主　审　张文光　夏祥霖　任延东

主　编　董银钢

副主编　李芙蓉　史寒君　金　艳　崔　磊

兰州大学出版社

KUAIJI DIANSUANHUA

会计电算化

（用友通T3版和金蝶KIS版）

zhongdengzhiyejiaoyu

图书在版编目(CIP)数据

会计电算化:用友通 T3 版和金蝶 KIS 版/董银钢主
编. —兰州:兰州大学出版社,2013.3(2016.7 重印)
ISBN 978-7-311-04067-3

Ⅰ.①会… Ⅱ.①董… Ⅲ.①会计电算化—中等专业
学校—教材 Ⅳ.①F232

中国版本图书馆 CIP 数据核字(2013)第 043465 号

策划编辑 濮丽霞
责任编辑 佟玉梅
封面设计 张友乾

书　　名　会计电算化
　　　　　——用友通 T3 版和金蝶 KIS 版
作　　者　董银钢　主编
出版发行　兰州大学出版社　　(地址:兰州市天水南路 222 号　730000)
电　　话　0931-8912613(总编办公室)　0931-8617156(营销中心)
　　　　　0931-8914298(读者服务部)
网　　址　http://www.onbook.com.cn
电子信箱　press@lzu.edu.cn
印　　刷　兰州人民印刷厂
开　　本　787 mm×1092 mm　1/16
印　　张　31.25
字　　数　697 千
版　　次　2013 年 3 月第 1 版
印　　次　2016 年 7 月第 2 次印刷
书　　号　ISBN 978-7-311-04067-3
定　　价　68.00 元

(图书若有破损、缺页、掉页可随时与本社联系)

序

　　随着我国教育改革的不断深化,尤其是社会与经济高速发展的今天,由于新经济环境下对人才需求层次多样化的客观要求,使得我国的中等职业教育得到了迅速的发展。中等职业教育经历了由专业教育向职业教育的转化,其办学模式、培养目标、人才模式等也都发生了相应变化,而人才培养模式的转换必须通过教学内容和教学方式等途径来实现。因此,作为教学内容载体的教材建设,其定位的基础必须是中职教育培养目标。

　　《中等职业教育大纲》规定,中等职业教育培养目标是使受教育者成为具备某一职业和工作岗位所需要的职业基础知识和技术能力,以及德、智、体全面发展的中初级应用型、技术型人才。对照这一培养目标,立足“以就业为目标,以市场为导向,以服务为宗旨”的出发点,考虑到目前中职教育对象的素质特征,我们目前所使用的中职教材,大多数仍是按照过去中职或高职培养专业人才的结构和体系,过于追求学科体系的系统性和完整性,职业教育特点不突出,滞后于时代的发展、市场的需求。

　　基于对上述客观要求的理性思考,中职学校的教学应更加符合市场对中职人才的要求,以“实用、适用、够用、可教”为原则,根据就业岗位的工作思路,从通识、原理、职能到方法,使学生易于理解、掌握和实践,即“能力目标—技能训练—学生主体”,培养出有能力、有技术、有责任的学生,实现专业教学与学生就业岗位零距离的目标。

　　一套有强大生命力的教材,应该以满足读者的需要为宗旨,不断适应环境的变化。本系列教材、实训教程及习题,是在吸收财会理论界近年来所取得的一些理论成果的基础上,借鉴了同类教材的先进经验,组织了长期在教学一线工作并有着丰富教学经验的教师编写而成,是职业教育课程教学改革的重要成果。本系列教材汇集了几代学人的智慧结晶,教材中所列的教学案例,阐述的观点方法,既是教研成果,又是实践积累,并经过实践证实具有明显的教学效果。

　　教材编写是一项复杂而又细致的工作,我们仍需要不断探索、不断总结、不断完善。由于时间急促、水平有限,教材中难免存在疏漏甚至错误,尚祈赐教,同时对各位作者和出版社的辛勤劳动深表谢意。

　　成果的展示,是"智慧之晶"的丰收,更是开启"思想之光"的新开端,未有穷尽,我们将不断努力,勇于拼搏,为中等职业教育的发展做出贡献!

2013年3月

　　序文作者张文光为中国注册会计师、高级审计师、包头财经信息职业学校校长。

前　言

随着我国经济的高速发展，中职会计教育的结构及内容发生了深刻的变化，其办学模式、培养目标和教育对象也都发生了相应变化。中职教育的主要目标是培养社会需求的、就业时"不需再培训就能直接上岗操作"的会计技能型人才。而传统教材，大多偏重理论，职业技能特点不突出，应用性不能与实际很好地对接，不符合中职生的认知特点。为此，我们组织具有丰富教学经验的教师，从重"技能性教学"入手，结合新会计准则的精要，同时考虑了中职会计教育对口用人单位的需求，编写了这套会计系列教材。

本教材是编者结合多年会计电算化教学经验，按照中职教育的目标定位，在充分考虑了中职学生素质特征的基础上编写的。教材中的基本内容讲解通畅、明确，演示例题紧扣所讲解的基本内容，力争做到图文并茂且达到传授软件操作技能的目的。全部教材主要具有如下特点：

1. 教材力求会计电算化核算系统的基本操作原理与其操作技能相结合。

2. 教材编排能够突出重点、循序渐进，通过实例演示达到"手把手"的教学目的。

3. 教材力求以会计主体单位的业务流程为依据，按照会计核算电算化的实际流程（系统管理—系统初始化—日常业务处理—会计报表编制）为主线把教材内容组织起来，完全遵循会计电算化实施过程。

4. 本书的演示实例是用友和金蝶两大会计软件的实际运用。为了能使学生在学习过程中全面理解和掌握会计电算化核算软件的基本操作原理，本书将第二篇的演示实例经过加工处理后改编为第三篇的演示实例，这样可以让学生针对同一个会计主体单位的会计业务采用两种核算软件处理过程的对比，进一步加深对基本操作原理的理解和掌握。同时，本书也适应了从事会计事务处理工作的人才市场需求。

建议教材总课时为 120 学时，教师在做好教材内容讲解和实例演示的同时，让学员自己上机操作会计软件对书中的实例进行处理。在实际教学过程中，教师应结合具体的教学目标和学员特点，可以对教材的章节内容进行重新编排和增减。另外，该书备有配套的实训习题，以方便学员上机实习,这是整个电算化会计教学过程中必不可少的重要环节,必须予以充分重视。

本教材由包头财经信息职业学校董银钢担任主编,负责全书编写大纲的设计、全书内容的编写和定稿;李芙蓉、史寒君、金艳和崔磊任副主编,他们对教材中有关固定资产、工资和报表章节提供了编写初稿。张文光、夏祥霖、任延东担任主审,他们对教材的编写提出了许多建设性的宝贵意见。金蝶软件(中国)有限公司、杭志荣老师对教材编写大纲的设计提出了许多宝贵意见。金蝶软件(中国)有限公司和用友软件股份有限公司包头分公司为本书提供了教学软件,在此表示感谢。

由于编者水平有限,加之时间仓促,书中的缺点错误和不足之处在所难免,敬请广大读者批评指正。

编 者

目 录

第一篇 会计电算化基础知识

第二篇　会计核算系统操作原理(用友通 T3 版)

第三篇 会计核算系统操作技能(金蝶 KIS 版)

第一篇

会计电算化基础知识

本篇概述了会计电算化涉及的一些基本理论知识。主要包括会计电算化的概念、内容和意义,会计电算化的发展过程和发展趋势,会计信息系统的基本知识和会计电算化的实施。通过简明扼要的介绍和吸收国内外有关会计电算化最新的一些理论成果,较为全面地阐述了相关的基本理论,使读者初步了解一些基本的会计电算化知识,为进一步深入学习会计电算化奠定基础。全篇共4章。

第一章　会计电算化的概念、内容和意义

　　会计是经济管理的组成部分,会计电算化的概念、内容和意义是我们学习和运用会计电算化必须首先了解和认识的问题。本章根据目前学界和理论界的广泛认同并结合教学实践的理解,对会计电算化的概念、内容和意义进行阐述。

一、会计电算化的概念

　　会计电算化是指以计算机及其网络信息技术为工具在会计工作中的应用。它包括会计电算化软件的开发与应用、电算化人才的培训、电算化的宏观规划、电算化的制度建设以及电算化软件市场的培育和发展等与实现会计工作电算化有关的所有工作。

二、会计电算化的内容

　　从会计电算化的工作角度来讲,其基本内容包括:电算化工作的组织、规划、实施、管理、人才培训和电算化制度的建设。从会计电算化实现的功能过程来讲,其基本内容包括三个方面:会计核算、会计管理和会计决策。

　　1. 会计核算系统

　　会计核算系统是将会计核算的原始数据输入计算机中,由计算机完成记账、算账和报账的全过程,输出各种会计核算信息。它包括:账务处理、工资核算和会计报表等。

　　2. 会计管理系统

　　会计管理系统是以会计核算系统提供的数据信息为基础,以计算机为工具,应用会计方法、统计方法和数学方法等进行加工计算,为管理提供有用的信息。它包括:资金管理、采购管理、成本管理、销售管理和利润管理等。

　　3. 会计决策系统

　　会计决策系统是以会计核算和会计管理为基础,主要用于辅助预测和决策,是会计电算化的最高层次。它包括:生产计划、物料需求计划、采购计划、销售计划、利润计划和决策支持等。

　　会计核算系统、会计管理系统和会计决策系统三者有密切的信息联系。会计核算系统为会计管理系统提供各种核算信息,会计管理系统为会计决策系统提供各种财务管理信息,会

计决策系统为决策者提供资源计划和决策支持。

三、会计电算化的意义

1. 提高会计人员的工作效率，促进会计人员更好地发挥管理职能

实现电算化后对会计数据的加工处理都是由计算机自动完成，使会计人员从复杂烦锁的手工劳动中解脱出来，有更多的时间和精力从事各项管理活动，为更好地发挥管理职能创造条件。

2. 提高会计核算的质量，促进会计工作的规范化和标准化

会计电算化后，只要做好会计数据的输入与审核环节，就会保证会计数据处理的结果是正确的。手工核算时简化的部分，用计算机可以进行详细的计算得出精确的结果，如折旧费用的计算、生产费用的归集与分配等。同时，为保证输入数据的正确，采用了大量的技术手段对会计数据进行检测，对会计数据的来源提出了一系列的规范化和标准化的要求，是在严格遵循会计制度的控制下进行的。这在很大程度上解决了手工操作中的不规范、易出错等问题，促进会计基础工作的规范化和标准化程度不断提高，使会计工作质量得到进一步的保证。

3. 促进会计人员提高素质

会计电算化后，要求会计人员既要懂会计知识，又要掌握计算机方面的知识，以便更好地使用计算机进行会计工作。同时，由于计算机软硬件技术的不断发展变化，促使会计人员只有不断学习和更新知识，才能适应会计电算化事业发展的客观需要。

4. 为整个管理信息化奠定基础

会计是经济管理的重要组成部分，一个企业的会计信息量约占企业管理信息量的70%以上，同时由于会计电算化应用了数据库和计算机网络技术，使经济信息得到了共享，提高了信息的利用价值。因此，会计电算化后为企业管理的信息化奠定了基础，带动和加速企业全面管理现代化的实现。

5. 促进会计理论的研究和创新，推动会计实务不断发展和会计制度的改革

会计电算化是会计信息处理手段的变革，必将对会计工作的内容、方法、程序以及会计管理体制、会计理论的各个方面产生巨大影响。比如，会计凭证的产生和存储方式，账簿的存储和处理方式等变化，导致会计凭证和会计账簿的概念发生变更。传统手工会计的工作程序和组织发生改变导致的一系列问题，需要制定新的会计制度来进行规范和管理。所以，必须要从理论研究和制定政策方面入手来适应这种变革。

第二章　会计电算化的发展过程和发展趋势

　　1954 年美国通用电器公司首次利用了计算机计算职工的工资,开创了电子会计的新纪元。从此,计算机逐渐成为会计数据处理的主要工具。我国会计电算化起步较晚,开始于 20 世纪 70 年代末期。1979 年在长春第一汽车制造厂进行计算机在会计中应用的试点(财政部拨款 560 万元从东德进口的计算机),这是我国第一次在企业管理方面进行大规模信息系统的实践。会计电算化的发展过程至今大致划分为三个阶段。目前,会计电算化已成为融计算机科学、管理科学、信息科学和会计科学为一体的比较完善的边缘学科。会计电算化系统必将纳入企业资源计划 ERP 系统。

一、会计电算化的发展过程

　　(一)会计数据的单项业务处理阶段

　　这一阶段国外发达国家是从 20 世纪 50 年代初期到 60 年代中期,我国是从 20 世纪 70 年代末到 90 年代初。此阶段是会计数据的单项业务处理阶段。此时,计算机仅仅用来独立处理单项会计业务,如工资计算、材料收发核算等,还没有形成一个统一的会计核算信息系统。

　　(二)会计数据的综合处理阶段

　　这一阶段国外是从 20 世纪 60 年代中期到 70 年代初期,我国是从 20 世纪 90 年代初到 21 世纪初。这一阶段是会计数据的综合处理阶段。此时,计算机在会计业务中的应用不断扩大,形成完整的会计核算信息系统。

　　(三)会计数据的系统处理阶段

　　这一阶段国外是从 20 世纪 70 年代初开始,我国是从 21 世纪初开始。这一阶段是会计数据的系统处理阶段。此时,会计电算化与企业管理活动相互渗透,形成企业管理信息系统的一个重要子系统,构成为决策支持系统。

二、会计电算化的发展趋势

　　进入 20 世纪 90 年代以来,随着计算机技术的高速发展和国际互联网 Internet 的出现,计算机在企业管理中的应用越来越广泛。这时信息系统不再只被看成是一种手段,而是保证企业成功的一种战略资源。信息系统的应用范围不仅局限于一个企业内部,而是涉及许多其他合作伙伴。这时出现的信息系统主要有企业资源计划 ERP 系统、供应链管理 SCM 系统、客户关系管理 CRM 系统、电子商务 ECS 系统等。其中 ERP 系统不仅是一个软件工具和计算机辅助管理系统,更为重要的是 ERP 系统从本质上讲,是一种集成管理模式,也被称为 ERP 管理模式。电算化会计信息系统作为 ERP 系统中的重要组成部分必将在企业的业务操作层、管理控制层和战略计划层这 3 个层次上都提供支持。

(一)ERP 系统的概念、特点

1. ERP 系统

ERP 是英文 Enterprise Resource Planning 的简称,即企业资源计划,也称为企业资源规划。顾名思义,ERP 就是对企业的所有资源进行计划、控制和管理的一种手段。

从当前的理论研究和应用实践来看,有关 ERP 的定义有许多不同的版本。从系统的角度来看,ERP 系统有着自己的组成部分和目标。只有当 ERP 系统的各个组成部分的运行达到协调一致时,ERP 系统才能真正地发挥效能。ERP 系统包括 4 个组成部分:ERP 软件、业务流程、终端用户以及支持 ERP 软件的硬件和操作系统。

(1)ERP 软件。ERP 软件是一种基于模块的应用程序。每个软件模块都电算化企业内部某个职能部门的业务活动。一般来讲,ERP 软件主要包括产品计划、采购管理、库存管理、产品分销、客户管理、财务管理和人力资源管理等。

(2)业务流程。企业中的业务流程划分为 3 个层次,即战略计划层、管理控制层和业务操作层。ERP 软件作为一种企业级的管理解决方案,支持企业各层次业务流程。许多成功的实践证明,ERP 系统集成了跨职能部门的业务流程而达到了预期的目标。

(3)终端用户。ERP 系统的终端用户是企业中各个层次的员工,包括企业底层的业务人员,也包括企业高层的决策人员和中层的管理人员。

(4)支持 ERP 软件的硬件和操作系统。据统计,当前运行 ERP 软件的主要操作系统有:UNIX 操作系统、Windows 操作系统和 Linux 操作系统。ERP 系统的目标就是改进企业的内部业务流程,在此基础上提高企业的管理水平、降低成本和增加效益。

2. ERP 系统的特点

(1)ERP 系统把企业中的各个部门和职能都集成到一个计算机系统中,它可以为各个职能部门的不同需求提供服务。

ERP 系统既可以满足财务部门的核算要求,也可以满足人力资源部门的绩效考核需要,还可以满足仓库管理部门的物料管理需求。目前,中国的很多企业都用了各种各样的基于计算机辅助管理的信息系统,而 REP 系统是把它们合并在一个单独的计算机系统,在一个单独的数据库系统下运行,以便各个职能部门共享数据和互通信息。

(2)ERP 系统可以在企业的业务操作层、管理控制层和战略计划层这 3 个层次上提供业务流程的支持。

①在业务操作层,ERP 系统可以降低业务成本。ERP 系统是一个试图将企业各个业务部门级的业务流程集成到一个企业级业务流程的信息系统,协调各个业务部门,提高业务流程的整体效率。因此,实现 ERP 系统后,可达到降低业务成本的目的。

②在管理控制层,ERP 系统可以促进实时管理的实施。ERP 系统的实现有助于系统数据库的建立,管理人员可以实时访问用于管理的信息。管理控制的工作实际上就是及时发现问题和及时解决问题的过程,ERP 系统的使用大大提高了管理人员及时发现问题和及时解决问题的能力。

③在战略计划层,ERP 系统可以支持战略计划。ERP 系统的一个重要作用就是支持战略计划中的资源计划。但是,在许多实际的 ERP 系统中,由于战略计划的复杂性和缺乏与决策支持系统的充分集成等原因,资源战略计划的功能被大大削弱,而只强调具体的业务执行计划。如何更好地提高 ERP 系统的战略计划功能,也是 ERP 系统今后发展的一个重要方向。

(二)会计电算化基于 ERP 系统的发展趋势

1. 会计电算化由部门级信息系统上升为企业级的信息系统

会计电算化信息系统作为 ERP 系统中的一个重要组成部分,在 ERP 系统通过重组和改造企业的业务流程,达到优化高效各职能部门的业务流程,实现财务信息最大范围的共享,满足不同职能部门的信息需求。

2. 会计电算化信息系统应全面支持电子商务应用

电子商务应用软件是企业战略、技术和业务流程的电子化,以便协调企业内部和外部业务流程、管理企业范围内的资源。电子商务应用软件一般可以分为 3 大类,即企业资源计划 ERP 系统、供应链管理 CRM 系统和客户关系管理 SCM 系统。为了使 ERP 系统发挥更好的效果,ERP 系统应该与 CRM 系统和 SCM 系统紧密集成。为此,会计电算化系统必将随之全面支持电子商务应用。

3. 会计电算化信息系统真正实现事前决策和事中控制功能

ERP 系统集成了电算化会计信息系统,使会计信息系统真正实时反映企业的经济活动情况,并实时向企业的各个职能部门共享信息。管理人员可以实时访问用于管理的信息,大大提高了管理人员及时发现问题和及时解决问题的能力。正是由于 ERP 系统高度集成了企业的全部职能部门的信息,并且实现实时反映,特别是与决策支持系统的充分集成,这为制订战略计划和辅助决策提供了支持。

4. 会计电算化信息系统必将充分采用更为先进的信息技术

进入 20 世纪 90 年代以来,随着信息技术 Internet 的出现,客户机/服务器体系架构演变为浏览器/Web 服务器/数据库服务器体系架构。实现了企业与供应商、客户等合作伙伴共享信息。电算化会计信息系统必将采用更为先进的跨平台开发技术和多媒体技术等信息技术集成到 ERP 系统中。

第三章　会计信息系统的基本知识

　　伴随着计算机技术的迅猛发展,信息系统在企业中广泛而深入的应用,使得人们认识到信息系统已经成为保证企业成功的重要战略资源。在企业全面信息化的今天,会计信息系统起到了举足轻重的作用。本章阐述会计信息系统的基本概念、会计信息系统的构成要素和会计信息系统的功能模块及其相互关系。

一、会计信息系统的基本概念

　　1. 会计信息

　　按照单位管理的要求经过加工处理后的会计数据称为会计信息。

　　2. 会计信息的种类

　　会计信息按照用途可以分为三类:核算信息、管理信息和决策信息。核算信息是指反映已经发生的经济活动的信息,如账簿和会计报表所反映的内容;管理信息是指管理所需要的特定信息,如各种对比分析指标和客户信用等级等;决策信息是指为预测和决策直接提供的信息,如量本利和盈亏临界点分析等。

　　3. 会计信息系统

　　会计信息系统是指利用会计信息技术,对会计信息进行收集、存储、处理及传送,完成会计核算、监督、管理和辅助决策任务的信息系统。

　　会计信息系统要采用一定的信息处理技术,用来收集会计原始数据,对会计原始数据进行处理,存储和传送。采用计算机信息处理技术的会计信息系统称为电算化会计信息系统。本书所讲的会计信息系统均指电算化会计信息系统。

　　4. 会计信息系统的功能

　　会计信息系统作为 ERP 系统中的重要组成部分,全面实现会计核算、会计管理和会计辅助决策的三大功能。对企业发生的经济活动实时地进行核算、实时地进行控制和制订战略计划与辅助决策。

二、会计信息系统的构成要素

　　会计信息系统的构成要素有硬件、软件、人员、法规和数据。

1. 硬件

硬件是指完成会计数据输入、处理和输出等一系列操作的设备。它主要包括微型计算机、扫描仪、打印机等。

2. 软件

会计信息系统的软件主要包括：系统软件和会计软件。

(1)会计软件

会计软件是指专门用于完成会计工作的计算机应用软件。

按照会计软件提供信息的层次可以分为会计核算软件、会计管理与辅助决策软件。本书将重点介绍会计核算软件的操作原理和技能。

(2)会计核算软件

会计核算软件是指专门用于会计核算工作的计算机应用软件。它由一系列程序代码和文档技术资料组成。

(3)会计核算软件的分类

会计核算软件按照适用范围可以分为通用会计核算软件和专用会计核算软件；按照所能支持同时上机用户的数量以及相应的硬件网络环境划分，可以分为单用户会计核算软件和多用户会计核算软件。这里重点介绍通用会计核算软件。

(4)通用会计核算软件

通用会计核算软件是指由专业软件公司研制,公开在市场上销售,能适应不同行业、不同单位会计核算基本需要的会计核算软件。目前,我国通用会计核算软件以商品化软件为主。如用友 T3 软件和金蝶 KIS 软件等。

通用会计核算软件一般都有设置初始化模块,用户在首次使用通用会计核算软件时,必须首先使用该模块,针对本单位的实际情况进行初始化设置,把通用会计核算软件转变为适合本单位核算要求的专用会计核算软件。

在实际工作中,会计软件越通用,初始化设置的工作量越多,并且可能使用户单位的某些特殊核算要求难以得到满足。所以,会计软件市场出现了针对特定行业开发并在一定范围内适用的通用会计核算软件。如针对行政机关单位的会计核算软件,针对事业单位的事业单位会计核算软件等。

(5)通用会计核算软件的特点

①通用性。软件通用性有两层含义:一是纵向通用,即软件适应一个单位会计工作不同时期变化的需要;二是横向通用,即满足不同单位会计工作的需要。通用性是通用会计核算软件的决定性因素之一。

②保密性。它是指通用会计核算软件不给用户提供源程序代码,软件生产厂家只向用户提供经过加密的软件。

③软件由厂家维护。由于通用会计核算软件生产厂家对软件进行了加密,用户自行维护软件几乎不可能(这里所说的软件维护是指对会计软件的程序进行维护)。用户所能进行的软件维护是指对会计软件的操作维护。

(6)单用户和多用户会计核算软件

单用户会计核算软件又称"单机版"会计核算软件,是指将会计核算软件安装在一台或几台计算机上,每台计算机中的会计核算软件单独运行,生成的会计数据只存储在各自的计算机中,计算机之间不能直接实现数据交换和共享。

多用户会计核算软件又称"网络版"会计核算软件,是指将会计核算软件的服务端安装到网络环境的服务器上,客户端安装到用户使用的计算机上。通过网络通信设备将计算机相互连接,系统中可以有多个用户同时使用会计核算软件,实现数据交换和资源共享。

3.人员

电算化会计信息系统中的人员是指从事研发、使用和维护的人员。这些人员一般可分为两类:一类是系统开发人员,包括系统分析员、系统设计员、系统编程和测试人员;另一类为系统的使用和维护人员。在开展会计电算化实际工作中,用户单位配置什么样的人员应根据本单位的实际工作需要来定。如果用户单位采用通用会计核算软件开展电算化会计工作,则应配置系统的使用和维护人员。

需要说明的是,在会计电算化后,一般要求会计人员不仅要熟悉会计知识和计算机及网络方面的知识,而且应该能够熟练地运用计算机完成会计业务工作。同时,会计人员还应初步具备排除系统运行中的一般性故障的能力。

4.法规

法规是指各种有关会计电算化管理的法令、条例和规章制度。它主要包括两类:一是政府的法令和条例;二是基层单位在会计电算化工作中的各项具体规定,如岗位责任制度、软件操作管理制度、会计档案管理制度等。

5.数据

数据是指单位的经济业务数据,也是会计信息系统的处理对象。在电算化会计信息系统中特别是单位全面实行 ERP 系统,经济业务数据量大,涉及面广,同时数据载体又无纸化。由于技术、设备和操作人员水平等方面的原因,容易导致会计资料失真。为此,会计电算化后用计算机生成的会计凭证、会计账簿、会计报告和其他会计资料,在格式、内容以及会计资料的真实性和完整性等方面,都必须要符合国家统一会计制度的规定。

三、会计信息系统的功能模块及其相互关系

会计信息系统的功能模块是指从系统实现功能的角度,分析会计信息系统的组成部分及其内部联系。也就是一个完整的会计信息系统由几个子系统或子模块组成,各个子系统(模块)之间的相互联系。

1.会计信息系统的功能模块

会计信息系统集成到 ERP 系统中,才真正实现从核算到管理和辅助决策。以制造业为例,一个完整的电算化会计信息系统包括:会计核算系统、会计管理系统和会计决策系统,如图 1-3-1 所示。

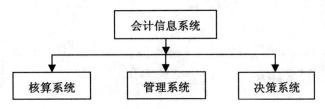

图 1-3-1　会计信息系统

(1)核算系统包括:账务处理、工资管理、固定资产核算、存货核算、应收款管理、应付款管理、成本核算、报表管理等。

(2)管理系统包括:采购管理、库存管理、销售管理等。

(3)决策系统包括:生产计划、物料需求计划、采购计划、销售计划和利润计划、决策支持等。

2. 会计信息系统各功能模块之间的关系

会计信息系统各功能模块之间的关系,如图 1-3-2 所示。在会计信息系统中,是以核算系统为核心,管理系统为基础,最后向决策系统提供制订资源计划和辅助决策的信息。

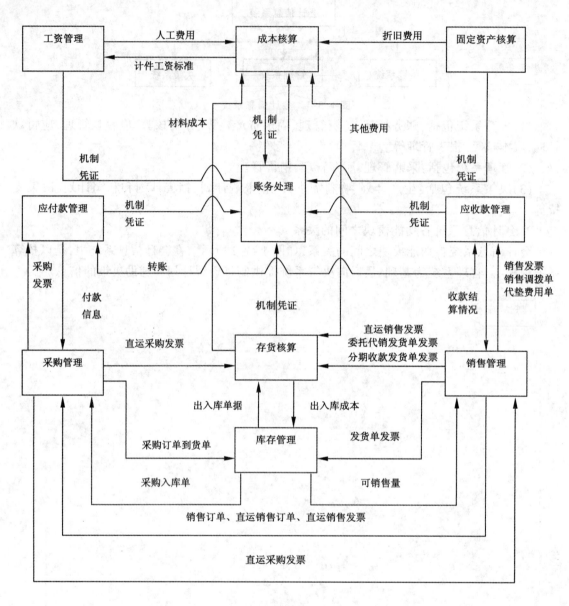

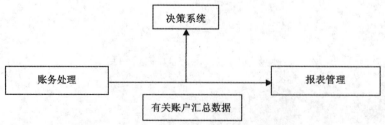

图 1-3-2　会计信息系统各功能模块之间的关系

第四章　会计电算化的实施

　　会计电算化的实施是指基层单位建立会计电算化的整个过程。它主要包括:制订会计电算化的工作规划、制订会计电算化的实施计划和建立会计电算化信息系统。

一、制订会计电算化的工作规划

　　会计电算化工作规划是指对一个地区、一个行业、一个单位在一定时期的会计电算化工作的发展方向和发展目标以及具体实施会计电算化工作的安排。它按照涉及的范围可以分为:单位会计电算化工作规划、宏观会计电算化发展规划。下面重点介绍基层单位会计电算化工作规划。

　　基层单位会计电算化工作规划是指对一个单位在一定时期的会计电算化所要达到的目标以及如何有效分步实施这个目标而进行的规划。其主要内容有以下几个方面。

　　1. 组织机构规划

　　根据电算化工作发展的程度,具体规划每个阶段(时期)的机构设置和岗位划分问题。

　　2. 人员培训规划

　　根据国家的要求、企业发展的需要制订分批分层次的培训人员规划,以达到会计人员全部应用计算机进行会计业务处理。

　　3. 投资配置规划

　　根据电算化发展程度和应用范围以及当时的机器设备的性能价格,考虑投资规划。其主要包括对计算机硬件和软件的投资规划。

　　4. 应用项目规划

　　根据技术力量和企业管理的需要,对会计各信息系统的开发和应用以及应用水平做出规划。

二、制订会计电算化的实施计划

　　基层单位建立会计电算化信息系统时,都要根据会计电算化工作规划对每个阶段制定详细的实施计划。它主要包括以下内容:

　　(1)机构设置和人员配置计划。

(2)硬件配置计划。

(3)软件配置计划。

(4)软件开发计划。

(5)费用概算。它包括硬件配置经费概算、软件配置经费概算、软件开发费用概算、消耗材料费用概算以及人员培训费用和其他费用概算。

三、建立会计电算化信息系统

(一)计算机硬件和系统软件的配置

1. 硬件的配置

硬件配置一般有单机系统、多用户系统和计算机局域网络三种模式。计算机硬件配置时应考虑以下几个方面的因素：

(1)单位会计电算化工作规划。

(2)系统规模对硬件的要求。

(3)单位现有的财力。

(4)硬件的性能价格比情况。

(5)硬件经销公司提供的售后服务。

2. 系统软件的配置

(1)会计电算化工作规划的要求。

(2)与所选计算机的兼容性。

(3)与其他系统软件的兼容性。

(4)支持应用软件的兼容性。

(5)中文处理能力。

(6)提供安全保密措施。

(7)性能价格比。

(二)会计软件的选择

根据财政部的《会计电算化工作规划》，一般通过以下方式取得。

1. 购买商品化通用会计软件

在单位开展电算化初期,应尽量选择商品化通用会计软件。这样就可以做到投资少、见效快、在软件开发或销售单位的协助下易于成功。

2. 定点开发的会计软件

定点开发的会计软件可以分为以下几种：

(1)完全独立的自行开发。

(2)与其他单位的联合开发。

(3)委托其他单位开发。

大中型企事业单位的会计业务一般都有其特殊需要，在取得一定会计电算化工作经验的基础上,可以根据实际工作需要选择定点开发的形式。

3. 购买商品化通用会计软件与定点开发会计软件相结合

在开展会计电算化初期,选择商品化通用会计软件。会计电算化工作深入后,通用会计软件不能完全满足其特殊需要的单位,可以适时配合通用会计软件定点开发配套的会计软件。

4. 行业主管部门推广应用的会计软件

用户单位在主要取得上述三种方式外,在本行业内也可以选择国务院业务主管部门推广应用的会计软件。

(三)电算化系统与手工系统之间的转换

本书仅介绍采用计算机替代手工记账的会计电算化核算系统,应用该系统一般应做好如下几项工作。

1. 对操作人员的培训

培训的主要内容包括以下几点:

(1)了解计算机硬件、软件的基础知识,掌握计算机的基本操作及汉字录入技术等;

(2)了解会计电算化的基本概念和会计核算软件的基本处理程序与方法,掌握所选会计软件的基本操作技能。

2. 机构设置与调整

基层单位在会计电算化过程中,应遵循逐步扩展、归口管理和会计职能合理化的原则。根据其发展情况适时地设置专门的会计电算化机构和调整原有的会计部门的内部组织,以适应会计电算化的需要。会计电算化后,常见的会计部门组织机构有以下三种形式:

(1)集中管理的计算中心组织形式。单位设立与财会部门并列的计算中心(或信息中心),由单位的主要负责人直接领导。这种形式是把会计电算化工作中的软件开发、使用、维护和管理等放在企业的计算中心。财会部门定期按照规定要求向计算中心提供核算管理所需要的数据。在财会部门不安装计算机设备,除一部分业务由计算中心处理外,许多工作仍由手工来处理。这种组织形式适用于采用中小型计算机为主的单位,在会计电算化初期采用较多,如图1-4-1所示。

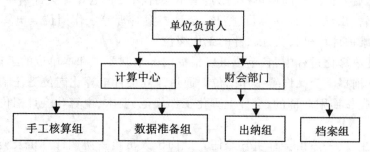

图 1-4-1　集中管理的计算中心组织形式

(2)分散管理形式。这是我国目前会计电算化管理普遍采用的形式。在这种形式下,企业财会部门单独配备计算机硬件设备和机房设施,并配备一定的专业人员。这种形式完全由财会部门负责系统的使用、维护等工作。这种组织形式一般适用于电算化程度不高,采用微型计算机的中小型企事业单位,如图1-4-2所示。

(3)集中管理下的分散组织形式。这种形式是在网络技术的条件下,由计算中心统一管理并进行总体规划、软件开发以及软件和硬件维护等工作。同时在财会部门配置计算机网络

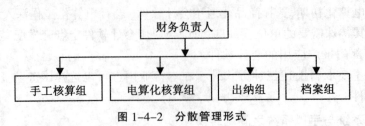

图 1-4-2　分散管理形式

终端,由财会部门主要负责会计数据的收集、整理、输入以及电算化系统的运行。这种组织机构是上述两种方式的结合,统一在总会计师的领导下按照会计电算化信息系统的总体规划分步骤开发实现。这种组织形式适用于实现网络系统的大中型企事业单位,目前我国大多数单位采用这种方式,如图 1-4-3 所示。

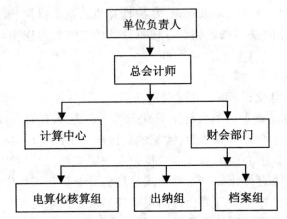

图 1-4-3　集中管理下的分散组织形式

3. 人员分工

会计电算化后人员工作岗位可以分为:基本会计岗位和电算化会计岗位。基本会计岗位包括:会计主管、出纳、会计核算员、稽核、会计档案管理等工作岗位。电算化会计岗位包括:管理、操作、维护计算机和会计软件的工作岗位。

在实施会计电算化过程中,各单位可以根据内部牵制要求和本单位的工作需要,在保证会计数据安全的前提下交叉设置工作岗位。通过建立会计电算化岗位责任制明确各个工作岗位的职责范围。按照财政部的《会计电算化工作规范》要求,电算化会计岗位的工作职责有以下几点:

(1)电算化主管(一般由会计主管兼任)。此岗位人员负责协调计算机及会计软件系统的运行工作,要求具备会计和计算机知识以及相关的会计电算化组织管理的经验。

(2)软件操作(基本会计岗位的会计人员兼任)。此岗位人员负责输入记账凭证和原始凭证等会计数据,输出记账凭证、会计账簿、报表和进行部分会计数据处理工作,要求具备会计软件的操作技能,达到会计电算化初级培训的水平。

(3)审核记账(会计主管兼任)。此岗位人员负责对输入计算机的会计数据(记账凭证和原始凭证)进行审核,操作软件登记机内账簿,对打印输出的账簿、报表进行确认,要求具备会计和计算机知识,达到会计电算化初级培训的水平。

（4）电算化维护（专职人员担任）。此岗位人员负责保证计算机软件和硬件的正常运行，保证机内的会计数据安全，要求具备计算机和会计知识，达到会计电算化中级培训水平。此岗位一般在大中型企业中设立。

（5）电算化审查（会计稽核人员兼任）。此岗位人员负责监督计算机和软件的运行，防止利用计算机进行舞弊，要求具备计算机和会计知识，达到会计电算化中级培训水平。此岗位一般在采用大型、小型计算机和计算机网络的单位设立。

（6）数据分析（会计主管兼任）。此岗位人员负责对计算机内的会计数据进行分析，要求具备计算机和会计知识，达到会计电算化中级培训水平。此岗位一般在采用大型、小型计算机和计算机网络的单位设立。

4. 建立会计电算化内部管理制度

会计电算化后，会计组织机构和工作方式的改变，势必导致传统的内部控制手段和管理制度发生变革。根据财政部《会计电算化工作规范》的要求，基层单位开展会计电算化的内部管理制度主要包括：建立会计电算化岗位责任制、日常操作管理制度、计算机软件硬件和数据管理制度以及电算化会计档案管理制度。

5. 做好手工核算向会计电算化系统的数据转换

完成会计数据由手工系统到电算化系统的转换，就是将手工处理的纸质上的会计数据转换到计算机中的磁盘上。为此必须做好下列工作：

（1）对手工处理的会计数据按照所选用的会计软件要求进行整理。它包括准备好各科目的余额及累计发生额，并试算平衡，做到账账相符、账实相符；对往来账户进行清理，结出期初数据并进行试算平衡；确定本单位的会计科目体系并代码化；按照方便记账凭证的输入和保存，确定凭证的种类；按照符合会计软件的技术要求，对原手工处理方式进行适当调整。

（2）按照满足管理和核算的要求，确定会计电算化方式下的核算方案，并将大量的手工核算的会计数据输入计算机。

6. 电算化会计信息系统的试运行

电算化会计信息系统的试运行是指会计电算化系统建立之后，计算机与手工操作同期并列运行，共同完成核算工作。这不仅是对计算机及会计软件的检验，同时也是对人们思想认识观念的一次考验。其主要任务是：

（1）通过计算机与手工的并行操作，检查所建立的电算化会计系统是否充分满足用户的要求。

（2）使操作人员熟悉和掌握所用的会计软件。

（3）对运行中出现的各种问题进行修改或改进。

（4）检查科目体系是否满足核算的要求和会计制度的要求。

（5）检查和调整各种核算方法的可行性和准确性。人机并行的试运行阶段，两者处理的结果理应一致。由于电算化核算方法的改变和精确度提高，如折旧计算方法、材料分配方法等发生变动，核算上出现数值差异这是合理的。但是在相同的核算方法之下，两种方式的记账结果是不能出现差异的。

（6）检查软件的完善程度。在试运行阶段对软件的各个功能进行全面综合的测试，可以使潜在的问题充分地暴露出来,尤其是在会计数据的安全性和系统运行的可靠性方面,以保证今后独立实际运行中的正常使用。

(7)检查工作程序。它主要是检查所制定的一些规定、财务核算的工作程序等是否畅通。

7. 电算化会计信息系统的验收

为了保证电算化后的会计工作质量,保证符合国家的有关法规和得到有关部门的认可。用户单位在正式使用电算化会计信息系统替代手工会计系统之前,必须由相应一级的财政部门进行考核验收。根据财政部《会计电算化管理办法》,计算机完全替代手工记账的基本条件是以下几点:

(1)使用的会计核算软件达到财政部发布的《会计核算软件基本功能规范》的要求。

(2)配有专门或主要用于会计核算工作的电子计算机或计算机终端,并配有熟练的专职或兼职操作人员。

(3)用计算机进行会计核算与手工会计核算同时运行三个月以上,取得相一致的结果。

(4)建立严格的操作管理制度,硬件、软件管理制度和会计档案管理制度。

第二篇

会计核算系统操作原理
(用友通 T3 版)

　　本篇全面地阐述了会计核算系统的操作原理,也就是商品化会计核算软件的基本操作原理。从 1994 年财政部颁发《会计电算化管理办法》以来,国内商品化会计核算软件的评审走上了规范化。会计核算软件开发商有各自的特点,开发出各具特色的会计核算软件。这些会计核算软件的基本功能和操作原理必须要符合《会计电算化管理办法》的相关要求。这里用了整篇的内容详尽地介绍了电算化会计核算系统的基本操作原理,并以国内目前规模最大、技术优秀的用友公司所开发的用友通 T3 软件为例,全篇内容共 6 章。

第一章　会计核算系统的基本功能模块及其业务处理程序

　　本章详尽地介绍了电算化会计核算系统的基本组成部分，即基本功能模块以及各功能模块的业务处理程序。这一章是本篇的难点，理论性强且较为抽象。对本章的学习一定要做好同以后章节的衔接，通过以后章节与用友通 T3 软件和金蝶 KIS 软件的具体运用相结合，进一步加深理解会计核算系统的基本操作原理。

第一节　会计核算系统的基本功能模块

　　本节全面阐述了会计核算系统的三大基本概念，即会计核算系统的基本功能、会计核算系统的基本功能模块和会计核算系统基本功能模块之间的关系。

一、会计核算系统的基本功能

　　会计电算化系统包括：会计核算系统、会计管理系统和会计决策系统。本书重点阐述会计核算系统的操作原理与技能。

　　会计核算系统的基本功能是指会计核算系统完成核算工作的方式和能力。会计核算工作的基本内容为填制会计凭证、登记会计账簿和编制会计报表。因此，电算化会计核算系统的基本功能包括：填制会计凭证、登记会计账簿、编制会计报表和其他辅助功能。

　　（一）填制会计凭证（会计数据的输入）

　　会计凭证包括：原始凭证和记账凭证两类。由于电算化会计核算系统对会计数据处理的起点是记账凭证，因此针对这两类凭证的处理在电算化会计系统中一般有以下方法：

　　（1）由操作人员根据审核无误的记账凭证输入计算机。

　　（2）由财会人员根据审核无误的原始凭证直接在计算机的屏幕上填制记账凭证。

　　（3）财会人员直接将审核无误的原始凭证输入计算机，由计算机根据输入的原始数据自动编制记账凭证。

以上前两种方法比较接近,都是将记账凭证输入计算机,而第三种方法不是由财会人员来做记账凭证,是由计算机按照用户的设置自动调用已输入机内的原始数据编制记账凭证。不是所有的记账凭证都能采用第三种方法,只是针对部分业务的记账凭证由计算机来制作。如材料的收发核算、固定资产的增减核算等。

（二）登记会计账簿（会计数据处理）

会计电算化后,登记账簿完全是由计算机自动登记机内账簿。用户可以根据需要将机内的账簿打印输出。

（三）编制会计报表（会计数据输出）

在电算化会计系统中,编制会计报表都是由计算机自动进行的。通过用户定义报表的格式和数据来源等,由计算机按照用户的设置要求自动生成报表。同时,电算化会计系统能够按照用户设置的报表钩稽关系自动进行核对,以保证会计报表的数据准确。

（四）其他辅助功能

1. 系统初始化（会计数据的输入）

系统初始化功能是用户初次使用会计核算系统和年度初期需要做的工作,是用来完成通用会计系统转变为适合本单位实际情况的专用系统,以便用户进行日常会计核算业务的处理。它主要包括以下几个方面:

（1）设置会计科目、输入期初数据及有关资料,包括总账、明细账科目的名称和编号、年初数、累计发生额及有关数量等。

（2）设置记账凭证种类。

（3）设置自动转账。

（4）设置会计核算方法,包括工资计算方法、折旧计算方法和成本计算方法等。

（5）设置报表格式、项目以及各项目的数据来源,设置表内和表间的数据核对关系等。

2. 查询和打印（会计数据的输出）

（1）会计数据的查询功能。

（2）会计数据的打印输出功能。

3. 系统管理（会计数据的安全）

（1）设置操作人员岗位分工,包括人员的姓名、操作权限和密码等。

（2）数据备份功能。

（3）数据恢复功能。

依据1994年7月1日国家财政部颁发《会计核算软件基本功能规范》的要求,会计核算系统必须具备相对独立地完成会计数据输入、处理和输出功能,并保证会计数据的安全。综上所述,按照会计核算系统的整个实现过程来看,电算化会计核算系统的业务操作流程为:系统管理—系统初始设置—日常账务处理（填凭证和登账簿）—会计报表编制。

二、会计核算系统的基本功能模块

会计核算系统的功能模块是指会计核算软件中具有相对独立完成会计数据输入、处理和输出功能的各个部分。它是会计核算软件的基本构成部分。

为了便于系统的实施和维护,采用结构化的设计方法,即模块化,将会计核算系统分解为若干个彼此具有一定的独立性, 同时也具有一定联系的组成部分, 这些组成部分称为模块。我国会计核算系统的功能模块经过多年的探索主要分为:账务处理、工资管理、固定资产管理、存货核算、应付款管理、应收款管理、成本核算、报表管理和系统管理等。会计核算系统基本功能模块如图 2-1-1 所示。

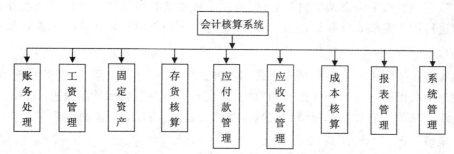

图 2-1-1　会计核算系统基本功能模块

(一)账务处理

以记账凭证为原始数据,按照用户设置的账户体系包括除其他子系统设置的明细账(如材料明细账、固定资产卡片等)以外的所有科目。建立全部的分类账和日记账,完成全部的分类核算及序时核算,输出各种明细账、总账和日记账。它是会计核算系统的核心部分,所有其他系统的数据处理结果都要转入到这个系统之中, 凡是其他系统没有包括的经济业务都要根据凭证直接输入该系统,经该系统最后汇总计算出各项综合数据,为会计报表的编制提供依据。

(二)工资管理

工资管理是以职工个人的工资原始数据为基础, 计算出每个职工的应付工资及实发工资等,并按照部门机构层次汇总出各种合计,打印输出各种格式的工资表、汇总表、工资条等。同时完成工资费用的分配并据以编制转账凭证传递到账务处理系统。

(三)固定资产核算

固定资产核算是以固定资产卡片为原始数据, 进行各种与资产增加和减少以及折旧等有关的计算,并按照资产分类及部门归属进行多层次的汇总,打印输出各种卡片和报表(固定资产增减汇总表、折旧计算表等)并完成自动转账。

(四)存货核算

就加工制造业来说,存货包括材料与产品,并且涉及采购管理、库存管理和销售管理。因此这一系统相对比较复杂。存货核算包括三个方面的内容,即采购核算、库存收发核算和销售核算。对于采购部分,根据采购发票和收货单,计算出采购成本以机制凭证方式转入账务处理系统。对于库存部分,根据出入库单及时生成机制凭证转入账务处理系统。对于销售部分,根据销售发票和发货单,计算销售成本以机制凭证方式转入账务处理系统。

（五）成本核算

成本核算就是将账务处理系统所归集的各项间接费用（包括制造费用、辅助生产费用等),在各个成本计算对象之间进行计算分配,进行完工产品与在产品之间计算分配,将结果生成机制凭证转入账务系统,直至计算出每种产品的成本。打印输出各种产成品明细账和清单,以反映各种产成品的明细成本。

（六）应付款管理和应收款管理

应付款管理进行采购发票和付款处理,自动生成采购和付款凭证并传递到账务处理;应收款管理进行销售发票和收款处理,自动生成销售收入和款项收回凭证并传递到账务处理。

（七）报表管理

报表管理是按照用户设置的报表格式和各种数据来源、运算关系,从账务系统形成的账户汇总数据中取得形成各种会计报表的数据,生成各种内部报表和外部报表。如有下属单位的报表则将下属单位的报表通过键盘或数据盘输入机内,由计算机汇总输出汇总会计报表。

（八）系统管理

系统管理是会计核算系统中必不可少的一个重要模块,在这个模块中有用户管理(包括设置用户名称、进入系统密码、操作权限等)、建立账套、上机操作日志、数据备份和数据恢复、设置打印参数等。因此,该模块的主要功能就是确保系统的安全保密和可靠使用。

三、会计核算系统各功能模块之间的关系

会计核算系统各功能模块之间的相互关系表现为控制和数据传递关系两种,其中数据传递关系是主要表现。当各个模块单独研制和单独使用时,每个模块所需要的数据都是通过人工的方式输入计算机,不能利用其他模块的输出数据。因此数据手工输入的工作量大。当整体研制会计核算系统时,必须考虑模块之间的数据共享,弄清模块之间的数据联系,这对研发和使用会计核算系统具有重要意义。会计核算系统各模块之间的关系如图 2-1-2 所示。

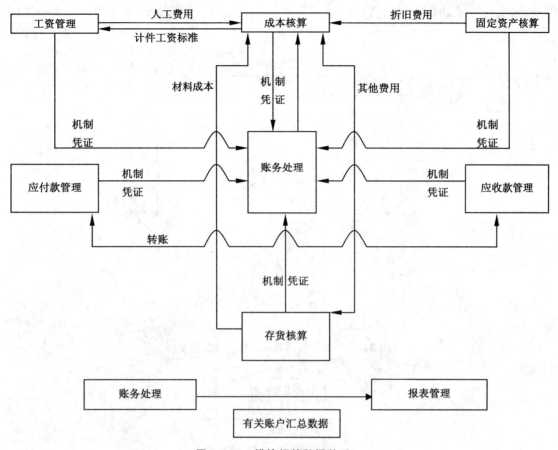

图 2-1-2　模块间的数据关系

第二节　会计核算系统各功能模块的基本业务处理程序

本节是本章的重点和难点，全面阐述了会计核算系统中最为常用的五大子系统的基本业务处理程序包括：系统管理、账务处理、工资管理、固定资产核算和会计报表管理系统。这五大子系统的业务处理程序揭示了会计核算系统的基本操作原理，读者一定要建立起一个完整的系统概念，并且通过以后的用友通T3软件的具体运用从整体上理解会计核算软件的操作原理。

一、会计核算系统的管理功能模块和管理工作程序

会计核算系统各功能模块也就是各个组成部分都是为同一会计主体单位服务，是针对会计主体单位的不同需要而设计的。因此，会计核算系统各功能模块要有相同的账套，核算的业务数据共用一个数据库，对操作人员及其操作权限的分配要进行集中管理，建立统一的会计数据与人员的安全保障机制。所有这些，客观上都需要在核算系统中设计一个系统管理

模块,来实现上述功能。如图 2-1-3、2-1-4 所示的是会计核算系统的管理功能模块和管理工作程序。

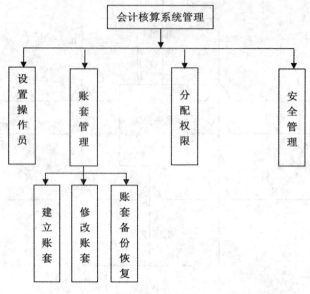

图 2-1-3 会计核算系统的管理功能模块

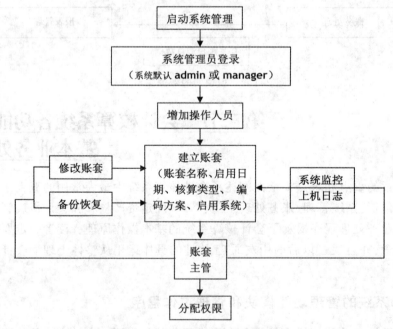

图 2-1-4 会计核算系统的管理工作程序

二、账务处理系统的基本功能模块和业务处理程序

账务处理系统是会计核算系统的重要组成部分,它涉及整个会计核算系统中的记账、算

账和报账过程的凭证和账簿。为了全面完成会计核算工作需要一系列的方法,即设置账户、复式记账、填制和审核凭证、登记账簿、财产清查、成本计算和编制会计报表等。这些方法相互联系、紧密结合,形成了会计核算系统的一个完整的方法体系。事实上前四种方法的有机结合就构成了会计核算中的账务处理系统。因此,账务处理系统的主要工作内容是填制和审核会计凭证、汇总登记账簿和期末结账。这是每个单位账务处理的基本工作内容,只是不同地区和不同行业各单位账务处理的业务内容有所不同。

为了实现账务处理工作的电算化,必须要突破时间和空间的局限性。为此通用账务处理系统不仅要包括账务处理的一般工作,还要包括体现其通用性的系统初始化工作。一个完整的通用账务处理系统一般包括以下内容(工作内容):

(1)设置账户体系(设置会计科目)。

(2)输入期初数据(初始数据录入)。

(3)设置凭证种类。

(4)凭证输入与审核。

(5)汇总记账。

(6)期末结账。

(7)凭证账簿查询与打印。

账务处理系统是电算化会计核算系统中的一个重要模块,它同工资管理、固定资产核算、存货核算、成本核算、应付款管理和应收款管理以及会计报表管理等模块共同组成电算化会计核算系统。

由于会计核算工作的特点,许多核算工作不能都集中在账务处理系统中,而是由各个子系统先进行明细核算,然后将结果汇总成凭证送到账务处理系统进行处理;同时其他子系统也往往需要一些账务处理系统提供的数据进行处理。

账务处理系统的基本操作必须按照规定的顺序调用系统提供的各种功能。当用户首次使用账务系统时,应根据本单位的管理和会计工作的需要,首先要进行账务系统的初始化工作,之后进行会计业务的日常账务处理。账务处理系统基本功能模块如图2-1-5所示。

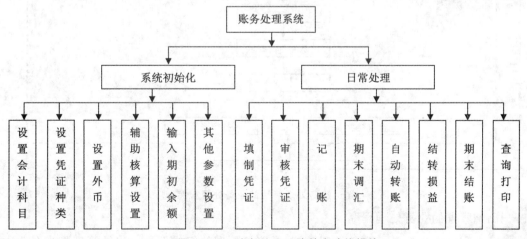

图 2-1-5 账务处理系统基本功能模块

账务处理系统的业务处理程序如图 2-1-6 所示。

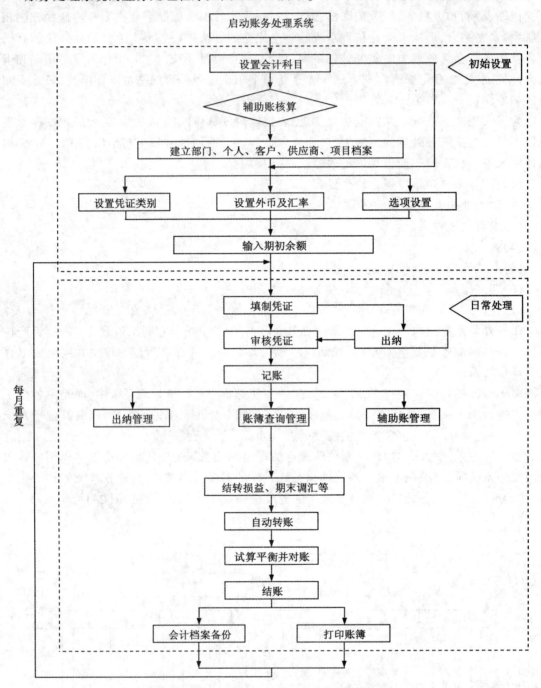

图 2-1-6　账务处理系统的业务处理程序

（一）出纳管理的业务处理程序

出纳管理实际上是隶属于账务处理系统,是账务处理的组成部分。出纳管理是为企业单位的出纳人员提供的一套管理工具。它主要包括打印输出现金日记账、银行存款日记账和进行银行存款的对账工作。有些软件开发商将出纳管理单独设计为独立于账务处理系统,如金蝶 KIS 软件。

电算化出纳管理的基本功能模块构成情况如图 2-1-7 所示。

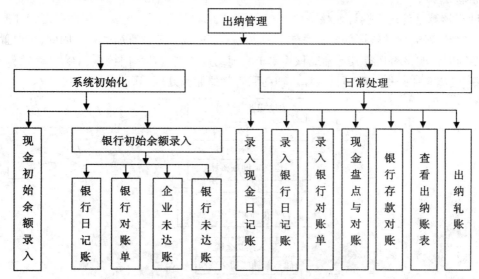

图 2-1-7　出纳管理的基本功能模块

出纳管理的业务处理程序如图 2-1-8 所示。

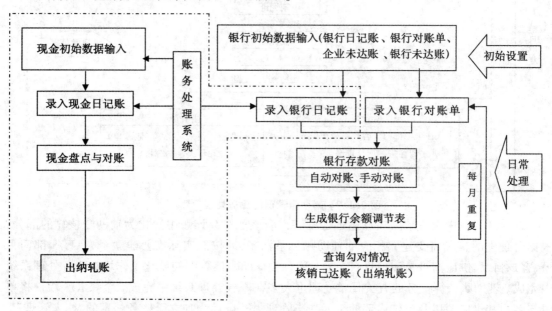

------- 出纳管理并入账务处理系统的虚线部分可以取消

图 2-1-8　出纳管理的业务处理程序

（二）辅助账管理业务处理程序

账务处理系统除了要提供基本的会计账簿信息外，还要为企业管理人员提供辅助核算信息。它主要包括单位内部的个人往来和部门核算、单位与外部客户和供应商的往来账管理以及项目核算等。

辅助账核算是传统的会计账核算的补充和延伸，两种核算不应重复。辅助账是会计账的简化，我们将会计账简化的核算部分以另外一种更为丰富的辅助账核算所代替。因此，在设置会计科目时要同时说明是否还有其他辅助核算要求。辅助账核算包括部门核算、个人往来核算、客户往来核算、供应商往来核算和项目核算。辅助账管理的业务处理程序如图2-1-9所示。

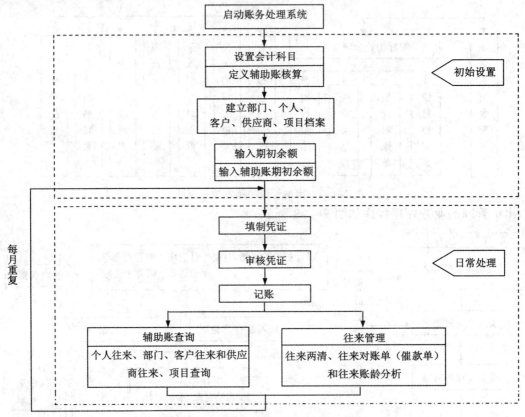

图 2-1-9　辅助账管理的业务处理程序

在会计科目中设置辅助核算还远远不够，应该把在会计账中简化为辅助账核算的部分，根据管理上的实际需要建立相应的辅助账目录档案，即按照实际需要建立个人目录、部门目录、客户目录、供应商目录和项目目录。上述有关辅助账核算的初始化工作均在账务处理系统中完成。辅助账核算业务的有关日常处理也大多在账务处理系统中完成。金蝶KIS软件将单位与客户和供应商以及单位内部的个人往来管理另行设计为独立于账务处理的"往来管理"。

三、工资管理系统的基本功能模块和业务处理程序

工资业务的实际处理过程是依据工资计算的原始单据计算和汇总工资数据，生成工资

结算单、工资结算汇总表和工资费用分配表，根据这些计算表填制记账凭证登记账簿。电算化工资管理系统就是按照工资业务的实际处理程序设计出来的。工资管理系统的主要功能就是计算工资和生成机制凭证传送到账务处理系统。为此，在工资管理系统中首先要按照工资核算与管理的要求，进行人员、部门和工资项目及计算公式等一系列的初始设置，然后再使用电算化工资管理系统进行日常业务处理。工资管理系统的基本功能模块和业务处理程序如图 2-1-10、2-1-11 所示。

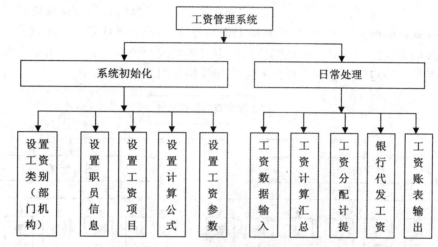

图 2-1-10　工资管理系统的基本功能模块

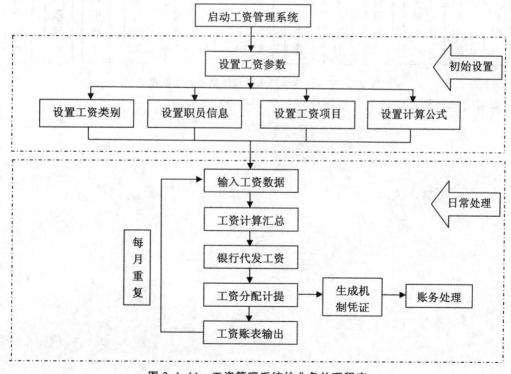

图 2-1-11　工资管理系统的业务处理程序

四、固定资产核算系统的基本功能模块和业务处理程序

固定资产核算主要包括两方面的内容:固定资产卡片管理和增减变动的核算(根据有关固定资产的原始凭证直接登记固定资产卡片,编制记账凭证据以登记固定资产登记簿和总账),固定资产折旧核算(根据固定资产登记簿和卡片,分析计算折旧,编制折旧计算表,并据以登记有关明细账和总账)。

在电算化固定资产核算系统中,是以"固定资产卡片"为核心作为反映固定资产增减变动情况和计提折旧的数据来源。在此基础上汇总计算,输出各种固定资产增减变动表和折旧计算表以及固定资产卡片等,形成相应的固定资产增减变动有关凭证和折旧分配凭证转入账务处理系统。固定资产核算系统的基本功能模块如图 2-1-12 所示。

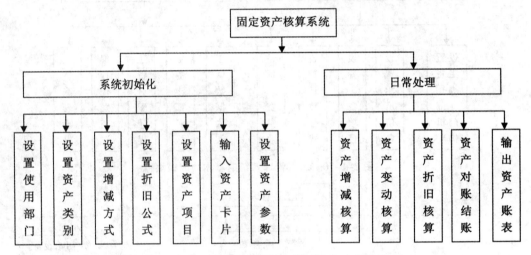

图 2-1-12　固定资产核算系统的基本功能模块

固定资产核算系统的业务处理程序如图 2-1-13 所示。

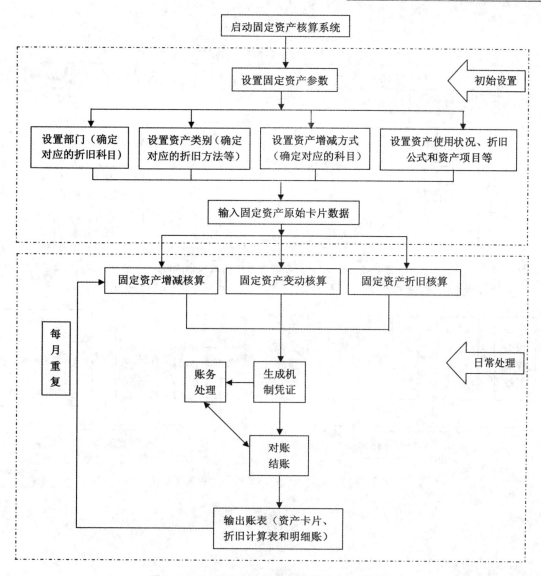

图 2-1-13　固定资产核算系统的业务处理程序

五、会计报表管理系统的基本功能模块和业务处理程序

在电算化工作方式下,要适应不同行业、不同地区、不同单位、不同时间对会计报表编制的客观要求,就必须设计出通用会计报表管理系统。报表管理系统通过用户自行定义和设计各种报表的格式及报表项目的数据来源和运算关系, 可以方便地从账簿记录和其他会计资料中获取会计数据,生成相应的会计报表。若核算单位还有下属单位,则报表管理系统还应负责编制汇总会计报表。为此,报表管理系统应包含一系列的功能模块,由这些模块分别完成报表结构和格式设计、报表项目的数据来源和运算公式的设置,并进行报表生成、审核与汇总直至输出各种会计报表。会计报表管理系统的基本功能模块如图 2-1-14 所示。

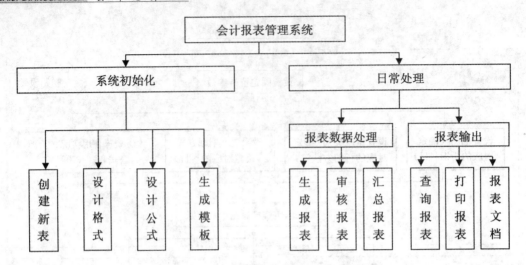

图 2-1-14　会计报表管理系统的基本功能模块

会计报表管理系统的业务处理程序如图 2-1-15 所示。

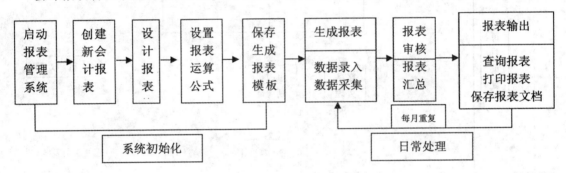

图 2-1-15　会计报表管理系统的业务处理程序

第二章　会计核算系统管理

　　会计核算系统的建立目前主要是通过使用商品化会计核算软件来实现，这些会计核算软件的运行环境和安装方法各不相同。本章将以北京用友软件公司研制开发的用友通 T3 版本的会计软件为蓝本，介绍会计核算软件的基本操作原理。

　　根据会计核算系统的基本操作原理，用户在使用核算系统之前首先要明确系统管理的主要内容。电算化会计核算系统管理主要包括：系统的安装配置、用户增减管理、账套管理、用户权限管理和系统安全管理。

第一节　系统安装

　　从本节开始以用友通 T3 软件为例，全面系统地介绍会计核算软件的操作使用过程。依据会计核算系统的操作原理，在使用电算化会计核算软件之前首先要针对单位所选用的会计软件，对计算机系统的运行环境进行必要的安装配置，包括硬件和系统软件两方面。在安全稳定的计算机系统中安装所选用的会计核算软件。

一、配置运行环境（以用友通 T3 会计软件为例）

　　会计核算软件必须在与之相适应的环境下运行才能保证发挥其功能，才能很好地完成会计核算工作。会计核算软件的运行环境包括硬件环境和软件环境两方面。

　　（一）硬件环境

　　按照计算机硬件设备的不同组合方式，一般构成为以下两种硬件结构：

　　1. 单机环境

　　配置一台计算机和相应的外部设备，属于单用户、单任务工作。针对用友通 T3 会计软件，单机版用户主机配置：CPU P3 550 MHz 或以上，内存 128 MB 或以上，硬盘空间 10 GB 或以上。

　　2. 网络环境

　　具有独立功能的多台计算机与一台或几台数据服务器通过网络通信线路连接而成，组成功能更加强大的计算机网络环境。网络环境下的结构如图 2-2-1 所示。

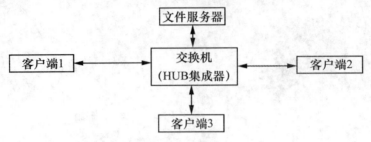

图 2-2-1　网络结构

针对用友通 T3 会计软件,网络用户的硬件配置见表 2-2-1。

表 2-2-1　网络用户的硬件配置

对　象	硬件配置要求
网络服务器	CPU P3 1.4 GHz 以上,内存 512 MB 或以上,硬盘至少 40 GB 以上,有一个光驱
客户端	CPU P3 800 MHz 以上,内存 256 MB 或以上,硬盘至少 20 GB 以上,有一个光驱

(二)软件环境

软件环境是指支持软件即所需要的系统软件,包括操作系统和数据库。针对前述的网络硬件环境结构,用友通 T3 软件相对应的系统软件需求见表 2-2-2、表 2-2-3。

表 2-2-2　操作系统配置

对　象	操作系统配置要求
网络服务器	Win 2000 server+sp4　win 2003 server+sp1　win XP+sp2　win 2000 Professional+sp4
客户端	Win 2000 server+sp4　win 2003 server+sp1　win XP+sp2　win 2000 Professional+sp4

表 2-2-3　数据库配置

对　象	数据库配置要求
网络服务器	SQL server 2000 标准版+sp4　SQL server 2005+sp2
客户端	SQL server 2000 标准版+sp4　SQL server 2000 个人版+sp4　MSDE 2000+sp4

(三)配置环境

1. 检查计算机名称

对已经能够正常启动的计算机(符合上述硬件和操作系统的配置要求),首先应检查计算机名称,其名称中不能含有"-"(减号)、不能用数字开头、不能有汉字。若计算机名称不符合要求,则需要对计算机名称进行修改。在系统属性中,更改计算机名称,如图 2-2-2 所示。更改名称后,必须重新启动计算机,新的计算机名称才能生效。

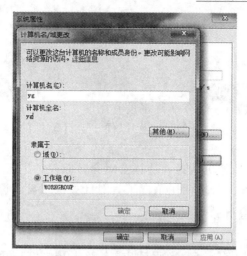

图 2-2-2　更改计算机名称

2. 安装数据库及其补丁

将符合上述要求的计算机正常启动后,在正式安装用友通 T3 软件之前,必须安装 SQL server 2000 作为后台数据库。建议在服务器上安装 SQL server 2000 标准版,在客户端安装 SQL server 2000 个人版。如果没有 SQL server 2000 也可以安装 MSDE 2000。MSDE 2000 是微软公司提供的 SQL server 数据引擎,只提供了基本的 SQL 功能,可以支持用友通 T3 软件的运行。这里以 MSDE 2000 的安装为例,具体操作步骤如下:

(1)双击 MSDE 2000RelA 文件夹下的 setup.exe 开始安装,进入安装程序,如图 2-2-3 所示。

图 2-2-3　安装 MSDE 2000 的过程

(2)安装完毕后必须重新启动计算机(此处系统将不会给予提示,必须手动重新启动计算机)。重启系统后,点击右下角图标栏中的"MSSQL Server"图标,启动 SQL Server 的服务管理器设置窗口,如图 2-2-4 所示。选择"当启动 OS 时自动启动服务",重新启动计算机后,SQL Server 的服务就可以自动启动了。

图 2-2-4　启动 SQL Server 服务器

二、安装会计软件

（一）安装前的准备工作

1. 整理计算机的硬盘空间

在已经使用的计算机上，一般存在许多没有用的文件。因此，安装会计软件之前应该将这些文件删除，使计算机的硬盘空间最大化，以便于会计软件的运行。

2. 查杀计算机病毒

有些计算机可能染有计算机病毒，这样会对会计软件的运行造成很大的不良影响和破坏。因此，在安装会计软件前必须使用杀毒工具对计算机硬盘进行全面的清理和查杀。

（二）安装用友通 T3 会计软件

安装步骤如下：

（1）将用友通 T3 软件光盘放入光驱后（或者双击用友 T3-用友通标准版文件夹下的 setup.exe 开始安装）系统自动弹出"用友 T3-用友通标准版"对话框，如图 2-2-5 所示。

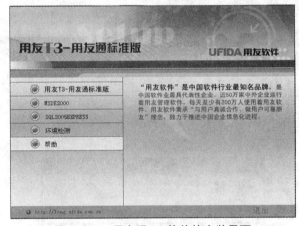

图 2-2-5　用友通 T3 软件的安装界面

（2）点击安装界面的"用友 T3-用友通标准版"，如图 2-2-6 所示。

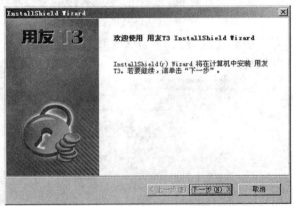

图 2-2-6　用友通 T3 软件的安装过程

（3）在安装欢迎界面中选择"下一步"。然后单击"是"按钮接受许可证协议。如果不需要更改系统默认的安装路径,则在安装类型界面中选择所要的安装类型(若为单机用户安装,应选择"全部安装"类型),点击"下一步",安装继续。

(4)根据安装向导重新启动计算机后,完成用友通 T3 会计软件的全部安装。

第二节　用户管理

会计核算系统安装完成之后,在使用会计核算软件时首先要对使用核算系统的用户进行确定。用友通 T3 会计软件中,使用和操作软件系统的用户按照权限的范围大小分为三种身份,即系统管理员、账套管理员和一般操作员。

一、系统管理员

系统管理员负责整个系统的总体控制和维护工作,包括用户管理(设置账套主管和操作员)、账套管理(账套的建立、引入和输出)、用户权限管理(设置和修改操作员的密码及其权限)、系统安全管理(监控系统运行和清除系统异常以及保障网络安全、预防病毒侵犯等)。系统管理员的默认用户名为 admin(不允许更改),初始密码为空(可以修改此密码)。

二、账套主管

账套主管是由系统管理员指定的。账套主管负责所管理账套的全部工作,包括对所管理的账套进行修改,对所选年度内的账套进行管理(包括账套的创建、清空、引入、输出以及各子系统的年末结账),对所选账套的数据备份,对该账套操作员权限的设置。系统管理员负责管理账套主管,完成对账套主管的增加、修改和删除以及操作权限的分配等工作。

三、操作员

操作员也是由系统管理员指定。操作员是指有权登录系统,并对系统进行操作的人员。操作员每次登录系统时,系统都要进行其身份的合法性检查。系统管理员负责管理操作员,完成对操作员的增加、修改和删除以及操作权限的分配等工作。

综上所述,系统管理员对上述操作员包括账套主管进行管理时,需要确定的项目见表2-2-4。

表 2-2-4　操作员设置项目

分类	说明
编号	编号是系统中区分不同操作员的唯一标志,必须输入并且唯一。
姓名	也称为注册名,是指有权进入系统的账套主管和其他操作员的名称。它可以是真实姓名,也可以是其他代号。由于该姓名会出现在其处理的单据上,应录入真实姓名,以便进行监督。如有重名必须加上区别标记。
口令	是指系统注册人员进入系统登录的密码。它可以由数字、字母及符号组成。口令第一次由系统管理员为操作员设置,操作员登录后,应及时修改口令并严格保密。
确认口令	必须与前面输入的口令完全一致。
所属部门	是指该操作员的所在部门,可以为空。

实例:增加用户。

编号:001　姓名:董理　口令:001　所属部门:财务科

编号:002　姓名:杭程　口令:002　所属部门:财务科

编号:003　姓名:成功　口令:003　所属部门:财务科

操作步骤:

(1)以系统管理员 admin 身份登录"用友通 T3 系列管理软件[系统管理]",如图 2-2-7 所示。

图 2-2-7　用友通 T3 软件[系统管理]登录界面

(2)在"系统"菜单中,单击"注册"命令,如图 2-2-8 所示。打开"注册[控制台]"对话框。

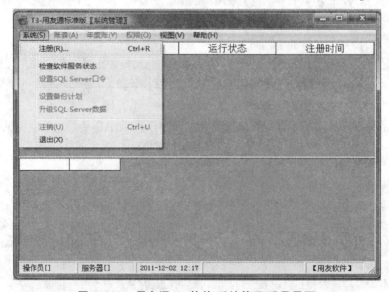

图 2-2-8　用友通 T3 软件[系统管理]登录界面

(3)在"注册[控制台]"对话框中,输入用户名和密码,如图 2-2-9 所示。

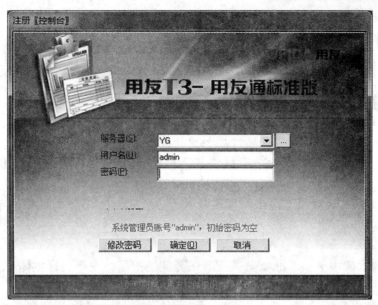

图 2-2-9　注册[控制台]

(4)单击"确定",进入"用友 T3-用友通标准版[系统管理]"窗口中,执行"权限—操作员"命令,如图 2-2-10 所示。

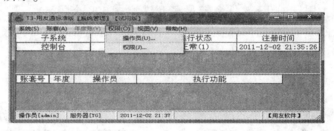

图 2-2-10　操作员管理

(5)在打开的"操作员管理"窗口中,单击"增加"命令,打开"增加操作员"对话框,如图 2-2-11 所示。

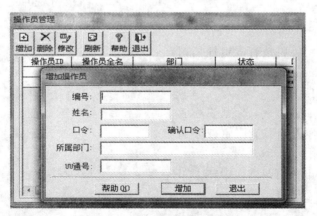

图 2-2-11　设置操作员

(6)依次输入编号、姓名、口令以及所属部门等有关信息。

(7)单击"增加"按钮,确认。

(8)重复上述操作可继续增加其他操作员,增加完毕即可单击"退出"返回。

注意:

● 所设置的操作员,可以对姓名和所属部门进行修改,或者在未被使用前对其进行删除。一旦被使用,则不能删除。

● 在实际工作中可以根据需要随时增加操作员。

● 为了保证系统安全和分清责任,操作员登录系统后应当及时修改设置自己的口令。

第三节　账套管理

账套是会计软件中最基本的概念。所谓账套就是指保存一个会计主体单位的相关会计业务数据资料的文件。它包括两层含义:

(1)一个账套中只能保存一个单位或一个独立核算单位的会计核算资料。

(2)账套中存放的内容为会计科目、记账凭证、各种账簿、会计报表等会计核算资料。

一般会计核算软件中可以建立任意多个账套,以便及时掌握各子公司或下属各独立核算单位的财务状况。用友通 T3 软件系统最多允许建立 999 个账套。

账套管理包括账套的建立、修改、引入和输出,其中系统管理员负责账套的建立、引入和输出,账套的修改由账套主管负责。

一、建立账套

单位在使用用友通 T3 软件之前需要建立账套,即"建账",包括确定账套信息、单位信息、核算类型、基础信息、业务流程、编码方案、数据精度等 7 个方面的单位详尽信息。用友通 T3 软件系统设置了建账向导,用于引导用户建立账套。

实例:建立公司账套。

1. 账套信息:

账套号:001

账套名称:包头财经科技有限责任公司

账套路径:D:\ufsmart\admin

启用会计期:2012 年 1 月

2. 单位信息:

单位名称:包头财经科技有限责任公司

单位简称:包头财经

单位地址:包头市青山区富强中路 17 号

法定代表人:张宏远

邮编:014030

联系电话及传真:0472-5156789

电子邮箱:cnbtcj@139.com

纳税登记号:1502035156789

3. 核算类型信息:

本位币代码:RMB

本位币名称:人民币

企业类型:工业

行业性质:2007 年新会计准则

账套主管:董理

按行业性质预置会计科目

4. 基础信息:

存货及供应商不分类

客户分类

无外币核算

5. 业务流程:采用标准流程

6. 编码方案:

科目编码方案为 4222

客户分类编码方案为 11

部门编码方案为 12

结算方式编码方案为 11

其他编码项目保持不变

7. 数据精度均默认为 2 位

8. 总账模块的启用日期为 2012 年 1 月份,工资管理和固定资产管理两个模块的启用日期为 2012 年 2 月份。

操作步骤:

(1)以系统管理员 admin 的身份在"系统管理"窗口中,选择"账套"菜单下的"建立"命令,在打开"创建账套"对话框中的"账套信息"页面,输入"账套号""账套名称""账套路径""启用会计期",如图 2-2-12 所示,单击"下一步"按钮。

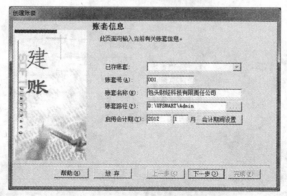

图 2-2-12　账套信息

注意：

●系统自动从"001"号开始给新建账套编号。账套号只能是001~999的数字。每个账套只能用一个账套号表示，不能重复，不能修改。

●账套名称可以是核算单位的简称，它将随时显示在正在操作的财务软件的界面上。

●账套路径为存储账套数据的路径，可以修改。

●启用会计期是新建账套被启用的核算日期，系统缺省设置计算机当前的机器时间。创建账套时必须调整好会计核算日期，一旦启用不能再修改。

(2)在打开的"单位信息"页面中，输入单位名称、单位简称、单位地址、法人代表、邮政编码、联系电话及传真、电子邮箱、纳税登记号，如图2-2-13所示。单击"下一步"按钮。

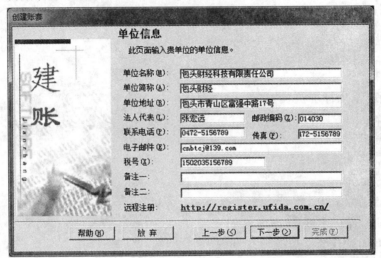

图2-2-13 单位信息

(3)在打开的"核算类型"页面中，输入本币代码、本币名称、企业类型、行业性质、账套主管和按行业性质预置科目，如图2-2-14所示。单击"下一步"按钮。

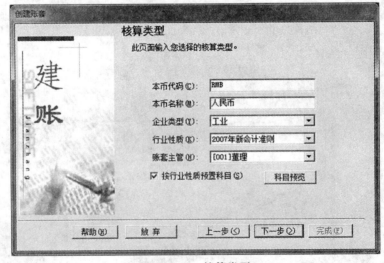

图2-2-14 核算类型

注意:

●账套主管必须在此确定,系统管理员也可以在操作员权限设置功能中进行修改。

(4)在打开的"基础信息"页面中,勾选"客户是否分类",如图 2-2-15 所示。单击"下一步"按钮。

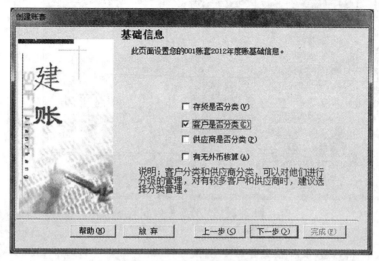

图 2-2-15　基础信息

(5)在打开的"业务流程"页面中,采用"标准流程",如图 2-2-16 所示。单击"完成"按钮。

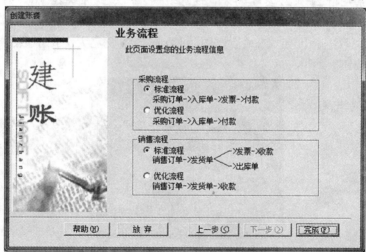

图 2-2-16　业务流程

(6)在打开的"创建账套"对话框中,系统提示是否可以创建账套,单击"是"按钮,开始创建账套,如图 2-2-17 所示。

(7)在打开的"分类编码方案"对话框中,修改科目编码级次、客户分类编码级次、部门编码级次、结算方式编码级次,如图 2-2-18 所示。单击"确认"按钮。

图 2-2-17　系统提示

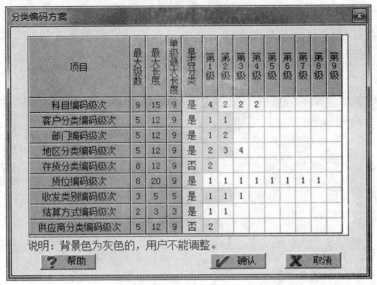

图 2-2-18　分类编码方案

注意：

● 由于系统按照账套所选行业会计制度预置了第 1 级会计科目，因此第 1 级科目编码级次不能修改。

● 在未使用系统前，如果分类编码方案设置有误，可以在"系统控制台"的"基础设置"中进行修改。

(8)在打开的"数据精度定义"对话框中，将数据精度设定为 2 位小数，如图 2-2-19 所示。单击"确定"按钮。

图 2-2-19　数据精度定义

(9)至此账套创建成功，系统询问是否进行启用设置，单击"是"按钮，在打开的"系统启用"对话框中启用总账、工资管理、固定资产，其中总账启用会计期间为 2012 年 1 月份，工资管理和固定资产启用会计期间为 2012 年 2 月份，如图 2-2-20 所示。

注意：

● 此时，可以直接进行系统启用的操作，也可以之后以账套主管的身份登入系统，进行相应的系统启用操作。

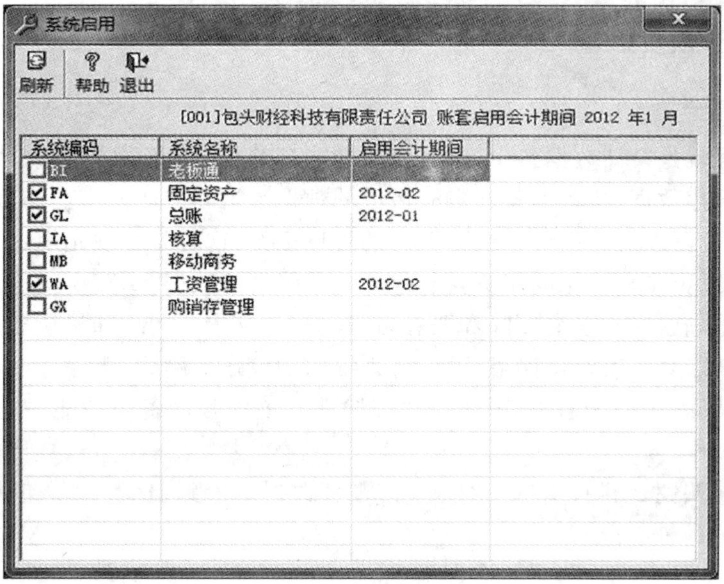

图 2-2-20　系统启用

二、修改账套

系统管理员创建账套后,在系统还没有使用的情况下,可以根据需要对新建账套进行一些有限制的修改。这里只有账套主管才有权修改账套,部分账套信息(如账套号、启用会计期等)无法修改。

如果要修改某一账套信息,以账套主管的身份登录"系统管理"后,单击"账套"菜单中的"修改"选项,打开"修改账套"对话框,系统自动列出所有的已建立的账套信息,如图 2-2-21 所示。该账套主管可以通过单击"下一步"或"上一步"按钮查看或修改相应的账套信息,如果确认已修改的内容,则应在修改完成后单击"完成"按钮。

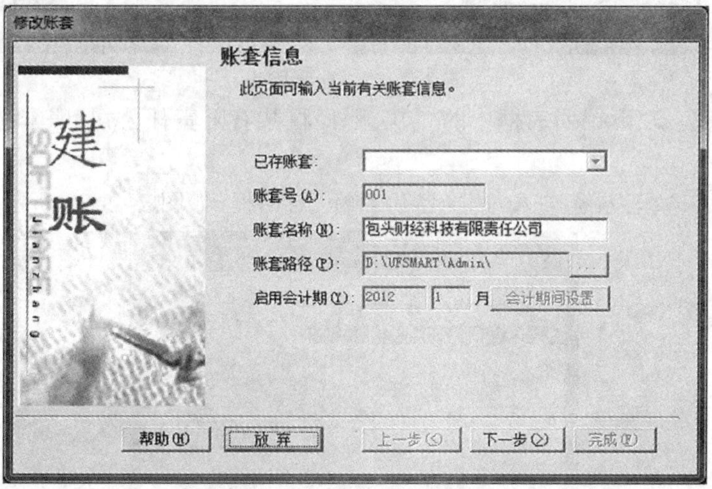

图 2-2-21　修改账套

三、账套备份和恢复账套

(一)账套备份

账套备份也就是会计数据备份,就是将所选账套的数据备份到硬盘或其他介质中。其目的是为了长期保存数据,防备因意外事故造成的数据丢失和破坏。当然,有(异地)管理的子公司,此种方法也可以解决审计和数据汇总的管理工作,这时需要预先规定不同子公司的账套号不能相同,以免账套号相同而覆盖其他子公司账套的数据。

在用友通 T3 软件中,账套删除和账套备份的操作基本相同。如果所建立账套的数据错误或系统内的某账套不需要再保留,可以将系统内的该账套删除。删除账套会将该账套下的所有数据彻底清除,为安全起见,系统提供删除账套前的强制备份功能,并且只能由系统管理员进行此项操作。

实例:将"包头财经科技有限责任公司"账套数据备份到 D 盘中的"包头财经公司账套备份"文件夹中。

操作步骤:

(1)以系统管理员 admin 身份进入"系统管理"窗口,单击"账套"菜单中的"备份"选项,打开"账套输出"对话框,如图 2-2-22 所示。

图 2-2-22　账套输出

(2)选择"账套号"下拉列表框中的"包头财经科技有限责任公司"账套选项,单击"确定"按钮。

(3)经过压缩进程,系统进入"选择备份目标"对话框,如图 2-2-23 所示。

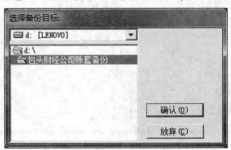

图 2-2-23　选择备份目标

(4)选取驱动器 D,双击"包头财经公司账套备份"文件夹,然后单击"确定"按钮,系统备份完毕,弹出系统提示对话框,如图 2-2-24 所示。

图 2-2-24　系统提示

(5)单击"确定"按钮。

注意：

● 用户每次备份时,都应新建一个文件夹并注明该备份文件的内容。

● 单位应该在每月月末结账前进行账套备份。

● 只有系统管理员才有权备份账套。

● 在删除账套时,必须关闭所有系统模块。

● 如果用户将该账套数据提供给用友 U6 软件,系统管理员只需进入"系统管理"窗口,单击"账套"菜单中的"输出"选项,打开账套"输出 U6"对话框,如图 2-2-25 所示。此操作是为用友 U6 软件提供账套数据。

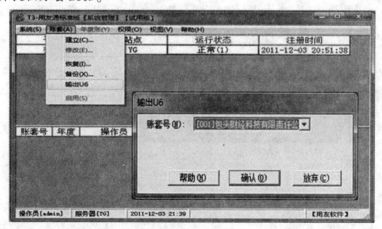

图 2-2-25　输出 U6

(二)自动备份

用友通 T3 软件提供账套的自动备份功能,通过"设置备份计划"来完成。系统可以按照用户的设置,自动定时对多个账套同时进行输出(备份),这在很大程度上减轻了管理人员的工作量,可以更好地对系统进行管理。

以系统管理员 admin 身份登录"系统管理",在"系统"菜单下选择"设置备份计划",系统会弹出"备份计划设置"对话框。单击"增加"按钮,系统弹出"增加备份计划"对话框,此时用户可以根据公司情况设置备份计划,如图 2-2-26 所示。

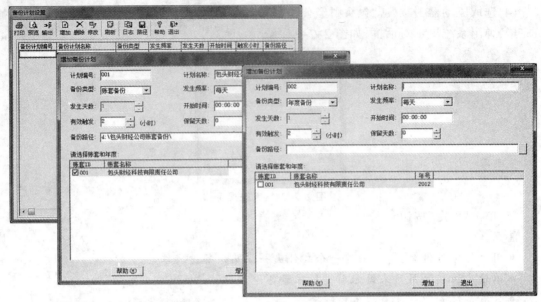

图 2-2-26 增加备份计划

(三)账套恢复

账套恢复也就是会计数据恢复,是指将备份的数据恢复到系统中。进行账套恢复的原因是:当系统中的数据被破坏,将最新备份的数据恢复到系统中;当然,子公司的账套数据可以定期被引入总公司系统中,以便于进行有关账套数据的分析和汇总工作。

实例:将"包头财经公司"的备份账套数据恢复到系统中。

操作步骤:

(1)以系统管理员 admin 身份登录"系统管理"窗口,选择"账套"菜单中的"恢复"命令,打开"恢复账套数据"对话框,如图 2-2-27 所示。

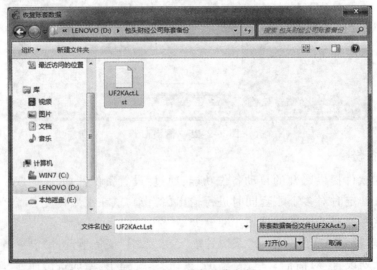

图 2-2-27 恢复账套数据

(2)选择驱动器 D,双击"包头财经公司账套备份"文件夹,然后选择备份文件"UF2KAct.lst",单击"打开"按钮。

(3)系统提示"账套恢复成功",单击"确定"按钮,如图 2-2-28 所示。

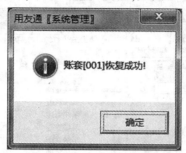

图 2-2-28　系统提示

第四节　用户权限管理

对用户权限的管理就是对已经设置的用户进行授权。在用友通 T3 会计核算系统中只有系统管理员和该账套的主管才有权进行用户权限的设置(授权),这里系统管理员可以指定某账套的账套主管,还可以对各个账套的操作员进行权限设置。系统默认账套主管自动拥有所属账套系统的全部权限,无需再对账套主管进行增加和删除权限的操作;而账套主管只可以对所管辖账套的操作员进行权限的设置。因此,用户权限的管理主要是对非账套主管的操作员进行权限设置。

操作员权限是指操作员拥有某一账套的哪些功能的操作。因此,系统管理员在设置操作员和建立账套之后,就需要由系统管理员或账套主管对某一账套或所属账套的分工权限范围进行具体设置。以便操作员在分工明确、职责清楚的范围内充分发挥账套的功能,完成会计核算任务。

一、增加操作员权限

实例:设置操作员权限。

1. 设置操作员"董理"拥有 001 账套"账套主管"权限。

2. 设置操作员"杭程"拥有 001 账套"公用目录设置","总账"中除了"审核凭证""恢复记账前状态"和"出纳签字"以外的所有权限,"固定资产"和"工资管理"权限。

3. 设置操作员"成功"拥有 001 账套"现金管理",总账中的"出纳签字"权限。

4. 增加操作员"004—刘民—财务科",并拥有 001 账套"总账"中的"审核凭证""恢复记账前状态"权限。

操作步骤:

(1)以系统管理员 admin 身份登录"系统管理"窗口,选择"权限"菜单中的"权限"命令,打开"操作员权限"对话框,如图 2-2-29 所示。

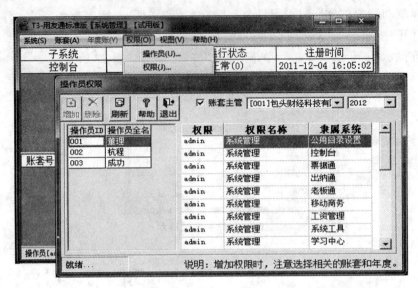

图 2-2-29　操作员权限

(2)操作员"董理",已经于建立账套时被指定为 001 账套的"账套主管"。这里系统管理员可以进行账套主管的修改。

注意：

● 一个账套中可以有多个账套主管,一个操作员也可担任多个账套的账套主管。

● 如果以"账套主管"的身份登录,则不能进行指定新的账套主管的操作。

(3)在上述对话框右上角中,选定"001"账套。单击操作员显示区中的"002 杭程"所在行,再单击"增加"按钮,打开"增加权限"对话框,如图 2-2-30 所示。

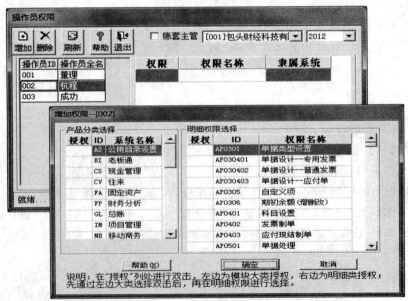

图 2-2-30　增加权限

　　(4)分别双击"公用目录设置""固定资产"和"工资管理"权限。双击"总账"权限,并在右侧"明细权限选择"对话框中,分别选定"审核凭证""恢复记账前状态"和"出纳签字"并双击,分别取消这三个权限,如图2-2-31所示。最后单击"确定"按钮,完成对操作员"杭程"权限的设置。

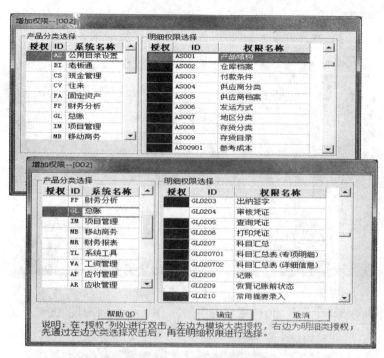

图2-2-31　增加权限

　　(5)重复前面第3步,选定"001"账套。单击操作员显示区中的"003成功"所在行,再单击"增加"按钮,打开"增加权限"对话框,如图2-2-32所示。

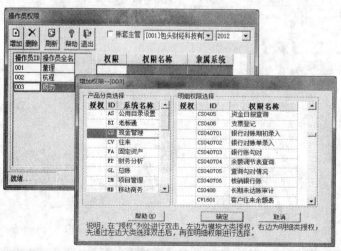

图2-2-32　增加权限

(6) 双击"现金管理"权限。单击"总账"权限,并在右侧"明细权限选择"对话框中,选定并双击"出纳签字"权限。最后单击"确定"按钮,完成对操作员"成功"权限的设置。

(7) 系统管理员在完成上述设置权限操作之后,退出"操作员权限"对话框。在"系统管理"窗口,选择"权限"菜单中的"操作员"命令,打开"操作员管理"对话框,如图 2-2-33 所示。单击"增加"按钮,打开"增加操作员"对话框,如图 2-2-33 所示。依次输入编号:004,姓名:刘民,所属部门:财务科。单击"增加"按钮,完成操作员增加。

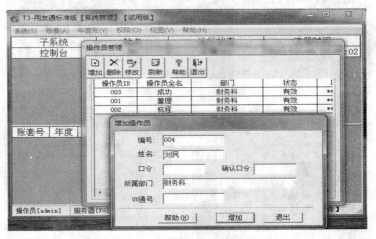

图 2-2-33　设置操作员

(8) 重复前面第 3 步,选定"001"账套。单击操作员显示区中的"004 刘民"所在行。单击"增加"按钮,打开"增加权限"对话框,如图 2-2-34 所示。

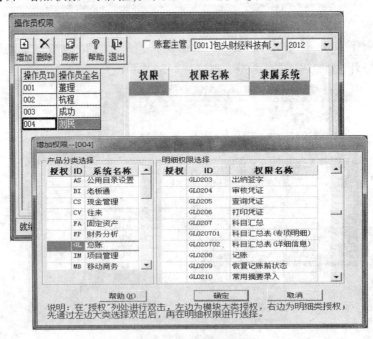

图 2-2-34　增加权限

(9)单击"总账"权限,并在右侧"明细权限选择"对话框中,分别选定并双击"审核凭证"和"恢复记账前状态"权限。最后单击"确定"按钮,完成对操作员"刘民"权限的设置。

二、修改或删除操作员权限

系统管理员或账套主管可以对非账套主管的操作员已经拥有的权限进行修改或删除。操作员权限一旦被引用,便不能被修改或删除。

实例:修改或删除操作员权限。

删除操作员"刘民"所拥有 001 账套"总账"中"审核凭证""恢复记账前状态"权限。

操作步骤:

(1)以系统管理员 admin 身份登录"系统管理"窗口,选择"权限"菜单中的"权限"命令,打开"操作员权限"对话框,如图 2-2-35 所示。单击操作员显示区中"004 刘民"所在行,再单击右侧"总账"下的"审核凭证"权限所在行,如图 2-2-35 所示。

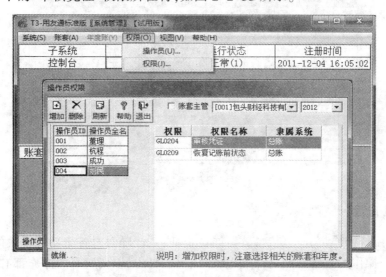

图 2-2-35　操作员权限

(2)单击"删除"按钮,系统提示"删除权限:[审核凭证]吗?",单击"是"按钮,删除此权限,如图 2-2-36 所示。按照此种方法将操作员"刘民"的"恢复记账前状态"权限删除。

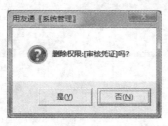

图 2-2-36　系统提示

第五节　系统安全管理

会计核算系统的安全运行对于单位电算化会计能否顺利进行至关重要。用友通 T3 软件系统的安全管理内容主要包括以下几个方面。

一、系统运行监控

用户以系统管理员身份进入"系统管理"窗口时,如图 2-2-37 所示,可以看到上下两部分内容,上半部是已经登录的子系统,下半部是已经登录的操作员在子系统中正在选择的功能。这两部分内容是动态的,系统管理员可以通过它们监控到当前系统操作员正在工作的情况。

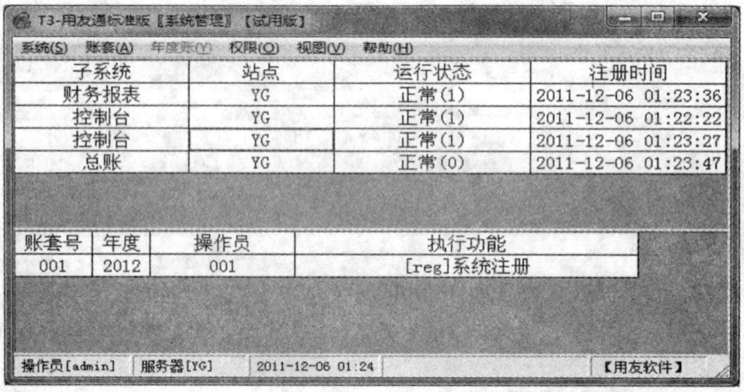

图 2-2-37　系统管理

二、形成上机日志

为了能使系统操作员分工负责,分清岗位责任,系统随时对各个功能模块的每位操作员的上下机时间、操作的具体功能进行登记,形成上机日志,以便所有的操作都有时时记载,如图 2-2-38 所示。

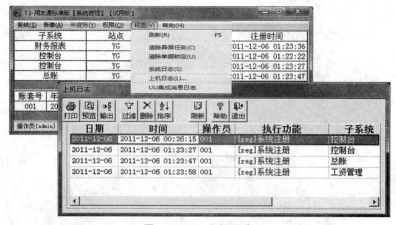

图 2-2-38　上机日志

三、清除系统运行异常

　　系统提供了"清除异常任务"和"清除单据锁定"两项功能。用户在使用过程中,由于不可预见的原因造成单据锁定,可选择"系统管理"窗口中"视图"下的"清除单据锁定"命令,使其恢复正常。系统在运行过程中,由于死机等原因可能造成系统运行异常,为清除系统运行异常,系统除具备自动处理异常任务功能外,还提供了手工清除异常任务功能。在等待时间内,用户还可以使用"视图"下的"清除异常任务"命令删除异常任务,以释放异常任务所占用的系统资源,使系统尽快恢复正常工作。

第三章　账务处理系统

账务处理系统是会计核算系统的核心,整个会计核算系统的基本功能之一就是填制、审核记账凭证和汇总登记账簿,也就是账务处理。本章依据账务处理系统的业务处理流程全面系统地介绍用友通 T3 软件的操作过程,包括账务处理系统的初始设置和日常使用。

第一节　账务处理系统的初始设置

依照账务处理系统的业务处理流程,用户使用电算化账务处理系统进行业务处理前必须要进行一系列的初始化工作,建立适应用户单位管理需要和业务处理要求的电算化账务处理系统。用友通 T3 软件的有关账务处理系统的初始化工作包括:基础设置、选项设置和期初余额输入。

一、基础设置

基础设置包括:机构设置、往来单位设置、会计科目设置、凭证类别设置、外币种类设置、项目目录设置和收付结算设置。其中机构设置、往来单位设置、项目目录设置属于辅助账核算初始化,会计科目设置、凭证类别设置、外币种类设置和收付结算设置为传统会计核算初始化。关于这一点已经在前述有关"辅助账管理业务处理程序"章节中阐述。因此,基础数据的设置工作量很大。用户单位应根据管理工作的实际需要,做好基础数据的整理工作。

(一)机构设置

单位机构设置包括两个方面:部门设置和职员设置。

1. 部门档案

这里部门是指会计主体单位内部所管辖的需要进行核算和管理的各个职能部门。部门档案主要用于设置单位内部各个职能部门的信息。在用友通 T3 软件中就是按照已经定义好的部门编码级次原则输入部门编号及其相关信息。每个部门档案包含部门编码、名称、负责人、部门属性等信息。

实例:建立部门档案。

包头财经公司的部门档案见表 2-3-1。

表 2-3-1　部门档案

部门编码	部门名称	部门属性	负责人	部门编码	部门名称	部门属性	负责人
1	经管部	管理	邓杰	2	研发部	技术	金鑫
101	财务科	管理	董理	3	市场部	营销	李蓉
102	人事科	管理	史佳	4	公关部	公共关系	王芳

操作步骤:

(1)以"账套主管"身份"001 董理"注册进入用友通 T3 软件,如图 2-3-1 所示。

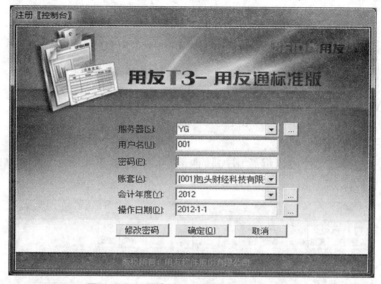

图 2-3-1　用友通 T3 软件注册登录窗口

(2)在"用友通 T3"窗口中,执行"基础设置—机构设置—部门档案"命令,打开"部门档案"对话框,如图 2-3-2 所示。

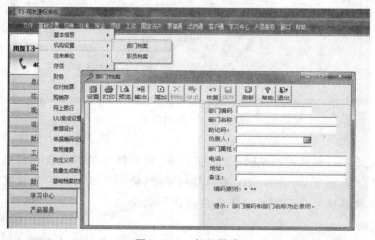

图 2-3-2　部门档案

(3)在"部门档案"对话框中,单击"增加"按钮。在右框中输入部门编号、部门名称以及部门属性等有关信息,如图 2-3-3 所示。

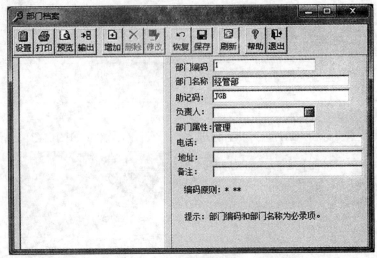

图 2-3-3　部门档案

(4)单击"保存"按钮。

(5)重复以上操作步骤,可以继续增加其他部门,如图 2-3-4 所示;否则单击"退出"按钮返回。

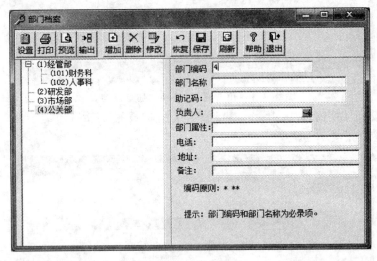

图 2-3-4　部门档案

注意:

● 由于在设置部门档案时,还未设置职员档案,因此还不能在进行部门档案设置时输入负责人。待设置职员档案后,再回到设置部门档案中,使用修改功能补充设置。

● 部门如果被其他对象引用后就不能被修改和删除。

2. 职员档案

这里的职员是指单位内部各个职能部门中参与单位的业务活动而需要对其进行核算和

管理的人员,如财务人员、采购人员、销售人员等。职员档案主要是设置单位内部各个职能部门中的职员信息,所以,必须先设置好部门档案,才能在这些部门下设置相应的职员档案。在用友通 T3 软件中每位职员档案信息包含职员编码、名称、所属部门和职员属性等信息。其中,职员编码必须唯一,职员名称可以重复。

实例:建立职员档案。

包头财经公司的职员档案见表2-3-2。

表2-3-2　职员档案

编号	职员姓名	所属部门	职员属性	编号	职员姓名	所属部门	职员属性
001	董理	财务科	主管	102	郭丽	研发部	技术员
002	杭程	财务科	管理员	103	陈亮	研发部	技术员
003	成功	财务科	管理员	201	李蓉	市场部	部长
004	刘民	财务科	管理员	202	李明	市场部	销售员
005	史佳	人事科	主管	203	刘芳	市场部	销售员
006	徐兵	人事科	管理员	301	王芳	公关部	部长
007	邓杰	人事科	部长	302	李霞	公关部	管理员
101	金鑫	研发部	部长	303	张华	公关部	管理员

操作步骤:

(1)以"账套主管"身份"001 董理"注册进入用友通 T3 软件,在"用友通 T3"窗口中,执行"基础设置—机构设置—职员档案"命令,打开"职员档案"对话框,如图2-3-5所示。

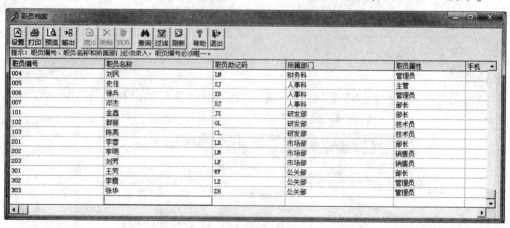

图2-3-5　职员档案

(2)依次输入职员编号、职员姓名、所属部门和职员属性等有关信息。

(3)单击"增加"按钮(或者按 Enter 键)保存。

(4)重复上述步骤可以继续增加新职员,单击"退出"按钮返回。

注意:

● 输入职员所属部门,只能选定末级部门。

● 输入完毕职员档案后,要返回到"部门档案"中执行"修改"功能补充负责人信息。

● 职员被其他对象引用后就不能再修改或删除。

(二)往来单位设置

这里的往来单位包括个人往来和单位往来。其中个人往来是指企业单位与单位内部职工发生的往来业务,单位往来是指企业单位与外单位发生的往来业务。在前面的有关章节中我们阐述过,电算化会计核算系统将这类往来业务的核算都列入辅助核算管理。为此,需要建立个人往来目录(职员档案)和单位往来目录。往来单位的设置就是根据实际的单位往来业务确定客户档案和供应商档案。

企业单位在实际单位往来业务中,一般根据管理的要求对客户和供应商的所属地区进行相应的分类,建立地区分类目录。同时,用户单位还可以根据自身的管理需要,将客户和供应商按照地区、行业等标准作进一步的划分,设置客户和供应商的分类目录。

综上所述,往来单位的设置包括:地区分类、客户分类、供应商分类、客户档案和供应商档案。

1.地区分类

用户使用用友通 T3 软件中的采购管理、销售管理、库存管理和应收应付款管理系统时都会用到地区分类,如可以按区、省、市进行分类。

实例:建立地区分类。

包头财经公司账套的地区分类见表 2-3-3,地区分类编码级次为:234。

表 2-3-3 地区分类

类别编码	类别名称	类别编码	类别名称
01	中国	01002	东北区
01001	华北区	02	美国

操作步骤:

(1)以"账套主管"身份"001 董理"注册进入用友通 T3 软件,在"用友通 T3"窗口中,执行"基础设置—往来单位—地区分类"命令,打开"地区分类"对话框,如图 2-3-6 所示。

图 2-3-6 地区分类

(2)单击"增加"按钮,在"类别编码"和"类别名称"框中,依次输入地区分类表中的对应项目。之后,单击"保存"按钮,保存录入的信息。

(3)重复上述步骤可以继续增加地区分类表中的其他地区分类,待全部输入完毕后单击"退出"按钮返回。

2. 客户分类

用户单位还可以根据自身的管理需要,将客户按照地区、行业等标准作进一步的划分,设置客户的分类目录。之后,再根据不同的客户分类建立客户档案。若用户单位没有对客户进行分类管理的需求,则可以不使用本功能。

实例:建立客户分类。

包头财经公司账套的客户分类见表2-3-4,客户分类编码级次为:11。

表2-3-4　客户分类

类别编号	类别名称	类别编号	类别名称
1	内蒙古	2	北京
11	包头	3	天津
12	呼市	4	华南地区
13	鄂尔多斯	5	华东地区

操作步骤:

(1)以"账套主管"身份"001董理"注册进入用友通T3软件,在"用友通T3"窗口中,执行"基础设置—往来单位—客户分类"命令,打开"客户分类"对话框,如图2-3-7所示。

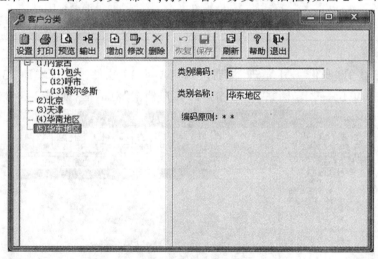

图2-3-7　客户分类

(2)单击"增加"按钮,在"类别编码"和"类别名称"框中,依次输入客户分类表中的对应项目。之后,单击"保存"按钮,保存录入的信息。

(3)重复上述步骤可以继续增加客户分类表中的其他客户分类,待全部输入完毕后单击"退出"按钮返回。

注意:

● 新增的客户分类的类别编号必须与前面设置的客户分类编码级次结构相符。本实例中,包头财经公司建账套时,定义客户分类编码级次为11。客户分类必须逐级增加,除一级客户分类外,新增的客户分类的分类编码必须有上级分类编码。

● 有下级分类编码的客户分类前会出现"带框的+"符号,双击该分类编码时,会出现或取消下级分类编码。

3. 客户档案

客户档案设置就是建立往来客户的档案信息,为单位的销售管理、库存管理和应收账管理服务。企业单位在填制销售出库单、销售发票和进行款项结算时都要用到客户的信息。为此必须要正确建立客户档案。另外,用户单位如果在建立账套时选择了客户分类,则必须在设置完客户分类的情况下才能编辑客户档案。

实例:建立客户档案。

包头财经公司账套的客户档案见表2-3-5。

表2-3-5　客户档案

客户编号	客户名称	客户简称	客户所属分类
01	包头兰天有限公司	包头兰天	包头
02	呼市用友有限公司	呼市用友	呼市
03	北京用友集团公司	北京用友	北京
04	上海科达有限公司	上海科达	华东地区

操作步骤:

(1)以"账套主管"身份"001董理"注册进入用友通T3软件,在"用友通T3"窗口中,执行"基础设置—往来单位—客户档案"命令,打开"客户档案"对话框,如图2-3-8所示。

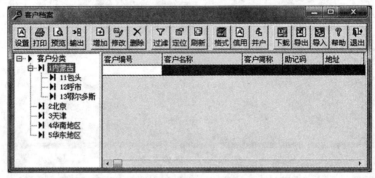

图2-3-8　客户档案

(2)单击"增加"按钮,打开"客户档案卡片"对话框,如图2-3-9所示,依次输入客户档案表中的对应项目。之后,单击"保存"按钮,保存录入的信息。

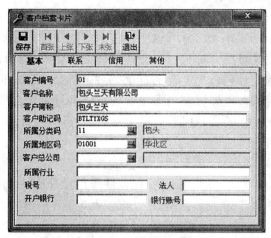

图 2-3-9 客户档案卡片

(3)重复上述步骤可以继续增加客户档案表中的其他客户档案,待全部输入完毕后单击"退出"按钮返回。

注意:

- 客户档案必须在最末级客户分类下设置。
- 若"客户档案"窗口左框中无客户分类,则将客户归入无客户分类项。

4. 供应商分类

用户单位可以根据自身的管理需要,将供应商按照地区、行业等标准作进一步的划分,设置供应商的分类目录。之后,再根据不同的供应商分类建立供应商档案。若用户单位没有对供应商进行分类管理的需求,则可以不使用本功能。

供应商分类的设置与客户分类的设置类似,用户可以参照客户分类的设置,此处不再具体介绍。

5. 供应商档案

供应商档案设置就是建立往来供应商的档案信息,为单位的采购管理、库存管理和应付账管理服务。企业单位在填制采购入库单、采购发票和进行采购款项结算时都要用到供应商的信息。为此必须要正确建立供应商档案。另外,用户单位如果在建立账套时选择了供应商分类,则必须在设置完供应商分类的情况下才能编辑供应商档案。

供应商档案的设置与客户档案的设置类似,用户可以参照客户档案的设置,此处不再具体介绍。

(三)设置会计科目

会计科目是填制记账凭证、登记账簿、编制会计报表的基础。会计科目设置的完整性关系着会计核算工作的顺利实施,会计科目设置的层次、深度直接关系到会计核算的详细程度和准确程度。

会计软件中所使用的一级会计科目,必须符合当前会计准则的规定;而明细科目,各单位则可以根据实际情况,在满足核算和管理要求以及会计报表编制的基础上自行决定。

设置会计科目就是将单位所需要的会计科目逐一按系统的要求输入计算机中。目前商品化通用会计软件中已经为会计准则预设了一级会计科目。如果用户所使用的会计科目基本上与所选的会计准则规定的一级会计科目一致，则可以在建立账套时选择预置会计科目。这样，在会计科目初始设置时只需对不同的会计科目进行修改，对缺少的会计科目进行增加处理即可。如果所使用的会计科目与所选会计准则规定的会计科目相差较多，则可以在建立账套时选择不预置会计科目，这样可以根据自身的需要自行设置全部的会计科目。

在增加会计科目时，输入的基本内容包括会计科目编码、会计科目名称、科目类型、账页格式、辅助账设置等项目。

实例：设置会计科目。

1. 包头财经公司在新建账套时选择了"按行业性质预置科目"，因此，在此只需要根据单位的实际情况，在系统预置的会计科目体系基础上，按照表2-3-6给出的资料增加部分会计科目。

表2-3-6 会计科目表

科目编码	科目名称	日记账银行账	辅助账类型	计量单位	账页格式
1001	库存现金	日记账			金额式
1002	银行存款	日记账 银行账			金额式
1122	应收账款		客户往来		金额式
1221	其他应收款		个人往来		金额式
140301	甲材料			件	数量金额式
1405	库存商品		项目核算	套(件)	数量金额式
2202	应付账款		供应商往来		金额式
221101	工资				金额式
221102	福利费				金额式
221103	工会经费				金额式
221104	职工教育经费				金额式
221105	社会保险费				金额式
222101	应交增值税				金额式
22210101	进项税额				金额式
22210102	销项税额				金额式
222102	未交增值税				金额式
222103	应交个人所得税				金额式
500101	直接材料		项目核算		金额式
500102	直接人工		项目核算		金额式
500103	制造费用		项目核算		金额式
660201	工资费用		部门核算		金额式
660202	折旧费用		部门核算		金额式
660203	其他费用		部门核算		金额式

2. 根据下列资料指定出纳签字的会计科目。

现金总账科目:"库存现金",

银行总账科目:"银行存款"。

操作步骤:

(1)增加会计科目。

下面以增加"应付职工薪酬—工资(221101)"为例说明其操作步骤:

①以"账套主管"身份"001 董理"注册进入用友通 T3 软件,在"用友通 T3"窗口中,执行"基础设置—财务—会计科目"命令,打开"会计科目"对话框,如图 2-3-10 所示。

图 2-3-10　会计科目

②单击"增加"按钮或按 F5 键,进入"会计科目—新增"对话框,如图 2-3-11 所示。依次输入科目编码、科目中文名称、账页格式等内容。

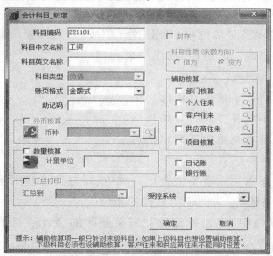

图 2-3-11　会计科目—新增

③单击"确定"按钮保存。重复上述步骤,可以增加其他会计科目。

注意:

● 增加会计科目除了以上增加方式外,还可以利用复制功能增加会计科目,其操作方法是:单击选中要被复制的会计科目所在行,执行"编辑—复制"命令或按 Ctrl+I 键,即可完成会计科目的增加。如果某一科目的下级与另一个或几个科目的下级内容相同,则可以采用"成批复制"功能,将某一科目的下级成批复制到另一科目中作为下级。

(2)修改会计科目。

下面以会计科目"库存现金(1001)"为例说明其操作步骤:

①在"会计科目"窗口中,将光标定位在需要修改的会计科目上,如"1001 库存现金"。单击"修改"按钮或双击该会计科目,进入"会计科目—修改"对话框,如图 2-3-12 所示。

图 2-3-12　会计科目—修改

②在"会计科目—修改"对话框中,单击"修改"按钮,进入修改状态,再单击选中"日记账"复选框。最后单击"修改"和"返回"按钮结束。

注意:

● 已有数据的会计科目不能再被修改。

● 非末级会计科目不能再修改科目编码。

● 被封存的会计科目在制单时不可以使用。

(3)删除会计科目。

如果某些会计科目不需用或者不适合用户单位,可以在未使用前将其删除。下面以删除会计科目"1311 代理兑付证券"为例说明其操作步骤:

①在"会计科目"窗口中,将光标定位在需要删除的会计科目上,如"1311 代理兑付证券"。单击"删除"按钮,进入"删除记录"对话框,如图 2-3-13 所示。

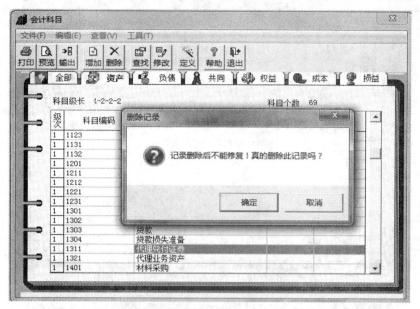

图 2-3-13　删除记录

②单击"确定"按钮,完成删除此会计科目。

注意:

- 删除科目后不能被自动恢复,但可以通过增加功能来完成。
- 非末级科目不能删除。
- 已有数据的会计科目,不能直接删除。
- 被指定为现金银行科目的会计科目不能删除,如想删除,必须先取消指定。

(4)指定会计科目

指定会计科目是指定出纳的专管科目,包括现金总账科目和银行总账科目。其目的是在出纳功能中可以查询现金、银行日记账,进行银行对账以及在制单过程中选择出纳签字和进行支票控制和资金赤字控制,以实现加强对现金和银行存款的管理。

指定"1001 库存现金"为现金总账科目,"1002 银行存款"为银行总账科目。操作步骤如下:

①在"会计科目"窗口中,选择"编辑—指定科目"命令,如图 2-3-14 所示对话框。

②在"指定科目"对话框中,单击"现金总账科目"单选按钮,在"待选科目"选择框中,将光标移到"1001 库存现金"所在行,单击">"按钮,系统自动将其列于"已选科目"框中,如图 2-3-15 所示。

③单击"确认"按钮。重复上述操作,将"1002 银行存款"指定为银行总账科目。

注意:

- 若想取消已指定的会计科目,可单击"<"按钮。

图 2-3-14　指定科目

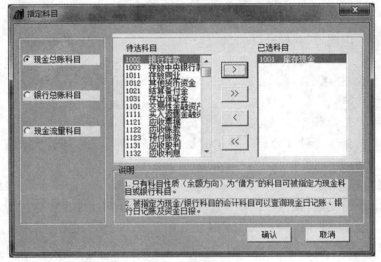

图 2-3-15　现金总账科目

(5)设置会计科目辅助核算标记。

对有辅助核算要求的会计科目,需要设置相应的辅助核算标志。一个会计科目设置了辅助核算后,它所发生的每一笔业务都将同时登记在总账和辅助明细账上。可以进行辅助核算的内容主要有:部门核算、个人往来、客户往来、供应商往来和项目核算等。

辅助核算标记一般要求设在最底层的会计科目上,但是为了查询或出账方便,其上级也可以设置辅助账核算。辅助账核算一经定义并使用,则不要进行随意修改,以免造成账簿数据的混乱。

下面以设置会计科目"1122 应收账款"的辅助核算标记为例说明其操作步骤:

①在"会计科目"窗口中,将光标移到"1122 应收账款"科目上,单击"修改"按钮或双击该会计科目,进入"会计科目—修改"对话框,单击"修改"按钮,进入修改状态,如图 2-3-16 所示。

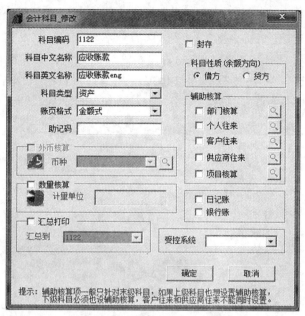

图 2-3-16 会计科目—修改

②在"辅助核算"选项区域中单击选中"客户往来"复选框,再单击"受控系统"下拉列表框,选中空白处,如图 2-3-17 所示。

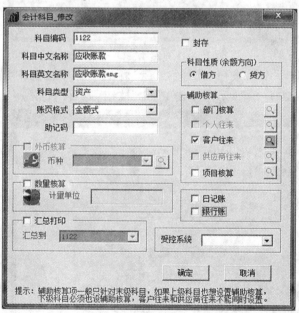

图 2-3-17 设置辅助核算

③单击"确定"按钮,返回。用户可以重复上述操作,将包头财经公司的其余有辅助核算要求的会计科目均设置为相应的辅助核算标记。

注意:

● 只有启用了应收、应付系统,才能在会计科目设置中选择相应的"受控系统"。

●会计科目已有数据,设置辅助核算时会造成总账与辅助账对账不平。

(6)设置数量核算标记。

下面以设置会计科目"1403 原材料"的数量核算标记为例说明其操作步骤:

①在"会计科目"窗口中,将光标移到"140301 甲材料"科目行上,单击"修改"按钮或双击该科目,进入"会计科目—修改"对话框,单击"修改"按钮,进入修改状态,如图 2-3-18 所示。

图 2-3-18　会计科目—修改

②单击"账页格式"下三角按钮,选择"数量金额式",再单击选中"数量核算"复选框,输入计量单位"件",如图 2-3-19 所示。单击"确定"按钮,返回。

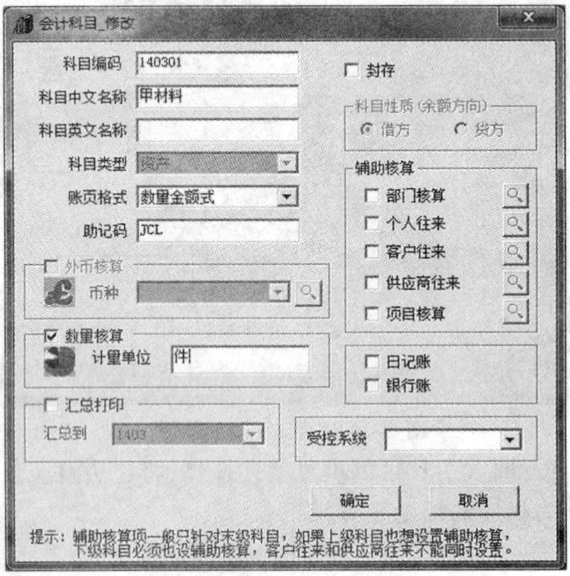

图 2-3-19　设置数量核算

（四）设置凭证类别

在手工核算中,把记账凭证分成若干种类主要是为便于传递、装订和保管,便于汇总和记账。在电算化系统中,汇总记账的唯一依据是记账凭证中的借贷方向、科(栏)目代码和金额,与凭证的种类没有关系。在这种情况下,会计电算化系统中凭证种类的设置除了仍满足便于对凭证的传递、装订和保管外,主要应考虑有利于提高凭证输入的速度和正确性。例如,收款凭证的借方一定会有"库存现金"或"银行存款"科目,设置了这类收款凭证,在输入记账凭证时,系统就会自动将借方科目确定为"库存现金"或"银行存款"科目。

在实际工作中,用户完全可以按照本单位的需要对记账凭证进行分类。在用友通 T3 软件中,用户第一次进行凭证类别设置,可以按以下几种常用分类方式进行定义。

（1）记账凭证。

（2）收款凭证、付款凭证、转账凭证。

（3）现金凭证、银行凭证、转账凭证。

（4）现金收款、现金付款、银行收款、银行付款、转账凭证。

（5）自定义凭证类别。

实例:设置凭证类别

包头财经公司根据表 2-3-7 资料设置凭证类型。

表 2-3-7 凭证类型

类别名称	限制类型	限制科目
收款凭证	借方必有	1001,1002
付款凭证	贷方必有	1001,1002
转账凭证	凭证必无	1001,1002

操作步骤:

（1）以"账套主管"身份"001 董理"注册进入用友通 T3 软件,在"用友通 T3"窗口中,执行"基础设置—财务—凭证类别"命令,打开"凭证类别预置"对话框,如图 2-3-20 所示。

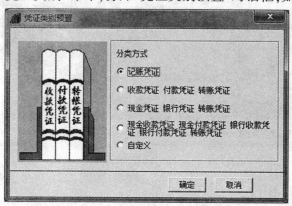

图 2-3-20 凭证类别预置

（2）在"凭证类别预置"对话框中,单击"收款凭证 付款凭证 转账凭证"单选按钮。单击"确定"按钮,进入"凭证类别"窗口,如图 2-3-21 所示。

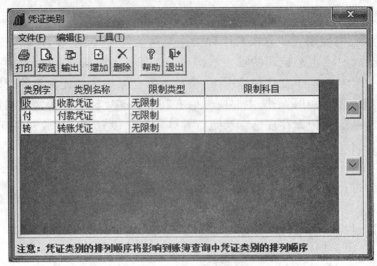

图 2-3-21　凭证类别

(3)在收款凭证所在行双击"限制类型"栏所在单元格,在"限制类型"下拉列表中,选择"借方必有"。再双击收款凭证所在行上"限制科目"栏所在单元格,在"科目参照"对话框中,选择"1001 库存现金"和"1002 银行存款"(或者直接输入"1001,1002")。

(4)重复上步操作,将付款凭证的"限制类型"定义为"贷方必有",将"限制科目"定义为"1001,1002";将转账凭证的"限制类型"定义为"凭证必无",将"限制科目"定义为"1001,1002",如图 2-3-22 所示。

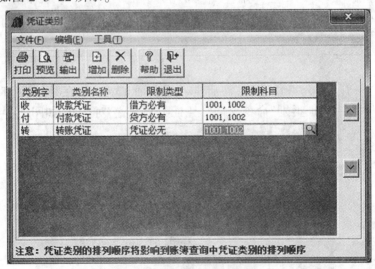

图 2-3-22　设置凭证限制

(5)单击"退出"按钮。

注意:

● 限制科目的数量不限,科目间用英语状态下的逗号","分隔。

● 凭证类别被使用以后,不能再进行修改;否则会造成不同时期凭证类别的混乱。

（五）设置外币种类

核算单位如果有外币业务，就需要进行有关外币的管理，包括设置外币种类和外币汇率。其中外币汇率包括记账汇率和调整汇率两类，记账汇率一般采用本月月初的外币汇率，月末进行调汇业务前，要以月末的外币汇率作为调整汇率。

实例：设置外币种类。

包头财经公司 2012 年 1 月 1 日依据表 2-3-8 资料设置外币种类。

表 2-3-8　外币资料

外币符号	外币名称	记账汇率
USD	美元	6.40
HKD	港币	0.85
AUD	澳元	6.50

操作步骤：

（1）以"账套主管"身份"001 董理"注册进入用友通 T3 软件，在"用友通 T3"窗口中，执行"基础设置—财务—外币种类"命令，打开"外币设置"对话框。

（2）单击"增加"按钮，分别输入币符"USD"、币名"美元"，其他各项默认，单击"确定"按钮，系统要求输入各月记账汇率，在月份为 2012.01 的"记账汇率"栏中，输入"6.40"。重复本步骤直至设置完毕其他外币种类和记账汇率，如图 2-3-23 所示。

图 2-3-23　外币设置

（3）单击"退出"按钮。

注意：

● 使用固定汇率的单位，在填制每月的凭证前，应预先输入该月月初的记账汇率；否则，将会出现汇率为零的错误。

● 使用浮动汇率的单位，在填制当天的凭证前，应预先输入当天的记账汇率。

● 如果用户单位有外币业务进行处理，包括设置会计科目的外币属性、录入外币账户期初余额和日常外币业务核算等。用户除在此设置外币种类外，还必须在后面的账务系统的选项设置中进行相应的设置。

（六）设置项目目录

项目目录是账务处理系统中辅助核算管理的一项重要功能。一个单位项目核算的种类可能有多种多样,例如单位可以将库存商品、生产成本、在建工程和主营业务收入以及对外投资、课题合同和订单等业务,均可以根据管理的实际需要将它们设计为项目核算。为此应允许企业定义多个种类的项目核算,可以将具有相同特性的一类项目定义成一个项目大类,一个项目大类可以核算多个项目。为了便于管理,还可以对这些项目进行分类管理。以用友通 T3 软件为例,用户可以按照以下步骤定义项目目录。

(1)设置科目辅助核算:在会计科目设置功能中先设置相关的项目核算科目,如对生产成本及其下级科目设置项目核算的辅助账类。

(2)定义项目大类:定义项目核算的分类类别,如增加生产成本项目大类。

(3)指定核算科目:具体指定需按此类项目核算的科目。一个项目大类可以指定多个科目,一个科目只能被指定一个项目大类。如将直接材料、直接人工和制造费用指定为按生产成本项目大类核算的科目。

(4)定义项目分类:为了便于统计,可将同一项目大类下的项目进一步划分,如将生产成本项目大类进一步划分为自行开发项目和委托开发项目。

(5)定义项目目录:是将各个项目大类中的具体项目输入系统。

用户采用用友通 T3 软件中的总账管理系统提供的项目核算功能进行管理,即将这些明细科目的上级科目设为末级科目并设为项目核算,将这些明细科目设为相应的项目目录。一个科目设置了项目核算后,它所发生的每一笔业务将会同时登记在总账和项目明细账上。

实例:设置项目目录。

包头财经公司根据表 2-3-9 和表 2-3-10 的资料设置项目目录。

表 2-3-9　项目目录

项目大类	商　品
核算科目	1405 库存商品
项目分类	1. 外购用品　2. 自制软件加密器　3. 管理软件
项目目录	01. RL-12 加密器,所属分类码:2 02. 人力资源管理系统,所属分类码:3 03. 管理会计软件,所属分类码:3

表 2-3-10　项目目录

项目大类	生产成本
核算科目	500101 直接材料 500102 直接人工 500103 制造费用
项目分类	1. 自行开发项目 2. 委托开发项目
项目目录	01. 人力资源管理系统,所属分类码:1 02. 管理会计软件,所属分类码:2

操作步骤：

(1)以"账套主管"身份"001 董理"注册进入用友通 T3 软件，在"用友通 T3"窗口中，执行"基础设置—财务—项目目录"命令，打开"项目档案"对话框，如图 2-3-24 所示。

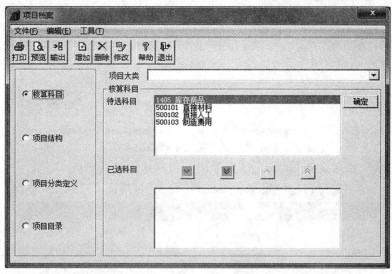

图 2-3-24　项目档案

注意：

● 必须将准备进行项目核算的科目之前先设置为项目核算，才能在此开始设置项目和目录。这里对有关会计科目设置为项目核算的操作，已在前面设置会计科目中操作完毕。

(2)单击"增加"按钮，打开"项目大类定义—增加"对话框中的"项目大类名称"选项卡，如图 2-3-25 所示。

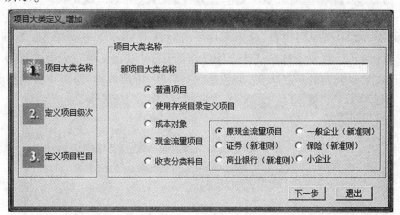

图 2-3-25　项目大类名称

(3)输入新项目大类名称为"商品"。

(4)单击"下一步"按钮，打开"项目大类定义—增加"对话框中的"定义项目级次"选项卡，如图 2-3-26 所示。

图 2-3-26 定义项目级次

(5)根据实际需要定义项目级次,这里采用系统默认值。

(6)单击"下一步"按钮,打开"定义项目栏目"选项卡,如图 2-3-27 所示。

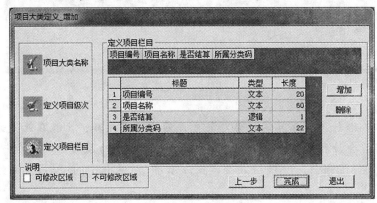

图 2-3-27 定义项目栏目

(7)根据实际需要定义项目栏目,这里采用系统默认值,单击"完成"按钮,返回"项目档案"窗口,如图 2-3-28 所示。重复上述第 2 步至第 7 步操作,可以定义项目大类名称为"生产成本"。至此定义完毕包头财经公司的项目大类,即包括"商品"和"生产成本"两个项目大类的设置。

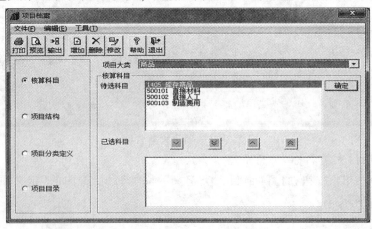

图 2-3-28 项目档案

(8)在上述"项目档案"窗口中,选择项目大类"商品",选定要核算"商品"项目的待选科目"1405 库存商品",并单击"∨"按钮,将待选科目"1405 库存商品"放入已选科目框中,再单击"确定"按钮。重复上述步骤,定义要核算"生产成本"项目的会计科目"500101 直接材料""500102 直接人工""500103 制造费用"。至此定义完毕核算科目,如图 2-3-29 和 2-3-30 所示。

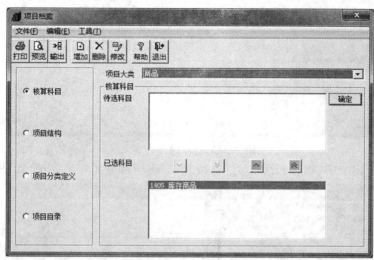

图 2-3-29　核算科目

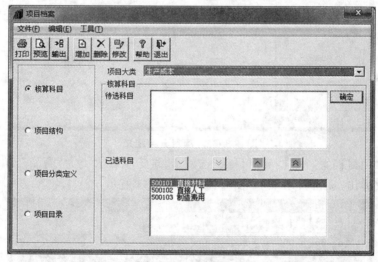

图 2-3-30　核算科目

(9)在上述"项目档案"窗口中,选择"项目分类定义",再选择项目大类"商品",之后分别输入分类编码"1"、分类名称"外购用品",单击"确定"按钮。重复操作,增加"自制软件加密器"和"管理软件",如图 2-3-31 所示。

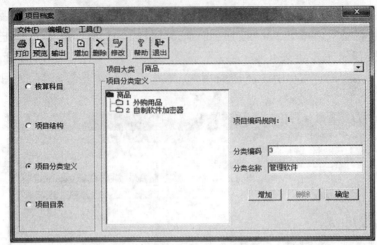

图 2-3-31　项目分类定义

(10)重复上述步骤,将项目大类为"生产成本"的项目分类定义完毕。如图 2-3-32 所示。

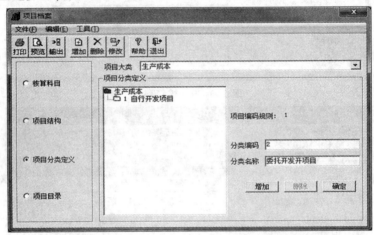

图 2-3-32　项目分类定义

(11)单击"项目档案"窗口"项目目录"选项卡,选定项目大类为"商品",单击该窗口的右侧"维护"按钮,弹出"项目目录维护"窗口,如图 2-3-33 所示。

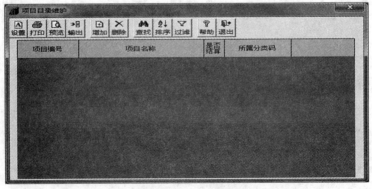

图 2-3-33　项目目录维护

(12)单击"增加"按钮,分别输入项目编号"01"、项目名称"RL-12 加密器"和所属分类码 "2"。 重复操作,增加"管理会计软件"和"人力资源管理系统"。单击"退出"按钮,如图 2-3-34 所示。

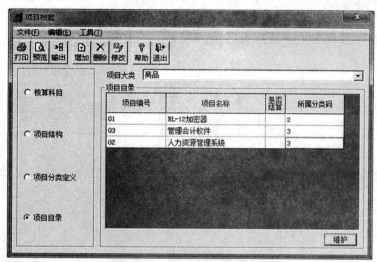

图 2-3-34　设置项目目录

(13)重复上述第(11)步至第(12)步,完成对项目大类"生产成本"项目目录的输入,如图 2-3-35 所示。

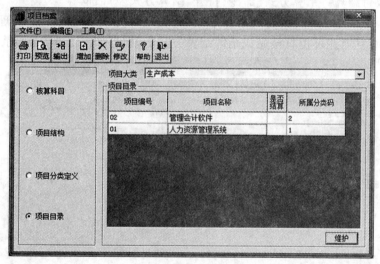

图 2-3-35　设置项目目录

注意:

●"是否结算"处如果标志为"Y",即表示该项目已经结算。标志结算后的项目不能再 使用。

(七)收付结算设置

收付结算设置包括结算方式设置、付款条件设置和开户银行设置。

1. 结算方式设置

为了便于管理和提高银行对账的效率,系统提供了设置银行结算方式的功能,用来建立用户在经营活动中涉及的结算方式。它与财务结算方式一致,如现金结算、支票结算等。结算方式的设置内容主要包括:结算方式编码、结算方式名称和票据管理标志。结算方式编码最多可以分为2级。结算方式一旦被引用,便不能再进行修改和删除的操作。

实例:设置结算方式

包头财经公司根据表2-3-11资料设置结算方式。

表 2-3-11　结算方式

结算方式编码	结算方式名称	票据管理
1	支票	否
11	现金支票	是
12	转账支票	是
2	电汇	否
3	委托收款	否
4	商业汇票	否

操作步骤:

(1)以"账套主管"身份"001董理"注册进入用友通T3软件,在"用友通T3"窗口中,执行"基础设置—收付结算—结算方式"命令,打开"结算方式"对话框。

(2)单击"增加"按钮,依次输入结算方式编码、结算方式名称和票据管理标志,再单击"保存"按钮。重复上述过程直至完成全部结算方式的设置,如图2-3-36所示。

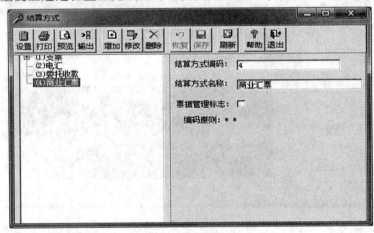

图 2-3-36　结算方式

(3)单击"退出"按钮。

注意:

● 结算方式的编码必须要符合编码原则。

● 票据管理标志是为了便于出纳对银行结算票据的管理而设置的功能,类似于支票登记簿的管理方式。

2. 付款条件设置

付款条件也就是现金折扣,是指企业单位为了鼓励客户偿还欠款而允诺在一定期限内给予其规定的折扣优待。这种折扣通常可以表示为 5/10、2/20、n/30。它们的意思分别是客户在 10 天内偿还欠款,可得到 5% 的折扣,只需付原价的 95% 货款;在 20 天内偿还欠款,可得到 2% 的折扣,只需付原价的 98% 货款;在 30 天内偿还欠款,则必须按照全额支付货款。付款条件主要在采购订单、销售订单、采购结算、销售结算、客户目录以及供应商目录中引用。系统最多同时支持 4 个时间段的折扣。

实例:设置付款条件。

包头财经公司根据表 2-3-12 资料设置付款条件。

表 2-3-12　付款条件

付款条件编码	信用天数	优惠天数 1	优惠率 1(%)	优惠天数 2	优惠率 2(%)
1	60	10	5	30	2
2	30	5	5	10	3
3	20	5	5	10	3

操作步骤:

(1)以"账套主管"身份"001 董理"注册进入用友通 T3 软件,在"用友通 T3"窗口中,执行"基础设置—收付结算—付款条件"命令,打开"付款条件"对话框。

(2)单击"增加"按钮,依次输入付款条件编码、信用天数、优惠天数 1、优惠率 1、优惠天数2、优惠率 2。重复上述过程直至完成全部付款条件的设置,如图 2-3-37 所示。

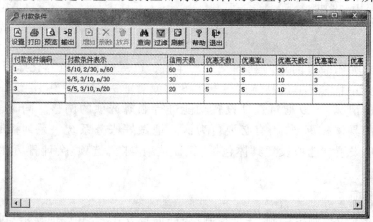

图 2-3-37　付款条件

(3)单击"退出"按钮。

3. 开户银行设置

设置开户银行用于定义使用单位的开户银行信息,包括开户银行名称及其账号。开户银行一旦被引用,便不能进行修改和删除的操作。

实例:设置开户银行。

包头财经公司根据表 2-3-13 资料设置开户银行。

表 2-3-13　开户银行

编号	开户银行	账号	暂封标志
1	中国工商银行包头分行	15020304725165678	否
2	中国银行包头分行	15010047201401067	否

操作步骤:

(1)以"账套主管"身份"001董理"注册进入用友通T3软件,在"用友通T3"窗口中,执行"基础设置—收付结算—开户银行"命令,打开"开户银行"对话框。

(2)单击"增加"按钮,依次输入开户银行编号、开户银行名称、银行账号。重复上述过程直至完成全部开户银行的设置,如图2-3-38所示。

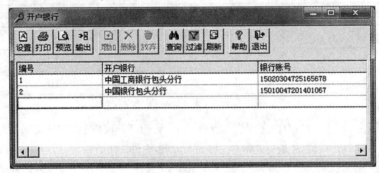

图 2-3-38　开户银行

(3)单击"退出"按钮。

二、选项设置

账务处理系统在经过前述的基础设置工作后,已经完成了电算化账务处理系统的主要初始化工作。由于用户单位具体情况发生变化或者业务发生变更,导致一些账套信息与核算内容不符的情况,可以通过选项设置功能进行账簿选项的调整。同时,为了能够更加适应企业单位的具体核算要求,有必要更为深入地做好账务系统一系列控制参数的调整,即账务系统选项设置。选项设置具体包括:凭证选项、账簿选项、会计日历和其他选项四个方面的参数调整。

(一)凭证选项

凭证选项设置包括制单控制、凭证控制、凭证编号方式、合并凭证显示与打印等。

1. 制单控制

制单控制是指在填制凭证时,系统应对哪些操作进行控制。制单控制的具体项目包括以下几个方面:

(1)制单序时控制。凭证保存时不按凭证编号顺序排列而是按日期顺序排列。如有特殊需要可将其改为不按序时制单。在这种方式下,此选项与"系统编号"选项联用,制单时凭证编号必须按日期顺序排列。如3月23日凭证编至20号,则3月24日凭证只能从21号开始编制。

(2)支票控制。当使用银行科目制单时,系统将针对票据管理的结算方式进行登记。如果录入了未在支票登记簿中登记的支票号,系统将提供支票登记簿的登记功能;否则,系统提供登记支票报销的功能。

(3)赤字控制。若选择了此项,则在制单时,当现金、银行科目的最新余额出现负数时,系统将予以提示。

(4)允许修改、作废他人填制的凭证。若选择了此项,在制单时可以修改或作废别人填制的凭证,否则不能修改。

2. 凭证控制

凭证控制主要是设置凭证的具体选项。具体项目包括以下几点:

(1)打印凭证页脚姓名。在打印凭证时,是否自动打印制单人、出纳、审核人以及记账人的姓名。

(2)凭证审核控制到操作员。有些时候需要对审核权限作进一步的细化,若只允许某操作员审核其本部门的操作员填制的凭证,而不能审核其他部门操作员填制的凭证,则应选择此选项。

(3)出纳凭证必须经由出纳签字。若选择了此选项,则含有现金、银行科目的凭证必须由出纳人员通过"出纳签字"功能对其核对签字后才能记账。

(4)未审核的凭证允许记账。若选择了此选项,则未经过审核的凭证也可以进行记账。

3. 凭证编号方式

凭证编号方式包括两种:一种是系统编号即在填制凭证时,按照凭证类别按月自动编制凭证编号;另一种是手工编号,即在填制凭证时,系统允许手工输入凭证编号。

4. 合并凭证显示与打印

选择此项,则在填制凭证、查询凭证、出纳签字和凭证审核时,以选项中的设置显示;在科目明细账显示或打印时,其中凭证显示以选项中的设置显示,并在显示界面提供是否"合并显示"的选项。

(二)账簿选项

账簿选项设置包括:打印位数宽度、明细账(日记账、多栏账)打印方式、凭证与账簿套打、凭证与正式账每页打印行数、明细账查询权限控制到科目。

1. 打印位数宽度

打印位数宽度用于定义正式账簿打印时各栏目的宽度,包括摘要、金额、外币、数量、汇率、单价。

2. 明细账(日记账、多栏账)打印方式

打印正式明细账、日记账或多栏账时,是按年排页还是按月排页。

3. 凭证、账簿套打

凭证、账簿套打是用友公司专门为用户设计的,适合于用各种打印机输出管理用表单和账簿。套打内容包括:

(1)凭证套打分为金额式和外币数量式凭证。

(2)明细账套打分为金额式、外币式和数量式明细账。

(3)日记账套打分为金额式和外币金额式日记账。

(4)多栏账套打只有金额式多栏账。

4. 凭证、正式账每页打印行数

"凭证每页打印行数"可对凭证每页的打印行数进行设置,"正式账每页打印行数"可对明细账、日记账和多栏账的每页打印行数进行设置。

5. 明细账查询权限控制到科目

该选项是权限控制的开关。在系统管理中设置明细账查询权限,必须在此处选项中打开,才能起到控制作用。

(三)其他选项

其他选项主要包括:数量小数位、单价小数位、本位币精度、部门排序方式、个人排序方式和项目排序方式。

1. 小数位设置

在制单与查账时,按此处定义的数量小数位、单价小数位和本位币精度输出小数,不足位数将用"0"补齐。

2. 排序方式

在查询部门账、个人账和项目账时,或者在参照部门目录、个人目录和项目目录时,是按照编码排序还是按照名称排序,可以在这里根据实际需要进行设置。

实例:选项设置。

包头财经公司根据下列资料要求设置账务处理系统的控制参数。

1. 凭证制单时,采用序时控制。

2. 进行资金及往来赤字控制。

3. 制单权限不控制到科目。

4. 不允许修改、作废他人填制的凭证。

5. 打印凭证页脚姓名。

6. 凭证审核时不控制到操作员。

7. 出纳填制的凭证必须经出纳签字。

8. 未审核的凭证不允许记账。

9. 凭证编号方式采用系统编号。

10. 账簿打印位数及每页打印行数按软件的标准设定。

11. 明细账查询不控制到科目。

12. 明细账打印按年排页。

13. 数量小数位、单价小数位和本位币精度为2位,部门、个人、项目按编码方式排序。

操作步骤:

(1)凭证选项设置。

①以"账套主管"身份"001董理"注册进入用友通T3软件,在"用友通T3"窗口中,执行"总账—设置—选项"命令,打开"选项"对话框。

根据上述资料的要求进行相关凭证选项的修改,如图2-3-39所示。

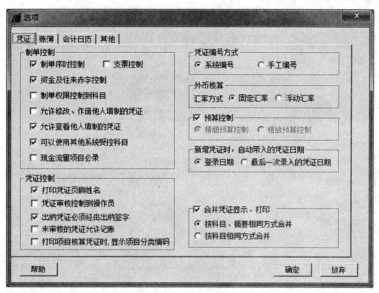

图 2-3-39　凭证选项卡

　　②分别在"制单控制""凭证控制"和"凭证编号方式"中,按照上述资料 1 至资料 9 的要求,选择或取消复选框并按照系统弹出的提示框单击"确定",返回"选项"对话框。其他均采用系统提供的默认设置。

　　(2)账簿选项设置。

　　①在"选项"对话框中,选择"账簿"选项卡,如图 2-3-40 所示。

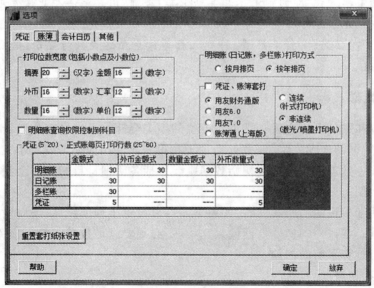

图 2-3-40　账簿选项卡

　　②按照上述资料 10 至资料 12 的要求,调整图 2-3-40 中的对应选项,其他均采用系统提供的默认设置,最后单击"确定"按钮,保存设置。

　　(3)其他选项设置。

①在"选项"对话框中,选择"其他"选项卡,如图 2-3-41 所示。

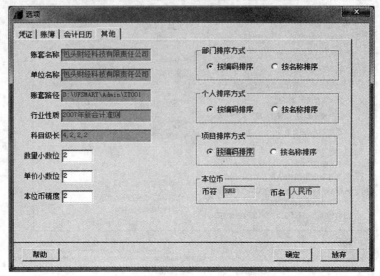

图 2-3-41　其他选项卡

②按照上述资料 13 的要求,调整图 2-3-41 中的对应选项,最后单击"确定"按钮保存设置,返回。

注意:

● 如果单位有外币业务并且已将在新建账套时的基础信息定义为"有外币核算",则应在此选择相应的汇率方式,即固定汇率和浮动汇率;否则,用户无法在此设置汇率方式,在今后的日常业务中也无法进行有关的外币核算。

● 账套名称、单位名称、行业性质、科目级长等信息在这里只能显示,若要修改可到"系统管理"中去修改。

三、输入期初余额

在基础设置和选项设置之后,为了使单位的手工会计数据与电算化会计系统实现无缝对接,确保会计数据的连续完整。账务处理系统在第一次使用前还需要将手工的各明细科目初始数据录入账务处理系统。这些初始数据主要包括各明细科目的年初余额和系统启用前各月的累计发生额。

在输入各明细科目的初始数据时,如果某一科目设置了辅助核算,还应输入其辅助核算账户的初始数据。各账户的初始数据输入完毕后,必须要满足数据间的平衡关系,为此系统自动对数据进行试算平衡的校验。

实例:输入期初数据。

1. 说明。本实例追加了 6 个明细科目,即 "100201 工行存款""100202 中行美元""100203 中行人民币""160101 办公设备""160102 运输设备""160103 房屋建筑物"。同时追加了一个供应商,即 001 北京用友公司;追加了一个项目目录,即 04 真皮公文包,属于外购用品;并且将明细科目"100202 中行美元"设定核算外币美元。包头财经公司在此新增的这些内容均已通过前述的有关"设置会计科目"功能完成设置。这里为了对科目设定外币核算,在这之前必须要以账套主管身份在"系统管理"中通过修改账套,将基础信息修改为"有外币核算"。

2. 2012 年 1 月,包头财经公司 001 账套的各会计科目的期初余额见表 2-3-14。

表 2-3-14 会计科目期初余额表

科目代码	科目名称	日记(银行)账	辅助账类型	外币核算	计量单位	方向	期初余额
1001	库存现金	日记账				借	5 000 元
100201	工行存款	日记账、银行账				借	620 000 元
100202	中行美元	日记账、银行账				借	64 000 元
100202	中行美元	日记账、银行账		美元		借	10 000 元
1122	应收账款		客户往来			借	250 000 元
1221	其他应收款		个人往来			借	2 000 元
140301	甲材料					借	30 000 元
140301	甲材料				件	借	300 元
1405	库存商品		项目核算			借	1 600 元
1405	库存商品				套(个)	借	114 元
160101	办公设备					借	1 120 000 元
160102	运输设备					借	600 000 元
160103	房屋建筑物					借	2 600 000 元
1602	累计折旧					贷	260 000 元
2001	短期借款					贷	500 000 元
2202	应付账款		供应商往来			贷	400 000 元
4001	实收资本					贷	5 000 000 元
4002	资本公积					贷	731 000 元

3. 辅助核算账户期初余额,见表 2-3-15 至表 2-3-18。

表 2-3-15 应收账款期初余额明细表

日期	凭证号	客户	摘要	金额	业务员	票号	票据日期
2011-11-2	转 0322	包头兰天	应收货款	250 000 元	李明	1001	2011-11-2

表 2-3-16 其他应收款期初余额明细表

日期	凭证号	部门	姓名	摘要	金额
2011-12-6	付 0294	市场部	李蓉	出差借款	2 000 元

表 2-3-17　库存商品期初余额明细表

项目	方向	金额	数量
真皮公文包	借	40 000 元	100 件
RL-12 加密器	借	60 000 元	10 个
人力资源管理系统	借	700 000 元	2 套
管理会计软件	借	800 000 元	2 套

表 2-3-18　应付账款期初余额明细表

日期	凭证号	供应商	摘要	金额	业务员	票号	票据日期
2011-12-16	转 0615	北京用友	应付货款	400 000 元	郭丽	1086	2011-12-16

操作步骤：

(1)输入基本会计科目余额。

①以"账套主管"身份"001 董理"注册进入用友通 T3 软件,在"用友通 T3 软件"窗口中,执行"总账—设置—期初余额"命令,打开"期初余额录入"对话框,如图 2-3-42 所示。

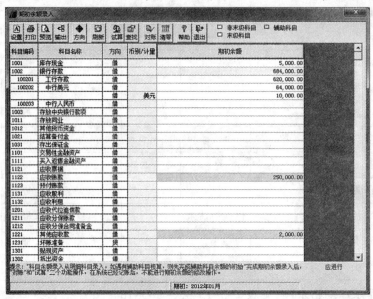

图 2-3-42　期初余额录入

②将光标定到"1001 库存现金"科目的期初余额栏,直接输入期初余额 5 000。其他会计科目的期初余额比照此处方法直接输入即可。

注意：

● 只需要在此录入最低一级会计科目的余额,中间级科目的余额系统会自动计算填列。

● 修改科目余额时,直接输入正确的数据即可。

● 出现红字余额用负号"-"录入。

● 如果某科目为数量、外币核算,则必须先输入其本位币金额,再录入数量和外币金额。

● 凭证记账后,期初余额变为浏览只读状态,不能再对其进行修改。

● 在此处不能对科目进行增、删、改的操作,如要进行增、删、改科目,则必须在"设置会计科目"功能中去操作。

(2)输入辅助核算账户余额。

①输入单位往来核算余额。

这里单位往来辅助核算包括客户往来和供应商往来辅助核算。需要在系统打开的"客户往来期初"和"供应商往来期初"的对话框中输入相关信息。

a. 在"期初余额录入"对话框中,双击"应收账款"客户往来核算科目的"期初余额"栏,进入"客户往来期初"录入窗口,如图 2-3-43 所示。

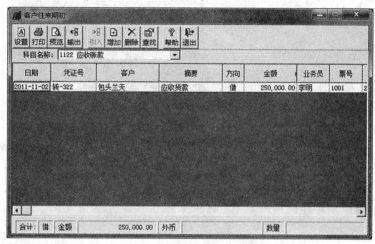

图 2-3-43　客户往来期初

b. 在"客户往来期初"录入窗口中,单击"增加"按钮,根据表 2-3-15 资料,依次输入有关信息。输入完毕后,单击"退出"。

c. 依照上述操作步骤,根据表 2-3-18 资料,依次输入有关信息。完成对供应商往来期初余额的录入,如图 2-3-44 所示。

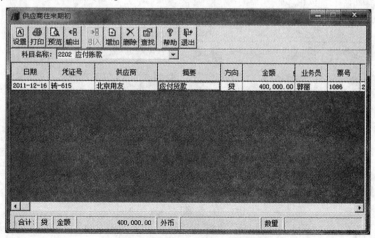

图 2-3-44　供应商往来期初

②输入个人往来核算余额。

a. 在"期初余额录入"对话框中,双击"其他应收款"个人往来核算科目的"期初余额"栏,进入"个人往来期初"录入窗口,如图 2-3-45 所示。

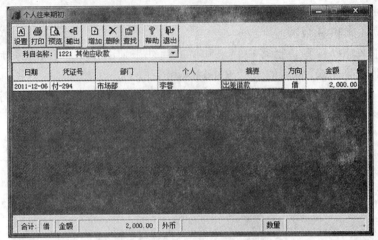

图 2-3-45　个人往来期初

b. 在"个人往来期初"录入窗口中,单击"增加"按钮,根据表 2-3-16 资料,依次输入有关信息。输入完毕后,单击"退出"。

注意:

●如果会计科目涉及部门辅助核算,则具体操作步骤可参照"输入个人往来核算余额"的录入。

③输入项目核算余额。

a. 在"期初余额录入"对话框中,双击"库存商品"项目核算科目的"期初余额"栏,进入"项目核算期初"录入窗口,单击"增加"按钮,如图 2-3-46 所示。

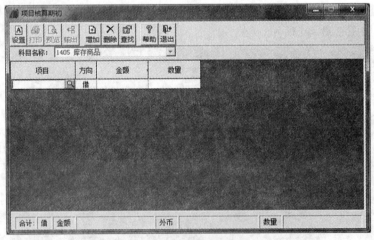

图 2-3-46　录入项目核算期初余额

b. 单击"项目"栏目右侧图标🔍,系统打开"参照"对话框,如图 2-3-47 所示。

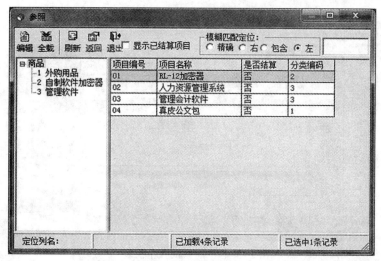

图 2-3-47 项目参照

c. 根据表 2-3-17 资料，依次输入有关信息，如图 2-3-48 所示。输入完毕后，单击"退出"。

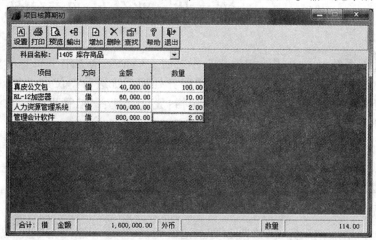

图 2-3-48 项目核算期初余额

(3)试算平衡。

会计科目及其辅助核算账户的期初余额和累计发生额输入完毕后，必须依据会计平衡等式进行校验。此校验工作是由计算机自动完成，并自动生成一个校验结果报告。如果试算结果不平衡，则应依次逐项进行检查更正，然后再进行平衡校验，直至平衡为止。

①在"期初余额录入"对话框中，输入所有余额后，单击"试算"，可查看期初余额试算平衡表，检查余额是否平衡，如图 2-3-49 所示。

②单击"确定"按钮，返回。

注意：

● 期初余额试算不平衡时，只可填制凭证，不能进行记账。

● 记账功能一经使用，则不能再输入和修改期初余额，也不能执行"结转上年余额"的功能。

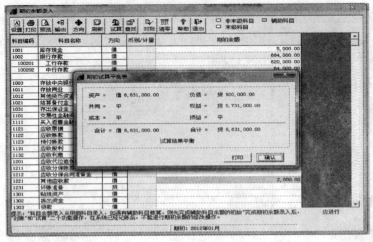

图 2-3-49　期初试算平衡表

第二节　账务处理系统的日常使用

整个账务处理系统经过上述的初始化工作之后，一个完全适用于核算单位的电算化账务处理系统建立起来了。接下来就是如何使用账务处理系统进行单位的业务处理，即日常业务处理。账务处理系统的日常业务处理主要包括：凭证管理、出纳管理、账簿查询管理、辅助账管理和月末处理。

一、凭证管理

凭证管理包括：填制凭证、出纳签字、审核凭证、凭证记账和输出凭证。

（一）填制凭证

填制凭证包括增加记账凭证、修改和更正记账凭证、作废和删除记账凭证。

1. 增加记账凭证

记账凭证是登记账簿的依据，因此整个账务处理系统首先从增加填制记账凭证开始。这一点已经在之前的有关章节里阐明过。产生记账凭证的来源途径有三种，可将其分为两大类，即手工输入记账凭证和计算机自动生成的机制凭证。其中机制凭证包括账务系统自动生成的凭证和在其他系统中生成传递到账务系统的凭证。本节介绍如何手工输入记账凭证。

记账凭证的内容一般包括两部分：一是凭证头部分，包括凭证类别、凭证编号、凭证日期和附件张数等；二是凭证正文部分，包括摘要、科目、方向、金额、合计等。如果输入的会计科目有辅助核算要求，则还应输入辅助核算内容。

实例：增加记账凭证。

包头财经公司在完成对账务处理系统相关初始化工作之后，2012 年 1 月份发生下列经济业务，根据经济业务填制相关的记账凭证。

1. 1 日，财务科成功开出现金支票（No:0425）1 张，从工商银行提取现金 30 000 元备用。

借:库存现金   30 000

 贷:银行存款——工行存款   30 000

2. 2日,研发部金鑫出差向财务科借现金5 000元。

借:其他应收款   5 000

 贷:库存现金   5 000

3. 2日,接到工商银行收账通知,归还短期借款100 000元,利息1 000元。

借:短期借款   101 000

 贷:银行存款——工行存款   101 000

4. 3日,通过工商银行电汇支付北京用友公司欠款280 000元。(电汇No:26812,业务员:郭丽,原票号:050662)

借:应付账款   280 000

 贷:银行存款——工行存款   280 000

5. 4日,收到包头兰天公司转账支票1张(No:1222),支付上年度11月2日的全部欠款250 000元,存入工商银行。原业务员为李明,原票号:0001。

借:银行存款——工行存款   250 000

 贷:应收账款   250 000

6. 5日,市场部刘芳向包商银行出售人力资源管理系统1套,售价500 000元,税款15 000元。已派人为包商银行安装调试完毕,并开具增值税发票(No:014056),收到转账支票(No:01412345)1张,存入工商银行。

借:银行存款——工行存款   515 000

 贷:主营业务收入   500 000

  应交税费——应交增值税——销项税额 15 000

7. 6日,市场部刘芳向财务科交来配套软件加密器(RL-12加密器)出库单(数量1个,价款6 000元)作为销售成本入账。

借:主营业务成本   6 000

 贷:库存商品   6 000

8. 7日,将中国银行10 000美元存款兑换成人民币。银行当日的美元买入价为6.50元。财务科根据有关外币结售汇凭证(No:66699)进行账务处理。

借:银行存款——中行人民币   65 000

 贷:银行存款——中行美元   64 000

  财务费用   1 000

9. 8日,市场部李明购买了600元的办公用品,以现金支付,附单据1张。

借:销售费用   600

 贷:库存现金   600

10. 8日,市场部向外出售100件甲材料,收到16 000元转账支票(No:78666)1张存入工商银行。

借:银行存款——工行存款   16 000

  贷：其他业务收入   16 000

11. 9 日,收到金蝶公司投资款 20 000 美元,存入中国银行账户,电汇(No:D001496)。

  借：银行存款——中行美元   128 000

   贷：实收资本   128 000

                  (20 000 美元 *6.40)

12. 12 日,公关部王芳支付业务招待费 1 500 元,工商银行转账支票(No:Q0068)。

  借：管理费用——其他费用   1 500

   贷：银行存款——工行存款   1 500

13. 12 日,根据本月工资管理系统计算结果,开出工商银行转账支票(No:123689) 70 000 元,支付本月职工工资,并结转应交的个人所得税 6 000 元和应付的社会保险费 4 000 元。

  借：应付职工薪酬——工资   76 000

       ——社会保险费   4 000

   贷：银行存款——工行存款   70 000

    应交税费——应交个人所得税   6 000

    其他应付款   4 000

14. 14 日,结转已销甲材料的成本,按 10 000 元列入销售成本。

  借：其他业务成本   10 000

   贷：原材料——甲材料   10 000

15. 14 日,开出工商银行转账支票(No:123698)支付本月应交的社会保险费 29 000 元,其中单位负担 25 000 元,职工负担 4 000 元。

  借：应付职工薪酬——社会保险费   25 000

   其他应付款   4 000

   贷：银行存款——工行存款   29 000

16. 14 日,根据工资管理系统费用分配结果,本月研发技术人员工资费用为 55 000 元,市场营销人员工资费用为 30 000 元,财务科人员工资费用为 20 000 元,人事科人员工资费用为 16 000 元,公关部人员工资费用为 30 000 元。

  借：生产成本——直接人工   55 000

   销售费用   30 000

   管理费用——工资费用   66 000

   贷：应付职工薪酬——工资   76 000

        ——福利费   46 000

        ——社会保险费   29 000

17. 16 日,委托呼市用友公司开发 2 套管理会计软件,合同约定开发费用共计 500 000 元,财务科已通过工商银行电汇(No:G00063)支付。开发费用按 3:2 在人工费和制造费之间分配。

  借：生产成本——直接人工   300 000

	——制造费用	200 000
	贷:银行存款——工行存款	500 000

18. 20 日,根据固定资产管理系统的计算结果,本月研发部门折旧费为 50 000 元,市场部门折旧费为 10 000 元,管理部门(包括财务科、人事科和公关部)折旧费为 30 000 元(费用均分)。

借:生产成本——制造费用	50 000
销售费用	10 000
管理费用——折旧费用	30 000
贷:累计折旧	90 000

19. 25 日,委托上海先科公司加工配套的管理会计软件加密器(名称:GK-16 加密器)共计 4 个,合同约定加工材料费共计 8 000 元,财务科已通过工商银行电汇(No:G00997)支付。加工费列入直接材料成本。软件加密器代码:03,属于委托开发项目。

借:生产成本——直接材料	8 000
贷:银行存款——工行存款	8 000

20. 26 日,根据发货单,结转已销 1 套人力资源管理系统成本,按照 350 000 元列入销售成本。

借:主营业务成本	350 000
贷:库存商品	350 000

操作步骤:

(1)输入普通记账凭证。

下面以业务 9 为例说明其操作步骤。

①以"账套主管"身份"001 董理"注册进入用友通 T3 软件,在"用友通 T3 软件"窗口中,执行"总账—凭证—填制凭证"命令,进入"填制凭证"窗口,如图 2-3-50 所示。

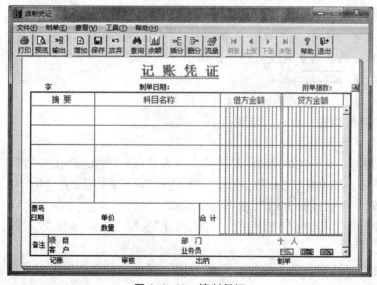

图 2-3-50　填制凭证

②单击"增加"按钮或按 F5 键,增加一张空白凭证。

③在"凭证类别"下拉列表框中选择"付款凭证"选项;在"制单日期"处输入"2012.01.08"。

④依次在摘要处输入"市场部李明购买办公用品",在科目名称处单击参照按钮,选择"6601 销售费用",在借方金额处输入"600"按 Enter 键。

⑤重复上述步骤,录入下一行,如图 2-3-51 所示。

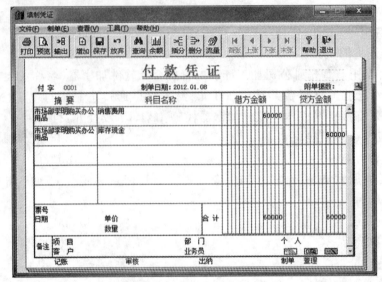

图 2-3-51　填制凭证

⑥单击"保存"按钮,保存凭证。

注意:

● 在采用自动编号时,系统自动按月、按类别连续进行编号。

● 当一行的新增分录完成后,按 Enter 键,系统将摘要自动复制到下一分录行。每行的摘要可以相同也可以不同,但是不能为空。

● 会计科目编码必须是末级的科目编码。

● 金额不能为"零";红字以"–"号表示。

● 凭证一旦保存,其凭证类别、凭证编号均不能修改。

(2)输入需要待核银行账的记账凭证。

下面以业务 1 为例说明其操作步骤。

①以"账套主管"身份"001 董理"注册进入用友通 T3 软件,在"用友通 T3 软件"窗口中,执行"总账—凭证—填制凭证"命令,进入"填制凭证"窗口,如图 2-3-50 所示。

②单击"增加"按钮或按 F5 键,增加一张空白凭证。

③在"凭证类别"下拉列表框中选择"付款凭证"选项;在"制单日期"处输入"2012.01.01"。

④依次在摘要处输入"从工商银行提现备用",在科目名称处单击参照按钮,选择"1001 库存现金",在借方金额处输入"30 000"按 Enter 键。

⑤重复上述步骤,录入下一行,在科目名称处单击参照按钮,选择"100201 工行存款"时,弹出"辅助项"对话框,如图 2-3-52 所示。

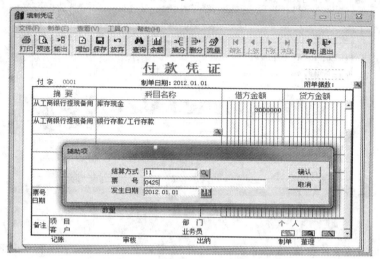

图 2-3-52 输入需待核银行账的凭证

⑥依次在结算方式处单击参照按钮,选择"11 现金支票",在票号处输入"0425",如图 2-3-52 所示。

⑦单击"确认"按钮,返回。在贷方金额处输入"30 000",之后单击"保存"按钮,保存凭证。

注意:

● 由于在结算方式设置中已经将现金支票确定为需要进行票据管理,因此在这里银行存款科目的这些辅助信息不能为空,并且该种结算方式的票号应在支票登记簿中有记录。

● 输入的结算方式、票号和发生日期将在进行银行对账时使用。

(3)输入有数量核算要求的记账凭证。

下面以业务 14 为例说明其操作步骤。

①以"账套主管"身份"001 董理"注册进入用友通 T3 软件,在"用友通 T3 软件"窗口中,执行"总账—凭证—填制凭证"命令,进入"填制凭证"窗口,如图 2-3-50 所示。

②单击"增加"按钮或按 F5 键,增加一张空白凭证。

③在"凭证类别"下拉列表框中选择"转账凭证"选项;在"制单日期"处输入"2012.01.14"。

④依次在摘要处输入"结转已销甲材料成本",在科目名称处单击参照按钮,选择"6402 其他业务成本",在借方金额处输入"10 000"按 Enter 键。

⑤重复上述步骤,录入下一行,在科目名称处单击参照按钮,选择"100301 甲材料"时,弹出"辅助项"对话框,如图 2-3-53 所示。

⑥依次在数量处输入"100",在单价处输入"100",如图 2-3-53 所示。

⑦单击"确定"按钮,系统自动在贷方金额处输入"10 000",之后单击"保存"按钮,保存凭证。

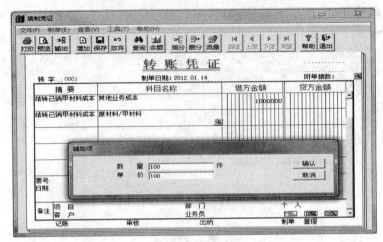

图 2-3-53 输入有数量核算要求的凭证

注意：

● 系统根据数量×单价自动计算出金额，并将金额先放在借方，如果方向不符，可将光标移动到贷方后按空格键调整金额方向。

● 若跳过辅助信息，软件可以继续操作，不显示出错警告，但可能导致数量核算的对账不平。

(4)输入有外币核算的记账凭证。

下面以业务8为例说明其操作步骤。

①以"账套主管"身份"001 董理"注册进入用友通 T3 软件，在"用友通 T3 软件"窗口中，执行"总账—凭证—填制凭证"命令，进入"填制凭证"窗口，如图 2-3-50 所示。

②单击"增加"按钮或按 F5 键，增加一张空白凭证。

③在"凭证类别"下拉列表框中选择"付款凭证"选项，在"制单日期"处输入"2012.01.07"。

④依次在摘要处输入"将美元兑换成人民币"，在科目名称处单击参照按钮，选择"100203 中行人民币"时，弹出"辅助项"对话框，如图 2-3-54 所示。

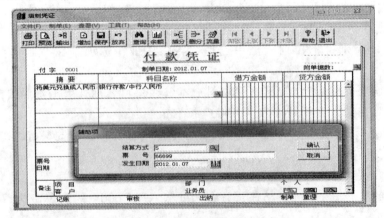

图 2-3-54 输入需待核银行账的凭证

⑤依次在结算方式处单击参照按钮,选择"5 其他",在票号处输入"66699",如图 3–54 所示。

⑥单击"确定"按钮,返回,并在借方金额处输入"65 000",按 Enter 键。

⑦重复上述第 4 步,录入下一行。在科目名称处单击参照按钮,选择"100202 中行美元"时,弹出"辅助项"对话框。

⑧依次在结算方式处单击参照按钮,选择"5 其他",在票号处输入"66699",如图 2–3–55 所示。

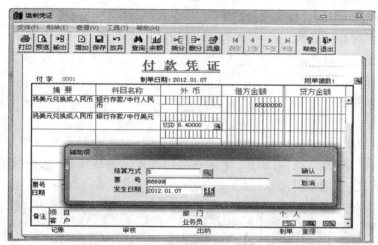

图 2–3–55 输入需待核银行账的凭证

⑨单击"确定"按钮,系统自动显示外币汇率"6.400 00",在外币处录入金额"10 000",系统自动生成借方金额"64 000"。此时将光标移至贷方金额处按空格键调整金额方向,如图 2–3–56 所示。

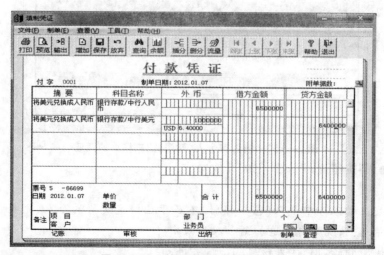

图 2–3–56 输入有外币核算的凭证

⑩重复上述第 4 步,录入下一行至输入完毕,最后单击"保存"按钮,保存凭证。

注意：

● 汇率栏是固定的，不能进行修改。如果使用浮动汇率，汇率栏显示最近一次汇率，可以直接在汇率栏中修改。

(5)输入有辅助账业务的记账凭证。

辅助账核算主要包括个人往来、部门核算、客户往来、供应商往来和项目核算。这里通过实例操作介绍个人(部门)往来核算、供应商(客户)往来核算和项目核算。

①输入有个人(部门)往来核算的记账凭证。

下面以业务 2 为例说明其操作步骤。

a. 以"账套主管"身份"001 董理"注册进入用友通 T3 软件，在"用友通 T3 软件"窗口中，执行"总账—凭证—填制凭证"命令，进入"填制凭证"窗口，如图 3-50 所示。

b. 单击"增加"按钮或按 F5 键，增加一张空白凭证。

c. 在"凭证类别"下拉列表框中选择"付款凭证"选项，在"制单日期"处输入"2012.01.02"。

d. 依次在摘要处输入"研发部金鑫出差借款"，在科目名称处单击参照按钮，选择"1221 其他应收款"时，弹出"辅助项"对话框，依次在部门处单击参照按钮，选择"研发部"，在个人处单击参照按钮，选择"金鑫"，如图 2-3-57 所示。

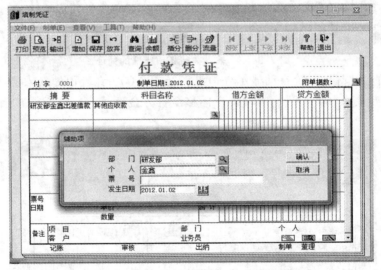

图 2-3-57 输入有个人(部门)往来核算的凭证

e. 单击"确认"按钮返回，继续完成其他操作。

注意：

● 如果新发生的业务中个人(包括部门)不属于已经定义好的个人，则要在此先正确编辑新增个人的信息，系统会自动追加到个人目录中。

②输入有供应商(客户)往来核算的记账凭证。

下面以业务 4 为例说明其操作步骤。

a. 以"账套主管"身份"001 董理"注册进入用友通 T3 软件，在"用友通 T3 软件"窗口中，执行"总账—凭证—填制凭证"命令,进入"填制凭证"窗口,如图 3-3-50 所示。

b. 单击"增加"按钮或按 F5 键,增加一张空白凭证。

c. 在"凭证类别"下拉列表框中选择"付款凭证"选项,在"制单日期"处输入"2012.01.03"。

d. 依次在摘要处输入"支付北京用友公司欠款",在科目名称处单击参照按钮,选择"2202 应付账款"时,弹出"辅助项"对话框,依次在供应商处单击参照按钮,选择"北京用友公司",在业务员处单击参照按钮,选择"郭丽",在票号处输入"050662",如图 2-3-58 所示。

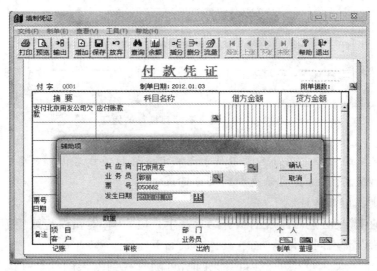

图 2-3-58 输入有供应商往来核算的凭证

e. 单击"确认"按钮返回,继续完成其他操作。

注意:

● 如果新发生的业务中往来单位(包括供应商和客户)不属于已经定义好的往来单位,则要在此先正确编辑新增往来单位的信息,系统会自动追加到往来单位目录中。

● 同理,新增的业务员也可以在此先正确编辑。

③输入有项目核算的记账凭证

下面以业务 16 为例说明其操作步骤。

a. 以"账套主管"身份"001 董理"注册进入用友通 T3 软件,在"用友通 T3 软件"窗口中,执行"总账—凭证—填制凭证"命令,进入"填制凭证"窗口,如图 2-3-50 所示。

b. 单击"增加"按钮或按 F5 键,增加一张空白凭证。

c. 在"凭证类别"下拉列表框中选择"转账凭证"选项,在"制单日期"处输入"2012.01.14"。

d. 依次在摘要处输入"分配研发技术人员的工资",在科目名称处单击参照按钮,选择"500102 生产成本——直接人工"时,弹出"辅助项"对话框,在项目名称处单击参照按钮,选择"人力资源管理系统",如图 2-3-59 所示。

e. 单击"确认"按钮返回,继续完成其他操作。

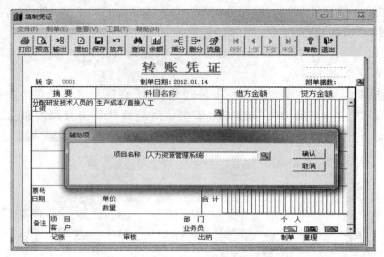

图 2-3-59　输入有项目核算的凭证

注意：

●如果新发生的业务中项目名称不属于已经定义好的项目名称，则要在此先正确编辑新增项目名称的信息，系统会自动追加到项目目录中。

2. 修改和更正记账凭证

记账凭证的错误，必然对系统的核算结果产生直接影响。对错误记账凭证的修改要区别不同状态下的错误有不同的修改方式，具体方式如下：

(1)对已经输入但未审核的机内记账凭证，可随时找到错误的凭证在编辑状态下直接修改；

(2)已经通过审核但还未记账的凭证不能直接修改，可以先通过凭证审核功能取消审核后，再通过编辑凭证功能直接修改。

(3)若已经记账的凭证发现有错，不能直接修改。针对此类凭证的处理，会计制度要求留下审计线索。可以采用"红字凭证冲销法"或者"补充凭证法"进行更正。红字冲销法适用于以下三种情况：①会计科目正确但所记金额大于应记金额；②会计科目使用有误；③记账方向的错误。对于第一种情况可以将多记的金额部分填写一张科目相同的红字凭证并审核记账；对于记账错误为会计科目或借贷方向的错误，则只能填写一张相同的红字凭证审核记账，再填写一张正确的凭证并审核记账。补充更正法用于更正记账金额小于应记金额的错误。

综上所述，前两种记账凭证的错误修改不留下任何修改线索和痕迹，第三种记账凭证的错误修改是通过保留错误凭证和更正凭证的方法保留修改痕迹，也就是所谓的更正记账凭证。

实例：红字冲销记账凭证。

假设包头财经公司财务科采用红字冲销法将 2012 年 1 月 1 日"付字 0001 付款凭证"红字冲销。(注：此笔业务于所有凭证审核记账之后再进行操作)

操作步骤：

(1)以"账套主管"身份"001 董理"注册进入用友通 T3 软件，在"用友通 T3 软件"窗口中,执行"总账—凭证—填制凭证"命令,进入"填制凭证"窗口。选择"制单—冲销凭证"命令,打开"冲销凭证"对话框,月份选择"2012.01",凭证类别选择"付款凭证",输入凭证号"0001"。如图 2-3-60 所示。

图 2-3-60 冲销凭证

(2)单击"确定"按钮,系统自动生成一张红字冲销凭证。

注意:

● 红字冲销凭证是针对已经记账的错误凭证而言的（更正记账金额大于应记金额的错误、会计科目的错误或记账方向的错误）。

● 红字冲销凭证可以由系统自动生成,也可以采用手工方式直接输入。

● 在制作红字冲销凭证将错误凭证冲销后,同时需要再编制正确的蓝字凭证进行补充。

3. 作废和删除记账凭证

对于未审核的记账凭证,如果不需要,可以直接使用系统提供的"作废/恢复"功能,将其作废。作废的记账凭证仍保留凭证的内容及编号,仅显示"作废"字样。作废的凭证不能进行修改和审核。在记账时,已经作废的凭证不参与数据处理,只列入参与记账,相当于一张空白凭证。在账簿查询时,是查不到作废凭证的数据。

如果不想保留已经作废的凭证,则可以通过系统提供的"整理凭证"功能,将其彻底删除,并对未记账凭证重新编号。

实例:作废和删除记账凭证。

2012 年 1 月 16 日,包头财经公司财务科发现本月 2 日已经填制的记账凭证有错,需要将其作废和删除。该笔记账凭证的摘要"归还工商银行短期借款",凭证字号"付字 0003",金额"101 000 元"。

操作步骤:

(1)以"账套主管"身份"001 董理"注册进入用友通 T3 软件,在"用友通 T3 软件"窗口中,执行"总账—凭证—填制凭证"命令,进入"填制凭证"窗口。执行"查看—查询"命令,并输入有关查询信息,如图 2-3-61 所示。

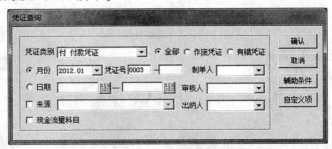

图 2-3-61 凭证查询

(2)在查到的"付字0003付款凭证"窗口处,选择"制单—作废/恢复"命令,如图2-3-62所示。

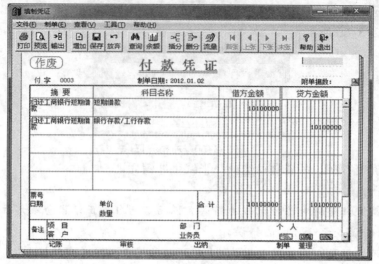

图2-3-62　作废记账凭证

(3)该记账凭证左上角显示"作废"字样,表示该凭证已经作废。

(4)选择"制单—整理凭证"命令,系统要求选择凭证期间,如图2-3-63所示。

图2-3-63　凭证期间

(5)选择要整理的月份"2012.01",单击"确定"按钮。系统打开"作废凭证表"对话框,双击"删除?"栏使其打上"Y"标记,如图2-3-64所示。

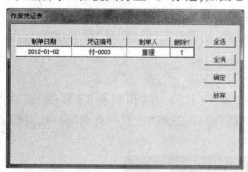

图2-3-64　作废凭证表

(6)单击"确定"按钮,系统将该凭证从数据库中删除并对剩下的未记账凭证重新排号。

注意：

●若当前凭证已作废,可选择"制单—作废/恢复"命令,取消"作废"标志,并将当前凭证恢复为有效凭证。

●只能对未审核记账的凭证作凭证整理。已记账的凭证作凭证整理,应先取消记账和审核,再作凭证整理。

　（二）出纳签字

　　出纳人员管理单位的货币资金收支,单位为了加强对货币收支的管理,出纳人员可以通过系统提供的出纳签字功能,对制单人员填制的涉及现金和银行存款的记账凭证进行检查核对。其主要是核对有关收付款凭证的科目、金额是否正确,并将审查认为有错误或有异议的凭证交给制单人员修改后再核对。

　　单位若要求出纳人员对收付款凭证进行签字操作,事先应指定具有"出纳签字"权限的操作员,并且要在系统初始化的会计科目设置中指定"现金总账科目"和"银行总账科目",同时在选项设置中要选定"出纳凭证必须经由出纳签字"。

　　实例:出纳签字。

　　包头财经公司已经在系统初始化的选项设置中选定"出纳凭证必须经由出纳签字";在会计科目设置中已经指定"库存现金"为"现金总账科目","银行存款"为"银行总账科目";在操作员权限设置中已经设定"成功"拥有"出纳签字"权限。因此,财务科"成功"登录"用友通T3软件"中,对包头财经公司2012年1月的有关收付款凭证进行签字审核。

　　操作步骤:

　　(1)以出纳人员"003 成功"注册进入用友通T3软件,在"用友通T3软件"窗口中,执行"总账—凭证—出纳签字"命令,打开"出纳签字"窗口,如图2-3-65所示。

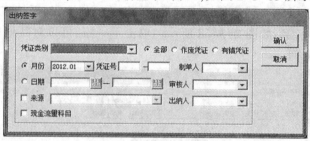

图 2-3-65　出纳签字

　　(2)输入过滤条件,单击"确定"按钮,显示符合条件的收付款凭证,如图2-3-66所示。

制单日期	凭证编号	摘要	借方金额合计	贷方金额合计	制单人	签字
2012.01.04	收 - 0001	收到包头兰天公司还款	250,000.00	250,000.00	董理	
2012.01.05	收 - 0002	向包商银行出售一套人才	515,000.00	515,000.00	董理	
2012.01.07	收 - 0003	将美元兑换成人民币	65,000.00	65,000.00	董理	
2012.01.08	收 - 0004	出售甲材料100件	16,000.00	16,000.00	董理	
2012.01.09	收 - 0005	收到金蝶公司美元投资款	128,000.00	128,000.00	董理	
2012.01.01	付 - 0001	从工商银行提现备用	30,000.00	30,000.00	董理	
2012.01.02	付 - 0002	研发部金鑫出差借款	5,000.00	5,000.00	董理	
2012.01.02	付 - 0003	归还工商银行短期借款	101,000.00	101,000.00	董理	
2012.01.08	付 - 0004	支付北京用友公司欠款	280,000.00	280,000.00	董理	
2012.01.08	付 - 0005	市场部李明购买办公用品	600.00	600.00	董理	
2012.01.12	付 - 0006	公关部王芳支付业务招待	1,500.00	1,500.00	董理	
2012.01.12	付 - 0007	支付工资	70,000.00	70,000.00	董理	

凭证共 14 张　　已签字 0 张　　未签字 14 张

图 2-3-66　出纳签字列表

(3)选定待审核签字的收付款凭证,单击"确定"按钮,打开一张需要审核签字的记账凭证,如图 2-3-67 所示。

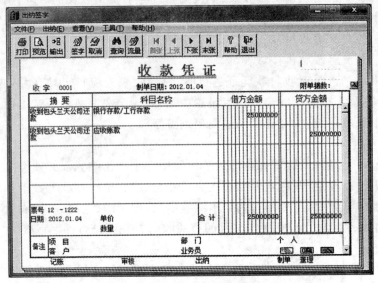

图 2-3-67 出纳签字

(4)出纳人员"成功"检查确定凭证无误后,单击"签字"按钮,系统在凭证的"出纳"处自动签上出纳"成功"的名字,如图 2-3-68 所示。单击下一张,可以对其他凭证进行签字处理,完成后,单击"退出"返回。

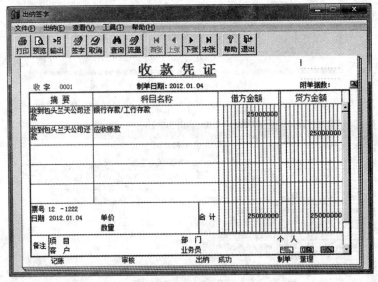

图 2-3-68 出纳签字

注意:

● 凭证一经出纳人员签字,就不能再对该凭证修改、删除,只有取消签字后才可以进行修改、删除。

● 取消签字也只能由签字的出纳本人进行操作。

●企业可以根据实际需要决定是否要对收付款凭证进行出纳签字管理。若不需要此功能,可由账套主管在"选项设置"中取消"出纳凭证必须经由出纳签字"的设置。

(三)审核会计签字

前述的出纳签字实际上是审核凭证的工作之一,在实际工作中用户单位可以根据管理需要决定是否采用。审核凭证的主要工作仍然是审核会计签字。会计审核签字是审核凭证必不可少的。

由会计审核凭证主要是审核记账凭证是否与原始凭证相符,记账凭证是否符合当前财会制度等。审核后认为有错误或有异议的凭证,审核会计不予签字或执行标错命令,并交给制单人员修改后再审核。

按照会计制度的规定,制单人和审核人不能是同一个人,会计软件系统对此也进行了相应的限制。

目前会计软件提供的审核方法有屏幕审核、静态审核(打印输出记账凭证然后进行审核)、二次录入校验,其中最常用的方法是屏幕审核。

实例:审核会计签字。

包头财经公司财务科于2012年1月6日新增操作员"004李小刚",账套主管授权"李小刚"拥有"总账"中"审核凭证"权限,假设此项操作已经通过"用友通T3软件"系统管理的相关功能完成,并同时操作"用友通T3"窗口中,执行"基础设置—机构设置—职员档案"命令,将该操作员输入单位的"职员档案"。这里就以审核会计李小刚的身份进入总账系统,对包头财经公司制单员本月已经输入的记账凭证进行审核签字。

操作步骤:

(1)以审核会计"004李小刚"的身份注册进入用友通T3软件,在"用友通T3软件"窗口中,执行"总账—凭证—审核凭证"命令,进入"凭证审核"对话框,如图2-3-69所示。

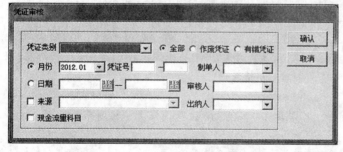

图2-3-69 凭证审核

(2)输入过滤条件,单击"确定"按钮,系统显示符合条件的凭证,如图2-3-70所示。

(3)单击"确定"按钮,打开一张待审核的凭证,检查无误后,单击"审核"按钮,系统在凭证的"审核"处自动签上审核人的名字,如图2-3-71所示。如果认为有错误则可以不予处理或者单击"标错"按钮。

(4)单击"下一张"按钮,对其他凭证进行审核处理,否则,单击"退出"按钮返回。

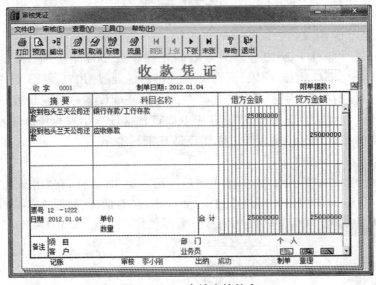

图 2-3-70　符合审核会计签字条件的凭证

图 2-3-71　会计审核签字

注意：

● 若要对已经审核的凭证取消审核,则需单击"取消"按钮取消审核。取消审核签字只能由审核人自己进行。

● 凭证一经审核,就不能被修改、删除,只有取消审核签字后才可以修改或删除。

● 已经被标错的凭证不能被审核,需要先取消标错后才能审核。

(四)凭证记账

凭证记账也就是登记账簿, 也称登账或过账。在电算化方式下账簿是以电子数据方式(数据库文件)存放在系统中。记账凭证审核签字后即可用来登记总账、明细账、日记账、部门账、往来账、项目账等。登记账簿是由具有记账权限的操作员发出指令,由计算机按照预先设计的记账程序自动进行科目合法性检验、汇总和登记账簿。

实例：凭证记账。

包头财经公司财务科对 2012 年 1 月份已经审核的记账凭证进行记账。该公司已经将凭证"记账"权限授予"杭程"，因此，这里就以记账会计杭程的身份进入总账系统，对包头财经公司已经审核的记账凭证进行记账。

操作步骤：

(1)以操作员"002 杭程"的身份注册进入用友通 T3 软件,在"用友通 T3 软件"窗口中,执行"总账—凭证—记账"命令,进入"记账"对话框,如图 2-3-72 所示。

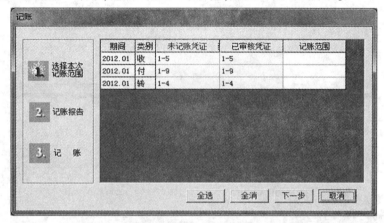

图 2-3-72　记账范围

(2)选择需要记账的范围(记账范围可输入数字、"–"和","),默认为所有已审核并经出纳签字的凭证,相当于点击"全选"按钮。

注意：

● 未审核的凭证不能记账。若之前先确定对收付款凭证进行出纳签字,则未出纳签字的收付款凭证也不能记账。

● 记账范围可以输入连续编号范围,如"1–5"表示 1 号至 5 号凭证,也可以输入不连续编号,如"2,4,7"表示 2 号、4 号和 7 号凭证为本次需要记账的凭证。

(3)单击"下一步"按钮,进入"记账报告"对话框,如图 2-3-73 所示。

图 2-3-73　记账报告

(4)单击"下一步"按钮,进入"记账"对话框,如图 2-3-74 所示。

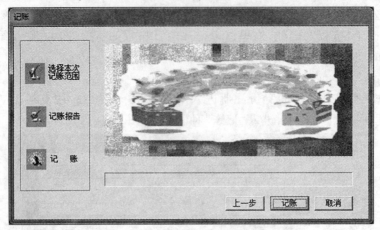

图 2-3-74　记账

(5)单击"记账"按钮,显示"期初试算平衡表",如图 2-3-75 所示。

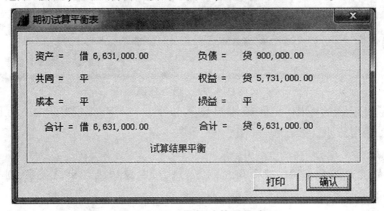

图 2-3-75　期初试算平衡表

(6)单击"确定"按钮,系统打开记录有关的总账、明细账、辅助账,结束后系统弹出"记账完毕"的提示对话框,单击"确定"按钮,记账完毕。

注意:

- 在记账前,系统自动进行数据备份,保存记账前的数据。
- 在记账过程中不得中断,否则需先调用"恢复记账前状态"功能,然后再记账。
- 记账后的凭证不能在"填制凭证"功能中查询,只能在"查询凭证"功能中查询。
- 上月未结账,本月不能记账。作废凭证不需审核可直接参与记账,相当于登记空凭证。
- 如果不想再继续记账,可单击"取消"按钮,取消本次记账工作。
- 必须以"账套主管"身份"001 董理"注册进入用友通 T3 软件执行"取消记账"。

"取消记账"其操作步骤为:

(1)激活"恢复记账前状态"菜单。

①执行"总账—期末—对账"命令,进入"对账"窗口。

②按"Ctrl+H"键,系统弹出"恢复记账前状态功能已被激活"信息提示对话框。

③单击"确定"按钮,再单击工具栏上的"退出"按钮。

此时,在"总账—凭证"菜单下显示"恢复记账前状态"功能菜单项。

注意:

☆如果退出系统后又重新进入系统,或者在"对账"窗口中按"Ctrl+H"键,将重新隐藏"恢复记账前状态"功能。

(2)恢复记账前状态。

①执行"总账—凭证—恢复记账前状态"命令,打开"恢复记账前状态"对话框。

②选择"最近一次记账前状态"单选按钮。

③单击"确定"按钮,系统弹出"请输入主管口令"信息提示对话框。

④口令为空,单击"确认"按钮,稍候,系统弹出"恢复记账完毕!"信息提示对话框,单击"确定"按钮。

注意:

● 已结账月份的数据不能取消记账。

● 取消记账后,一定要重新记账。

(五)输出凭证

对于已经输入计算机系统中的记账凭证,根据需要随时可以通过系统提供的输出功能通过屏幕或打印机输出凭证。输出凭证包括:查询凭证、科目汇总和打印凭证。

1. 查询凭证

查询凭证有两种方式:"填制凭证—查询"命令和"凭证—查询凭证"命令。前者是只能查询未记账的凭证,用户在填制凭证时,可以随时查询凭证,随时对未审核的凭证进行修改、删除。后者是可以对全部已经输入系统的记账凭证(包括已记账凭证和未记账凭证)进行查询,用户只能查询到符合条件的记账凭证,不能对已经查询到的凭证进行修改或删除。常用的查询条件有以下几种:

(1)如果要专门查询某一段时间的凭证,则应选择"日期",此时凭证号范围不可选。

(2)如果需要显示所有符合条件的凭证列表,则选择"全部"。

(3)如果需要显示所有符合条件的作废或有错的凭证,则应选择"作废凭证"或"有错凭证"。

(4)如果需要选择凭证来源于哪个外部系统,则应在来源选择框中选择相应的系统,选择为空的,表示所有系统的凭证。

(5)如果要查询哪位审核人审核的、哪位出纳员签字的凭证,则直接指定该操作员即可。

(6)如果按科目、摘要、金额等辅助信息进行查询,则可以执行"辅助条件"功能输入辅助查询条件。

(7)如果要按科目自定义项查询,则可以执行"自定义项"功能输入自定义项查询条件。

实例:查询凭证。

查询包头财经公司2012年1月份已经记账的凭证。

操作步骤:

(1)以账套主管"001 董理"的身份注册进入用友通 T3 软件,在"用友通 T3 软件"窗口中,执行"总账—凭证—查询凭证"命令,进入"凭证查询"对话框,如图2-3-76所示。

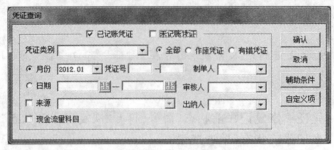

图 2-3-76　凭证查询

(2)选择"已记账凭证"复选框,在"月份"下拉列表中选择"2012.01",其他栏目可为空。

(3)单击"确定"按钮,即可显示所有已记账凭证,如图2-3-77所示。

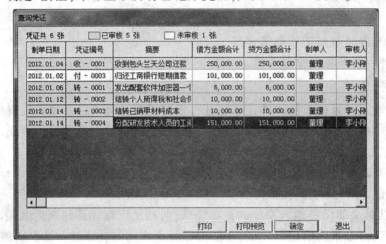

图 2-3-77　已记账凭证

注意:

● 如果在"总账—凭证—填制凭证"命令窗口中单击"查询"按钮,只能查询未记账凭证。

2. 科目汇总

在记账凭证全部输入完毕之后,用户可以根据输入的汇总条件,随时可以对记账凭证进行汇总并生成科目汇总表。

进行汇总的凭证可以是已经记账凭证,也可以是未记账凭证。建议财会人员应在凭证未记账前,经常通过汇总功能随时查看单位的经营状况和有关的财务信息,可以根据数据的异常情况检查工作的失误,从而确保凭证的准确性。

实例:科目汇总。

汇总包头财经公司2012年1月份未记账凭证。

操作步骤:

(1)以账套主管"001董理"的身份注册进入用友通T3软件,在"用友通T3软件"窗口中,执行"总账—凭证—科目汇总"命令,进入"科目汇总"对话框,如图2-3-78所示。

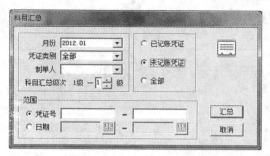

图 2-3-78　科目汇总

（2）在"月份"下拉列表中选择"2012.01"，在"凭证类别"下拉列表中选择"全部"。

（3）选择"未记账凭证"，其他条件为空。

（4）单击"汇总"按钮，即可显示所有未记账凭证的汇总表，如图 2-3-79 所示。

科目汇总表

共12张凭证，其中作废凭证0张，原始单据共0张　　　　　　　　　　　　　　　　　　月份：2012.01

科目编码	科目名称	外币名称	计量单位	金额合计		外币合计		数量合计	
				借方	贷方	借方	贷方	借方	贷方
1001	库存现金			30 000.00	6 000.00				
1002	银行存款			724 000.00	974 500.00				
1221	其他应收款			5 000.00					
资产小计				759 000.00	980 100.00				
美元						20 000.00	10 000.00		
2202	应付账款			280 000.00					
2211	应付职工薪酬			95 000.00					
2221	应交税费				15 000.00				
2241	其他应付款			4 000.00					
负债小计				379 000.00	15 000.00				
4001	实收资本				128 000.00				
权益小计					128 000.00				

图 2-3-79　未记账凭证的科目汇总表

注意：

●在科目汇总表中，系统提供快速定位功能和查询光标所在行专项明细账功能，如果再要查询其他条件的科目汇总表，还可以调用查询功能。

3. 打印凭证

打印凭证是指将未记账凭证或已记账凭证按标准格式输出到打印机。用户应根据具体需要合理选择打印条件。

根据财会制度的要求，记账凭证作为会计档案中最为重要的部分必须以纸质保存，并且在记账凭证后面贴上必要的原始凭证，按顺序编号装订成册保存。会计电算化后，无论何种方式输入记账凭证都必须要保存手工记账凭证或计算机打印的记账凭证。

在用友通 T3 软件中，有关凭证打印条件参数如图 2-3-80 所示。

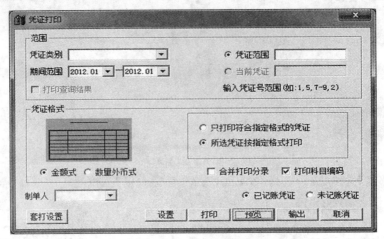

图 2-3-80　凭证打印

(1)凭证类别:既可以打印某一凭证类别的凭证,也可以打印所有凭证类别的凭证。

(2)凭证范围:可以输入需要打印的凭证号范围,如输入"1,3,5-9",表示打印 1 号、3 号、5 号至 9 号凭证。不输入凭证号则表示打印所有凭证。

(3)期间范围:选择打印凭证的起止期间范围。

(4)凭证格式:打印凭证的格式分为金额式和数量外币式两种。

①只打印符合指定格式的凭证:只打印所选凭证范围内凭证格式与指定凭证格式相同的凭证。例如,凭证格式选择了金额式,则只打印所选凭证范围内的金额式的凭证,数量外币式的凭证不打印。

②所选凭证按指定格式打印:所有凭证范围内的凭证按指定格式打印。例如,所选凭证范围中有金额式凭证,也有数量外币式凭证,打印时,选择了金额式的凭证格式,则那些数量外币式的凭证也都按金额式打印。

(5)当前凭证:若当前凭证有多页分单,可以在这里输入要打印的分单号,如输入"3-4",表示打印凭证的第 3 张、第 4 分单。

(6)打印科目编码:若选择此项,则在凭证的科目名称后打印科目编码。

(7)制单人:打印指定操作员填制的凭证。

(8)记账范围:选择"已记账凭证"则打印已记账凭证,选择"未记账凭证"则打印未记账凭证。

二、出纳管理

出纳管理是用友通 T3 软件专为管理现金和银行存款这些货币资金的一套管理工具。出纳管理隶属于账务处理系统,主要包括:查询打印现金日记账、银行存款日记账和资金日报表,银行对账和支票登记簿。其中银行对账是出纳管理的核心,这里重点介绍有关银行对账的内容。

银行对账是出纳人员最基本的工作之一。为了能够准确掌握单位银行存款的实际情况,企业必须定期将银行存款日记账与开户银行出具的对账单进行核对,并编制银行存款余额调节表。

在用友通 T3 软件系统中,需要在会计科目设置时将要求进行银行对账的科目事先设置为"银行账"。在该系统中提供了两种对账方式:自动对账和手工对账。自动对账是系统根据对账依据(借贷方向+金额+日期+结算方式+票号)将银行存款日记账与银行对账单进行自动核对勾销。手工对账是自动对账的补充,在自动对账后,可能存在一些特殊的未达账项没有被勾对为已达账项,这就需要通过手工对账进行调整勾销。

依据本篇第一章的有关出纳管理业务处理程序,银行对账通过以下几步完成:录入银行对账期初、录入银行对账单、自动对账、手工对账、查询余额调节表、核销银行账。

(一)录入银行对账期初

为了保证银行对账的准确性,在首次使用银行对账之前,必须输入银行对账启用日期时的期初余额,包括银行日记账与银行对账单的期初余额;必须输入银行对账启用日期之前的最后一次手工对账的双方未达账项,包括银行存款日记账和银行对账单的未达账项,并且在此基础上同时要保证银行日记账和银行对账单的调整后余额相等。通常银行对账的启用日期一般晚于会计软件的使用日期,但是必须要在会计软件使用之后的某月份的月初启用。

实例:录入银行对账期初。

包头财经公司 2012 年 1 月 1 日启用银行对账,银行存款——工行存款日记账期初余额为 620 000 元,银行对账单期初余额:620 000 元。

操作步骤:

(1)以账套主管"001 董理"的身份注册进入用友通 T3 软件,在"用友通 T3 软件"窗口中,执行"现金—设置—银行期初录入"命令,进入"银行科目选择"对话框,如图 2-3-81 所示。

图 2-3-81　银行科目选择

(2)选择科目"工行存款(100201)",单击"确定"按钮,进入"银行对账期初"对话框,如图 2-3-82 所示。

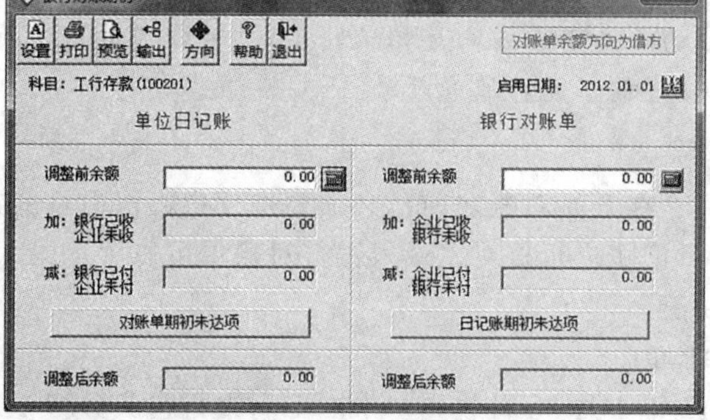

图 2-3-82　银行对账期初

(3)确定启用日期为"2012.01.01",输入单位日记账调整前余额"620 000",银行对账单的调整前余额"620 000",对账单余额方向变为"贷方",如图 2-3-83 所示。

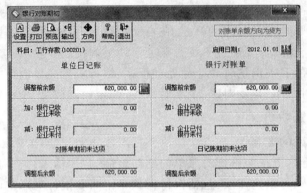

图 2-3-83　录入数据后的银行对账期初

(4)录入完毕后,单击"退出"按钮。

注意:

● 如被指定的银行科目有外币核算,在这里应输入外币余额和外币未达项。

● 单位日记账和银行对账单的"调整前余额"应分别为上次手工对账截止日期的该单位银行存款日记账余额和该单位开户银行对账单余额,"期初未达项"应分别为上次手工对账截止日期到启用日期前的双方未达账项,"调整后余额"应分别为启用日期的该单位银行存款日记账余额和该单位开户银行对账单余额。若输入正确,则单位日记账与银行对账单的调整后余额应平衡。

● 用户第一次使用银行对账时,应使用"银行期初录入"。在开始使用银行对账之后就不再使用。

● 在录入完单位日记账和银行对账单期初未达项后,就不要再随意调整启用日期,尤其是向前调,这样就会造成启用日期后的期初数不能再参与对账。

● 若某银行科目已经进行过对账,在期初未达项录入中,对于已经勾对或核销的记录不能再修改。

● 当"对账单余额方向为借方"时,银行对账单的收支记录方向与单位银行存款日记账的收支记录方向是一致的;反之当"对账单余额方向为贷方"时,银行对账单的收支记录方向与单位银行存款日记账的收支记录方向是相反的。用户可以根据自己的习惯来选定。但是一经确定并已经进行过对账,就不能再随意改动。

(二)录入银行对账单

用户系统记账之后,在开始对账之前,必须要将开户银行出具的银行对账单录入系统中,以便与单位的银行日记账进行核对。录入银行对账单可以手工录入,也可以使用系统提供的银行对账单引入功能。

实例:录入银行对账单。

包头财经公司 2012 年 1 月 30 日收到"中国工商银行包头分行 1 月份银行对账单",见表 2-3-19。

表 2-3-19　银行存款对账单

日期	摘要	结算方式	票号	借方	贷方	方向	余额
2012.01.01	提现	现金支票	0425	30 000 元		贷方	590 000 元
2012.01.03	付款	电汇	26812	280 000 元		贷方	310 000 元
2012.01.04	收款	转账支票	1222		250 000 元	贷方	560 000 元
2012.01.05	收款	转账支票	01412345		515 000 元	贷方	1 075 000 元
2012.01.08	收款	转账支票	78666		16 000 元	贷方	1 091 000 元
2012.01.12	付款	转账支票	123689	70 000 元		贷方	1 021 000 元
2012.01.14	付款	转账支票	123698	29 000 元		贷方	992 000 元
2012.01.16	付款	电汇	G00063	500 000 元		贷方	492 000 元
2012.01.25	付款	电汇	G00997	8 000 元		贷方	484 000 元
2012.01.28	收款	电汇	R00897		20 000 元	贷方	504 000 元

操作步骤：

(1)以账套主管"001 董理"的身份注册进入用友通 T3 软件,在"用友通 T3 软件"窗口中,执行"现金—现金管理—银行账—银行对账单"命令,进入"银行科目选择"对话框,如图 2-3-84 所示。

图 2-3-84　银行科目选择

(2)选择"工行存款(100201)",月份默认,单击"确定"按钮,进入"银行对账单"窗口,如图 2-3-85 所示。

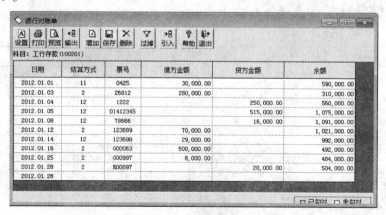

图 2-3-85　银行对账单

(3)根"中国工商银行包头分行 1 月份银行对账单",见表 2-3-19,输入所有信息,如图

2-3-85 所示。

(4)输入完毕,单击"保存"后,单击"退出"。

注意:

● 录入每笔银行对账记录的金额后,单击"Enter"键,系统自动计算出该日的银行存款余额。

● 因为包头财经公司在"银行对账期初"中,已经确定"对账单余额方向为贷方",所以,在这里录入银行对账单中的收款和付款记录时,银行对账单中的收款金额记在窗口的"贷方金额"栏,银行对账单中的付款金额记在窗口的"借方金额"栏。

(三)自动对账

自动对账是系统根据对账依据,将单位银行存款日记账与开户行银行对账单自动核对和勾对。对于已经核对上的银行业务,系统将自动在银行存款日记账和银行对账单上打上两清标志,并视为已达账项;对于在两清栏未写上两清标志的记录,则视其为未达账项。

在自动对账的依据条件中,借贷方向和金额相同是系统默认的必备条件,其他条件是由用户自行选择,包括:结算方式相同、结算票号相同和日期相差几天之内等。

由于自动对账是以双方对账依据完全相同为条件的,所以为了保证自动对账的正确和彻底,用户在输入有关银行存款的双方业务数据时必须保证对账依据的准确无误。

实例:进行自动对账。

包头财经公司 2012 年 1 月 31 日对开户行工商银行进行对账处理。

操作步骤:

(1)以账套主管"001 董理"的身份注册进入用友通 T3 软件,在"用友通 T3 软件"窗口中,执行"现金—现金管理—银行账—银行对账"命令,进入"银行科目选择"对话框。

(2)选择"工行存款(100201)",月份默认,单击"确定"按钮,进入"银行对账"窗口,如图 2-3-86 所示。

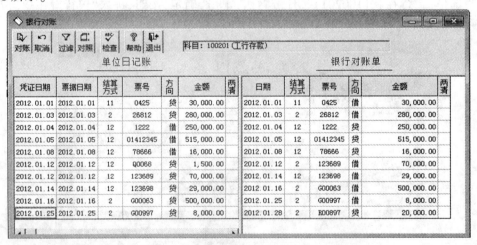

图 2-3-86　银行对账

(3)单击"对账"按钮,打开"自动对账"对话框,如图 2-3-87 所示。

图 2-3-87 自动对账

(4)在"截止日期"处选择"2012.01.31",并确定日期相差"31"天之内,其余按系统默认,单击"确定"按钮,系统进行自动对账。并显示自动对账结果,如图 2-3-88 所示。

票据日期	结算方式	票号	方向	金额	两清	日期	结算方式	票号	方向	金额	两清
2012.01.01	11	0425	贷	30,000.00	○	2012.01.01	11	0425	借	30,000.00	○
2012.01.03	2	26812	贷	280,000.00	○	2012.01.03	2	26812	借	280,000.00	○
2012.01.04	12	1222	借	250,000.00	○	2012.01.04	12	1222	贷	250,000.00	○
2012.01.05	12	01412345	借	515,000.00	○	2012.01.05	12	01412345	贷	515,000.00	○
2012.01.08	12	78666	借	16,000.00	○	2012.01.08	12	78666	贷	16,000.00	○
2012.01.12	12	Q0068	贷	1,500.00		2012.01.12	12	123689	借	70,000.00	○
2012.01.12	12	123689	贷	70,000.00	○	2012.01.14	12	123698	借	29,000.00	○
2012.01.14	12	123698	贷	29,000.00	○	2012.01.16	2	G00063	贷	500,000.00	○
2012.01.16	2	G00063	贷	500,000.00	○	2012.01.25	2	G00997	借	8,000.00	○
2012.01.25	2	G00997	贷	8,000.00	○	2012.01.28	2	R00897	贷	20,000.00	

科目:100201(工行存款)
单位日记账　　　　银行对账单

图 2-3-88 自动对账结果

注意:

● 对账截止日期可以输入也可以不输入。

● 对于已达账项,系统自动在单位银行存款日记账和银行对账单双方的"两清"栏打上圆圈标志。

(四)手工对账

用户在输入有关银行存款的双方业务数据时,可能存在对账依据的录入不够准确或不全面的情况,从而造成无法实现全面自动对账。手工对账是自动对账的补充,用户自动对账后,可能还有一些特殊的已达账没有对出来,而被看作是未达账项,为了使对账更加正确彻底,可以通过系统提供的手工对账功能进行补充和更正。

实例:进行手工对账。

假设包头财经公司自动对账后存在手工对账的必要。

操作步骤:

(1)假设上述"自动对账"中第 4 步的系统进行自动对账,并显示自动对账结果,如图 2-3-89 所示。

图 2-3-89 的上部为"银行对账"窗口（自动对账结果）。

科目: 100201(工行存款)

单位日记账 / 银行对账单

票据日期	结算方式	票号	方向	金额	两清	日期	结算方式	票号	方向	金额
2012.01.01	11	0425	贷	30,000.00	○	2012.01.01	11	0425	借	30,000.00
2012.01.03	2	26812	贷	280,000.00		2012.01.03	2	26812	借	280,000.00
2012.01.04	12	1222	借	250,000.00		2012.01.04	12	1222	贷	250,000.00
2012.01.05	12	01412345	借	515,000.00		2012.01.05	12	01412345	贷	515,000.00
2012.01.08	12	78666	借	16,000.00		2012.01.08	12	78666	贷	16,000.00
2012.01.12	12	Q0068	贷	1,500.00		2012.01.12	12		借	70,000.00
2012.01.12	12	123689	贷	70,000.00		2012.01.14	12	123698	借	29,000.00
2012.01.14	12	123698	贷	29,000.00		2012.01.16	2	G00063	借	500,000.00
2012.01.16	2	G00063	贷	500,000.00		2012.01.25	2	G00997	借	8,000.00
2012.01.25	2	G00997	贷	8,000.00		2012.01.28	2	R00897	贷	20,000.00

图 2-3-89 自动对账结果

(2)从上述自动对账结果中,可以断定其中 2012 年 01 月 12 日业务金额为 70 000 元的双方记录,由于人工录入银行对账单时的失误,没有输入票号 123689。导致此笔对账结果为未达账项。对于这笔应勾对而未勾对的账项,可分别双击"两清"栏,直接进行手工对账调整,如图 2-3-90 所示。

科目: 100201(工行存款)

单位日记账 / 银行对账单

票据日期	结算方式	票号	方向	金额	两清	日期	结算方式	票号	方向	金额	两清
2012.01.01	11	0425	贷	30,000.00	○	2012.01.01	11	0425	借	30,000.00	○
2012.01.03	2	26812	贷	280,000.00		2012.01.03	2	26812	借	280,000.00	○
2012.01.04	12	1222	借	250,000.00		2012.01.04	12	1222	贷	250,000.00	○
2012.01.05	12	01412345	借	515,000.00		2012.01.05	12	01412345	贷	515,000.00	○
2012.01.08	12	78666	借	16,000.00		2012.01.08	12	78666	贷	16,000.00	○
2012.01.12	12	Q0068	贷	1,500.00		2012.01.12	12		借	70,000.00	Y
2012.01.12	12	123689	贷	70,000.00	Y	2012.01.14	12	123698	借	29,000.00	
2012.01.14	12	123698	贷	29,000.00		2012.01.16	2	G00063	借	500,000.00	
2012.01.16	2	G00063	贷	500,000.00		2012.01.25	2	G00997	借	8,000.00	
2012.01.25	2	G00997	贷	8,000.00		2012.01.28	2	R00897	贷	20,000.00	

图 2-3-90 手工对账结果

(3)对账完毕,单击"检查"按钮,系统打开"对账平衡检查"对话框,如图 2-3-91 所示。

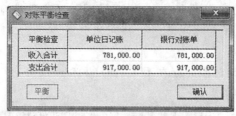

平衡检查	单位日记账	银行对账单
收入合计	781,000.00	781,000.00
支出合计	917,000.00	917,000.00

平衡　　　确认

图 2-3-91 对账平衡检查

(4)如若显示不平衡,单击"确认"按钮返回,仍需通过手工对账功能进行调整直至平衡为止。

（五）查询余额调节表

在对银行账进行对账后,系统便自动对已达账和未达账进行整理,生成银行存款余额调节表。用户可以查询打印银行存款余额调节表,以便检查对账是否正确。

实例:输出银行存款余额调节表。

包头财经公司输出 2012 年 1 月份的银行存款余额调节表。

操作步骤:

(1)以账套主管"001 董理"的身份注册进入用友通 T3 软件,在"用友通 T3 软件"窗口中,执行"现金—现金管理—银行账—余额调节表查询"命令,进入"银行存款余额调节表"对话框。如图 2-3-92 所示。

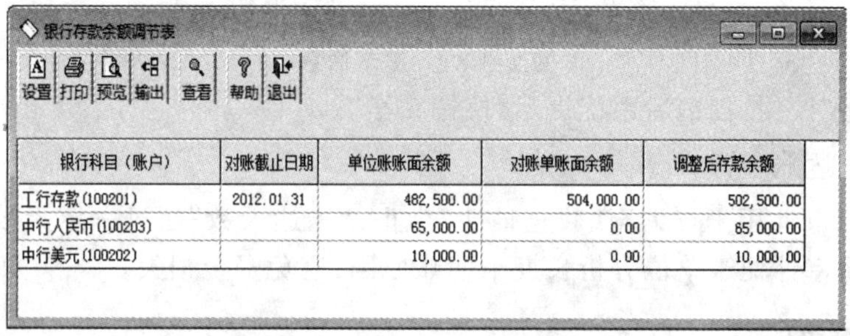

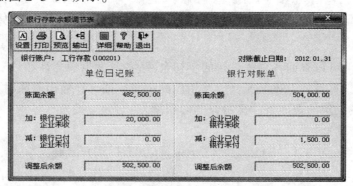

图 2-3-92　银行存款余额调节表

(2)将光标定在"工行存款(100201)"科目行上,单击"查看"按钮,可查看详细的银行存款余额调节表,如图 2-3-93 所示。

图 2-3-93　详细的银行存款余额调节表

注意:

● 此余额调节表为截止到对账截止日期的余额调节表,若无对账截止日期,则为最新余额调节表。

（六）核销银行账

核销银行账就是将核对正确并确认无误的已达账删除。一般来说,在银行对账正确后,如果想将已达账删除而只保留未达账时,可以使用本功能;如果银行对账不平衡,则不要使用本功能,否则将造成以后对账错误。另外,核销银行账对企业银行日记账已达账项的删除,不会影响银行日记账的查询和打印。

实例：核销银行账。

对包头财经公司的银行账进行核销。

操作步骤：

（1）以账套主管"001 董理"的身份注册进入用友通 T3 软件，在"用友通 T3 软件"窗口中，执行"现金—现金管理—银行账—核销银行账"命令，进入"核销银行账"对话框。

（2）选择科目"工行存款（100201）"，单击"确定"按钮，打开提示信息，询问是否核销，如图 2-3-94 所示。

图 2-3-94　提示信息

（3）单击"是"按钮，核销后系统提示"核销完毕"。

（七）长期未达账审计

长期未达账审计用于查询至"截止日期"为止，"未达天数"超过一定天数的银行未达账项。长期未达账审计便于单位分析长期未达账原因，避免资金损失。

三、账簿查询管理

单位发生的各种经济业务经过填制凭证、审核凭证和记账之后，用户就可以查询和打印输出各种形式的账簿，包括：总账、明细账、多栏账、日记账、序时账、余额表等。这里需要说明，在电算化系统中查询账簿时也可以包含未记账凭证数据，并且可以进行账簿与凭证联查。

（一）总账查询

总账查询不但可以查询各总账科目的年初余额、各月发生额合计和月末余额，而且还可以输出其相应明细科目的上述情况，以及相应的记账凭证。在输出总账时要先输入查询条件，系统就可以按设定的查询条件显示或打印账簿。

实例：总账查询。

查询包头财经公司的科目 1122 至 1231 金额式（三栏式）总账。

操作步骤：

（1）以账套主管"001 董理"的身份注册进入用友通 T3 软件，在"用友通 T3 软件"窗口中，执行"总账—账簿查询—总账"命令，进入"总账查询条件"对话框。如图 2-3-95 所示。

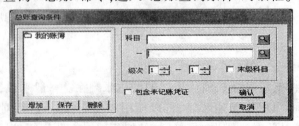

图 2-3-95　总账查询条件

(2)选择科目"1122"-"1231",其他条件为默认,此时在左侧窗口中单击"保存"按钮,并在打开的对话框"请输入我的账簿名称:"中输入"1122--1231",单击"确定"按钮,如图2-3-96所示。

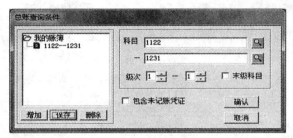

图 2-3-96　总账查询条件

(3)在上述窗口中单击"确认"按钮,首先打开总账科目"1122 应收账款"总账查询窗口,如图2-3-97所示。

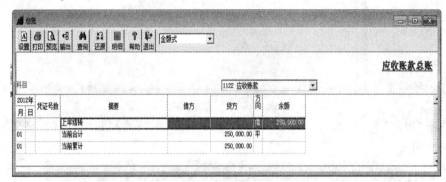

图 2-3-97　总账查询窗口

(4)双击"总账查询窗口"中的记录,系统会直接联查到记录的明细账,在"明细账"窗口中双击指定的记录,还可以联查到该记录的凭证。

(二)明细账查询

明细账查询是用于平时查询各账户的明细发生情况,可按查询条件组合输出明细账。系统提供了三种查询方式:按科目范围、按科目排序明细账、按月份综合明细账。

(1)按科目范围:是按科目查询,按发生日期排序的明细账。

(2)按科目排序明细账:是按非末级科目查询,按其有发生额的末级科目排序的明细账。

(3)按月份综合明细账:是按非末级科目查询,包含非末级科目总账数据及末级科目明细数据的综合明细账,可以使各级科目的数据关系一目了然。

在进行明细账查询时要定义查询条件,也可以将查询条件保存为"我的账簿",或直接调用"我的账簿"来定义查询条件。

(三)多栏账查询

多栏账是系统将所选科目的下级科目自动生成为"多栏账"的栏目,并将所选科目作为多栏账名称。用户单位可以使用本功能设计自己所需要的多栏明细账。一般来说,系统将负债、收入类科目的下级科目定义为贷方发生额,系统将资产、费用类科目的下级科目定义为借方发生额。并且允许进行借方和贷方的调整。

实例:多栏账查询。

查询包头财经公司 2012 年 1 月份的"应交增值税"多栏账。

操作步骤:

(1)以账套主管"001 董理"的身份注册进入用友通 T3 软件,在"用友通 T3 软件"窗口中,执行"总账—账簿查询—多栏账"命令,进入"多栏账"对话框。如图 2-3-98 所示。

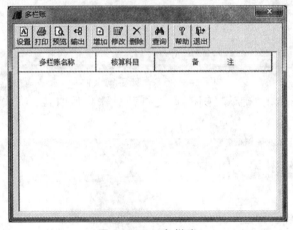

图 2-3-98　多栏账

(2)单击"增加"按钮,进入"多栏账定义"对话框,选择核算科目"222101 应交增值税",如图 2-3-99 所示。

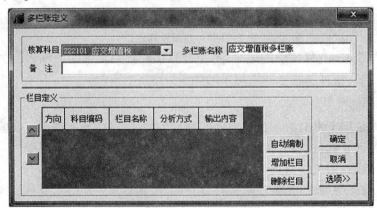

图 2-3-99　多栏账定义

(3)单击"自动编制"按钮,系统将根据所选核算科目的下级科目自动编制为多栏账的贷方栏目,如图 2-3-100 所示。

(4)单击"选项"按钮,进入格式选项窗口,选择"分析栏目前置"。

(5)在"栏目定义"窗口中,确定"22210101 进项税额"的方向为"借",其他项目均不变,如图 2-3-101 所示。

(6)单击"确定"按钮,返回"多栏账"对话框,如图 2-3-102 所示。

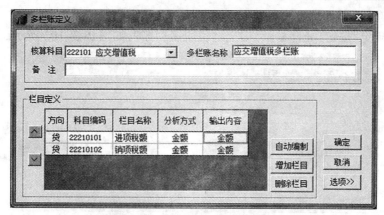

图 2-3-100　自动编制多栏账分析栏目

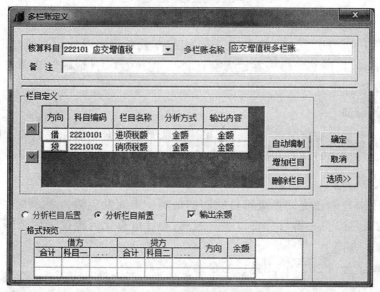

图 2-3-101　编辑多栏账分析栏目

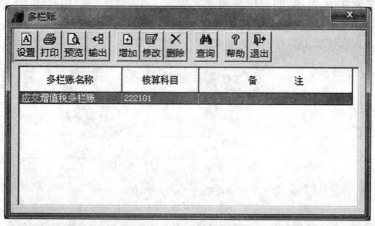

图 2-3-102　多栏账

(7)单击"查询"按钮,打开"多栏账查询"对话框,输入多栏账查询条件。

(8)单击"确定"按钮,屏幕显示"应交增值税多栏账",如图 2-3-103 所示。

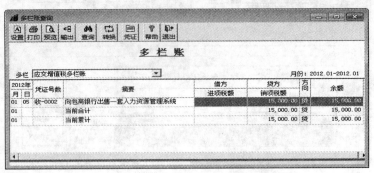

图 2-3-103　应交增值税多栏账

(四)日记账查询

日记账查询是指用于查询除现金日记账、银行存款日记账以外的其他日记账。如果有需要查询日记账的科目,则必须事先在设置会计科目中定义为"日记账"。现金日记账和银行存款日记账在出纳管理中查询。

(五)序时账查询

序时账不同于手工核算时的含义,这里序时账是指根据记账凭证以流水账的形式反映各账户的信息,一般包括日期、凭证号、科目、摘要、数量和金额等信息。

(六)余额表查询

余额表是用来查询和统计各级科目的期初余额、本期发生额、累计发生额和期末余额等,而传统的总账是以总账科目分页设账。因此,会计电算化后建议采用余额表代替总账。

实例:余额表查询。

查询包头财经公司 2012 年 1 月份的余额表。

操作步骤:

(1)以账套主管"001 董理"的身份注册进入用友通 T3 软件,在"用友通 T3 软件"窗口中,执行"总账—账簿查询—余额表"命令,进入"发生额及余额查询条件"对话框,如图2-3-104 所示。

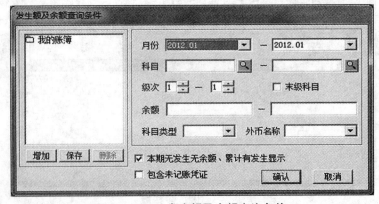

图 2-3-104　发生额及余额查询条件

(2)在"级次"行中,选中"末级科目"复选框,其他均不变,单击"确定"按钮,显示"发生额及余额表",如图 2-3-105 所示。

发生额及余额表

月份:2012.01-2012.01

科目编码	科目名称	期初余额 借方	期初余额 贷方	本期发生 借方	本期发生 贷方	期末余额 借方	期末余额 贷方
1001	库存现金	5,000.00		30,000.00	5,600.00	29,400.00	
100201	工行存款	620,000.00		781,000.00	918,500.00	482,500.00	
100202	中行美元	64,000.00		128,000.00	64,000.00	128,000.00	
100203	中行人民币			65,000.00		65,000.00	
1122	应收账款	250,000.00			250,000.00		
1221	其他应收款	2,000.00		5,000.00		7,000.00	
140301	甲材料	30,000.00			10,000.00	20,000.00	
1405	库存商品	1,600,000.00			356,000.00	1,244,000.00	
160101	办公设备	1,120,000.00				1,120,000.00	
160102	运输设备	600,000.00				600,000.00	
160103	房屋建筑物	2,600,000.00				2,600,000.00	
1602	累计折旧		260,000.00		90,000.00		350,000.00
资产小计		6,891,000.00	260,000.00	1,009,000.00	1,694,100.00	6,295,900.00	350,000.00
2001	短期借款		500,000.00				500,000.00
2202	应付账款		400,000.00		280,000.00		120,000.00
221101	工资			76,000.00	76,000.00		
221102	福利费				46,000.00		46,000.00
221105	社会保险费			29,000.00	29,000.00		
22210102	销项税额				15,000.00		15,000.00
222103	应交个人所得税				6,000.00		6,000.00
2241	其他应付款			4,000.00	4,000.00		
负债小计			900,000.00	389,000.00	176,000.00		687,000.00

图 2-3-105 发生额及余额表

(3)单击"累计"按钮,系统自动显示借贷方累计发生额,如图 2-3-106 所示。

发生额及余额表

月份:2012.01-2012.01

科目编码	科目名称	期初余额 借方	期初余额 贷方	本期发生 借方	本期发生 贷方	累计发生 借方	累计发生 贷方	期末余额 借方	期末余额 贷方
1001	库存现金	5,000.00		30,000.00	5,600.00	30,000.00	5,600.00	29,400.00	
100201	工行存款	620,000.00		781,000.00	918,500.00	781,000.00	918,500.00	482,500.00	
100202	中行美元	64,000.00		128,000.00	64,000.00	128,000.00	64,000.00	128,000.00	
100203	中行人民币			65,000.00		65,000.00		65,000.00	
1122	应收账款	250,000.00			250,000.00		250,000.00		
1221	其他应收款	2,000.00		5,000.00		5,000.00		7,000.00	
140301	甲材料	30,000.00			10,000.00		10,000.00	20,000.00	
1405	库存商品	1,600,000.00			356,000.00		356,000.00	1,244,000.00	
160101	办公设备	1,120,000.00						1,120,000.00	
160102	运输设备	600,000.00						600,000.00	
160103	房屋建筑物	2,600,000.00						2,600,000.00	
1602	累计折旧		260,000.00		90,000.00		90,000.00		350,000.00
资产小计		6,891,000.00	260,000.00	1,009,000.00	1,694,100.00	1,009,000.00	1,694,100.00	6,295,900.00	350,000.00
2001	短期借款		500,000.00						500,000.00
2202	应付账款		400,000.00		280,000.00		280,000.00		120,000.00
221101	工资			76,000.00	76,000.00	76,000.00	76,000.00		
221102	福利费				46,000.00		46,000.00		46,000.00
221105	社会保险费			29,000.00	29,000.00	29,000.00	29,000.00		
22210102	销项税额				15,000.00		15,000.00		15,000.00
222103	应交个人所得税				6,000.00		6,000.00		6,000.00
2241	其他应付款			4,000.00	4,000.00	4,000.00	4,000.00		
负债小计			900,000.00	389,000.00	176,000.00	389,000.00	176,000.00		687,000.00

图 2-3-106 发生额及余额表

(4)将光标定在具有辅助核算的"其他应收款"科目所在行,单击"专项"按钮,可查到"其他应收款"科目的"个人往来余额表",如图 2-3-107 所示。

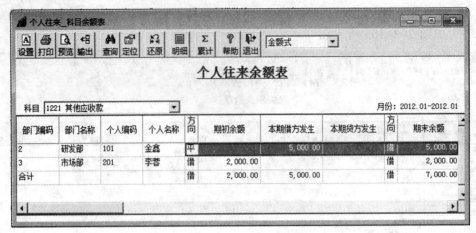

图 2-3-107　个人往来余额表

注意：

● 可输出总账、明细账的某一时期内的期初余额、本期发生额、累计发生额和期末余额。

● 可输出某科目范围的某一时期内的期初余额、本期发生额、累计发生额和期末余额。

● 可按某个余额范围内输出科目的某一时期内的期初余额、本期发生额、累计发生额和期末余额。

四、辅助账管理

依据本篇第一章的有关辅助账管理业务处理程序，辅助账核算包括部门核算、个人往来核算、客户往来核算、供应商往来核算和项目核算。有关辅助账核算的初始化工作均在前述的账务处理系统中完成。这里的有关辅助账管理实际上是辅助账日常处理，主要包括：辅助账查询和往来管理。

（一）辅助账查询

辅助账查询包括查询个人核算账、查询部门核算账、查询客户和供应商核算账、查询项目总账和项目明细账。

1. 查询个人核算账

个人核算账主要核算个人的借款和还款情况，个人核算可以提供个人往来余额表和个人往来明细账。

实例：个人余额表查询。

查询包头财经公司 2012 年 1 月份的个人余额表（包括研发部和市场部）。

操作步骤：

（1）以账套主管"001 董理"的身份注册进入用友通 T3 软件，在"用友通 T3 软件"窗口中，执行"总账—辅助查询—个人往来余额表—个人余额表"命令，进入"个人余额表查询条件"对话框。如图 2-3-108 所示。

（2）根据需要输入查询条件，如果均保留默认条件，则系统将输出有余额的个人往来余额表，用户可以分别查询个人往来余额表，如图 2-3-109 所示。

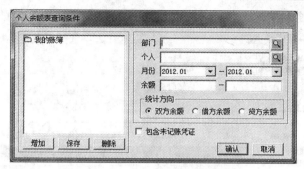

图 2-3-108　个人余额表查询条件

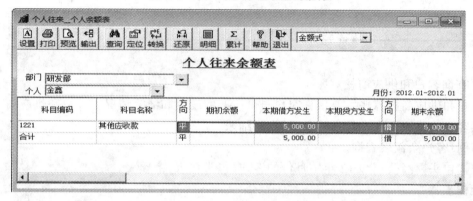

图 2-3-109　个人往来余额表

注意：

● 用户可以直接点取个人及部门的参照按钮,选择需要查看的个人。

2. 查询部门核算账

部门核算账主要核算单位内部有关部门的收支情况。部门核算可以提供各级部门的总账和明细账以及各级部门的收支分析。

实例：部门总账查询。

查询包头财经公司 2012 年 1 月份的部门总账(包括财务科、人事科和公关部)。

操作步骤：

(1)以账套主管"001 董理"的身份注册进入用友通 T3 软件,在"用友通 T3 软件"窗口中,执行"总账—辅助查询—部门总账—部门总账"命令,进入"部门总账条件"对话框,如图 2-3-110 所示。

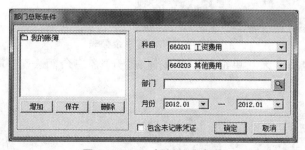

图 2-3-110　部门总账条件

(2)部门选择"财务科",单击"确定"按钮,打开"部门总账"查询窗口,如图 2-3-111 所示。

图 2-3-111　部门总账

3. 查询客户和供应商核算账

客户和供应商核算账主要核算客户与供应商的发生和清算情况。客户和供应商核算可以提供客户和供应商往来款项的余额表、明细账。

实例:客户余额表查询。

查询包头财经公司 2012 年 1 月份的客户(包头兰天)余额表。

操作步骤:

(1)以账套主管"001 董理"的身份注册进入用友通 T3 软件,在"用友通 T3 软件"窗口中,执行"往来—账簿—客户余额表—客户余额表"命令,进入"客户余额表"对话框。如图 2-3-112 所示。

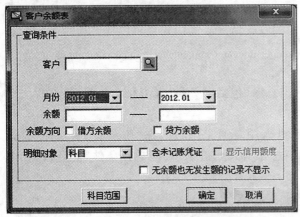

图 2-3-112　客户余额表

(2)选择客户"包头兰天",单击"确定"按钮,打开"客户余额表"查询窗口,如图 2-3-113 所示。

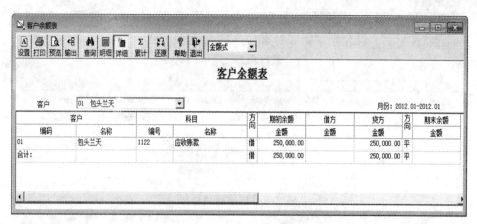

图 2-3-113　客户余额表

4. 查询项目总账和项目明细账

项目核算账主要用于收入、成本和在建工程等业务的核算,以项目为中心提供各项目的收入、成本和工程费用情况。项目核算可以提供项目总账、项目明细账和项目统计分析。

实例:项目总账查询。

查询包头财经公司 2012 年 1 月份单位自行研发的人力资源管理系统总成本、委托开发的管理会计软件总成本。

操作步骤:

(1)以账套主管"001 董理"的身份注册进入用友通 T3 软件,在"用友通 T3 软件"窗口中,执行"项目—账簿—项目总账—项目总账"命令,进入"项目总账条件"对话框。如图 2-3-114 所示。

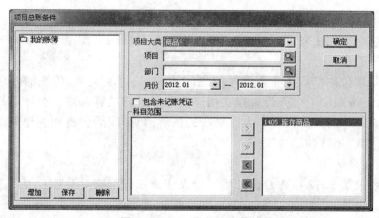

图 2-3-114　项目总账条件

(2)在项目大类选择"生产成本",单击"确定"按钮,打开"项目总账"窗口,如图 2-3-115 所示。

(3)将光标移到"人力资源管理系统"所在行,选择"详细"按钮,打开"项目总账详细"查询窗口,如图 2-3-116 所示。

图 2-3-115　项目总账

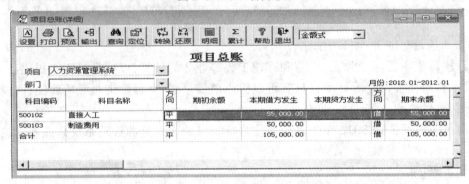

图 2-3-116　人力资源管理系统项目总账

注意：

● 在查询过程中,用户可以选择"项目"按钮,选择需要查看的项目总账情况。

(二)往来管理

往来管理包括个人往来管理、供应商往来管理和客户往来管理。

1. 个人往来管理

个人往来是单位内部职工个人与单位之间的债权、债务关系,传统的处理方式是在"其他应收款"科目下按照职工个人设置建立相应明细账进行核算管理。会计电算化后,我们可以采取个人往来管理的方式进行个人往来账的核对清理、账龄分析和制作催款单,及时地控制职工个人的借款、还款和清欠工作。

实例：个人往来清理。

对包头财经公司 2012 年 1 月份的职工个人往来账进行核对清理。

操作步骤：

(1)以账套主管"001 董理"的身份注册进入用友通 T3 软件,在"用友通 T3 软件"窗口中,执行"总账—辅助查询—个人往来清理"命令,进入"个人往来两清条件"对话框。如图 2-3-117 所示。

(2)在"部门"框中选择"研发部",在"个人"框中选择"金鑫",在"截止月份"框中选择"2012.01",并选择"显示已两清"。

(3)单击"确认"按钮,打开"个人往来两清"窗口,如图 2-3-118 所示。

图 2-3-117 个人往来两清条件

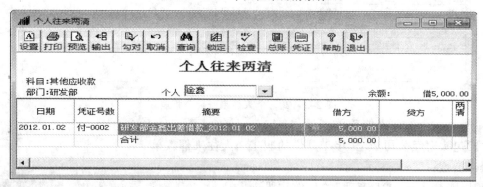

图 2-3-118 个人往来两清

注意：

● 在"个人往来两清"窗口中，"勾对"按钮是系统提供的自动勾对，将所有已经结清的个人往来业务在"两清"栏打上核对标志(如"○")。

● 若发现有应勾对而没有勾对的，可双击"两清"栏，进行手工勾对。

● 不论是自动勾对的，还是手工勾对的，单击"取消"按钮，可以将所有业务反两清；手工取消两清，可直接双击"两清"标志栏。

实例：个人往来账龄分析。

对包头财经公司 2012 年 1 月份的职工个人往来账进行账龄分析。

操作步骤：

(1)以账套主管"001 董理"的身份注册进入用友通 T3 软件，在"用友通 T3 软件"窗口中，执行"总账—辅助查询—个人往来账龄分析"命令，进入"个人往来账龄分析条件"对话框，如图 2-3-119 所示。

图 2-3-119 个人往来账龄分析条件

(2)单击"确定"按钮,进入"个人往来账龄分析表"窗口,如图2-3-120所示。

部门	姓名	余额	1-30 天	31-60 天	61-90 天	91-120 天	121-365 天	366 天以上
研发部	金鑫	5,000.00	5,000.00					
市场部	李蓉	2,000.00		2,000.00				
	人 数	2.00	1.00	1.00				
	合 计	7,000.00	5,000.00	2,000.00				
	百分比(%)		71.43	28.57				

（表头）个人往来账龄分析表　截止日期：2012.01.31　科目：其他应收款(1221)

图 2-3-120　个人往来账龄分析表

实例: 生成个人往来催款单。

生成包头财经公司2012年1月份的职工个人往来催款单。

操作步骤:

(1)以账套主管"001 董理"的身份注册进入用友通 T3 软件,在"用友通 T3 软件"窗口中,执行"总账—辅助查询—个人往来催款单"命令,进入"个人往来催款单条件"对话框,如图 2-3-121 所示。

(2)在"部门"框中选择"市场部",在"姓名"框中选择"李蓉",并在"催款单信息"处输入"请李蓉同志于 2012 年 2 月 15 日前到我财务科进行清账",并单击选中"包含已两清部分"。

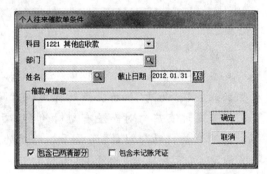

图 2-3-121　个人往来催款单条件

(3)单击"确定"按钮,屏幕显示"个人往来催款单",单击"预览"按钮,如图 2-3-122 所示。

图 2-3-122　个人往来催款单打印预览

2. 供应商往来管理和客户往来管理

供应商往来和客户往来是单位与外部有供需联系的单位之间的债权、债务关系,传统的处理方式是在"应付账款"和"应收账款"科目下按照供应商和客户设置建立相应明细账进行核算管理。会计电算化后,我们可以采取供应商往来和客户往来管理的方式对往来账进行核对清理、账龄分析和制作对账单或催款单,及时地控制往来款项的发生和清算工作。

(1)往来账的核对。

往来账的核对,既包括对供应商和客户往来账的核对,也包括对个人往来账的核对,就是要及时将往来款项中已经结算完毕的已达账项打上已结清的标志。往来账核对有两种方式,即自动核对和手动核对。

①自动核对:是指系统自动将所有已经结清的往来业务打上核对标志(如"○")。自动核对一般是按照业务号+逐笔+全额等依据进行的,这里的业务号是指业务涉及的往来单位相同;逐笔就是只要两笔一借一贷金额相同;全额是指借方某笔或几笔发生额之和同贷方某笔或几笔发生额之和相等。也就是业务号相同(往来单位相同)并且借贷方金额相等(或者余额为零)的几笔业务都打上核对标志。

②手工核对:如果某些往来业务不能够自动核对,则可以通过手工辅助核对,即按指定的键对已达账项打上核对标志。

往来账核对一般是按照"往来科目—往来供应商/客户/个人—核对方式"的顺序进行核对的。

(2)往来账龄分析。

账龄是指往来业务从发生之日到结清之日的时间期限。账龄分析是往来管理的重要功能,也是财政部对各种通用财务软件的往来管理功能进行评审的基本要求。通过账龄分析对应收和应付款项的拖欠时间整理归类和分析,了解单位收付款工作效率,在采购过程中加强诚实守信,在销售环节做好销售策略。

通过系统制作的账龄分析表,将输出应付账款和应收账款(其他应收款)科目下所指定的各个账龄期间内各个往来供应商和客户(个人)的应付应收款的分布情况,计算出各种账龄应付应收款占总应付应收款的比例,以帮助财务人员分析特别是应收账款的资金占用情况,便于单位及时催收款项。

对于已经勾对两清的往来业务,不存在账龄分析和生成催款单的意义。

(3)生成催款单。

催款单是对客户或对本单职工的欠款催还的管理方式。催款单只能在设置有辅助核算的应收账款和其他应收款的科目中使用。

催款单根据不同的行业预置不同的格式,主要包括两部分:系统预置的文字性叙述和由系统自动取数生成的应收账款/其他应收款催款单。用户可以进行修改编辑,系统自动保存本月所做的最后一次修改。

催款单中可以按条件显示所有的账款和未核对的账款金额。系统中的催款单有两种发送方式:打印后寄发或传真和通过电子邮件(E-mail)发送。

(4)往来对账单。

往来对账单是对供应商的债权清算的管理方式。对账单只能在设置有辅助核算的应付账款科目中使用。往来对账单与前述的催款单只是用户单位所处的位置和角度不同而得出的两种结论,往来对账单是站在债务人的位置和角度,催款单是站在债权人的位置和角度。

通过对账,系统会自动检查核对往来明细账与往来总账是否相符,科目总账与往来总账是否相符,并将核对检查结果显示输出。往来对账单的其他方面均与催款单相同。

实例:客户往来清理。

对包头财经公司 2012 年 1 月份的客户往来账进行核对清理。

操作步骤:

(1)以账套主管"001 董理"的身份注册进入用友通 T3 软件,在"用友通 T3 软件"窗口中,执行"往来—账簿—往来管理—客户往来两清"命令,进入"客户往来两清"对话框。如图 2-3-123 所示。

图 2-3-123　客户往来两清

(2)在"客户"框中选择"包头兰天",在"截止月份"框中选择"2012.01",选择"显示已两清"。

(3)单击"确定"按钮,打开"客户往来两清"窗口,如图 2-3-124 所示。

图 2-3-124　客户往来两清

(4)经财务人员核对发现,包头兰天公司的欠款已经全部结算完毕,财务人员双击"两清"栏,进行手工勾对,如图 2-3-125 所示。

图 2-3-125　客户往来手工勾对

注意:

● 自动勾对要求在填制凭证时,输入的辅助信息要严格、规范,特别是对于有业务号的账项,在填制凭证时必须规范输入。这样系统都能自动识别并进行勾对,否则只能手工勾对。

● 对于已经勾对两清的往来业务,不存在账龄分析和生成催款单的意义。

实例:供应商往来账龄分析。

对包头财经公司 2012 年 1 月份的供应商往来账龄进行分析。

操作步骤:

(1)以账套主管"001 董理"的身份注册进入用友通 T3 软件,在"用友通 T3 软件"窗口中,执行"往来—账簿—往来管理—供应商往来账龄分析"命令,进入"供应商往来账龄"对话框,如图 2-3-126 所示。

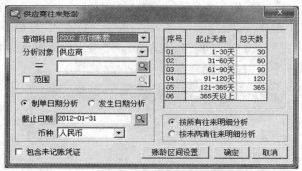

图 2-3-126　供应商往来账龄

(2)单击"确定"按钮,打开"往来账龄分析"窗口,如图 2-3-127 所示。

(3)单击"详细"按钮,可以查询各个供应商账龄的详细情况。

图 2-3-127　往来账龄分析

实例：供应商往来对账单。

对包头财经公司 2012 年 1 月份的供应商往来整理输出对账单。

操作步骤：

(1)以账套主管"001 董理"的身份注册进入用友通 T3 软件,在"用友通 T3 软件"窗口中,执行"往来—账簿—往来管理—供应商往来对账单"命令,进入"供应商往来对账"对话框,如图 2-3-128 所示。

图 2-3-128　供应商往来对账单

(2)在"供应商"框中选择"北京用友",在"函证信息"处输入"现将我单位对账单发往你处,请予以核对,如有问题请及时通知我们。我单位将严格履行合同约定的还款期限,余款将于 2 月 15 前付清。"如图 2-3-129 所示。

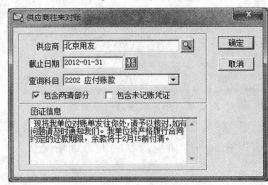

图 2-3-129　供应商往来对账单

(3)单击"确定"按钮,屏幕显示"供应商往来对账单",单击"预览"按钮,如图 2-3-130 所示。

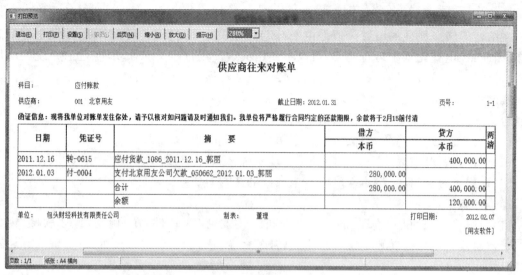

图 2-3-130 供应商往来对账单打印预览

五、月末处理

月末处理是指账务处理系统在每个月末需要完成的一些特定的会计工作,主要包括期末转账凭证定义与期末转账凭证生成、对账和结账。由于每个月的许多期末业务均有较强的规律性,因此,会计电算化后期末处理这些会计业务可以大大提高工作效率。

一般来说,期末转账业务主要有以下几个特点:

(1)许多转账业务大多在每个月的月末进行。

(2)期末转账业务是会计部门自己填制的凭证,不必附有反映该业务的原始凭证,且凭证的摘要、借贷方科目固定不变,金额的来源或计算方法也基本不变。

(3)期末转账业务的数据大多来源于账簿,这就要求在处理期末转账业务前必须先将其他具体业务登记入账。

(4)有些期末转账业务必须依据另一些期末转账业务产生的数据,这就要求期末转账需要根据业务的特点分批分步骤来处理。

(一)期末转账凭证定义

转账凭证定义也称设置自动转账,就是定义转账凭证的摘要、会计科目、借贷方向以及金额的计算公式,又称定义自动转账分录。在月末结账之前,有许多成本、费用需要进行转账,这些转账业务分为外部转账和内部转账。外部转账是指月末在其他子系统中进行转账业务处理生成机制凭证传入账务处理系统;内部转账是指月末在账务处理系统中将某个或几个会计科目的余额或本期发生额结转到一个或几个会计科目中,这类业务是通过设置转账凭证并生成相应凭证来完成。用友通 T3 软件系统提供了以下 5 种转账凭证设置和相应的 5 种转账凭证的生成方式。

1. 自定义转账

自定义转账就是用户单位可以自行定义转账凭证以完成期末转账业务的凭证设置。自定义转账凭证功能可以对单位的各种成本和费用的分配、分摊和计提、所得税的计提以及期间损益结转等转账凭证的设置。但是由于自定义转账的规则复杂、函数多样，不便于理解和操作，因此，在电算化系统运行初期，可以不使用或少使用自定义转账功能。随着系统的应用深入，可逐步增加自定义转账，直到大部分转账凭证都能用自定义转账实现为止。

实例：自定义转账。

包头财经公司 2012 年 1 月末，对下列业务定义自动转账：

(1)计提本月短期借款利息，按借款余额的 18%(年利息率)计算。

(2)单位自行开发完成一套人力资源管理系统，结转完工成本。

(3)计提本月所得税，按本年利润月末余额的 33%计算。

操作步骤：

(1)以账套主管"001 董理"的身份注册进入用友通 T3 软件，在"用友通 T3 软件"窗口中，执行"总账—期末—转账定义—自定义转账"命令，进入"自动转账设置"对话框。如图 2-3-131 所示。

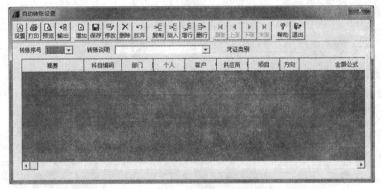

图 2-3-131　自动转账设置

(2)单击"增加"按钮，打开"转账目录"对话框，依次输入转账序号"0001"，转账说明"计提短期借款利息"，在"凭证类别"下拉列表框中选择"转　转账凭证"，如图 2-3-132 所示。

图 2-3-132　转账目录

(3)单击"确定"，返回，继续定义转账凭证的分录信息，如图 2-3-133 所示。

(4)在"科目编码"中输入"6603(财务费用)"，在"方向"中选择"借"，双击"金额公式"栏，打开"公式向导"对话框，如图 2-3-134 所示。

(5)拖动右边的上下滚动条，选择取对方科目计算结果 JG( )，单击"下一步"，如图 2-3-135 所示。

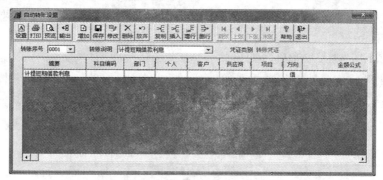

图 2-3-133　自动转账设置

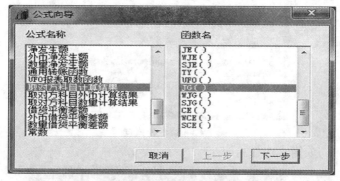

图 2-3-134　公式向导

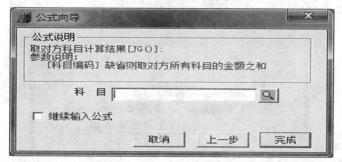

图 2-3-135　公式向导

(6)单击"完成",返回,完成此条转账分录的定义,如图 2-3-136 所示。

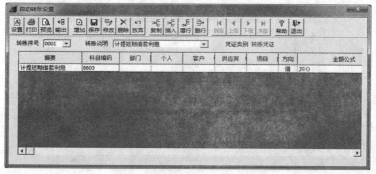

图 3-136　自动转账设置

(7)单击"增行"按钮,依次输入科目编码"2231(应付利息)",方向"贷"双击"金额公式"栏,打开"公式向导"对话框,选择"期末余额 QM( )",单击"下一步"。

(8)在"科目"中输入"2001(短期借款)",依次选择期间"月",方向"贷",选择"按默认值取数",选择"继续输入公式",选择运算符"*(乘)",单击"下一步",如图 2-3-137 所示。

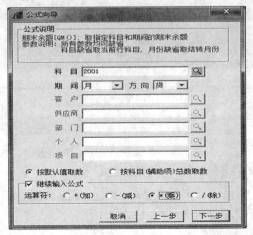

图 2-3-137　公式向导

(9)单击下一步,如图 2-3-138 所示。

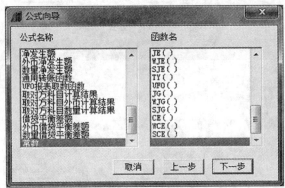

图 2-3-138　公式向导

(10)在"公式向导"中,拖动上下滚动条,选择"常数",单击"下一步",如图 2-3-139 所示。

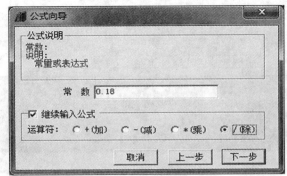

图 2-3-139　公式向导

(11)输入常数"0.18",选择"继续输入公式",选择运算符"/(除)",单击"下一步",输入常数"12",单击"完成",返回,如图2-3-140所示。

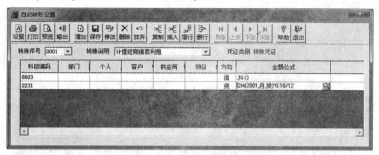

图 2-3-140 自动转账设置

(12)单击"保存"。重复以上操作步骤,继续定义其他自定义转账凭证,完成后单击"退出",结束转账凭证的设置。

注意:

● 金额公式是指令后让系统自动生成凭证时,发生额的数据来源取数公式。输入金额公式有两种方法:一是直接输入金额公式;二是以引导方式输入公式。为了输入公式的精准,建议用向导方式输入金额公式。

2. 对应结转

对应结转可以进行两个科目的一对一结转,也可以进行科目的一对多结转。对应结转的科目可以为上级科目,但其下级科目的科目结构必须一致,即具有相同的明细科目。如果涉及辅助核算,则对应结转的两个科目的辅助项也必须一一对应。对应结转一般针对资产、成本或费用类科目,并且只结转期末余额。若结转发生额,则需要在自定义转账中设置。在结转科目余额时转出科目的方向是根据科目的余额方向来确定,即若余额方向在"借",则从贷方转出;否则从借方转出。转入科目的方向与转出科目的方向相反。

实例: 对应结转设置。

包头财经公司2012年1月末结转所得税费用,采用对应结转的方式设置自动转账。

操作步骤:

(1)以账套主管"001董理"的身份注册进入用友通T3软件,在"用友通T3软件"窗口中,执行"总账—期末—转账定义—对应结转"命令,进入"对应结转设置"对话框。如图2-3-141所示。

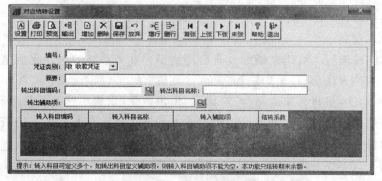

图 2-3-141 对应结转设置

(2)依次输入编号"0001",凭证类别"转 转账凭证",摘要"结转所得税费用",转出科目编码(名称)"6801(所得税费用)",如图 2-3-142 所示。

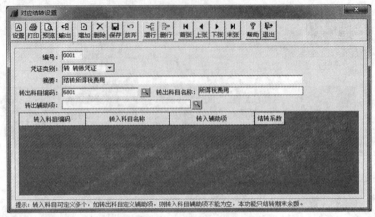

图 2-3-142 对应结转设置

(3)单击"增行",单击"转入科目编码"文本框右侧的参照按钮,选择"4103(本年利润)",在"结转系数"文本框输入"1",如图 2-3-143 所示。

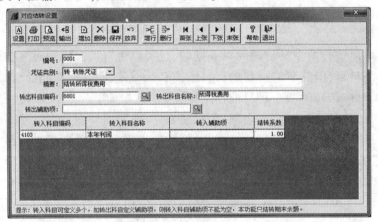

图 2-3-143 对应结转设置

(4)单击"保存",单击"退出",返回。

注意:

● 一张凭证的转入科目可以定义多个,转出科目及其辅助项必须一致。

3. 销售成本结转

销售成本结转设置主要用来辅助没有启用购销存业务系统的企业完成销售成本的计算和结转。它分两种方法:全月平均法和售价(计划价)法。

(1)全月平均法:是将月末商品(或产成品)销售数量(根据主营业务收入科目确定)乘以库存商品的平均单价来计算各种产品的销售成本,然后从库存商品账户的贷方转入主营业务成本账户的借方。

在进行销售成本结转时,库存商品、主营业务收入、主营业务成本的核算必须具有数量辅助核算,其账簿也必须为数量金额式,并且这三个科目的下一级科目必须一一对应,但是要注意这三个科目及其下级科目的结构必须相同,并且都不能带辅助账类。输入完成后,系统自动计算出所有商品的销售成本。其中计算公式有:

数量=主营业务收入科目下某商品的贷方数量

单价=库存商品科目下某商品的月末金额÷月末数量

金额=数量×单价

(2)售价(计划价)法:就是按照售价(计划价)结转销售成本,并且同时计算结转成本差异以调整销售成本的方法。按售价(计划价)结转销售成本时,有两种月末结转方式:

①月末结转成本。有些商业单位在发生销售业务时不计算结转销售成本,到月末按当月的实际销售情况计算结转销售成本。其中转账分录:

借:成本科目　　　　　　库存科目-差异科目

　差异科目　　　　　　差异额=收入余额(成本余额)×差异率

　　贷:库存科目　　　　收入余额(售价法)或者:成本余额(计划价法)

②月末调整成本。有些工业单位平时在发生销售业务时即计算结转销售成本,到月末时计算分配成本差异对销售成本进行调整。其中转账分录:

借:成本科目　　　　　　差异额=收入余额(成本余额)×差异率

　　贷:差异科目　　　　差异额=收入余额(成本余额)×差异率

4. 汇兑损益结转

汇兑损益结转设置就是定义系统月末自动计算汇兑损益的外币核算账户,并自动生成汇兑损益转账凭证。汇兑损益结转设置只针对外币存款账户、外币现金账户、外币结算的各项债权、债务账户,不包括所有者权益类账户、成本类账户和损益类账户。

实例:汇兑损益结转设置。

2012年1月30日美元外汇中间价为6.50。包头财经公司1月末结转汇兑损益,完成自动转账设置。

操作步骤:

(1)以账套主管"001董理"的身份注册进入用友通T3软件,在"用友通T3软件"窗口中,执行"基础设置—财务—外币种类"命令,进入"外币设置"对话框,如图2-3-144所示。

图2-3-144　外币设置

(2)输入美元 2012 年 1 月份的调整汇率为"6.50",单击"确认"按钮后退出。

(3)执行"总账—期末—转账定义—汇兑损益"命令,进入"汇兑损益结转设置"对话框。单击"汇兑损益入账科目"文本框右侧的参照按钮,选择 "6061(汇兑损益)",双击"是否计算汇兑损益"栏,出现"Y",如图 2-3-145 所示。

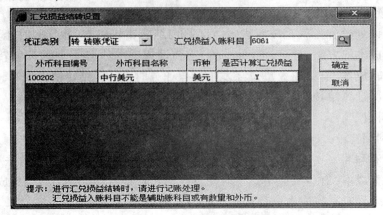

图 2-3-145　汇兑损益结转设置

(4)单击"确定"按钮完成设置退出。

5. 期间损益结转

期间损益结转设置是定义系统月末自动将损益类科目的余额结转到本年利润科目中,自动生成期间损益转账凭证。损益类科目主要包括:主营业务收入、主营业务成本、营业税金及附加、其他业务收入、其他业务成本、销售费用、管理费用、财务费用、投资收益、营业外收入、营业外支出和所得税费用等科目。

实例:期间损益结转设置。

包头财经公司 2012 年 1 月末结转期间损益,进行自动转账设置。

操作步骤:

(1)以账套主管"001 董理"的身份注册进入用友通 T3 软件,在"用友通 T3 软件"窗口中,执行"总账—期末—转账定义—期间损益"命令,进入"期间损益结转设置"对话框,如图 2-3-146 所示。

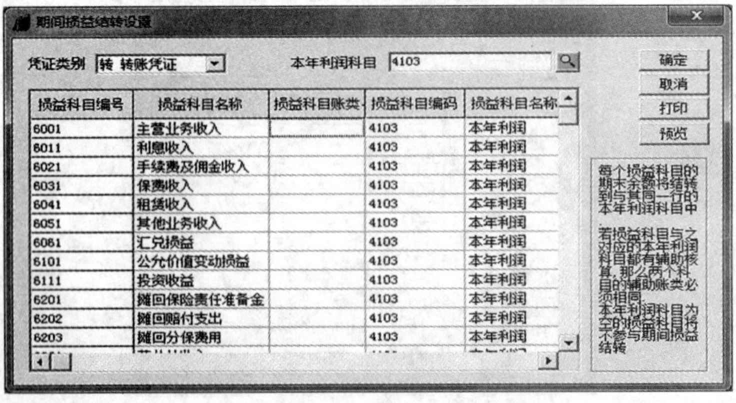

图 2-3-146　期间损益结转设置

（2）在"凭证类别"下列表框中选择"转 转账凭证"，单击"本年利润科目"文本框右侧的参照按钮，选择"4103（本年利润）"。

（3）单击"确定"，设置完毕，退出。

注意：

● 每个损益类科目的期末余额都将结转到与其同一行的本年利润科目中。

● 若损益类科目与之对应的本年利润科目都有辅助核算，那么两个科目的辅助账类必须相同。

● 如果本年利润科目为空，则与之对应的损益类科目将不参与期间损益的结转。

（二）期末转账凭证生成

转账凭证生成就是按照转账凭证设置定义的会计科目、借贷方向和金额计算公式等自动转账分录，由计算机于月末自动生成转账凭证，并追加到未记账凭证中。这种由自动转账分录生成的记账凭证又称为机制凭证。在此生成的机制凭证需要经过审核、记账后才真正完成结转工作。

由于转账凭证的生成是依据已记账凭证的有关账簿数据，所以进行转账凭证生成之前，要先将有关的记账凭证审核记账，否则，生成的转账凭证数据可能有误。特别是对于一组相关转账分录，必须按顺序依次逐一生成凭证并记账，即在某些转账凭证生成和已经记账的前提下，另一些转账凭证才能生成，否则计算金额时就会发生差错。另外，对于独立转账分录可以在任何时候生成转账凭证。

总之在期末转账凭证生成时，一定要遵循经济业务发生的内在联系，按照期末转账业务发生的先后顺序，逐一进行转账凭证的生成并审核记账。针对前面包头财经公司有关设置转账凭证的期末转账业务，期末转账凭证生成的实际操作顺序是按照该公司期末转账业发生的先后顺序进行的。具体顺序是：计提短期借款利息—结转完工人力资源管理系统成本—汇兑损益结转—期间损益结转—计提本月所得税—结转所得税费用。

1. 自定义转账凭证的生成

实例：自定义转账凭证生成。

包头财经公司 2012 年 1 月末，对下列业务生成自动转账凭证：

（1）计提本月短期借款利息，按借款余额的 18%（年利息率）计算。

（2）单位自行开发完成一套人力资源管理系统，结转完工成本。

（3）计提本月所得税，按本年利润月末余额的 33% 计算。

操作步骤：

（1）以操作员"002 杭程"的身份注册进入用友通 T3 软件，在"用友通 T3 软件"窗口中，执行"总账—期末—转账生成"命令，进入"转账生成"对话框，如图 2-3-147 所示。

（2）选择对话框左侧"自定义转账"，分别选择"编号"为"0001"、"0002"两条分录，并双击使"是否结转"栏出现"Y"的选中标志，如图 2-3-148 所示。

（3）单击"确定"按钮，打开"转账生成"窗口，单击工具栏"保存"按钮，保存此凭证至未记账凭证，如图 2-3-149 所示。

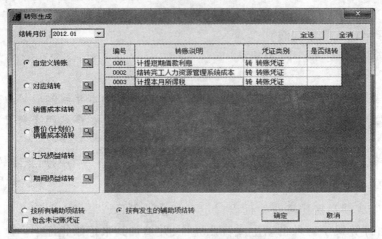

图 2-3-147 转账生成

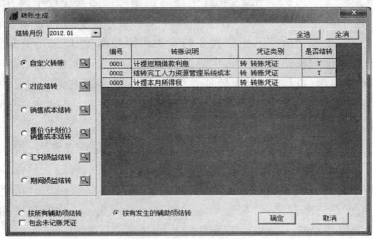

图 2-3-148 转账生成

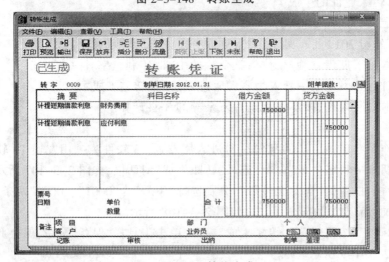

图 2-3-149 转账生成

(4)单击工具栏"下张"按钮,打开"结转完工人力资源管理系统成本"转账凭证窗口,同样,单击工具栏"保存"按钮,保存此凭证至未记账凭证,最后单击"退出"按钮返回。

(5)以审核会计"004 李小刚"身份登录"用友通 T3 软件"窗口中,对生成的上述记账凭证进行审核。

(6)以记账会计"002 杭程"身份登录"用友通 T3 软件"窗口中,对已经审核的上述记账凭证进行记账。至此,上述两笔期末转账凭证从"设置"到"生成"到完成记账"结转"。

注意:

● 关于公司计提本月所得税业务,由于到目前为止该公司的"本年利润"账上还没有形成利润额,因此,通过本功能还不能生成"计提本月所得税"的转账凭证。待可以生成"计提本月所得税"的转账凭证时,具体操作步骤同上。

2. 汇兑损益转账凭证的生成

实例:汇兑损益结转凭证生成。

包头财经公司 2012 年 1 月末生成结转汇兑损益凭证。

操作步骤:

(1)以操作员"002 杭程"的身份注册进入用友通 T3 软件,在"用友通 T3 软件"窗口中,执行"总账—期末—转账生成"命令,进入"转账生成"对话框,如图 2-3-147 所示。

(2)选择对话框左侧"汇兑损益结转",单击"全选"按钮,使"是否结转"栏出现"Y"的选中标志,如图 2-3-150 所示。

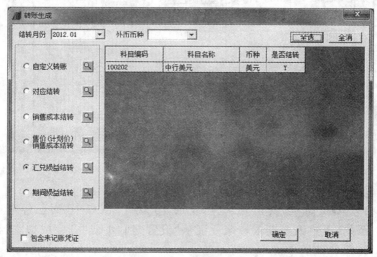

图 2-3-150　转账生成

(3)单击"确定"按钮,打开"汇兑损益试算表"窗口,如图 2-3-151 所示。

(4)单击"确定"按钮,打开"转账生成"窗口,如图 2-3-152 所示。

(5)系统默认的凭证类型为"转账凭证",该笔业务为汇兑收益,因此,将该凭证类型改为"收款凭证",并单击工具栏"保存"按钮,保存此凭证至未记账凭证。最后单击"退出"按钮返回。

(6)以出纳签字"003 成功"和审核会计"004 李小刚"身份分别登录"用友通 T3 软件"窗

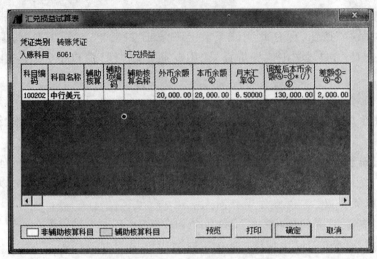

图 2-3-151 汇兑损益试算表

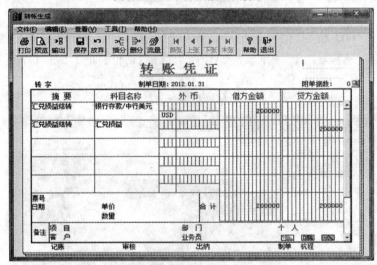

图 2-3-152 转账生成

口中,对生成的上述记账凭证进行"出纳签字"和"审核"。

(7)以记账会计"002 杭程"身份登录"用友通 T3 软件"窗口中,对已经审核的上述记账凭证进行记账。至此,上述该笔期末转账凭证从"设置"到"生成"到完成记账"结转"。

3. 期间损益转账凭证的生成

实例:期间损益结转凭证生成。

包头财经公司 2012 年 1 月末生成期间损益结转凭证。

操作步骤:

(1)以操作员"002 杭程"的身份注册进入用友通 T3 软件,在"用友通 T3 软件"窗口中,执行"总账—期末—转账生成"命令,进入"转账生成"对话框,如图 2-3-147 所示。

(2)选择对话框左侧"期间损益结转",在"类型"文本框选择"收入",单击"全选"按钮,使"是否结转"栏出现"Y"的选中标志,如图 2-3-153 所示。

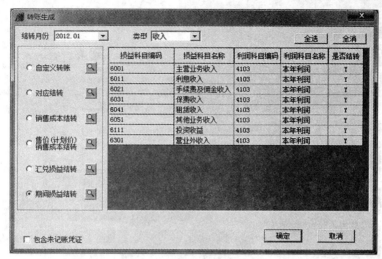

图 2-3-153　转账生成

（3）单击"确定"按钮，打开"转账生成"窗口，单击工具栏"保存"按钮，保存此凭证至未记账凭证，如图 2-3-154 所示。

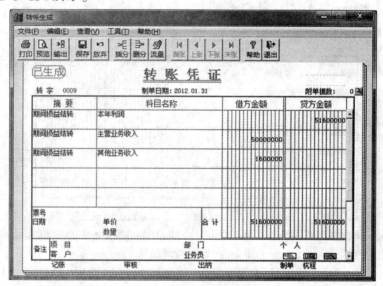

图 2-3-154　转账生成

（4）单击工具栏"退出"按钮返回。

（5）在"类型"文本框选择"支出"，单击"全选"按钮，使"是否结转"栏出现"**Y**"的选中标志，如图 2-3-155 所示。

（6）单击"确定"按钮，打开"转账生成"窗口，单击工具栏"保存"按钮，保存此凭证至未记账凭证，如图 2-3-156 所示。

（7）单击工具栏"退出"按钮返回。

（8）以审核会计"004 李小刚"身份登录"用友通 T3 软件"窗口中，对生成的上述记账凭证进行"审核"。

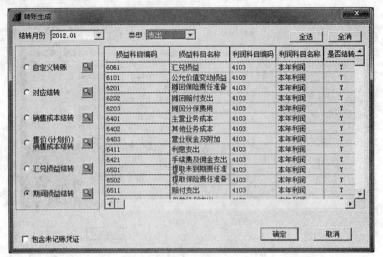

图 2-3-155 转账生成

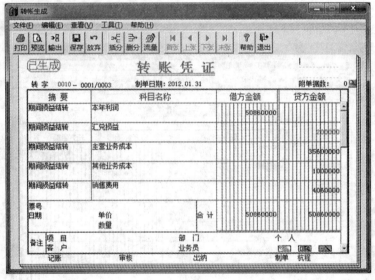

图 2-3-156 转账生成

(9)以记账会计"002 杭程"身份登录"用友通 T3 软件"窗口中,对已经审核的上述记账凭证进行记账。至此,上述该笔期末转账凭证从"设置"到"生成"到完成记账"结转"。

4. 对应结转凭证的生成

注意:

● 在进行此项功能生成转账凭证之前,已经通过"自定义转账凭证的生成"功能,生成了"计提本月所得税"的转账凭证,并且将该凭证进行了审核与记账。

实例:对应结转凭证生成。

包头财经公司 2012 年 1 月末生成对应结转凭证。

操作步骤:

(1)以操作员"002 杭程"的身份注册进入用友通 T3 软件,在"用友通 T3 软件"窗口中,执行"总账—期末—转账生成"命令,进入"转账生成"对话框,如图 2-3-147 所示。

(2)选择对话框左侧"对应结转",单击"全选"按钮,使"是否结转"栏出现"Y"的选中标志,如图 2-3-157 所示。

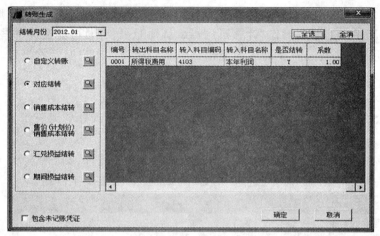

图 2-3-157　转账生成

(3)单击"确定"按钮,打开"转账生成"窗口,单击工具栏"保存"按钮,保存此凭证至未记账凭证,如图 2-3-158 所示。

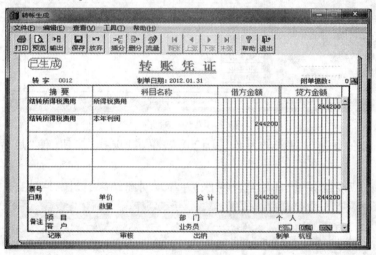

图 2-3-158　转账生成

(4)单击工具栏"退出"按钮返回。

(5)以审核会计"004 李小刚"身份登录"用友通 T3 软件"窗口中,对生成的上述记账凭证进行"审核"。

(6)以记账会计"002 杭程"身份登录"用友通 T3 软件"窗口中,对已经审核的上述记账凭证进行记账。至此,上述该笔期末转账凭证从"设置"到"生成"到完成记账"结转"。

(三)期末对账与试算平衡

对账是指对各个账簿数据进行核对,包括核对总账与明细账、总账与辅助账来完成账账核对,以便检查记账是否正确和账簿是否平衡。试算平衡就是将系统中的所有科目的期末余额按照会计平衡公式"借方余额=贷方余额"进行平衡检验,并输出科目余额试算平衡表和是否平衡的信息。

一般来讲,会计电算化后,只要记账凭证输入正确,系统自动记账后各种账簿都应是正确和平衡的。由于用户的非法操作、计算机病毒或其他原因,有时可能造成某些数据被破坏,因此,为了在期末结账前进一步确保账证相符和账账相符,用户应经常进行对账和试算平衡,至少每月月末进行一次。

实例:月末对账与试算平衡。

包头财经公司2012年1月末进行对账,并查询1月份的试算平衡表。

操作步骤:

(1)以账套主管"001 董理"的身份注册进入用友通 T3 软件,在"用友通 T3 软件"窗口中,执行"总账—期末—对账"命令,进入"对账"对话框,如图 2-3-159 所示。

图 2-3-159　对账

(2)将光标定在要进行对账的月份"2012.01",单击"选择"按钮,使"是否对账"栏出现"Y"的选中标志。

(3)单击"对账"按钮,系统开始自动对账,并显示对账结果,如图 2-3-160 所示。

图 2-3-160　对账

(4)单击"试算"按钮,系统自动对各科目余额进行试算平衡,并显示试算平衡表,如图2-3-161所示。

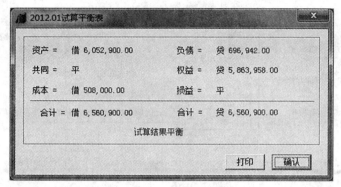

图2-3-161　试算平衡表

(5)单击"确认"按钮,返回上级对话框,如图2-3-160所示。单击"退出"按钮,完成对账与试算平衡工作。

(四)期末结账

每月月底都要进行结账处理,结账实际上就是计算和结转各账簿的本期发生额和期末余额,并终止本期的账务处理工作。

在电算化方式下,结账工作与手工相比简单多了,结账是一种成批数据处理,每月只结账一次,主要是对当月日常处理限制和对下月账簿的初始化,由计算机自动完成。

在结账之前要进行下列检查:

(1)检查本月填制的业务凭证是否全部记账,有未记账凭证不能结账。

(2)月末设置并生成的凭证是否全部记账,否则本月不能结账。

(3)检查上月是否已结账,如果上月未结账,则本月不能记账,但可以填制和复核凭证。

(4)核对总账与明细账、主体账与辅助账、总账管理系统与其他子系统数据是否一致,不一致不能结账。

(5)损益类账户是否全部结转完毕,否则本月不能结账。

(6)若与其他子系统联合使用,其他子系统是否已结账,若没有,则本月不能结账。

(7)结账只能由有结账权的人进行。

(8)结账前要进行数据备份,结账后不得再录入本月凭证,并终止各账户的记账工作。

(9)计算本月各账户发生额合计和本月账户期末余额,并将余额结转下月月初。

如果结账以后发现结账错误,可以进行"反结账",取消结账标志,然后进行修正,再进行结账工作。

实例:月末结账

包头财经公司2012年1月末进行结账。

操作步骤:

(1)以账套主管"001董理"的身份注册进入用友通T3软件,在"用友通T3软件"窗口中,执行"总账—期末—结账"命令,进入"结账"对话框,如图2-3-162所示。

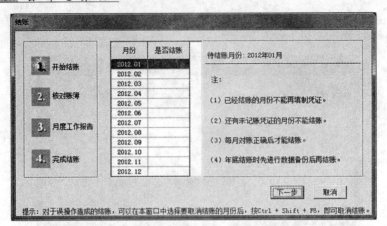

图 2-3-162 结账

(2)将光标定到要结账的月份,即"2012.01",单击"下一步"按钮,打开"核对账簿"选项,如图 2-3-163 所示。

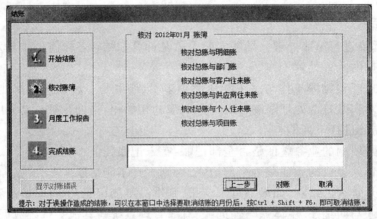

图 2-3-163 核对账簿

(3)单击"对账"按钮,系统自动进行对账工作。显示"对账完毕"后,单击"下一步"按钮,打开"月度工作报告"选项,如图 2-3-164 所示。

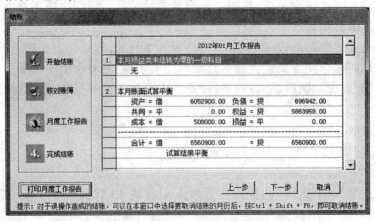

图 2-3-164 月度工作报告

(4)单击"下一步"按钮,打开"完成结账"选项,如图 2-3-165 所示。

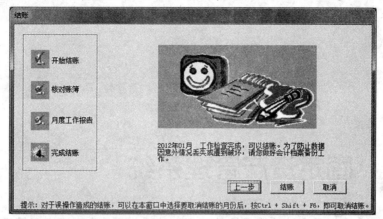

图 2-3-165　完成结账

(5)单击"结账"按钮,完成结账工作,如图 2-3-166 所示。

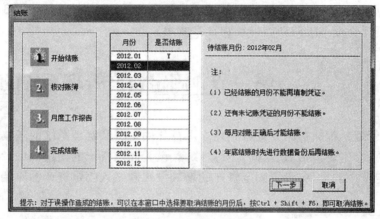

图 2-3-166　完成结账

注意:

● 如果结账以后发现结账错误,可以进行"反结账",在上述"完成结账"窗口,按"Ctrl+Shift+F6",即可取消结账标志,然后进行修正,再进行结账工作。

第四章　固定资产管理系统

固定资产管理系统是会计核算系统的重要组成部分，整个固定资产管理系统的主要任务就是进行固定资产增减变动核算、固定资产折旧核算以及生成相应的记账凭证传入账务系统。本章依据固定资产管理系统的业务处理流程全面系统地介绍用友通 T3 软件的操作过程，包括固定资产管理系统的初始设置和日常使用。

第一节　固定资产管理系统的初始设置

固定资产管理系统的初始设置就是建立电算化固定资产管理系统的基本信息和进行各种参数的设置。它主要包括：建立固定资产账套、设置固定资产的使用部门及其对应的折旧科目、设置固定资产的类别、设置固定资产的增减方式和录入固定资产的原始卡片数据等。

一、建立固定资产账套

建立固定资产账套就是建立一个适合本单位实际情况的有关固定资产业务的控制参数。它主要包括：约定和说明、启用月份、折旧信息、编码方式、财务接口和建账选项（其他参数）。

用户在建立应用固定资产管理系统之前，首先要在"系统管理"中建立本单位的核算账套，并且启用固定资产管理系统。需要说明，在系统管理中建立的单位核算账套与此处建立的固定资产管理账套两者是不同的，固定资产管理账套是单位核算账套的组成部分。

实例：

包头财经公司有关固定资产管理系统的业务控制参数见表 2-4-1。

表 2-4-1　固定资产管理系统的业务控制参数

控制参数	参数设置
约定与说明	我同意
启用月份	2012.02

控制参数	参数设置
折旧信息	本账套计提折旧 折旧方法:平均年限法 折旧汇总分配周期:1 个月 当月初已计提月份=可使用月份-1 时,将剩余折旧全部提足
编码方式	资产类别编码方式:2112 固定资产编码方式: 　　按"类别编码+部门编码+序号"自动编码 　　卡片序号长度为 3
财务接口	与账务系统进行对账 对账科目: 　　固定资产对账科目:固定资产(1601) 　　累计折旧对账科目:累计折旧(1602) 对账不平衡的情况下不允许月末结账
建账选项	业务发生后立即制单 月末结账前一定要完成制单登账业务 固定资产默认入账科目:1601 累计折旧默认入账科目:1602

操作步骤:

(1)以"账套主管"身份"001 董理"注册进入用友通 T3 软件,执行"固定资产"命令,进入提示框,如图 2-4-1 所示。

图 2-4-1　提示框

(2)单击"是"按钮,打开"固定资产初始化向导",如图 2-4-2 所示。

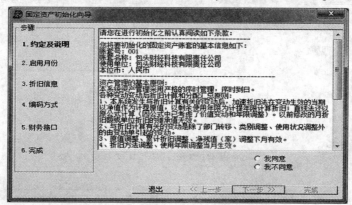

图 2-4-2　固定资产初始化向导

(3)选择"我同意"单选按钮,单击"下一步"按钮,进入"启用月份"对话框,如图2-4-3所示。

图 2-4-3　启用月份

(4)单击"账套启用月份"下拉列表,选择"2012.02",单击"下一步",进入"折旧信息"对话框,如图2-4-4所示。

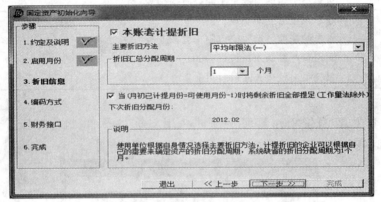

图 2-4-4　折旧信息

(5)依照表 2-4-1 中的"折旧信息—参数设置",在图 2-4-4 中选择。单击"下一步",进入"编码方式"对话框,如图 2-4-5 所示。

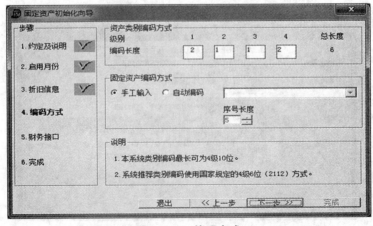

图 2-4-5　编码方式

(6)依照表2-4-1中的"编码方式—参数设置",在图2-4-5中选择。单击下步,进入"财务接口"对话框,如图2-4-6所示。

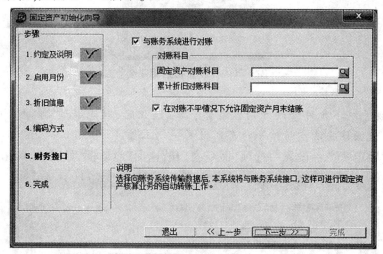

图2-4-6 财务接口

(7)依照表2-4-1中的"财务接口—参数设置",在图2-4-6中选择。单击"下一步",进入"完成"对话框,如图2-4-7所示。

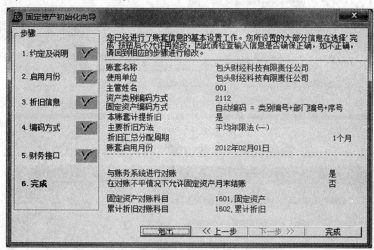

图2-4-7 完成

(8)单击"完成"按钮,系统弹出提示框,如图2-4-8所示。

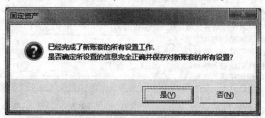

图2-4-8 提示框

(9)单击"是"按钮,系统弹出提示框,如图 2-4-9 所示。

图 2-4-9　成功初始化账套

注意:

● 如果发现系统不允许修改的内容有错,必须改正时,只能通过"维护—重新初始化账套"功能实现。该操作将清空对该子账套所做的一切工作。

(10)执行"固定资产—设置—选项"命令,打开"选项"对话框,如图 2-4-10 所示。

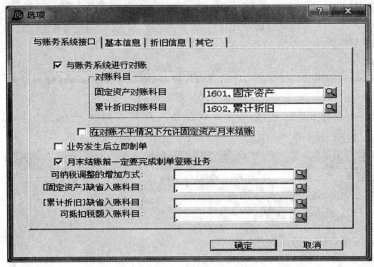

图 2-4-10　选项

(11)依照表 2-4-1 中的"建账选项—参数设置",在图 2-4-10 中选择,如图 2-4-11 所示。

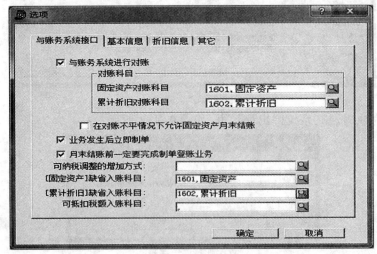

图 2-4-11　选项

(12)单击"确定"按钮返回。

二、设置固定资产的使用部门及其对应的折旧科目

固定资产的使用部门设置也就是确定固定资产的归属部门。单位内部的各个职能部门设置情况均已在前述的设置"部门档案"中完成。这些部门档案情况在用友通 T3 软件中是共享的,这里可以根据单位的情况进行增加和修改。

固定资产的使用部门设置也是进行折旧费分配的依据。用户单位每月计提固定资产折旧时,根据相应的折旧计算方法计算固定资产折旧额后,必须把计提的折旧分配计入本期的成本或费用,按照管理的要求,一般是按使用部门进行归集折旧费用。因此,固定资产使用部门的定义,不仅涉及加强固定资产的归属管理,同时也是正确分配折旧费用的依据。

实例:设置资产使用部门及其对应的折旧科目。

包头财经公司的固定资产归属部门及其对应的折旧费用分配入账科目见表 2-4-2 所示。

表 2-4-2 固定资产归属部门及其对应的折旧费用分配入账科目

部门编号	部门名称	折旧费用分配入账科目
101	财务科	管理费用/折旧费用
102	人事科	管理费用/折旧费用
2	研发部	生产成本/制造费用
3	市场部	销售费用
4	公关部	管理费用/折旧费用

注意:

● 这些"部门档案"情况在用友通 T3 软件中是共享的,这里可以根据单位的情况进行增加和修改。

操作步骤:

(1)以"账套主管"身份"001 董理"注册进入用友通 T3 软件,执行"固定资产—设置—部门对应折旧科目"命令,进入"部门编码表"窗口,如图 2-4-12 所示。

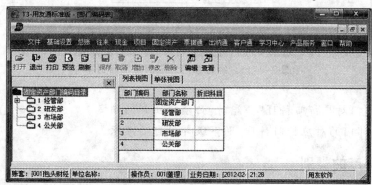

图 2-4-12 部门编码表

(2)选择"经管部",单击"修改"按钮,进入"单张视图"窗口,如图 2-4-13 所示。

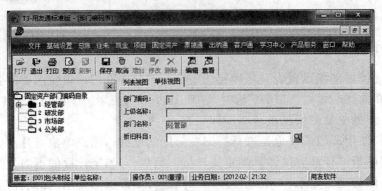

图 2-4-13　单张视图

(3)选择折旧科目为"660202 管理费用/折旧费用",单击"保存"按钮,弹出提示框,如图 2-4-14 所示。

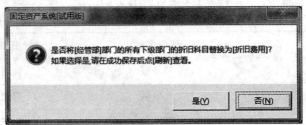

图 2-4-14　提示框

(4)单击"是"按钮,保存设置,如图 2-4-15 所示。重复以上步骤,设置其他部门的折旧科目。

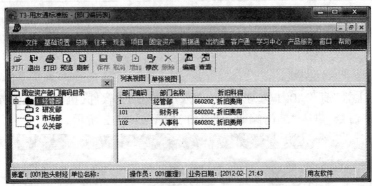

图 2-4-15　经管部门对应的折旧科目

注意:
- 在使用"部门对应折旧科目"功能前,必须建立部门档案。
- 设置上级部门的对应折旧科目,则下级部门自动继承。

三、设置固定资产的类别

固定资产类别的设置就是定义固定资产类别的编码、名称和其相应的使用年限、折旧方法、净残值率等属性。用户单位要及时准确做好固定资产核算和统计管理,就必须根据自身的特点和管理的需要,确定一个较为合理的资产分类体系。

实例:设置资产类别。

包头财经公司根据表2-4-3所示资料,设置固定资产类别。

表2-4-3　固定资产类别表

类别编码	类别名称	使用年限	净残值率	单位	计提属性	折旧方法	卡片样式
01	办公设备				正常计提	平均年限法(一)	通用样式
011	电子设备及其他通信设备	5	4%	台	正常计提	平均年限法(一)	通用样式
02	运输设备		5%	辆	正常计提	平均年限法(一)	通用样式
03	房屋建筑物	50	20%	幢	总提折旧	平均年限法(一)	通用样式

操作步骤:

(1)以"账套主管"身份"001董理"注册进入用友通T3软件,执行"固定资产—设置—资产类别"命令,进入"类别编码表"窗口,如图2-4-16所示。

图2-4-16　类别编码表

(2)单击"增加"按钮,在打开的"单张视图"中输入表2-4-3所示的基本信息,如图2-4-17所示。

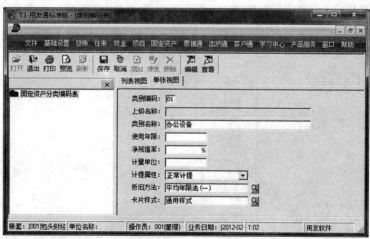

图2-4-17　单张视图

(3)单击"保存"按钮,保存设置。

(4)重复以上步骤,设置其他资产类别。

注意:

● 只有在系统启用时或年初建账时可以增加资产类别。

● 类别编码、名称、计提属性和卡片样式不能为空。

● 已经使用过的资产类别不能增加下级。

四、设置固定资产的增减方式

固定资产的增减方式包括增加方式和减少方式两类。资产的增加方式主要有：直接购入、投资者投入、自行建造、接受捐赠、盘盈和融资租入等；资产的减少方式主要有：出售、报废、毁损、盘亏、投资转出和捐赠转出等。设置资产的增加方式和减少去向，实际上是定义由此而准备生成相应机制凭证的对应科目。

实例:设置资产增减方式。

包头财经公司有关固定资产的增加和减少的方式见表2-4-4所示。

表2-4-4　固定资产的增加和减少的方式

增减方式名称	对应入账科目
直接购入	100201,工行存款
投资者投入	4001,实收资本
接受捐赠	4002,资本公积
在建工程转入	1604,在建工程
融资租入	1461,融资租赁资产
出售,报废,毁损	1606,固定资产清理
投资转出	1511,长期股权投资

操作步骤:

(1)以"账套主管"身份"001董理"注册进入用友通T3软件,执行"固定资产—设置—增减方式"命令,进入"增减方式"窗口,如图2-4-18所示。

图2-4-18　增减方式

(2)选择"直接购入",单击"单张视图",单击"修改"按钮,进入"单张视图"选项卡,如图2-4-19所示。

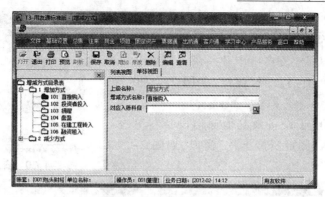

图 2-4-19　单张视图

（3）选择"对应入账科目"为"100201　工行存款"，单击"保存"按钮，保存设置。

（4）重复以上步骤，设置其他增减方式。

注意：

- 已经使用的增减方式不能删除。
- 生成机制凭证时如果对应的入账科目发生变化，可以进行修改。

五、录入固定资产的原始卡片数据

用户在使用固定资产系统进行日常业务核算之前，必须将手工核算时的有关固定资产原始卡片数据录入系统。这里所谓固定资产原始卡片是指已经和正在使用的固定资产卡片。

实例：录入固定资产原始卡片。

包头财经公司有关固定资产原始卡片信息见表 2-4-5。

表 2-4-5　固定资产原始卡片信息

卡片编号	资产编号	资产名称	类别编码	部门名称	增加方式	使用年限（年）	开始日期	原值（元）	累计折旧（元）
00001	011101001	微机 1	011	财务科	购入	5		7 000	2 600
00002	011102001	微机 2	011	人事科	购入	5		7 000	2 600
00003	0112001	笔记本 1	011	研发部	购入	5		12 000	4 400
00004	0113001	笔记本 2	011	市场部	购入	5		12 000	4 400
00005	0114001	笔记本 3	011	公关部	购入	5		12 000	4 400
00006	011101002	打印机	011	财务科	购入	5	2010 年4 月10 日	6 000	2 200
00007	0112002	扫描仪	011	研发部	购入	5		8 000	3 000
00008	0113002	传真机	011	市场部	购入	5		3 000	1 100
00009	024001	12 人客车	02	公关部	购入	10		200 000	37 000
00010	024002	宝马轿车	02	公关部	购入	15		400 000	49 000
00011	034001	办公楼	03	公关部	购入	50		1 000 000	37 000
00012	032001	机房	03	研发部	购入	50		1 600 000	59 000
00013	0112003	机房设备	011	研发部	购入	5		1 053 000	143 300

注：使用状况均为"在用"。

操作步骤：

(1)以"账套主管"身份"001 董理"注册进入用友通 T3 软件,执行"固定资产—卡片—录入原始卡片"命令,进入"资产类别参照"窗口,如图 2-4-20所示。

(2)选择"011 电子设备及其他通信设备",单击"确定"按钮,进入"固定资产卡片"窗口,如图 2-4-21 所示。

图 2-4-20 资产类别参照

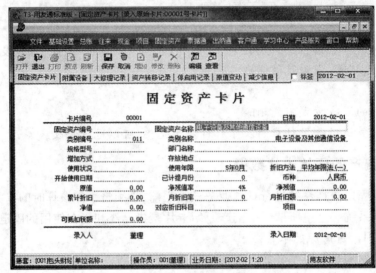

图 2-4-21 固定资产卡片

(3)依据表 2-4-5 中的原始卡片信息录入卡片编号为 00001 的相关信息,如图 2-4-22所示。单击"保存"按钮。

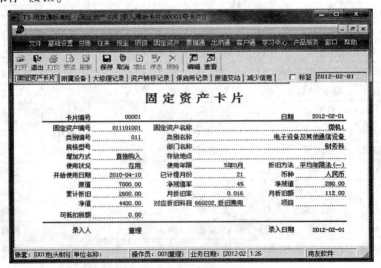

图 2-4-22 输入原始卡片信息

(4)重复以上步骤,录入其他原始卡片信息。

注意:

● 对于通过"录入原始卡片"录入的资产卡片,可以通过执行"固定资产—卡片—卡片管理"的命令进行修改或删除。

第二节 固定资产管理系统的日常使用

固定资产管理系统的日常使用主要包括:固定资产增减管理、固定资产变动管理、固定资产评估、折旧处理、账务处理、账表查询和期末处理。

一、固定资产增减管理

电算化固定资产管理系统建立之后,根据有关固定资产增加和减少业务的原始凭证,直接新增或减少相关的固定资产卡片,并同时生成相应的资产增加或减少的机制记账凭证传递到账务系统。这里需要注意,固定资产的增加要区别之前系统初始化时,录入的固定资产原始卡片数据。

(一)固定资产增加

固定资产增加的基本渠道主要有:直接购入、接受投资、融资租入、自行建造、接受捐赠和盘盈。用户应根据资产的实际增加方式,在新增的固定资产卡片中输入相应的信息,并同时生成机制凭证传递到账务系统以待进一步审核记账。

实例:固定资产增加。

包头财经公司 2012 年 2 月 27 日,接受包头立信公司投资设备一批价值 280 000 元,详情见表 2-4-6。

表 2-4-6 立信公司投资设备价值表

代码	00014	00015	00016
资产名称	数码照相机	本田 SUV 越野	LED 投影机
资产类别	电子设备	运输设备	电子设备
使用部门	财务科	研发部	研发部
入账日期	2012-02-27	2012-02-27	2012-02-27
增加方式	接受投资	接受投资	接受投资
原值	10 000 元	230 000 元	40 000 元
净残值率	4%	5%	4%
折旧方法	双倍余额递减法	平均年限法	年数总和法
预计使用年限	5	15	5

注:使用状况均为"在用"。

操作步骤：

(1)以"操作员"身份"002 杭程"注册进入用友通 T3 软件，执行"固定资产—卡片—资产增加"命令，进入"资产类别参照"窗口，如图 2-4-23 所示。

(2)选择"011 电子设备及其他通信设备"，单击"确定"按钮，进入"固定资产卡片"窗口，如图 2-4-24 所示。

图 2-4-23　资产类别参照

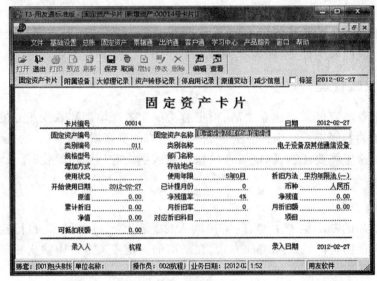

图 2-4-24　固定资产卡片

(3)依据表 2-4-6 中的卡片信息录入卡片编号为 00014 的相关信息，如图 2-4-25 所示。单击"保存"按钮，系统弹出机制凭证，如图 2-4-26 所示。

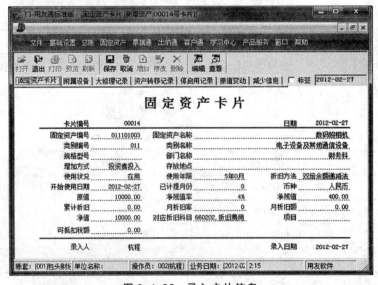

图 2-4-25　录入卡片信息

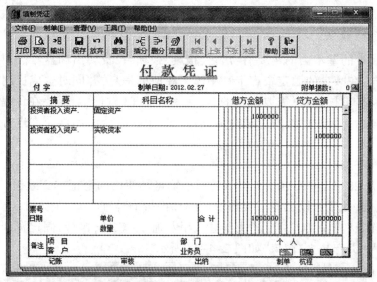

图 2-4-26 机制凭证

(4)单击"保存"按钮,系统提示"固定资产"科目不是末级,此时,用户将其修改为"160101 固定资产/办公设备"科目,同时将"付 字"修改为"转 字",并再次单击"保存"按钮,生成机制凭证传入账务系统,如图 2-4-27 所示。

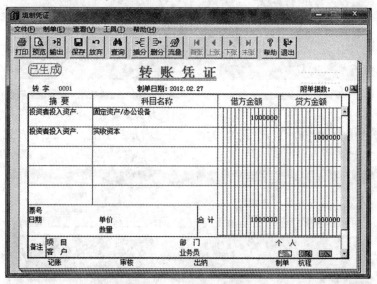

图 2-4-27 生成机制凭证

(5)重复以上步骤,录入其他新增的资产卡片信息。

注意:

● 对于通过"资产增加"录入的资产卡片,也可以通过执行"固定资产—卡片—卡片管理"的命令进行修改或删除。如果需要修改资产的原值或累计折旧,则必须删除其已经制作的凭证后才能修改。

● 新增的资产卡片第一个月不提折旧,折旧额为空。

● 生成的机制凭证,用户可以按照记账凭证的规则对其进行修改。

(二)固定资产减少

固定资产减少的基本去向主要有:出售、报废、毁损、投资转出和盘亏。用户应根据资产的实际减少去向,在减少的固定资产卡片中输入相应的信息,并同时生成机制凭证传递到账务系统以待进一步审核记账。需要说明的是,在用友通 T3 软件中,需要在计提折旧后才可以执行固定资产减少,否则已经执行减少的固定资产卡片系统将不再允许进行计提最后一次折旧等操作。

实例:固定资产减少。

2012 年 2 月 28 日,包头财经公司市场部不慎将其使用的笔记本 2 毁损。

操作步骤:(此处是假设已经完成该资产的计提折旧处理)

(1)以"操作员"身份"002 杭程"注册进入用友通 T3 软件,执行"固定资产—卡片—资产减少"命令,进入"资产减少"窗口,如图 2-4-28 所示。

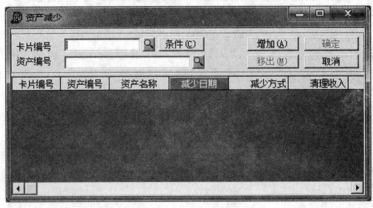

图 2-4-28　资产减少

(2)选择卡片编号为"00004(笔记本 2)",单击"增加"按钮,在"减少方式"处选择为"毁损",如图 2-4-29 所示。

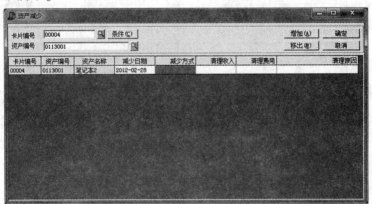

图 2-4-29　资产减少

(3)单击"确定"按钮,进入机制凭证界面,如图 2-4-30 所示。

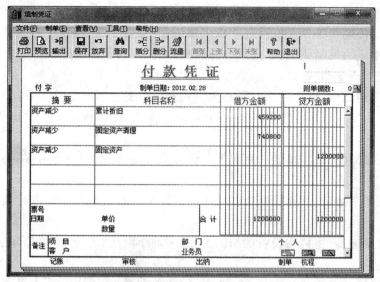

图 2-4-30　机制凭证

(4)此时,用户将"固定资产"科目修改为"160101 固定资产/办公设备"科目,同时将"付字"修改为"转 字",并单击"保存"按钮,生成机制凭证传入账务系统,如图 2-4-31 所示。

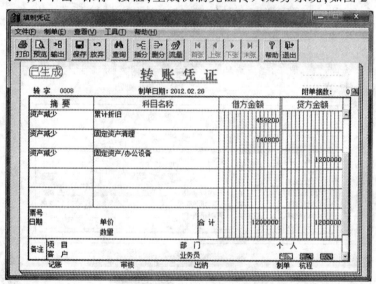

图 2-4-31　生成机制凭证

(5)单击"退出"按钮,系统提示"所选卡片已经减少成功!",单击"确定"按钮返回。

二、固定资产变动管理

固定资产变动是指在资产的日常使用中出现的原值变动、使用部门转移、使用状况变动、资产类别调整、折旧方法调整、使用年限调整、净残值率调整、工作总量调整、累计折旧调整以及计提减值准备等。在实际工作中出现上述原因发生资产项目变动时,需要通过编制资产变动单进行处理。固定资产变动单是指固定资产在使用过程中由于卡片上的某些项目进行调整而编制的原始凭证。用户根据审批的资产变动单登记调整相关的固定资产卡片,并同时生成机制凭证传递到账务系统待进一步审核记账。需要说明,涉及资产原值或累计折旧变化时需要生成相应的机制凭证,除此之外,用户在卡片中只作相应的项目变化调整。

实例:固定资产变动。

包头财经公司 2012 年 2 月 28 日,有关固定资产的变动情况汇总如下:

(1)公关部为宝马轿车添置新配件 10 000 元。变动方式:固定资产改建和扩建,对应科目:工行存款。

(2)由于工作需要,市场部的传真机转移到公关部。折旧费用分配入账科目调整为"管理费用/折旧费用"。

(3)由于技术进步,包头财经公司对 2010 年购入的笔记本电脑每台计提 3 000 元的减值准备。

(4)由于技术进步,将机房设备的折旧方法"平均年限法"改为"年数总和法"。

操作步骤:

公关部为宝马轿车添置新配件 10 000 元。变动方式为"固定资产改建和扩建",对应科目为"工行存款"。操作步骤如下:

(1)以"操作员"身份"002 杭程"注册进入用友通 T3 软件,执行"固定资产—卡片—变动单—原值增加"命令,进入"固定资产变动单"窗口,如图 2-4-32 所示。

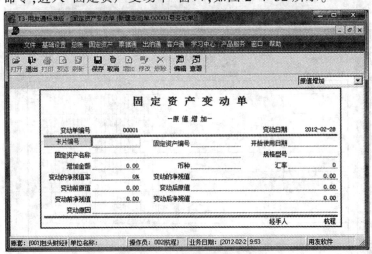

图 2-4-32 固定资产变动单

(2)选择卡片编号为"00010(宝马轿车)",输入增加金额"10 000"元,输入变动原因"固定资产改建和扩建",如图 2-4-33 所示。

(3)单击"保存"按钮,进入凭证界面,如图 2-4-34 所示。

(4)此时,用户将科目名称为"固定资产"修改为"160102 固定资产/运输设备"科目,同时填增贷方科目为"100201(银行存款/工行存款)",并再次单击"保存"按钮,生成机制凭证传入账务系统,如图 2-4-35 所示。

(5)单击"退出"按钮返回并保存数据。

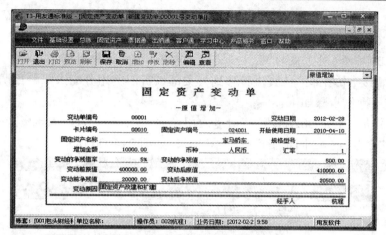

图 2-4-33　固定资产变动单

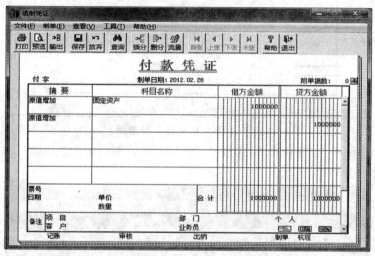

图 2-4-34　凭证界面

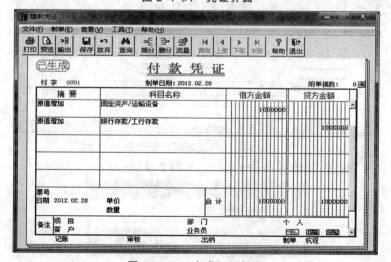

图 2-4-35　生成机制凭证

注意:

● 变动单不能修改,只可删除重新填制。用户可以通过执行"固定资产—卡片—变动单—变动单管理"命令,对生成的"固定资产变动单"进行查询和删除。

由于工作需要,市场部的传真机转移到公关部。折旧费用分配入账科目调整为"管理费用/折旧费用"。 操作步骤如下:

(1)以"操作员"身份"002 杭程"注册进入用友通 T3 软件,执行"固定资产—卡片—变动单—部门转移"命令,进入"固定资产变动单"窗口,如图 2-4-36 所示。

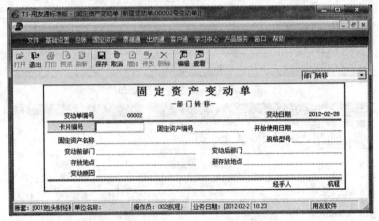

图 2-4-36 固定资产变动单

(2)选择卡片编号为"00008(传真机)",输入变动后部门为"公关部",输入变动原因为"工作需要",如图 2-4-37 所示。

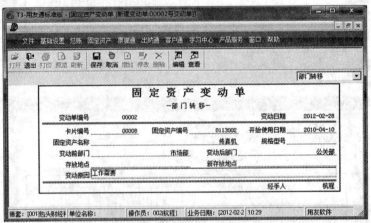

图 2-4-37 固定资产变动单

(3)单击"保存"按钮,系统弹出提示信息,如图 2-4-38 所示。

图 2-4-38 提示信息

(4)单击"确定"按钮返回。此时用户应按照上述提示执行"固定资产—卡片管理"命令，检查资产"00008 传真机"的对应折旧科目是否为"660202(管理费用/折旧费用)"。

注意：

● 由于资产的部门转移而引起的该资产对应折旧科目发生相应调整，在用友通 T3 软件中系统默认自动调整。

由于技术进步，包头财经公司对 2010 年购入的笔记本电脑每台计提 3 000 元的减值准备。操作步骤如下：

(1)以"操作员"身份"002 杭程"注册进入用友通 T3 软件，执行"固定资产—卡片—变动单—计提减值准备"命令，进入"固定资产变动单"窗口，如图 2-4-39 所示。

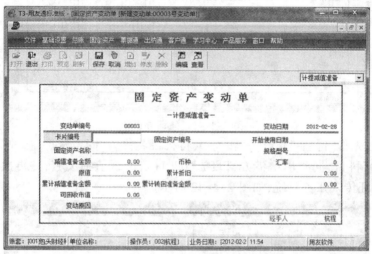

图 2-4-39 固定资产变动单

(2)选择卡片编号为"00003(笔记本 1)"，输入减值准备金额为"3 000"元，输入变动原因"技术进步"，如图 2-4-40 所示。

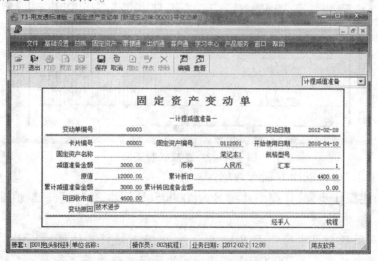

图 2-4-40 固定资产变动单

(3)单击"保存"按钮,进入凭证界面,如图 2-4-41 所示。

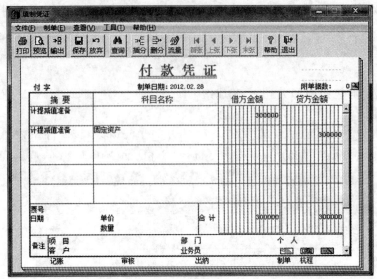

图 2-4-41　凭证界面

(4)此时,首先将"付 字"修改为"转 字",将科目名称为"固定资产"修改为"1603 (固定资产减值准备)"科目,同时填增借方科目为"6701(资产减值损失)",并再次单击"保存"按钮,生成机制凭证传入账务系统,如图 2-4-42 所示。

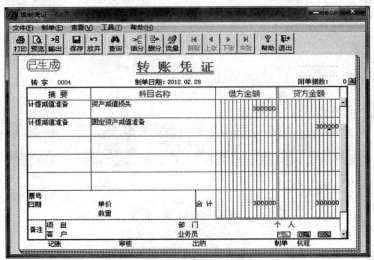

图 2-4-42　生成机制凭证

(5)单击"退出"按钮返回并保存数据。

(6)重复上述操作步骤,计提卡片编号为"00005(笔记本 3)"的资产减值准备。

注意:

● 由于包头财经公司市场部于 2012 年 2 月 28 日不慎将其使用的笔记本 2 毁损。因此,这里就不再计提卡片编号为"00004(笔记本 2)"的资产减值准备。

由于技术进步,将机房设备的折旧方法"平均年限法"改为"年数总和法"。 操作步骤如下：

(1)以"操作员"身份"002 杭程"注册进入用友通 T3 软件,执行"固定资产—卡片—变动单—折旧方法调整"命令,进入"固定资产变动单"窗口,如图 2-4-43 所示。

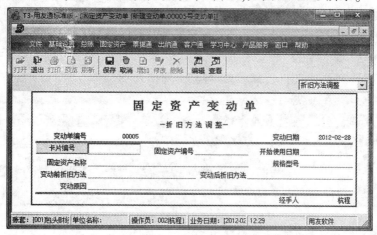

图 2-4-43　固定资产变动单

(2)选择卡片编号为"00013(机房设备)",输入变动后折旧方法为"年数总和法",输入变动原因"技术进步",如图 2-4-44 所示。

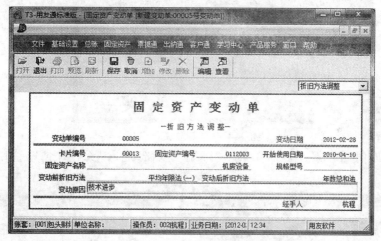

图 2-4-44　固定资产变动单

(3)单击"保存"按钮返回并保存数据。

三、固定资产评估

当企业单位准备以固定资产向外投资合作或者进行改制等,依照国家相关法规需要对单位所属的固定资产进行评估和重估。固定资产评估是用友通 T3 软件新增的功能,主要完成将评估机构的评估数据手工录入或定义公式录入到系统中。资产评估功能提供可评估的资产内容包括:原值、累计折旧、净值、工作总量、净残值率和使用年限,用户可以根据需要进行选择。

实例：资产评估。

包头财经公司根据业务需要，于 2012 年 12 月 28 日对公关部的 12 人客车进行资产评估，评估结果为原值 150 000 元，累计折旧 50 000 元。(应对 12 人客车评估的损失列入"管理费用/其他费用/公关部")

操作步骤：

(1)以"操作员"身份"002 杭程"注册进入用友通 T3 软件，执行"固定资产—卡片—资产评估"命令，进入"资产评估"窗口，如图 2-4-45 所示。

图 2-4-45　资产评估

(2)单击"增加"按钮，打开"评估资产选择"对话框，如图 2-4-46 所示。

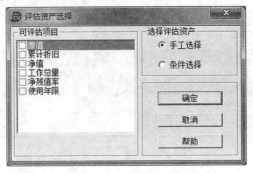

图 2-4-46　评估资产选择

(3)选择"原值"和"累计折旧"，单击"确定"按钮，进入"资产评估"窗口，如图 2-4-47 所示。

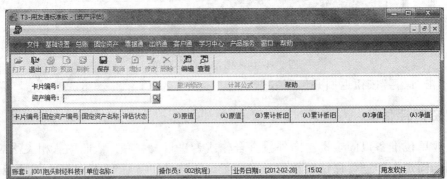

图 2-4-47　资产评估

(4)选择卡片编号为"00009(12 人客车)"，录入评估信息，如图 2-4-48 所示。

图 2-4-48 输入评估信息

(5)单击"保存"按钮,系统弹出提示信息,如图 2-4-49 所示。

图 2-4-49 提示信息

(6)单击"是"按钮,进入凭证界面,如图 2-4-50 所示。

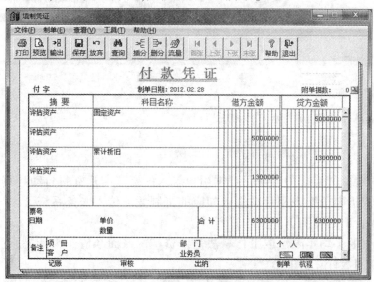

图 2-4-50 凭证界面

(7)此时,首先将"付 字"修改为"转 字",将科目名称为"固定资产"修改为"160102 (固定资产/运输设备)"科目,同时填增借方科目为"660203(管理费用/其他费用/公关部)",并将借方金额中的"50 000"和"13 000"合并计入新填增的借方科目名下,最后单击"保存"按钮,生成机制凭证传入账务系统,如图 2-4-51 所示。

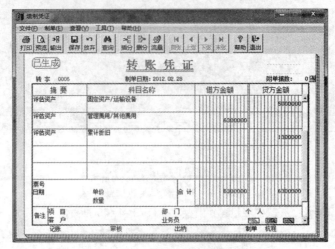

图 2-4-51　生成机制凭证

(8)单击"退出"按钮返回并保存数据,如图 2-4-52 所示。

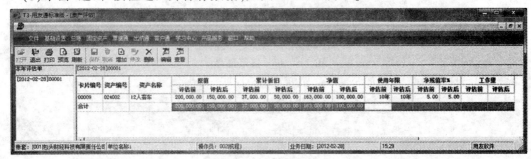

图 2-4-52　资产评估

注意:

● 只有当月制作的评估单才可以删除。

四、折旧处理

在电算化固定资产系统中,每月根据用户录入的资产卡片资料自动计算每项固定资产的折旧,自动生成折旧分配表和自动生成相应的机制凭证传入账务系统。

系统在计提折旧时按照下列要求进行:

(1)系统提供的平均年限法或工作量法是以资产的账面净值作为计提原值,以剩余使用期间数为计提期间数计算折旧。

(2)系统影响折旧计算的因素主要有:原值变动、累计折旧调整、净残值(率)调整、折旧方法调整、使用年限调整、工作总量调整、使用状况调整和计提减值准备。

(3)当发生原值调整、累计折旧调整、净残值(率)调整、使用状况调整和计提减值准备时,当月计提的折旧额不变,下月按变化后的值计算折旧。

(4)折旧方法的调整、使用年限的调整和工作总量的调整,当月按调整后的值计算。

(5)部门转移时系统自动相应调整有关折旧费用的分配入账科目,当月按变化后的设置生成机制凭证。

(6)由上述因素导致系统计算折旧的变动,系统默认只对之后的累计折旧发生作用,不对之前的累计折旧有影响。

(7)系统完全遵循现行会计准则有关计提折旧的原则:固定资产应当按月计提折旧,当月增加的固定资产当月不计提折旧,从下月起计提折旧;当月减少的固定资产当月仍计提折旧,从下月起不计提折旧。

实例:固定资产折旧处理。

包头财经公司月末,计提本月折旧费用。

操作步骤:

(1)以"操作员"身份"002 杭程"注册进入用友通 T3 软件,执行"固定资产—处理—计提本月折旧"命令,系统弹出提示信息,如图 2-4-53 所示。

图 2-4-53　提示信息

(2)单击"是"按钮,打开"折旧清单"窗口,如图 2-4-54 所示。

卡片编号	资产编号	资产名称	原值	计提原值	本月折旧	累计折旧	净残值	折旧率	单位折旧	本月工作量	累计工作量
00001	011101001	微机1	7,000.00	7,000.00	112.00	2,712.00	280.00	0.0160			
00002	011102001	微机2	7,000.00	7,000.00	112.00	2,712.00	280.00	0.0160			
00003	0112001	笔记本1	12,000.00	12,000.00	192.00	4,592.00	480.00	0.0160			
00004	0113001	笔记本2	12,000.00	12,000.00	192.00	4,592.00	480.00	0.0160			
00005	0114001	笔记本3	12,000.00	12,000.00	192.00	4,592.00	480.00	0.0160			
00006	011101002	打印机	6,000.00	6,000.00	96.00	2,296.00	240.00	0.0160			
00007	0112002	扫描仪	8,000.00	8,000.00	128.00	3,128.00	320.00	0.0160			
00008	0113002	传真机	3,000.00	3,000.00	48.00	1,148.00	120.00	0.0160			
00009	024002	12人客车	200,000.00	200,000.00	1,580.00	51,580.00	7,500.00	0.0079			
00010	024001	宝马轿车	410,000.00	400,000.00	2,120.00	51,120.00	20,500.00	0.0053			
00011	034001	办公楼	1,000,000.00	1,000,000.00	1,300.00	38,300.00	200,000.00	0.0013			
00012	032001	机房	1,600,000.00	1,600,000.00	2,080.00	61,080.00	320,000.00	0.0013			
00013	0112003	机房设备	1,053,000.00	1,053,000.00	34,703.20	178,003.20	42,120.00	0.0400			
合计			4,280,000.00	4,320,000.00	42,855.20	405,855.20	592,800.00			0.000	0.000

图 2-4-54　折旧清单

(3)单击"退出"按钮,系统进入"折旧分配表"对话框,如图 2-4-55 所示。

部门编号	部门名称	项目编号	项目名称	科目编号	科目名称	折旧额
101	财务科			660202	折旧费用	208.00
102	人事科			660202	折旧费用	112.00
2	研发部			500103	制造费用	37,103.20
3	市场部			6601	销售费用	192.00
4	公关部			660202	折旧费用	5,240.00
合计						42,855.20

图 2-4-55　折旧分配表

(4)单击"凭证"按钮,进入"填制凭证"对话框,如图 2-4-56 所示。

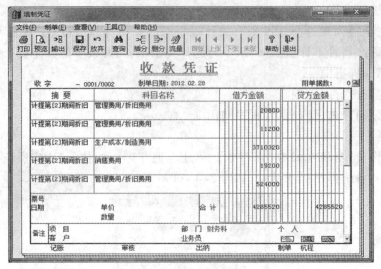

图 2-4-56　填制凭证

(5)此时,首先将"收 字"修改为"转 字",将科目名称为"生产成本/制造费用"账户下的辅助项目"人力资源管理系统"进行追加,最后单击"保存"按钮,生成机制凭证传入账务系统,如图 2-4-57 所示。

图 2-4-57　生成机制凭证

(6)单击"退出"按钮返回。

注意:

● 用户在同一会计期间内可以多次使用计提折旧功能,每次计提折旧后只是将计提的折旧累加到月初的累计折旧,不会对系统重复累计。

● 如果用户上次计提折旧已经生成凭证并传递到账务系统,则必须先删除该凭证才能重新计提折旧。

五、账务处理

固定资产管理系统通过上述有关业务的处理,必然要涉及相关机制凭证的生成,并将生成的机制凭证传送到账务系统。在固定资产管理系统中需要生成凭证或修改凭证的情况包括:资产的增加(新增资产卡片)、资产的减少、资产的变动(涉及原值或累计折旧的变化时)、计提减值准备和折旧处理。

在固定资产系统中生成凭证的具体操作步骤见上述有关业务处理实例。此处仅举例介绍对传递到账务系统有关固定资产业务的机制凭证进行出纳签字、审核与记账。

实例:有关固定资产机制凭证的出纳签字、审核与记账。

2012 年 2 月 29 日在账务系统中,对传递过来的有关固定资产业务凭证进行审核与记账。

(1)以操作员"成功"的身份登录账务系统,进行出纳签字。

(2)以操作员"李小刚"的身份登录账务系统,进行凭证审核。

(3)以操作员"杭程"的身份登录账务系统,进行凭证记账。

操作步骤:

第一,以操作员"成功"的身份登录账务系统,进行出纳签字。操作步骤如下:

(1)以"操作员"身份"003 成功"注册进入用友通 T3 软件,执行"总账—凭证—出纳签字"命令,系统弹出"出纳签字"对话框,如图 2-4-58 所示。

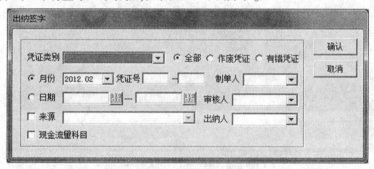

图 2-4-58　出纳签字

(2)单击"确认"按钮,系统弹出符合条件的凭证,如图 2-4-59 所示。

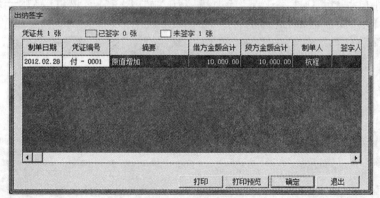

图 2-4-59　出纳签字列表

(3)选择凭证号为"付字0001",单击"确定"按钮,进入"出纳签字"界面,如图2-4-60所示。

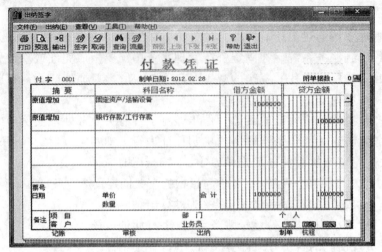

图 2-4-60 出纳签字

(4)出纳员"成功"确定该凭证无误后,单击"签字"按钮,完成出纳签字的操作。如图2-4-61所示。

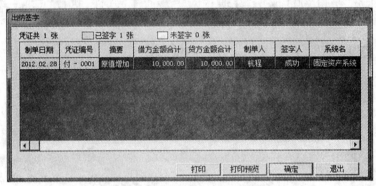

图 2-4-61 完成出纳签字

第二,以操作员"李小刚"的身份登录账务系统,进行凭证审核。操作步骤如下:

(1)以"操作员"身份"004 李小刚"注册进入用友通 T3 软件,执行"总账—凭证—审核凭证"命令,系统弹出"凭证审核"对话框,如图2-4-62所示。

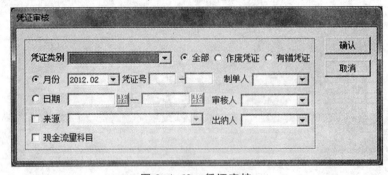

图 2-4-62 凭证审核

(2)单击"确认"按钮,系统弹出符合条件的凭证,如图 2-4-63 所示。

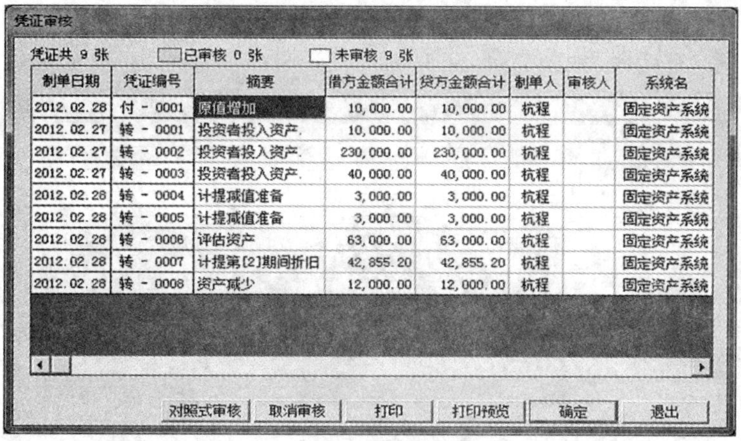

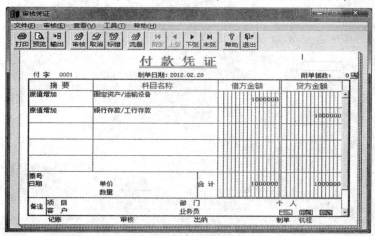

图 2-4-63 凭证审核列表

(3)选择凭证号为"付字 0001",单击"确定"按钮,进入"审核凭证"界面,如图 2-4-64 所示。

图 2-4-64 审核凭证

(4)审核员"李小刚"确定该凭证无误后,单击"审核"按钮,完成审核凭证的操作。
重复此操作过程,完成对其他待审凭证的审核,如图 2-4-65 所示。

图 2-4-65 完成审核凭证

　　第三,以操作员"杭程"的身份登录账务系统,进行凭证记账。操作步骤如下:

　　(1)以"操作员"身份"002 杭程"注册进入用友通 T3 软件,执行"总账—凭证—记账"命令,系统弹出"记账"对话框,如图 2-4-66 所示。

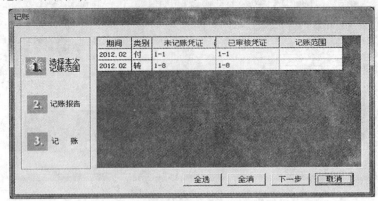

图 2-4-66　记账

　　(2)单击"全选"按钮,再单击"下一步"按钮,进入"记账报告"窗口,如图 2-4-67 所示。

图 2-4-67　记账报告

　　(3)单击"下一步",进入"记账"窗口,如图 2-4-68 所示。

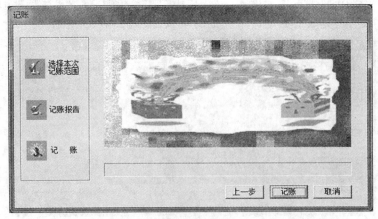

图 2-4-68　记账

（4）单击"记账"按钮，系统自动登录有关的总账、明细账、辅助账，结束后系统弹出"记账完毕"对话框，如图 2-4-69 所示。

图 2-4-69　记账完毕

（5）单击"确定"按钮返回。

六、账表查询和打印

单位发生的有关固定资产增加、减少和变动等业务，经过登记相应的资产卡片并生成机制凭证、审核凭证和记账。之后，用户就可以随时查询和打印输出各种形式的固定资产账簿和报表，主要包括：固定资产账簿、固定资产分析表、固定资产统计表、固定资产折旧表等。另外，如果系统所提供的报表不能满足要求，系统还提供了自定义报表功能，用户可以根据要求自定义自己所需要的报表。

在用友通 T3 软件中，用户执行"固定资产—账表—我的账表"命令，窗口列出了上述4类固定资产账表，如图 2-4-70 所示。双击报表名后单击"确定"按钮，即可显示该报表内容。

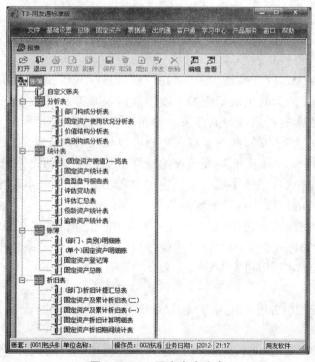

图 2-4-70　固定资产账表

（一）固定资产账簿

它主要包括固定资产总账、固定资产明细账和固定资产登记簿等,目的是为固定资产管理提供所需要的基本信息。

（二）固定资产分析表

它主要包括固定资产部门构成分析表、固定资产使用状况分析表、固定资产价值构成分析表以及固定资产类别构成分析表等。通过从资产的构成状况、分布情况及使用状况等多角度提供分析数据,作为管理人员进行决策的依据。

（三）固定资产统计表

它主要包括评估汇总表、固定资产统计表、盘盈盘亏报告表以及固定资产原值一览表等,目的是为满足固定资产管理的需要提供各种统计信息。

（四）固定资产折旧表

它主要包括部门折旧计算汇总表、固定资产折旧计算明细表、固定资产及累计折旧表(一)、固定资产及累计折旧表(二)等。目的是向管理人员提供与固定资产折旧相关的明细信息和汇总信息。

七、期末处理

固定资产系统的期末处理主要包括对账与结账两项工作。

（一）对账

在固定资产管理系统中的对账是指将固定资产系统中记录的固定资产和累计折旧数额与账务系统中的相应账户的数据进行核对。通过固定资产系统中提供的对账功能来实现核对这两个系统的资产价值是否相等。

从理论上说,在固定资产系统中发生的所有引起资产原值或累计折旧变化的固定资产业务,在登记资产卡片的同时生成相应的机制凭证传入账务系统中并经过之后的审核记账,这就客观上确保了固定资产系统与账务系统的相应资产价值是相等的。通过前述的有关固定资产增加和减少等业务的处理,由于存在用户可以修改机制凭证的操作功能,这就可能存在由于误操作等原因或者计算机系统病毒的破坏等原因导致两个系统的资产价值的不相等。为此在用友通T3软件系统中提供了相应的对账功能,以保证本系统管理的固定资产的数值和账务系统中的固定资产科目的数值相等。

这里需要说明的是,用友通T3软件系统中只有用户之前在"建立固定资产账套"中选择了"与账务系统进行对账",此处的"对账"功能才可以操作。在账务系统中将有关固定资产业务记账完毕后,本系统才可以进行对账。

实例:期末对账。

包头财经公司于2012年2月末,与账务系统进行对账。

操作步骤:

（1）以"账套主管"身份"001董理"注册进入用友通T3软件,执行"固定资产—处理—对账"命令,系统弹出"与账务对账结果"对话框,如图2-4-71所示。

图 2-4-71　与账务对账结果

(2)单击"确定"返回。

(二)结账

当固定资产管理系统完成了本月全部工作后,就可以进行月末结账。月末结账每月进行一次,结账后当期数据不能修改。

系统在进行月末结账时自动对账一次,并根据"建立固定资产账套"中的选项判断,在对账不平的情况下是否允许结账。

结账后如果发现有本月未处理的业务或有需要修改的事项,可以通过系统提供的"**恢复月末结账前状态**"命令进行反结账。

实例:月末结账。

包头财经公司于 2012 年 2 月末结账。

操作步骤:

(1)以"账套主管"身份"001 董理"注册进入用友通 T3 软件,执行"固定资产—处理—月末结账"命令,系统弹出"月末结账"对话框,如图 2-4-72 所示。

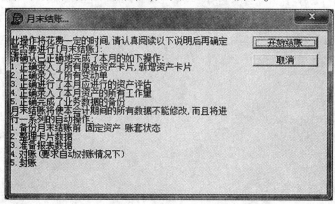

图 2-4-72　月末结账

(2)单击"开始结账",系统显示"与账务对账结果"提示框,如图 2-4-73 所示。

图 2-4-73　与账务对账结果

(3)单击"确定"按钮,系统显示"月末结账成功完成!"。

(4)单击"确定"按钮,系统显示提示信息,如图 2-4-74 所示。

图 2-4-74　提示信息

(5)单击"确定"按钮,完成固定资产本月结账工作。

注意:

● 本月未结账不能处理下期数据。

● 不能跨年度恢复数据,年末结账前一定要进行数据备份。

第五章　工资管理系统

工资管理系统是会计核算系统的重要组成部分，整个工资管理系统的主要任务就是计算单位职工的工资、对工资费用进行分配、计提工资附加费和结算工资并生成机制凭证传递到账务系统。本章依据工资管理系统的业务处理流程全面系统地介绍用友通 T3 软件的操作过程，包括工资管理系统的初始设置和日常使用。

第一节　工资管理系统的初始设置

工资管理系统首先要按照工资核算与管理的要求进行一系列的初始设置，之后使用电算化工资管理系统进行日常业务处理。工资管理系统的初始设置主要包括：建立工资账套、部门设置、设置人员附加信息、设置人员类别、设置工资项目、设置工资代发银行名称、设置工资类别、设置人员档案和设置计算公式。这里需要说明，设置人员档案和设置计算公式均是在确定的工资类别之下进行的，也就是在不同的工资类别情况下，去定义相应的人员档案和相应的计算公式。

一、建立工资账套

建立工资账套就是建立一个适合本单位实际情况的有关工资业务的控制参数。它主要包括：参数设置、扣税设置、扣零设置和人员编码设置。

用户在建立应用工资管理系统之前，首先要在"系统管理"中建立本单位的核算账套，并且启用工资管理系统。需要说明，在系统管理中建立的单位核算账套与此处建立的工资管理账套两者是不同的，工资管理账套是单位核算账套的组成部分。

实例：新建工资账套。

包头财经公司于 2012 年 2 月 1 日启用并建立工资管理系统，有关的工资业务参数情况如下：

工资类别个数：多个（核算计件工资）

币种名称:人民币 RMB

要求代扣个人所得税

不进行扣零处理

人员编码长度:3 位

启用日期:2012 年 2 月

在以后使用时再设置工资类别。

操作步骤:

(1)以"账套主管"身份"001 董理"注册进入用友通 T3 软件,执行"工资管理"命令,打开建立工资账套对话框,进入"参数设置"选项卡,如图 2-5-1 所示。

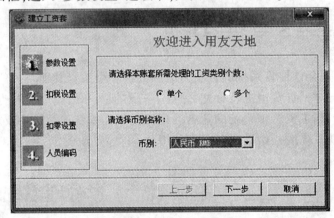

图 2-5-1　参数设置

(2)工资类别个数选择为"多个",币别名称为默认"人民币 RMB",单击"下一步"按钮,进入"扣税设置"选项卡,如图 2-5-2 所示。

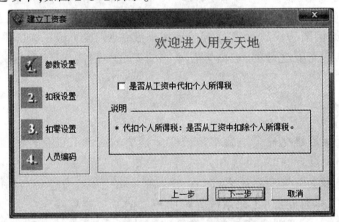

图 2-5-2　扣税设置

(3)勾选"是否从工资中代扣个人所得税"复选框,单击"下一步"按钮,进入"扣零设置"选项卡,如图 2-5-3 所示。

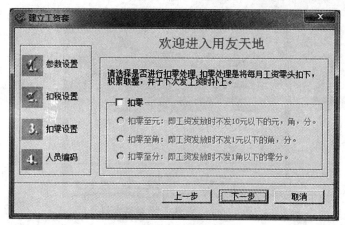

图 2-5-3　扣零设置

　　(4)默认系统选项,不进行扣零处理,单击"下一步"按钮,进入"人员编码"选项卡,如图 2-5-4 所示。

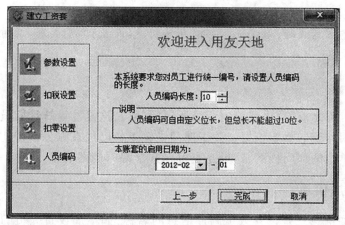

图 2-5-4　人员编码

　　(5)调整人员编码长度为"3",更改启用日期为"2012-02-01",单击"完成"按钮,系统提示"未建立工资类别",如图 2-5-5 所示。

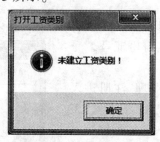

图 2-5-5　打开工资类别

　　(6)单击"确定"按钮,系统进入"新建工资类别"向导,如图 2-5-6 所示。单击"取消"(在以后使用时再设置工资类别)按钮,进入"工资管理"窗口,完成新建工资账套。

图 2-5-6 新建工资类别向导

注意：

● 选择代扣个人所得税后,系统自动生成"代扣税"项目,并自动进行代扣税的计算。

● 扣零设置通常是在单位直接发放工资时使用,如果采用银行代发工资,则不需要设置此项。

● 工资账套建立完成时,系统提示可以直接新建(设置)工资类别。此时用户也可以选择在今后使用时再设置。

二、部门设置

在计算职员工资之前,首先要确定职员所属的部门,这是计算统计职员工资和进行人员工资管理及其费用分配的重要依据。关于部门设置工作已经在账务系统初始化中通过机构设置功能建立了单位的部门档案,这里完全可以共享部门档案信息。

三、设置人员附加信息

设置人员附加信息就是设置人员附加信息的名称,如增加设置人员的性别、年龄、民族等。这些人员的附加信息名称与人员档案中所包括的人员编号、人员姓名等基本信息名称共同构成和丰富了人员档案信息。

实例：设置人员附加信息。

包头财经公司新增加的职员附加信息包括：性别、年龄、技术职称、职务、学历、身份证号。

操作步骤：

(1)以"账套主管"身份"001 董理"注册进入用友通 T3 软件,执行"工资管理"命令,进入"工资管理"窗口,执行"工资—设置—人员附加信息设置",打开"人员附加信息设置"对话框,如图2-5-7所示。

(2)单击"增加"按钮,在参照栏中选择"性别"将其填入信息名称栏中(或者直接在信息名

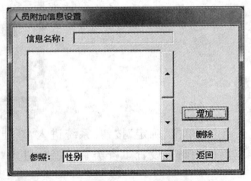

图 2-5-7 人员附加信息设置

称栏中输入新的信息名称),再单击"增加"按钮,如图2-5-8所示。

(3)重复步骤(2)操作,完成其他人员附加信息名称的设置,如图2-5-9所示。

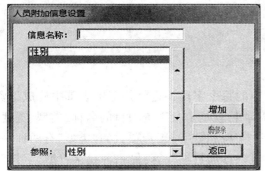
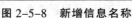
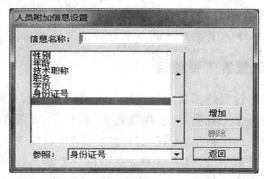

图2-5-8　新增信息名称　　　　　　　图2-5-9　完成信息名称的设置

(4)单击"返回"按钮。

注意:

● 已经使用过的人员附加信息名不可以删除,但可以修改。

四、设置人员类别

人员类别是按照一定标准将单位职工分成若干类,一般是按照人员所在部门的职能进行划分的。将人员分类有助于工资的分类汇总计算,特别是在工资费用的分配和计提工资附加费时大多是按照人员类别进行分配和计提。同时,设置人员类别也更加丰富了人员档案信息,人员类别是人员档案信息的重要组成部分。

实例:设置人员类别。

包头财经公司对单位人员按所在部门的职能用途将人员划分为:管理人员、技术人员和营销人员。

操作步骤:

(1)以"账套主管"身份"001董理"注册进入用友通T3软件,执行"工资管理"命令,进入"工资管理"窗口,执行"工资—设置—人员类别设置",打开"类别设置"对话框,如图2-5-10所示。

(2)单击"增加"按钮,在类别栏目中输入"管理人员",再单击"增加"按钮。

(3)重复步骤(2)操作,增加"技术人员"和"营销人员",如图2-5-11所示。

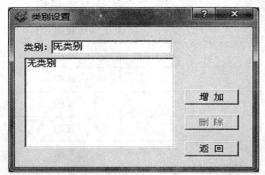
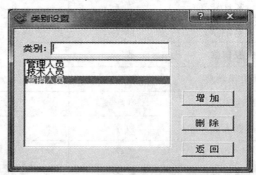

图2-5-10　类别设置　　　　　　　　图2-5-11　输入类别信息

(4) 单击"返回"按钮。

注意：

- 已经使用的人员类别不允许删除。
- 人员类别只剩一个时将不允许删除。

五、设置工资项目

这里的工资项目实际上是工资数据库文件中的每个字段，也就是工资表单中构成工资的每个工资项目。在用友通 T3 软件中，设置工资项目就是定义工资项目的名称、类型、宽度、小数和增减项。工资项目的"名称"可以输入汉字、字符和数字。工资项目的"类型"有两种：一种是数字型，数字型的工资项目只能输入数字，可以参加数据计算；另一种是字符型，字符型的工资项目可以作为逻辑判断的条件，不能参加数据计算。工资项目的"增减项"包括：增项默认为"应发合计"的构成项，减项默认为"扣款合计"的构成项，其他项为单位自行定义。

在用友通 T3 软件中，系统内置的"应发合计""扣款合计""实发合计"数字型工资项目不能删除或重命名，除此之外的其他工资项目均可以根据实际需要定义或参照增加。

实例：设置工资项目。

包头财经公司新增的有关工资项目情况见表 2-5-1。

表 2-5-1　新增工资项目情况表

项目名称	类型	长度	小数位数	增减项
基本工资	数字	8	2	增项
计件工资	数字	8	2	增项
请假扣款	数字	8	2	减项
请假天数	数字	8	2	其他
计件单价	数字	8	2	其他
计件数量	数字	8	2	其他
岗位工资	数字	8	2	增项
奖金	数字	8	2	增项
交补	数字	8	2	增项
事假扣款	数字	8	2	减项
病假扣款	数字	8	2	减项
社会保险费	数字	8	2	减项
事假天数	数字	8	2	其他
病假天数	数字	8	2	其他
日工资	数字	8	2	其他
计税基数	数字	8	2	其他

操作步骤：

(1)以"账套主管"身份"001 董理"注册进入用友通 T3 软件，执行"工资管理"命令，进入"工资管理"窗口，执行"工资—设置—工资项目设置"，打开"工资项目设置"对话框，如图 2-5-12 所示。

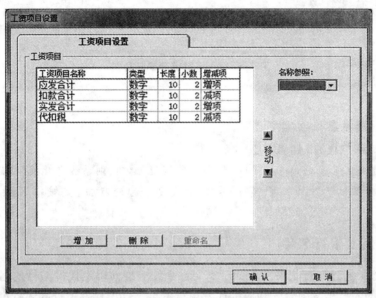

图 2-5-12　工资项目设置

(2)单击"增加"按钮，在名称参照栏目中选择"基本工资"，类型选择"数字"，长度选择"8"，小数选择"2"，增减项选择"增项"，最后再单击"增加"按钮。

(3)重复步骤(2)操作，增加其他工资项目，如图 2-5-13 所示。

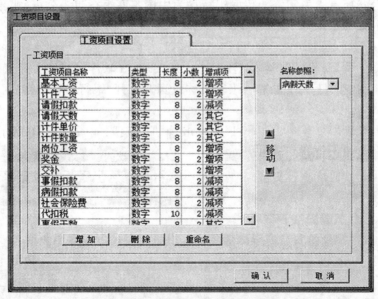

图 2-5-13　输入工资项目信息

（4）单击"确定"按钮，系统提示确认公式，如图 2-5-14 所示。

图 2-5-14　系统提示确认公式

（5）单击"确定"按钮返回。

注意：

● 工资项目名称必须唯一。

● 工资项目一经使用，数据类型不允许修改。

● 如果在建立工资账套时选择了"代扣个人所得税"选项，则系统在此提供"代扣税"项目。

● 用户可以在此新增加工资项目，在工资项目名称处双击，直接输入新增的工资项目名称。

六、设置工资代发银行名称

用户单位如果通过银行代发工资，就需要在系统中提前确定代发银行的名称及其账号长度，以便在以后的人员档案中录入相应的代发银行信息。这里代发工资的银行可以按照需要设置多个。需要说明，代发工资银行的设置实际上也是增加人员档案的信息，代发银行的名称及其账号长度是人员档案信息的重要组成部分。这一点将在之后的设置人员档案中体现。

实例：设置工资代发银行名称。

包头财经公司所有人员工资的代发银行均为中国工商银行包头分行，账号长度为17，录入时自动带出的账号长度为11，并且取消账号定长。

操作步骤：

（1）以"账套主管"身份"001 董理"注册进入用友通 T3 软件，执行"工资管理"命令，进入"工资管理"窗口，执行"工资—设置—银行名称设置"，打开"银行名称设置"对话框，如图 2-5-15 所示。

（2）在"账号长度"文本框处输入"17"，单击"增加"按钮，如图 2-5-16 所示。

图 2-5-15　银行名称设置

图 2-5-16　修改账号长度

（3）在"银行名称"文本框处输入"中国工商银行包头分行"，在"录入时需要自动带出的账号长度"文本框处输入"11"，并且取消"账号定长"复选框，如图2-5-17所示。

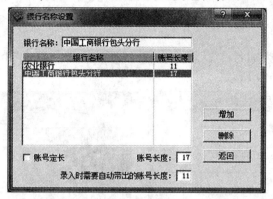

图2-5-17　输入银行名称相关信息

（4）单击"返回"按钮。

注意：

● 录入时需要自动带出的账号长度是指在输入"人员档案"的银行账号时，从第二个人开始，系统根据设置自动带出第一个人银行账号的相应长度，可以提高录入效率。

● 删除银行名称时，则同此银行有关的所有设置将一同删除，也包括之后所要设置的银行代发文件、磁盘输出格式的设置，以及人员档案中涉及的银行名称和账号等。

七、设置工资类别

工资类别是指在一套工资账中根据计算发放工资等不同情况而划分的工资数据管理类别。如将单位的全部职工分为正式职工和临时职工两个工资类别，对这两类工资管理同时在一个工资账套中进行。在用友通T3软件中，工资管理系统是可以按照多个工资类别进行管理的，每个工资类别下有相对独立的职员档案、计算公式等工资数据内容。

在用友通T3软件中，工资类别的划分设置可以在新建工资账套时进行，也可以在完成必要的基础信息设置后再设置工资类别。但是这需要在新建立工资账套的过程中，参数设置必须选择"多个"工资类别。

工资类别的管理包括建立工资类别、打开工资类别、删除工资类别、关闭工资类别和汇总工资类别。

实例：建立工资类别。

包头财经公司的工资类别划分情况见表2-5-2。

表2-5-2　工资类别的划分

类别名称	部　门
正式人员	所有部门
临时人员	市场部

操作步骤:

(1)以"账套主管"身份"001 董理"注册进入用友通 T3 软件,执行"工资管理"命令,进入"工资管理"窗口,执行"工资—工资类别—新建工资类别",打开"新建工资类别"对话框,如图 2-5-18 所示。

(2)在"请输入工资类别名称"文本框中输入"正式人员",单击"下一步"按钮,进入"部门选择"对话框,如图 2-5-19 所示。

图 2-5-18　新建工资类别

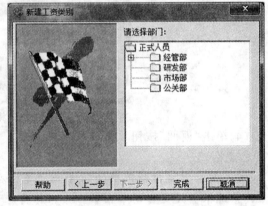
图 2-5-19　部门选择

(3)选择"经营部""研发部""市场部"和"公关部"的复选框,单击"完成"按钮,系统提示启用日期,如图 2-5-20 所示。

图 2-5-20　系统提示启用日期

(4)单击"是"按钮,完成"正式人员"的工资类别设置。

注意:

● 上述"正式人员"的工资类别建立完成后处于自动打开,若要再建立其他工资类别,应先关闭当前工资类别。

(5)执行"工资—工资类别—关闭工资类别",再执行"工资—工资类别—新建工资类别",按照上述操作步骤,设置"临时人员"工资类别。

注意:

● 同一个部门可以被多个工资类别使用。

● 工资类别的启用日期确定后就不能再更改。

八、设置人员档案

设置人员档案就是登记领取工资人员的姓名、职工编号、所在部门和人员类别等信息。

其中人员的增加、删除、修改以及人员的调离与工资停发处理、查找人员等也通过本功能完成。需要说明,人员档案的操作是针对工资类别的,操作本功能之前必须先打开相应的工资类别。另外,在用友通 T3 软件里,工资管理系统的人员档案不能与之前的账务系统中的职员档案共享,这里可以参照之前的职员档案或单独新增设置人员档案。

实例:设置人员档案。

包头财经公司的人员档案详情见表 2-5-3 和表 2-5-4。(人员的其他附加信息,用户自行定义)

表 2-5-3　正式人员档案

人员编号	人员姓名	部门名称	人员类别	账号	中方人员	是否计税
001	董理	财务科	管理人员	20120530001	是	是
002	杭程	财务科	管理人员	20120530002	是	是
003	成功	财务科	管理人员	20120530003	是	是
004	刘民	财务科	管理人员	20120530004	是	是
005	史佳	人事科	管理人员	20120530005	是	是
006	徐兵	人事科	管理人员	20120530006	是	是
007	邓杰	人事科	管理人员	20120530007	是	是
008	李小刚	财务科	管理人员	20120530008	是	是
101	金鑫	研发部	技术人员	20120530009	是	是
102	郭丽	研发部	技术人员	20120530010	是	是
103	陈亮	研发部	技术人员	20120530011	是	是
201	李蓉	市场部	营销人员	20120530012	是	是
202	李明	市场部	营销人员	20120530013	是	是
203	刘芳	市场部	营销人员	20120530014	是	是
301	王芳	公关部	管理人员	20120530015	是	是
302	李霞	公关部	管理人员	20120530016	是	是
303	张华	公关部	管理人员	20120530017	是	是

表 2-5-4　临时人员档案

人员编号	人员姓名	部门名称	人员类别	账号	中方人员	是否计税
401	林江	市场部	营销人员	20120530041	是	是
402	夏青	市场部	营销人员	20120530042	是	是

操作步骤:

(1)以"账套主管"身份"001 董理"注册进入用友通 T3 软件,执行"工资管理"命令,进入"工资管理"窗口,执行"工资—工资类别—打开工资类别",进入"打开工资类别"对话框,如

205

图 2-5-21 所示。

图 2-5-21　打开工资类别

(2)选择"001 正式人员",单击"确定"按钮,进入正式人员的工资类别状态。

(3)执行"工资—设置—人员档案"命令,进入"人员档案"对话框,如图 2-5-22 所示。

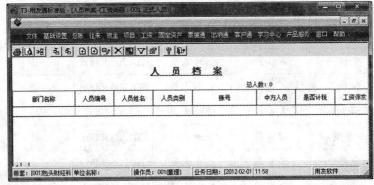

图 2-5-22　人员档案

(4)单击图标即"增加人员"按钮,进入"人员档案—基本信息"对话框,如图 2-5-23 所示。

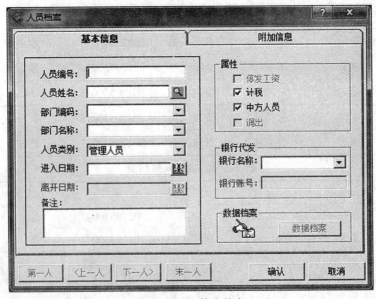

图 2-5-23　基本信息

(5)依据表 2-5-3 正式人员档案信息,将每位正式人员档案信息逐一填写到图 2-5-23 中,如图 2-5-24 所示。

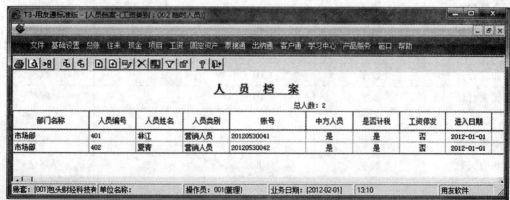

图 2-5-24　正式人员档案信息

注意:

● "工资停发""调出""数据档案"几项在修改人员档案状态下进行设置。

● 上述"正式人员"的档案信息输入完成后,若要接着输入"临时人员"的档案信息,则应先关闭当前"正式人员"的工资类别。

(6)执行"工资—工资类别—关闭工资类别",再执行"工资—工资类别—打开工资类别",进入"打开工资类别"对话框,如图 2-5-21 所示。

(7)选择"002 临时人员",单击"确定"按钮,进入临时人员的工资类别状态。

(8)重复操作(3)至步骤(5),依据表 2-5-4 临时人员档案信息,将每位临时人员档案信息逐一填写到图 2-5-23 中,如图 2-5-25 所示。

部门名称	人员编号	人员姓名	人员类别	账号	中方人员	是否计税	工资停发	进入日期
市场部	401	林江	营销人员	20120530041	是	是	否	2012-01-01
市场部	402	夏青	营销人员	20120530042	是	是	否	2012-01-01

图 2-5-25　临时人员档案信息

九、设置计算公式

正是基于不同人员的工资计算发放方法不同，在工资管理过程中我们将全部人员按照工资计算的不同情况划分为若干类别。用友通 T3 软件的工资管理系统为此提供了工资的分类核算管理。由于在工资计算过程中，不同类别工资的计算方法不同，所以对指定工资类别所需要的工资项目也必须是相配套的，也就是要首先针对工资类别确定其所必须的工资项目，之后才能定义此类工资的计算公式。

工资计算公式的设置实质上是定义某些工资项目的计算公式，例如，日工资=(基本工资+岗位工资)/22，因此，计算公式的定义就是通过选择工资项目、运算符号、关系符、函数等组合来完成。计算公式的设置一般采用直接输入或引导输入的方式，初次使用系统的用户建议采用系统引导输入计算公式。

在定义工资项目的计算公式时，一定要符合系统要求的逻辑，系统将对输入的计算公式进行合法性检查，不符合逻辑的公式，系统将给出错误提示；同时在定义计算公式时，要注意所定义公式的先后顺序。在计算公式的组合中需要事先计算的工资项目要先安排定义公式。在用友通 T3 软件中，系统内置的三个计算公式应发合计、扣款合计和实发合计，是设置在最后的三个公式，并且实发合计的公式要排放在应发合计、扣款合计公式的后面。

实例：设置计算公式。

1. 包头财经公司正式人员的工资计算资料。

(1)正式人员工资所需要的工资项目见表 2-5-5。

表 2-5-5　正式人员工资所需要的工资项目

项目名称	类型	长度	小数位数	增减项
基本工资	数字	8	2	增项
岗位工资	数字	8	2	增项
奖金	数字	8	2	增项
交补	数字	8	2	增项
应发合计	数字	10	2	增项
事假扣款	数字	8	2	减项
病假扣款	数字	8	2	减项
社会保险费	数字	8	2	减项
扣款合计	数字	10	2	减项
实发合计	数字	10	2	增项
代扣税	数字	10	2	减项
事假天数	数字	8	2	其他
病假天数	数字	8	2	其他
日工资	数字	8	2	其他
计税基数	数字	8	2	其他

(2)正式人员的工资计算公式见表2-5-6。

表2-5-6　正式人员的工资计算公式

工资项目	定义公式
岗位工资	管理人员的岗位工资3 000元,技术人员的岗位工资2 000元,营销人员的岗位工资1 000元 公式:IFF(人员类别="管理人员",3000,IFF(人员类别="技术人员",2000,1000))
日工资	(基本工资+岗位工资)/22
事假扣款	事假天数×日工资
病假扣款	病假天数×日工资×0.2
交补	市场部和公关部的交补1 000元,其他部门的交补80元 公式:IFF(部门="市场部",1 000,IFF(部门="公关部",1 000,800))
社会保险费	(基本工资+岗位工资)×0.15
计税基数	基本工资+岗位工资+奖金-社会保险费-事假扣款-病假扣款
代扣税	详情见本章第二节中的计算扣缴所得税
应发合计	基本工资+岗位工资+奖金+交补
扣款合计	事假扣款+病假扣款+社会保险费+代扣税
实发合计	应发合计-扣款合计

2. 包头财经公司临时人员的工资计算资料。

(1)临时人员工资所需要的工资项目见表2-5-7。

表2-5-7　临时人员工资所需要的工资项目

项目名称	类型	长度	小数位数	增减项
基本工资	数字	8	2	增项
日工资	数字	8	2	其他
计件工资	数字	8	2	增项
请假扣款	数字	8	2	减项
请假天数	数字	8	2	其他
扣款合计	数字	10	2	减项
应发合计	数字	10	2	增项
实发合计	数字	10	2	增项
计税基数	数字	8	2	其他
计件单价	数字	8	2	其他
计件数量	数字	8	2	其他
社会保险费	数字	8	2	减项
代扣税	数字	10	2	减项

(2)临时人员的工资计算公式见表 2-5-8。

表 2-5-8　临时人员的工资计算公式

工资项目	定义公式
日工资	基本工资/30
请假扣款	请假天数×日工资
计件工资	计件数量×计件单价
社会保险费	(基本工资+计件工资)×0.15
计税基数	基本工资+计件工资-社会保险费-请假扣款
代扣税	详情见本章第二节中的计算扣缴所得税
应发合计	基本工资+计件工资
扣款合计	请假扣款+社会保险费+代扣税
实发合计	应发合计-扣款合计

操作步骤：

第一，设置包头财经公司正式人员的工资计算公式。操作步骤如下：

(1)以"账套主管"身份"001 董理"注册进入用友通 T3 软件,打开"工资管理"窗口,执行"工资—工资类别—打开工资类别",进入正式人员的工资类别状态。

(2)执行"工资—设置—工资项目设置",进入"工资项目设置"对话框,如图 2-5-26 所示。

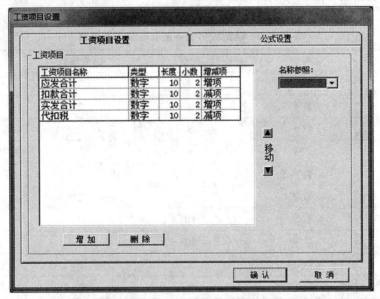

图 2-5-26　工资项目设置

(3)根据表 2-5-5 所示正式人员工资所需要的工资项目,单击"增加"按钮,在"名称参照"中选择相应的工资项目,以此类推,将每个正式人员工资项目逐一填写到图 2-5-26 中,如图 2-5-27 所示。

图 2-5-27　正式人员工资项目

注意：

●工资项目被选择后，就可以设置计算公式。

●没有被选择的工资项目将不会在计算公式中出现。

●如果所需要的工资项目不存在，则要关闭当前的工资类别状态，然后新增工资项目，之后再打开此工资类别进行选择。

(4)单击"公式设置"按钮，进入"公式设置"对话框，如图 2-5-28 所示。

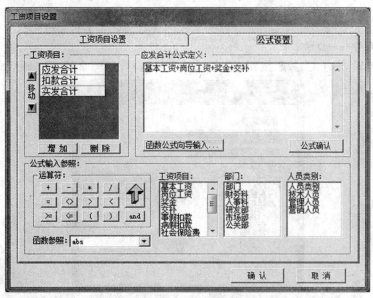

图 2-5-28　公式设置

(5)单击"增加"按钮，在"工资项目"框中选择"岗位工资"，在"岗位工资公式定义"框中，单击"函数公式向导输入",进入"函数向导——步骤之1"对话框,如图2-5-29所示。

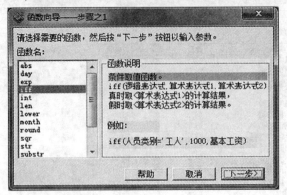

图 2-5-29　函数向导——步骤之 1

(6)选择"iff"函数,单击"下一步"按钮,进入"函数向导——步骤之2"对话框,如图2-5-30所示。

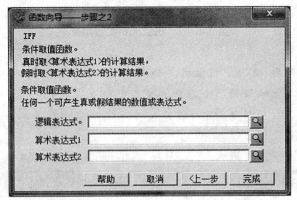

图 2-5-30　函数向导——步骤之 2

(7)单击"逻辑表达式"参照按钮,进入"参照"对话框,如图2-5-31所示。

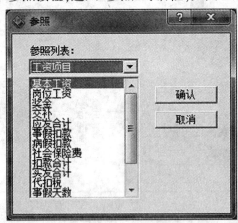

图 2-5-31　参照

(8)在"参照列表"处选择"人员类别"为"管理人员",单击"确定"按钮返回,如图2-5-32所示。

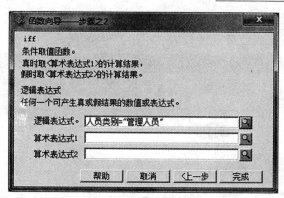

图 2-5-32　函数向导——步骤之 2

(9)在"算术表达式 1"中输入"3 000",如图 2-5-33 所示。

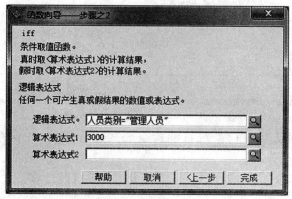

图 2-5-33　函数向导——步骤之 2

(10)单击"完成"按钮返回,如图 2-5-34 所示。

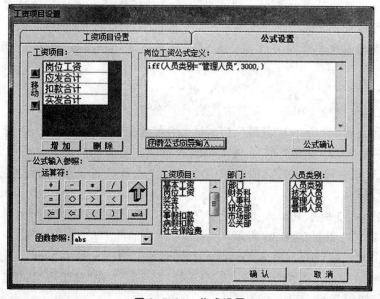

图 2-5-34　公式设置

(11)依据正式人员的工资计算公式(见表 2-5-6),重复上述操作步骤,继续设置"岗位工资"的计算公式,直至完成该公式的设置,如图 2-5-35 所示。

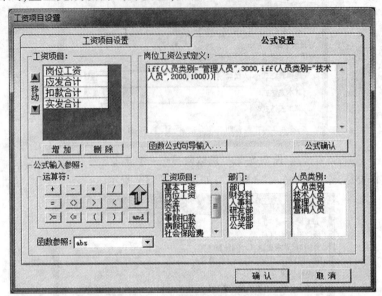

图 2-5-35　岗位工资的计算公式

(12)单击"公式确认"按钮,系统自动检查公式的合法性,并保存"岗位工资"的计算公式。

(13)重复操作步骤(5)至步骤(12),设置其余工资项目的计算公式。最后单击"确认"按钮保存返回。

注意:

● 设置工资项目的计算公式时一定要符合系统的逻辑,系统将自动对用户设置的计算公式进行合法性检查。

● 系统内置的三个工资项目计算公式,即"应发合计""扣款合计"和"实发合计"用户不用设置。

●"函数公式向导"只支持系统提供的函数。

第二,设置包头财经公司临时人员的工资计算公式。操作步骤如下:

(1)以"账套主管"身份"001 董理"注册进入用友通 T3 软件,打开"工资管理"窗口,执行"工资—工资类别—打开工资类别",进入临时人员的工资类别状态。

(2)执行"工资—设置—工资项目设置",进入"工资项目设置"对话框,如图 2-5-26 所示。

(3)根据表 2-5-7 所示临时人员工资所需要的工资项目,将每个临时人员工资项目逐一填写到图 2-5-26 中,如图 2-5-36 所示。

(4)单击"公式设置"按钮,进入"公式设置"对话框,如图 2-5-37 所示。

(5)单击"增加"按钮,在"工资项目"框中选择"日工资",在"日工资公式定义"框中,输入"基本工资/30",如图 2-5-38 所示。

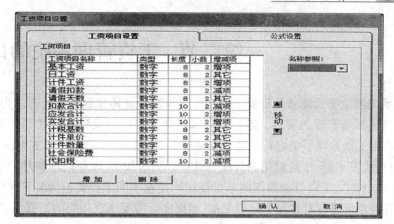

图 2-5-36　临时人员工资项目

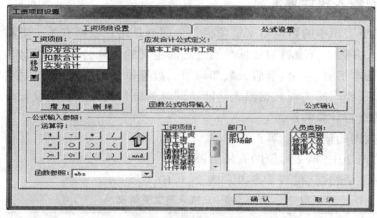

图 2-5-37　公式设置

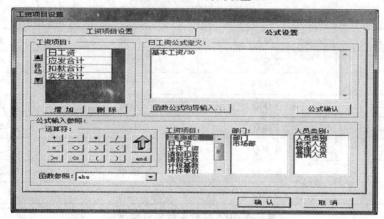

图 2-5-38　日工资的计算公式

（6）单击"公式确认"按钮，系统自动检查公式的合法性，并保存"日工资"的计算公式。

（7）重复操作步骤（5）至步骤（6），设置其余工资项目的计算公式。最后单击"确认"按钮保存返回。

第二节　工资管理系统的日常使用

工资管理系统的主要功能就是计算工资和生成机制凭证传送到账务处理。为此,在工资管理系统按照工资核算与管理的要求,进行人员、部门和工资项目及计算公式等一系列的初始设置之后使用电算化工资管理系统进行日常业务处理。它主要包括:工资数据的输入与计算汇总、扣缴所得税、银行代发工资、工资费用的分配与计提工资附加费、账务处理和月末结转。需要说明,在用友通 T3 软件中,工资管理系统的日常使用均是在不同工资类别情况下进行的。所以用户在使用工资管理系统进行日常业务处理之前,根据实际需要选定相应的工资类别。

一、工资数据的输入和计算汇总

对于构成工资表单中的数值型工资项目,少部分是用户根据有关工资核算的原始单据直接填列,另外大多数工资项目的数据是通过之前定义的计算公式计算填列。直接填列的工资项目数据,如基本工资、奖金、事假天数和病假天数等每月都需要进行调整。电算化工资管理系统为此提供了相应的工资数据输入功能,同时系统自动按照初始设置时定义的有关工资项目计算公式进行计算和汇总。

实例:工资数据的输入和计算汇总。

包头财经公司 2012 年 2 月份的人员工资情况:

1. 月初人员工资情况,见表 2-5-9 和表 2-5-10。

表 2-5-9　正式人员工资情况

姓名	基本工资(元)	姓名	基本工资(元)
董理	5 000	郭丽	4 500
杭程	3 000	陈亮	3 500
成功	2 500	李蓉	4 500
刘民	2 000	李明	2 500
史佳	3 000	刘芳	2 500
徐兵	2 000	王芳	4 500
邓杰	4 500	李霞	2 500
李小刚	2 500	张华	2 500
金鑫	5 500		

表 2-5-10　临时人员工资情况

姓名	基本工资(元)	统计情况	
		计件单价(元)	计件数量
林江	800	3 000	1
夏青	800	3 000	1

2.2 月份工资变动情况。

(1)考勤情况:邓杰请事假 2 天,刘民请病假 1 天。

(2)人员调动情况:因工作需要 2 月初决定招聘李力(编号 204)到市场部担任营销人员,以补充力量,其中基本工资 2 000 元,其他工资项目按照单位现行规定执行,代发工资银行账号为 20120530018。

(3)发放奖金情况:因全年市场部推广产品业绩较好,每人增加奖金 1 000 元。

操作步骤:

第一,输入月初的人员工资情况(见表 2-5-9 和表 2-5-10)。操作步骤如下:

(1)以"操作员"身份"002 杭程"注册进入用友通 T3 软件,打开"工资管理"窗口,执行"工资—工资类别—打开工资类别",进入正式人员的工资类别状态。

注意:

●在用友通 T3 软件中,工资管理系统增设了分部门按工资项目来设置权限,以细划管理工资。在"系统管理"中已经对操作员"002 杭程"进行了"工资"管理的授权。在本业务处理之前,需要由账套主管"001 董理"执行"工资—设置—权限设置"命令,进一步分工授权操作员"002 杭程"为"工资类别主管"权限(包括:正式人员和临时人员)。

(2)执行"工资—业务处理—工资变动"命令,打开"工资变动"对话框,如图 2-5-39 所示。

图 2-5-39　工资变动

(3)按照表 2-5-9 录入正式人员的基本工资,如图 2-5-40 所示。

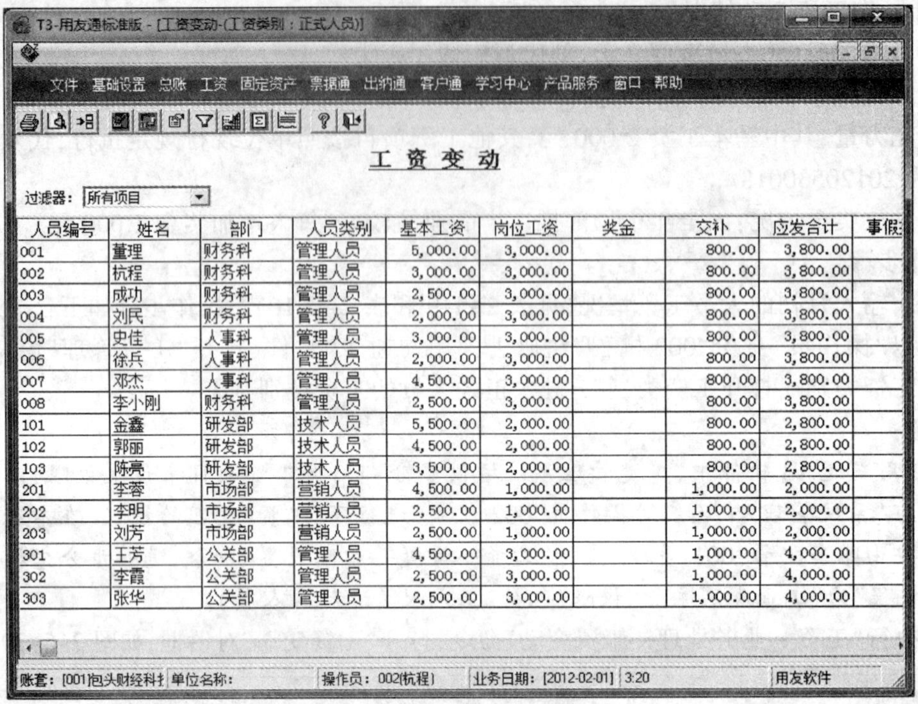

人员编号	姓名	部门	人员类别	基本工资	岗位工资	奖金	交补	应发合计	事假
001	董理	财务科	管理人员	5,000.00	3,000.00		800.00	3,800.00	
002	杭程	财务科	管理人员	3,000.00	3,000.00		800.00	3,800.00	
003	成功	财务科	管理人员	2,500.00	3,000.00		800.00	3,800.00	
004	刘民	财务科	管理人员	2,000.00	3,000.00		800.00	3,800.00	
005	史佳	人事科	管理人员	3,000.00	3,000.00		800.00	3,800.00	
006	徐兵	人事科	管理人员	2,000.00	3,000.00		800.00	3,800.00	
007	邓杰	人事科	管理人员	4,500.00	3,000.00		800.00	3,800.00	
008	李小刚	财务科	管理人员	2,500.00	3,000.00		800.00	3,800.00	
101	金鑫	研发部	技术人员	5,500.00	2,000.00		800.00	2,800.00	
102	郭丽	研发部	技术人员	4,500.00	2,000.00		800.00	2,800.00	
103	陈亮	研发部	技术人员	3,500.00	2,000.00		800.00	2,800.00	
201	李蓉	市场部	营销人员	4,500.00	1,000.00		1,000.00	2,000.00	
202	李明	市场部	营销人员	2,500.00	1,000.00		1,000.00	2,000.00	
203	刘芳	市场部	营销人员	2,500.00	1,000.00		1,000.00	2,000.00	
301	王芳	公关部	管理人员	4,500.00	3,000.00		1,000.00	4,000.00	
302	李霞	公关部	管理人员	2,500.00	3,000.00		1,000.00	4,000.00	
303	张华	公关部	管理人员	2,500.00	3,000.00		1,000.00	4,000.00	

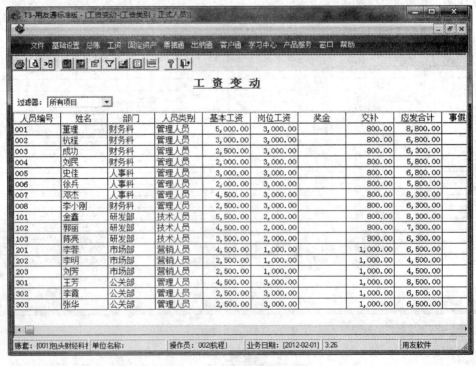

图 2-5-40 录入正式人员的基本工资

(4)单击"重新计算"按钮,单击"汇总"按钮,如图 2-5-41 所示。

人员编号	姓名	部门	人员类别	基本工资	岗位工资	奖金	交补	应发合计	事假
001	董理	财务科	管理人员	5,000.00	3,000.00		800.00	8,800.00	
002	杭程	财务科	管理人员	3,000.00	3,000.00		800.00	6,800.00	
003	成功	财务科	管理人员	2,500.00	3,000.00		800.00	6,300.00	
004	刘民	财务科	管理人员	2,000.00	3,000.00		800.00	5,800.00	
005	史佳	人事科	管理人员	3,000.00	3,000.00		800.00	6,800.00	
006	徐兵	人事科	管理人员	2,000.00	3,000.00		800.00	5,800.00	
007	邓杰	人事科	管理人员	4,500.00	3,000.00		800.00	8,300.00	
008	李小刚	财务科	管理人员	2,500.00	3,000.00		800.00	6,300.00	
101	金鑫	研发部	技术人员	5,500.00	2,000.00		800.00	8,300.00	
102	郭丽	研发部	技术人员	4,500.00	2,000.00		800.00	7,300.00	
103	陈亮	研发部	技术人员	3,500.00	2,000.00		800.00	6,300.00	
201	李蓉	市场部	营销人员	4,500.00	1,000.00		1,000.00	6,500.00	
202	李明	市场部	营销人员	2,500.00	1,000.00		1,000.00	4,500.00	
203	刘芳	市场部	营销人员	2,500.00	1,000.00		1,000.00	4,500.00	
301	王芳	公关部	管理人员	4,500.00	3,000.00		1,000.00	8,500.00	
302	李霞	公关部	管理人员	2,500.00	3,000.00		1,000.00	6,500.00	
303	张华	公关部	管理人员	2,500.00	3,000.00		1,000.00	6,500.00	

图 2-5-41 重新计算和汇总

（5）单击"退出"按钮。

（6）执行"工资—工资类别—打开工资类别"，进入临时人员的工资类别状态。

（7）执行"工资—业务处理—工资变动"命令，打开"工资变动"对话框，如图 2-5-42 所示。

图 2-5-42　工资变动

（8）按照表 2-5-10 输入临时人员的工资情况，如图 2-5-43 所示。

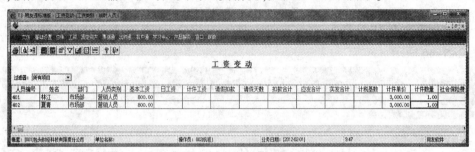

图 2-5-43　输入临时人员的工资情况

（9）单击"重新计算"按钮，单击"汇总"按钮，如图 2-5-44 所示。

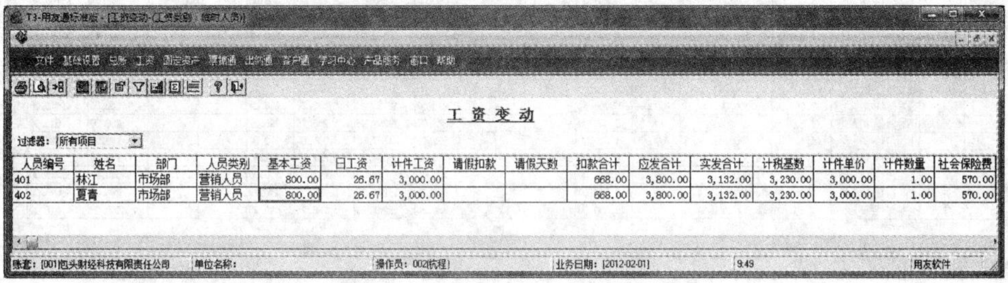

图 2-5-44　重新计算和汇总

（10）单击"退出"按钮。

第二，输入 2 月份工资变动情况。操作步骤如下：

首先是考勤情况，即邓杰请事假 2 天，刘民请病假 1 天。

（1）以"操作员"身份"002 杭程"注册进入用友通 T3 软件，打开"工资管理"窗口，执行"工资—工资类别—打开工资类别"，进入正式人员的工资类别状态。

（2）执行"工资—业务处理—工资变动"命令，打开"工资变动"对话框，如图 2-5-45 所示。

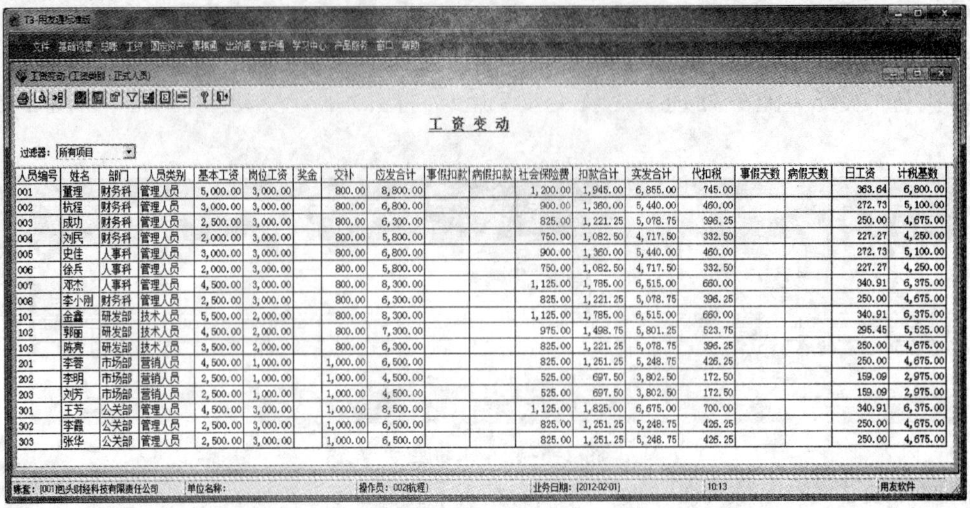

图 2-5-45　工资变动

(3)分别录入邓杰请事假 2 天,刘民请病假 1 天。单击"重新计算"按钮,单击"汇总"按钮,如图 2-5-46 所示。

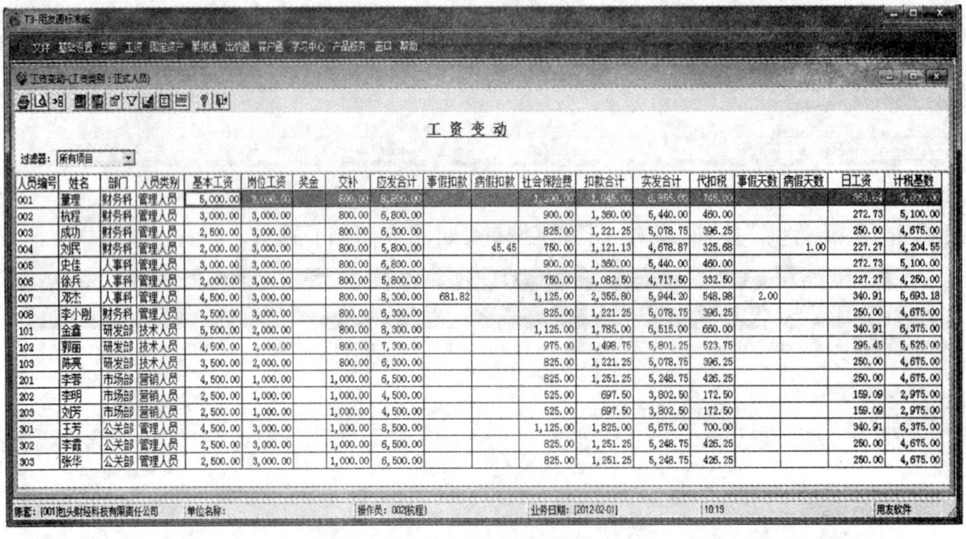

图 2-5-46　重新计算和汇总

(4)单击"退出"按钮。

其次是人员调动情况,就是因工作需要 2 月初决定招聘李力(编号 204)到市场部担任营销人员,以补充力量,其中基本工资 2 000 元,其他工资项目按照单位现行规定执行,代发工资银行账号为 20120530018。

(1)以"操作员"身份"002 杭程"注册进入用友通 T3 软件,打开"工资管理"窗口,执行"工资—工资类别—打开工资类别",进入正式人员的工资类别状态。

(2)执行"工资—设置—人员档案"命令,打开"人员档案"对话框,如图 2-5-47 所示。

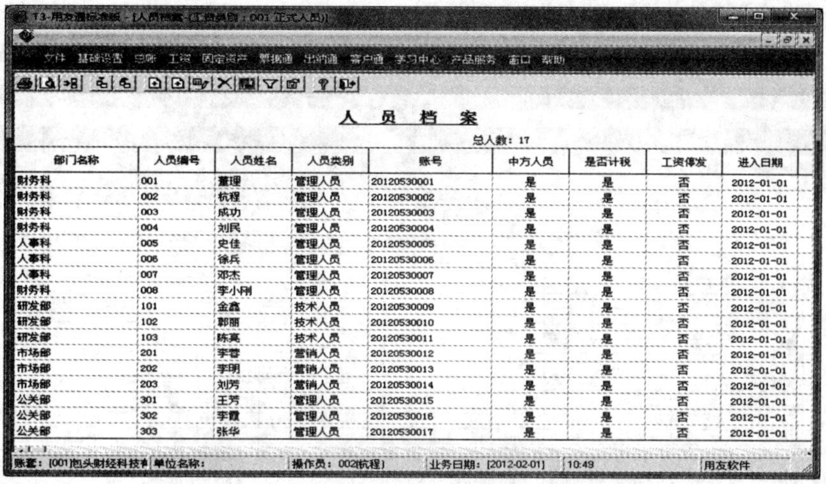

图 2-5-47　人员档案

(3)单击"增加人员"按钮,打开"人员档案—基本信息"对话框,如图 2-5-48 所示。

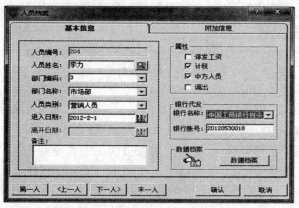

图 2-5-48　基本信息

(4)依次输入"人员编号"为"204","人员姓名"为"李力","部门编码"为"3","部门名称"为"市场部","人员类别"为"营销人员","进入日期"为"2012-2-1","银行名称"为"中国工商银行包头分行","银行账号"为"20120530018",如图 2-5-49 所示。

图 2-5-49　输入基本信息

（5）单击"确定"按钮，单击"取消"按钮返回。

（6）执行"工资—业务处理—工资变动"命令，打开"工资变动"对话框，如图2-5-50所示。

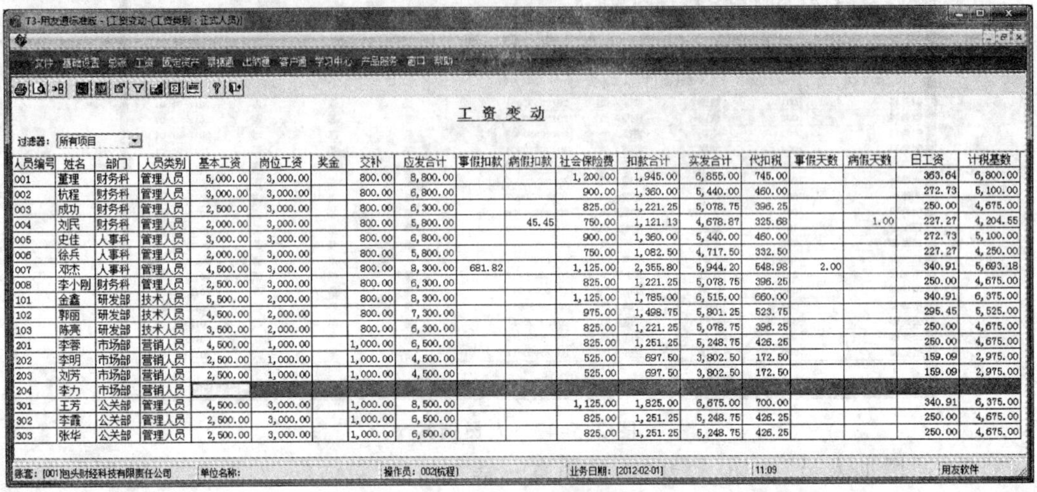

图2-5-50　工资变动

（7）录入新增职员李力的基本工资为"2 000"，并单击"重新计算"按钮，单击"汇总"按钮，如图2-5-51所示。

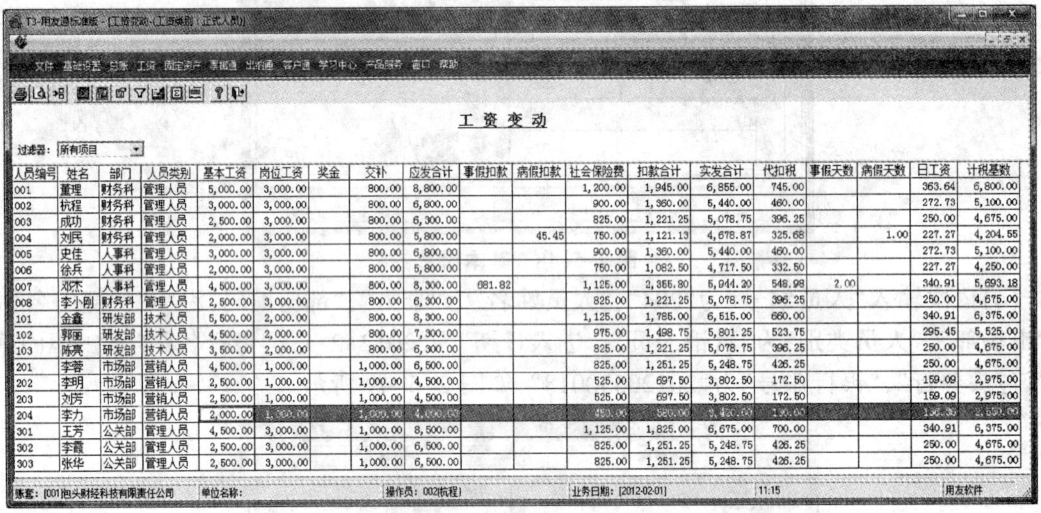

图2-5-51　重新计算和汇总

（8）单击"退出"按钮。

最后是发放奖金情况：因全年市场部推广产品业绩较好，每人增加奖金1 000元。

（1）以"操作员"身份"002杭程"注册进入用友通T3软件，打开"工资管理"窗口，执行"工资—工资类别—打开工资类别"，进入正式人员的工资类别状态。

（2）执行"工资—业务处理—工资变动"命令，打开"工资变动"对话框，如图2-5-51所示。

（3）单击"数据替换"按钮，进入"工资项数据替换"对话框，如图2-5-52所示。

（4）在"将工资项目"处选择为"奖金"，在"替换成"文本框处输入"1 000"，"替换条件"选择"部门=市场部",如图2-5-53所示。

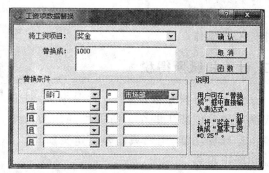

图2-5-52　工资项数据替换　　　　　　图2-5-53　输入工资项数据

(5)单击"确认"按钮,系统提示,如图2-5-54所示。

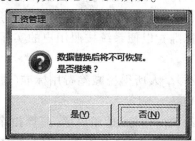

图2-5-54　系统提示

(6)单击"是"按钮,系统提示"有4条记录被替换,是否重新计算?",单击"是"按钮,如图2-5-55所示。

人员编号	姓名	部门	人员类别	基本工资	岗位工资	奖金	交补	应发合计	事假扣款	病假扣款	社会保险费	扣款合计	实发合计	代扣税	事假天数	病假天数	日工资	计税基数
001	董理	财务科	管理人员	5,000.00	3,000.00		800.00	8,800.00			1,200.00	1,945.00	6,855.00	745.00			363.64	6,800.00
002	杭程	财务科	管理人员	3,000.00	3,000.00		800.00	6,800.00			900.00	1,360.00	5,440.00	460.00			272.73	5,100.00
003	成功	财务科	管理人员	2,500.00	3,000.00		800.00	6,300.00			825.00	1,221.25	5,078.75	396.25			250.00	4,675.00
004	刘民	财务科	管理人员	2,000.00	3,000.00		800.00	5,800.00		45.45	750.00	1,121.13	4,678.87	325.68		1.00	227.27	4,204.55
005	史佳	人事科	管理人员	3,000.00	3,000.00		800.00	6,800.00			900.00	1,360.00	5,440.00	460.00			272.73	5,100.00
006	徐兵	人事科	管理人员	2,500.00	3,000.00		800.00	6,300.00			750.00	1,082.50	4,717.50	332.50			227.27	4,675.00
007	邓杰	人事科	管理人员	4,500.00	3,000.00		800.00	8,300.00	681.82		1,125.00	2,355.80	5,944.20	548.98	2.00		340.91	5,693.18
008	李小刚	财务部	管理人员	2,500.00	3,000.00		800.00	6,300.00			825.00	1,221.25	5,078.75	396.25			250.00	4,675.00
101	金鑫	研发部	技术人员	5,500.00	2,000.00		800.00	8,300.00			1,125.00	1,785.00	6,515.00	660.00			340.91	6,375.00
102	郭丽	研发部	技术人员	4,500.00	2,000.00		800.00	7,300.00			975.00	1,498.75	5,801.25	523.75			295.45	5,525.00
103	陈爽	研发部	技术人员	3,500.00	2,000.00		800.00	6,300.00			825.00	1,221.25	5,078.75	396.25			250.00	4,675.00
201	李蓉	市场部	营销人员	4,500.00	1,000.00	1,000.00	1,000.00	7,500.00			825.00	1,401.25	6,098.75	576.25			250.00	5,675.00
202	李明	市场部	营销人员	3,000.00	1,000.00	1,000.00	1,000.00	6,000.00			525.00	846.25	4,653.75	321.25			159.09	3,975.00
203	刘芳	市场部	营销人员	2,500.00	1,000.00	1,000.00	1,000.00	5,500.00			525.00	846.25	4,653.75	321.25			159.09	3,975.00
204	李力	市场部	营销人员	2,000.00	1,000.00	1,000.00	1,000.00	5,000.00			450.00	707.50	4,292.50	257.50			136.36	3,550.00
301	王芳	公关部	管理人员	4,500.00	3,000.00		1,000.00	8,500.00			1,125.00	1,825.00	6,675.00	700.00			340.91	6,375.00
302	李鑫	公关部	管理人员	3,000.00	3,000.00		1,000.00	7,000.00			1,251.25	1,251.25	5,248.75	426.25			250.00	4,675.00
303	张华	公关部	管理人员	2,500.00	3,000.00		1,000.00	6,500.00			825.00	1,251.25	5,248.75	426.25			250.00	4,675.00

图2-5-55　市场部人均增加奖金1 000元

(7)单击"重新计算"按钮,单击"汇总"按钮,最后单击"退出"按钮。

注意:

● 如果人员记录多、工资数据变化大,使用替换功能可以提高效率。

● 修改了某些数据、重新设置了计算公式或者进行了数据替换等操作后,必须使用"重新计算"和"汇总"功能对工资数据进行计算,以保证数据的正确性。

● 如果只执行了"重新计算"而没有进行"汇总",则在退出工资变动时,系统会自动提示进行汇总操作。

二、计算扣缴所得税

个人所得税是根据《个人所得税法》对个人征收的一种税。用户单位依照税法负责代扣代缴所属单位职工的个人所得税的扣缴工作。用友通 T3 软件工资管理系统提供了个人所得税自动计算功能,用户只需要自定义所得税率,系统将自动计算个人所得税并生成个人所得税扣缴申报表。

用户如果在建立工资账套时选择了"代扣个人所得税"选项,则系统将自动计算的个人所得税填写到"代扣税"工资项目。因此系统内置的"代扣税"项目的计算公式不需要用户设置。用户可以根据当前实施的《个人所得税法》的相关规定,利用系统提供的自定义功能去设置所得税率和扣除标准(基数标准),以便系统按照用户的实际需要自动计算个人所得税。

实例:计算个人所得税。

从 2011 年 9 月 1 日起,我国个人所得税减除费用标准(通常称为个税起征点)由之前的每月 2 000 元提高到每月 3 500 元。

应纳个人所得税税额=应纳税所得额×适用税率-速算扣除数

扣除标准(基数标准)3 500 元/月(2011 年 9 月 1 日起正式执行)

应纳税所得额=扣除"三险一金"后月收入(计税基数)-扣除标准(基数标准)

"三险一金"即"五险一金"中由个人缴纳的部分,包括:养老保险费、医疗保险费、失业保险费和住房公积金。

2012 年 2 月 27 日,包头财经公司根据表 2-5-11 和扣除标准(基数标准)计算正式人员的个人所得税,并编制单位正式人员的个人所得税扣缴申报表。

表 2-5-11 税率表

级数	应纳税所得额	税率(%)	速算扣除数(元)
1	<1 500	3	0
2	1 500~4 500	10	105
3	4 500~9 000	20	555
4	9 000~35 000	25	1 005
5	35 000~55 000	30	2 755
6	55 000~80 000	35	5 505
7	>80 000	45	13 505

操作步骤:

(1)以"操作员"身份"002 杭程"注册进入用友通 T3 软件,打开"工资管理"窗口,执行"工资—工资类别—打开工资类别",进入正式人员的工资类别状态。

(2)执行"工资—业务处理—扣缴所得税"命令,打开"栏目选择"对话框,如图 2-5-56 所示。

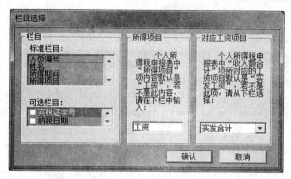

图 2-5-56　栏目选择

(3)将"对应工资项目"选择为"计税基数",单击"确定"按钮,出现系统提示"是否重算数据？",单击"是"按钮,进入"个人所得税扣缴申报表"窗口,如图 2-5-57 所示。

个人所得税扣缴申报表
2012年2月
总人数：18

人员编号	姓名	所得期间	所得项目	收入额合计	减费用额	应纳税所得额	税率(%)	速算扣除数	扣缴所得税额
001	董理	2	工资	6,800.00	2,000.00	4,800.00	15.00	125.00	595.00
002	杭程	2	工资	5,100.00	2,000.00	3,100.00	15.00	125.00	340.00
003	成功	2	工资	4,675.00	2,000.00	2,675.00	15.00	125.00	276.25
004	刘民	2	工资	4,204.55	2,000.00	2,204.55	15.00	125.00	205.68
005	史佳	2	工资	5,100.00	2,000.00	3,100.00	15.00	125.00	340.00
006	徐兵	2	工资	4,250.00	2,000.00	2,250.00	15.00	125.00	212.50
007	邓杰	2	工资	5,693.18	2,000.00	3,693.18	15.00	125.00	428.98
008	李小刚	2	工资	4,675.00	2,000.00	2,675.00	15.00	125.00	276.25
101	金鑫	2	工资	6,375.00	2,000.00	4,375.00	15.00	125.00	531.25
102	郭丽	2	工资	5,525.00	2,000.00	3,525.00	15.00	125.00	403.75
103	陈亮	2	工资	4,675.00	2,000.00	2,675.00	15.00	125.00	276.25
201	李蓉	2	工资	5,675.00	2,000.00	3,675.00	15.00	125.00	426.25
202	李明	2	工资	3,975.00	2,000.00	1,975.00	10.00	25.00	172.50
203	刘芳	2	工资	3,975.00	2,000.00	1,975.00	10.00	25.00	172.50
204	李力	2	工资	3,550.00	2,000.00	1,550.00	10.00	25.00	130.00
301	王芳	2	工资	6,375.00	2,000.00	4,375.00	15.00	125.00	531.25
302	李鑫	2	工资	4,675.00	2,000.00	2,675.00	15.00	125.00	276.25
303	张华	2	工资	4,675.00	2,000.00	2,675.00	15.00	125.00	276.25
合计		2	工资	89,972.73	36,000.00	53,972.73			5,870.91

图 2-5-57　个人所得税扣缴申报表

(4)单击"税率表",进入"个人所得税申报表—税率表"对话框,如图 2-5-58 所示。

个人所得税申报表 —— 税率表

基数：2000　　附加费用：2800

计算公式

级次	应纳税所得额下限	应纳税所得额上限	税率(%)	速算扣除数
1	0.00	500.00	5.00	0.00
2	500.00	2000.00	10.00	25.00
3	2000.00	5000.00	15.00	125.00
4	5000.00	20000.00	20.00	375.00
5	20000.00	40000.00	25.00	1375.00
6	40000.00	60000.00	30.00	3375.00
7	60000.00	80000.00	35.00	6375.00
8	80000.00	100000.00	40.00	10375.00
9	100000.00		45.00	15375.00

图 2-5-58　个人所得税申报表—税率表

225

(5)调整"基数"为"3500",删除"计算公式"文本框中九级超额累进税率表,根据表2-5-11所示的税率表,增加"计算公式"文本框,如图2-5-59所示。

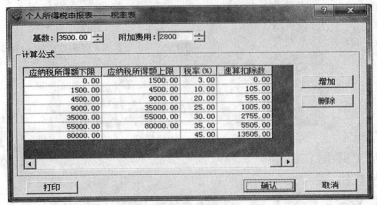

图 2-5-59　新税率表

应纳税所得额下限	应纳税所得额上限	税率(%)	速算扣除数
0.00	1500.00	3.00	0.00
1500.00	4500.00	10.00	105.00
4500.00	9000.00	20.00	555.00
9000.00	35000.00	25.00	1005.00
35000.00	55000.00	30.00	2755.00
55000.00	80000.00	35.00	5505.00
80000.00		45.00	13505.00

(6)单击"确认"按钮,系统提示,如图2-5-60所示。

图 2-5-60　系统提示

(7)单击"是"按钮,返回到新税率和新基数下的"个人所得税扣缴申报表"窗口,如图2-5-61所示。

个人所得税扣缴申报表
2012年2月
总人数：18

人员编号	姓名	所得期间	所得项目	收入额合计	减费用额	应纳税所得额	税率(%)	速算扣除数	扣缴所得税额
001	董理	2	工资	6,800.00	3,500.00	3,300.00	10.00	105.00	225.00
002	杭程	2	工资	5,100.00	3,500.00	1,600.00	10.00	105.00	55.00
003	成功	2	工资	4,675.00	3,500.00	1,175.00	3.00	0.00	35.25
004	刘民	2	工资	4,204.55	3,500.00	704.55	3.00	0.00	21.14
005	史佳	2	工资	5,100.00	3,500.00	1,600.00	10.00	105.00	55.00
006	徐兵	2	工资	4,250.00	3,500.00	750.00	3.00	0.00	22.50
007	邓杰	2	工资	5,693.18	3,500.00	2,193.18	10.00	105.00	114.32
008	李小例	2	工资	4,675.00	3,500.00	1,175.00	3.00	0.00	35.25
101	金鑫	2	工资	6,375.00	3,500.00	2,875.00	10.00	105.00	182.50
102	郭丽	2	工资	5,525.00	3,500.00	2,025.00	10.00	105.00	97.50
103	陈亮	2	工资	4,675.00	3,500.00	1,175.00	3.00	0.00	35.25
201	李蓉	2	工资	5,675.00	3,500.00	2,175.00	10.00	105.00	112.50
202	李明	2	工资	3,975.00	3,500.00	475.00	3.00	0.00	14.25
203	刘芳	2	工资	3,975.00	3,500.00	475.00	3.00	0.00	14.25
204	李力	2	工资	3,550.00	3,500.00	50.00	3.00	0.00	1.50
301	王芳	2	工资	6,375.00	3,500.00	2,875.00	10.00	105.00	182.50
302	李鑫	2	工资	4,675.00	3,500.00	1,175.00	3.00	0.00	35.25
303	张华	2	工资	4,675.00	3,500.00	1,175.00	3.00	0.00	35.25
合计			工资	89,972.73	63,000.00	26,972.73			1,274.21

图 2-5-61　全新的个人所得税扣缴申报表

(8)单击"退出"按钮。

注意:

● 由于之前系统默认的"计税基数""扣除标准"和"税率"等均发生变化,所以系统执行完个人所得税计算后,必须要进入"工资变动"界面,执行工资数据的"重新计算"和"汇总"。

三、银行代发工资

银行代发工资就是指由单位的开户银行代替单位向职工发放个人工资。目前大多数单位发放职工工资都采用银行卡的方式。这种方式既减轻了财务部门发放工资的烦琐和避免去银行提取大量现金的风险,又提高了职工个人工资的保密程度。

在用友通 T3 软件中,采取银行代发工资的方式需要单位做好两项工作,即设置银行代发一览表和生成银行代发工资文件。

（一）设置银行代发一览表

设置银行代发一览表是根据代发银行的要求,设置代发一览表中包含项目的相关信息。一般来讲,代发一览表中主要包括的项目有:单位代号、人员编号、银行账号、职工姓名、工资金额和录入日期等。同时用户可以利用会计软件系统提供的页面设置和字体设置等功能对代发一览表作进一步的设置。需要说明,在实际工作中用户单位要根据所采用会计软件的特点设置代发一览表,此处是采用用友通 T3 软件进行操作。

实例:设置银行代发一览表。

2012 年 2 月 27 日,包头财经公司按照代发工资银行的要求(见表 2-5-12),设置"银行代发一览表"。

表 2-5-12　银行代发一览表

名称:　　　　　　　　　　　　　　　　　　　　　　　　　　　　　　页号:

人员代号	职工姓名	身份证号	银行账号	工资金额(元)	录入日期

单位:　　　　　　　　　　　　　　　　　　　　　　　　　　　　　　制表:

操作步骤:

(1)以"操作员"身份"002 杭程"注册进入用友通 T3 软件,打开"工资管理"窗口,执行"工资—工资类别—打开工资类别",进入正式人员的工资类别状态。

(2)执行"工资—业务处理—银行代发"命令,打开"银行代发一览表"对话框,如图 2-5-62 所示。

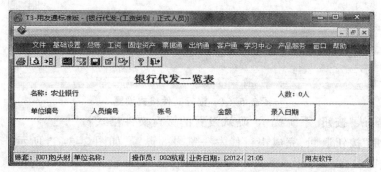

图 2-5-62　银行代发一览表

(3)单击"银行格式设置"按钮,进入"银行文件格式设置"对话框,如图 2-5-63 所示。

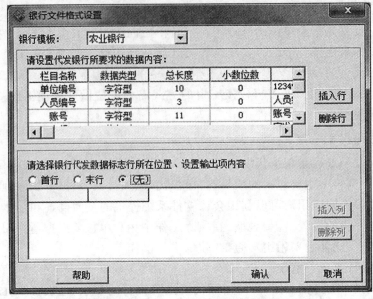

图 2-5-63　银行文件格式设置

(4)在"银行模板"处选择"中国工商银行包头分行",参照表 2-5-12 的银行代发一览表,在"请设置代发银行所要求的数据内容"处设置该一览表的标题栏目,如图 2-5-64 所示。

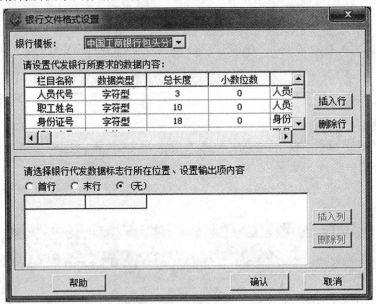

图 2-5-64　银行文件格式设置

(5)单击"确认"按钮,系统提示"确认设置的银行文件格式?"。

(6)单击"是"按钮返回,完成银行代发一览表的设置,如图 2-5-65 所示。

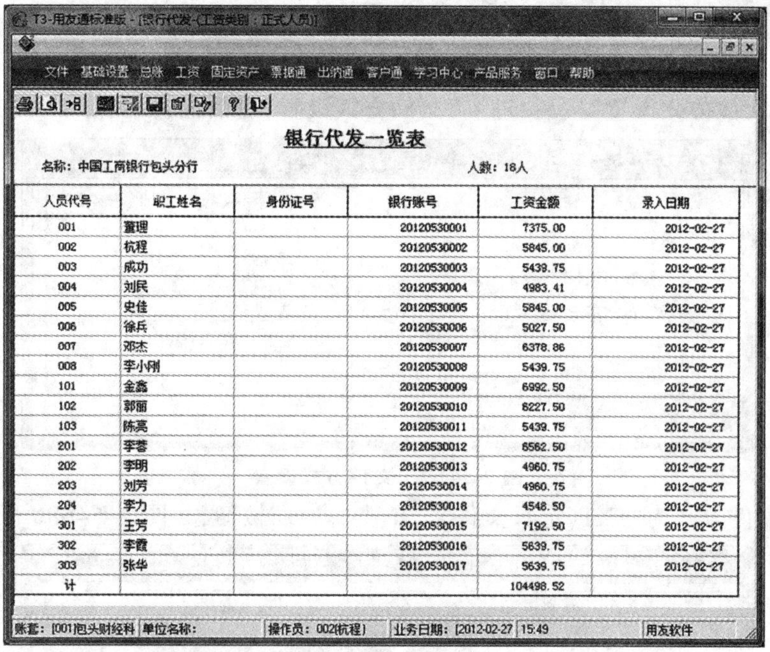

人员代号	职工姓名	身份证号	银行账号	工资金额	录入日期
001	董理		20120530001	7375.00	2012-02-27
002	杭程		20120530002	5845.00	2012-02-27
003	成功		20120530003	5439.75	2012-02-27
004	刘民		20120530004	4983.41	2012-02-27
005	史佳		20120530005	5845.00	2012-02-27
006	徐兵		20120530006	5027.50	2012-02-27
007	邓杰		20120530007	6378.86	2012-02-27
008	李小刚		20120530008	5439.75	2012-02-27
101	金鑫		20120530009	6992.50	2012-02-27
102	郭丽		20120530010	6227.50	2012-02-27
103	陈亮		20120530011	5439.75	2012-02-27
201	李蓉		20120530012	6562.50	2012-02-27
202	李明		20120530013	4960.75	2012-02-27
203	刘芳		20120530014	4960.75	2012-02-27
204	李力		20120530018	4548.50	2012-02-27
301	王芳		20120530015	7192.50	2012-02-27
302	李霞		20120530016	5639.75	2012-02-27
303	张华		20120530017	5639.75	2012-02-27
计				104498.52	

图 2-5-65 银行代发一览表

(二)生成银行代发工资文件

设置银行代发工资文件是指设置向银行提供的代发工资表的文件存放形式(文件类型)和文件中各数据项目的存放格式。用友通 T3 软件提供的代发工资文件类型有文本文件(*.txt 文件)、数据库文件(*.dbf 文件)等。

实例:生成银行代发工资文件。

包头财经公司向代发开户银行提供文件名为“银行代发工资.txt”的文件。该文件格式如图 2-5-66 所示。

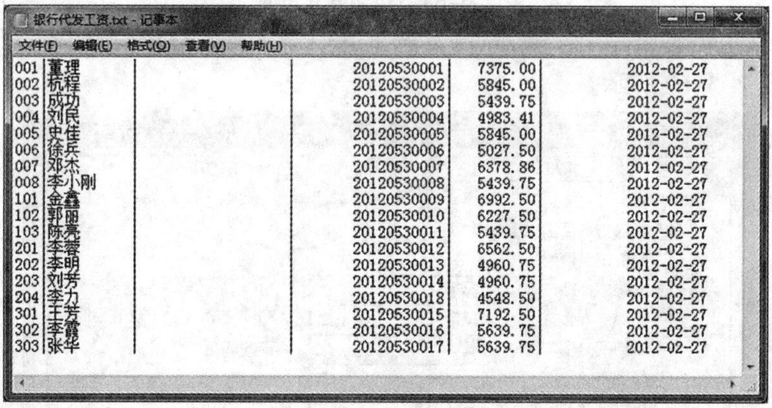

001	董理		20120530001	7375.00	2012-02-27
002	杭程		20120530002	5845.00	2012-02-27
003	成功		20120530003	5439.75	2012-02-27
004	刘民		20120530004	4983.41	2012-02-27
005	史佳		20120530005	5845.00	2012-02-27
006	徐兵		20120530006	5027.50	2012-02-27
007	邓杰		20120530007	6378.86	2012-02-27
008	李小刚		20120530008	5439.75	2012-02-27
101	金鑫		20120530009	6992.50	2012-02-27
102	郭丽		20120530010	6227.50	2012-02-27
103	陈亮		20120530011	5439.75	2012-02-27
201	李蓉		20120530012	6562.50	2012-02-27
202	李明		20120530013	4960.75	2012-02-27
203	刘芳		20120530014	4960.75	2012-02-27
204	李力		20120530018	4548.50	2012-02-27
301	王芳		20120530015	7192.50	2012-02-27
302	李霞		20120530016	5639.75	2012-02-27
303	张华		20120530017	5639.75	2012-02-27

图 2-5-66 银行代发工资文件格式

操作步骤:

(1)以“操作员”身份“002 杭程”注册进入用友通 T3 软件,打开“工资管理”窗口,执行“工资—工资类别—打开工资类别”, 进入正式人员的工资类别状态。

(2)执行"工资—业务处理—银行代发"命令,打开"银行代发一览表"对话框,如图2-5-65所示。

(3)单击"文件方式设置"按钮,进入"文件方式设置"对话框,如图2-5-67所示。

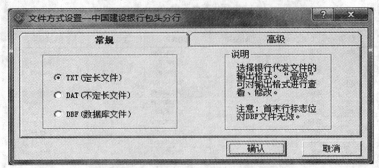

图 2-5-67　文件方式设置

(4)选择文件方式为"TXT(定长文件)",单击"高级"按钮,如图2-5-68所示。

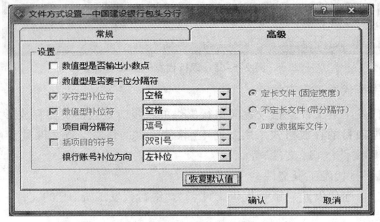

图 2-5-68　文件方式设置

(5)选择"数值型是否输出小数点"的复选框,选择"项目间分隔符"的复选框并且其后选择"竖线",如图2-5-69所示。

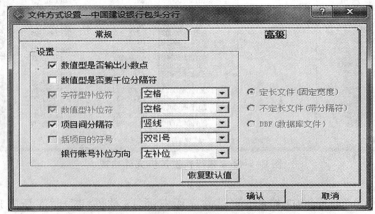

图 2-5-69　文件方式设置

(6)单击"确认"按钮,系统提示"确认设置的银行文件方式？"。

(7)单击"是"按钮返回,完成代发工资表的文件存放形式(文件类型)和文件中各数据项目的存放格式设置。

(8)单击"磁盘传输"按钮,进入"数据输出"对话框,如图2-5-70所示。

图2-5-70 数据输出

(9)在"文件名"处输入"银行代发工资.txt",选择保存路径为"桌面",单击"保存"按钮返回。此时生成"银行代发工资.txt"文件,该文件的格式,如图2-5-66所示。

四、工资费用的分配和计提工资附加费

经过前述的工资计算和汇总之后,单位的财会部门一般于月末将计算汇总后的工资总额按照用途进行分配计入当期的成本费用中。

计提工资附加费是指按照工资总额的一定比例计算提取的工资性费用,主要包括:职工福利费、工会经费、教育经费和社会保险费(由单位承担的部分)等。这些工资性费用一般于每月末计提,并且按照工资费用的分配去向计入当期的成本费用中。

电算化后有关工资费用的分配和计提均是通过设置工资费用分配与计提和生成机制凭证传递到账务系统两步来完成。

(一)设置工资费用的分配与计提

实例:设置工资费用的分配与计提。

包头财经公司财务科于2012年2月28日,根据下列资料设置正式人员的工资费用分配、计提工会经费、计提教育经费和计提社会保险费。

1. 设置正式人员工资费用的分配,计提费用类型名称为"应付工资",分摊比例为"100%",见表2-5-13。

表 2-5-13　设置正式人员工资费用的分配

部门名称	人员类别	工资项目	借方科目	贷方科目
财务科、人事科、公关部	管理人员	应发合计	660201[管理费用—工资费用(部门核算)]	221101(应付职工薪酬—工资)
研发部	技术人员	应发合计	500102[生产成本—直接人工(核算项目)]	221101(应付职工薪酬—工资)
市场部	营销人员	应发合计	6601(销售费用)	221101(应付职工薪酬—工资)

2. 设置正式人员工会经费的计提,计提费用类型名称为"工会经费",计提比例为"2%",见表 2-5-14。

表 2-5-14　设置正式人员工会经费的计提

部门名称	人员类别	工资项目	借方科目	贷方科目
财务科、人事科、公关部	管理人员	应发合计	660201[管理费用—工资费用(部门核算)]	221103(应付职工薪酬—工会经费)
研发部	技术人员	应发合计	500102[生产成本—直接人工(核算项目)]	221103(应付职工薪酬—工会经费)
市场部	营销人员	应发合计	6601(销售费用)	221103(应付职工薪酬—工会经费)

3. 设置正式人员教育经费的计提,计提费用类型名称为"教育经费",计提比例为"1.5%",见表 2-5-15。

表 2-5-15　设置正式人员教育经费的计提

部门名称	人员类别	工资项目	借方科目	贷方科目
财务科、人事科、公关部	管理人员	应发合计	660201[管理费用—工资费用(部门核算)]	221104(应付职工薪酬—职工教育经费)
研发部	技术人员	应发合计	500102[生产成本—直接人工(核算项目)]	221104(应付职工薪酬—职工教育经费)
市场部	营销人员	应发合计	6601(销售费用)	221104(应付职工薪酬—职工教育经费)

4. 设置正式人员社会保险费的计提,计提费用类型名称为"社会保险费",单位应承担的综合计提比例为"25%",见表 2-5-16。

表 2-5-16　设置正式人员社会保险费的计提

部门名称	人员类别	工资项目	借方科目	贷方科目
财务科、人事科、公关部	管理人员	应发合计	660201[管理费用—工资费用(部门核算)]	221105(应付职工薪酬—社会保险费)
研发部	技术人员	应发合计	500102[生产成本—直接人工(核算项目)]	221105(应付职工薪酬—社会保险费)
市场部	营销人员	应发合计	6601(销售费用)	221105(应付职工薪酬—社会保险费)

操作步骤：

第一，设置正式人员工资费用的分配，计提费用类型名称为"应付工资"，分摊比例为"100%"（见表2-5-13）。操作步骤如下：

(1)以"操作员"身份"002杭程"注册进入用友通T3软件，打开"工资管理"窗口，执行"工资—工资类别—打开工资类别"，进入正式人员的工资类别状态。

(2)执行"工资—业务处理—工资分摊"命令，进入"工资分摊"对话框，如图2-5-71所示。

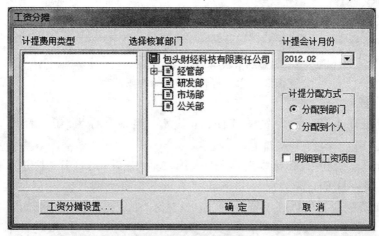

图2-5-71　工资分摊

(3)单击"工资分摊设置"按钮，打开"分摊类型设置"对话框，如图2-5-72所示。

(4)单击"增加"按钮，进入"分摊计提比例设置"对话框，如图2-5-73所示。

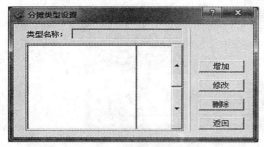

图2-5-72　分摊类型设置

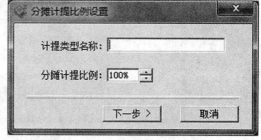

图2-5-73　分摊计提比例设置

(5)在"计提类型名称"处输入"应付工资"，"分摊计提比例"选择"100%"，单击"下一步"，进入"分摊构成设置"对话框，如图2-5-74所示。

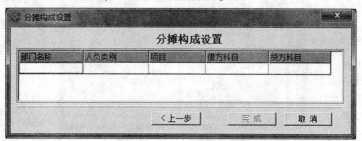

图2-5-74　分摊构成设置

(6)依照表 2-5-13 进行设置,如图 2-5-75 所示。

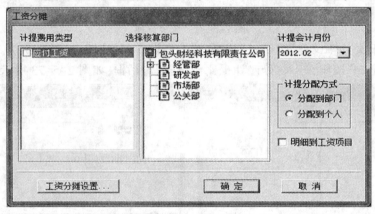

图 2-5-75 应付工资分摊构成设置

(7)单击"完成"按钮返回。

第二,设置正式人员工会经费的计提,计提费用类型名称为"工会经费",计提比例为"2%"(见表 2-5-14)。操作步骤如下:

(1)以"操作员"身份"002 杭程"注册进入用友通 T3 软件,打开"工资管理"窗口,执行"工资—工资类别—打开工资类别",进入正式人员的工资类别状态。

(2)执行"工资—业务处理—工资分摊"命令,进入"工资分摊"对话框,如图 2-5-76 所示。

图 2-5-76 工资分摊

(3)单击"工资分摊设置"按钮,打开"分摊类型设置"对话框,如图 2-5-77 所示。

图 2-5-77 分摊类型设置

(4)单击“增加”按钮,进入“分摊计提比例设置”对话框,如图 2–5–73 所示。

(5)在“计提类型名称”处输入“工会经费”,“分摊计提比例”选择“2%”,单击“下一步”,进入“分摊构成设置”对话框,如图 2–5–74 所示。

(6)依照表 2–5–14 进行设置,如图 2–5–78 所示。

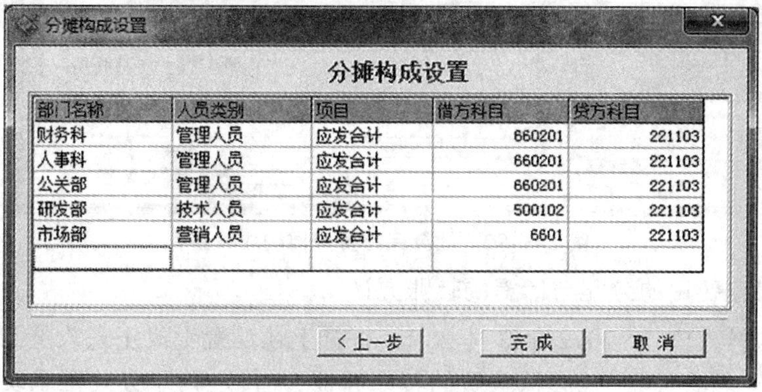

部门名称	人员类别	项目	借方科目	贷方科目
财务科	管理人员	应发合计	660201	221103
人事科	管理人员	应发合计	660201	221103
公关部	管理人员	应发合计	660201	221103
研发部	技术人员	应发合计	500102	221103
市场部	营销人员	应发合计	6601	221103

图 2–5–78 工会经费分摊构成设置

(7)单击“完成”按钮返回。

第三,设置正式人员教育经费的计提,计提费用类型名称为“教育经费”,计提比例为“1.5%”(见表 2–5–15)。操作步骤如下:

本实例的操作步骤比照业务 2 进行,需要说明,计提金额是按照工资总额的 1.5%计算,本业务的贷方科目为“221104(应付职工薪酬/职工教育经费)”,其余分录设置均与业务 2 相同,如图 2–5–79 所示。

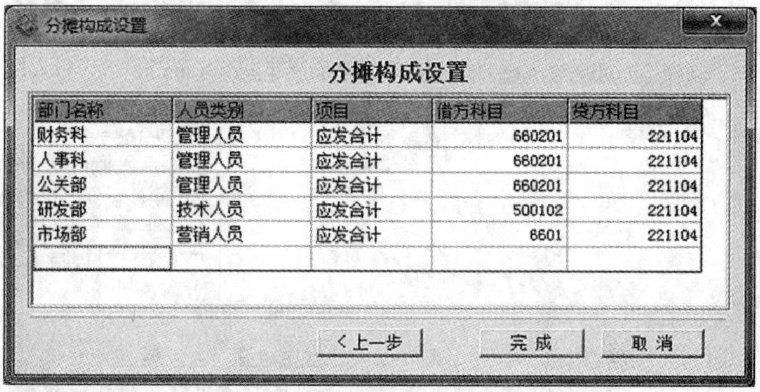

部门名称	人员类别	项目	借方科目	贷方科目
财务科	管理人员	应发合计	660201	221104
人事科	管理人员	应发合计	660201	221104
公关部	管理人员	应发合计	660201	221104
研发部	技术人员	应发合计	500102	221104
市场部	营销人员	应发合计	6601	221104

图 2–5–79 教育经费分摊构成设置

第四,设置正式人员社会保险费的计提,计提费用类型名称为“社会保险费”,单位应承担的综合计提比例为“25%”(见表 2–5–16)。操作步骤如下:

本实例的操作步骤比照业务 2 进行,需要说明,计提金额是按照工资总额的 25%计算,本业务的贷方科目为“221105(应付职工薪酬/社会保险费)”,其余分录设置均与业务 2 相同,如图 2–5–80 所示。

图 2-5-80　社会保险费分摊构成设置

(二)生成工资费用的分配与计提的转账凭证

实例:包头财经公司于 2012 年 2 月 28 日,根据上述设置生成正式人员工资费用的分配与计提工会经费、教育经费、社会保险费的转账凭证,并传递到账务处理系统以待进行有关凭证的审核和记账。

操作步骤:

第一,生成工资费用分配的转账凭证。操作步骤如下:

(1)以"操作员"身份"002 杭程"注册进入用友通 T3 软件,打开"工资管理"窗口,执行"工资—工资类别—打开工资类别",进入正式人员的工资类别状态。

(2)执行"工资—业务处理—工资分摊"命令,进入"工资分摊"对话框,如图 2-5-81 所示。

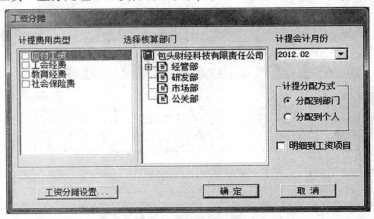

图 2-5-81　工资分摊

(3)在"计提费用类型"中选择"应付工资",在"选择核算部门"中单击选每个部门,并勾选"明细到工资项目"的复选框,单击"确定"按钮,打开"工资分摊明细"对话框,如图 2-5-82 所示。

(4)勾选"合并科目相同,辅助项相同的分录"复选框,单击"制单"按钮,生成应付工资费用分配的转账凭证,如图 2-5-83 所示。

(5)将"收 字"修改为"转 字",选择科目名称为"生产成本/直接人工"的"借方金额"处,双击"项目",屏幕出现"辅助项"窗口,如图 2-5-84 所示。

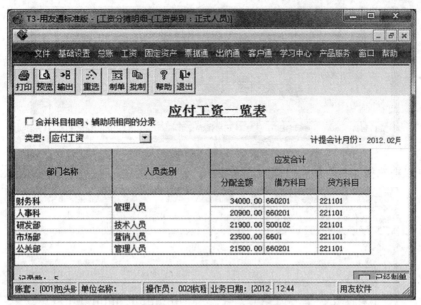

图 2-5-82　工资分摊明细

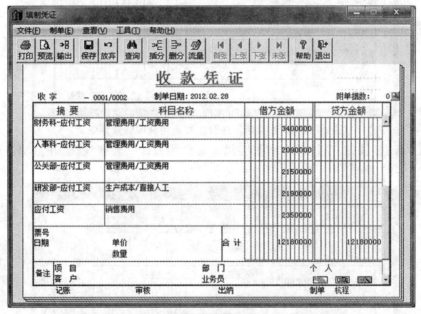

图 2-5-83　生成应付工资费用分配的转账凭证

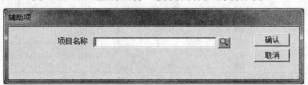

图 2-5-84　辅助项

(6)单击"项目名称"的参照按钮,打开"参照"对话框,如图 2-5-85 所示。

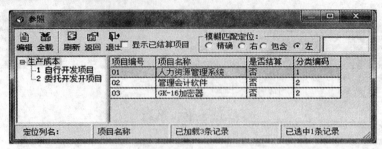

图 2-5-85　参照

(7)用户双击选择"01 人力资源管理系统"返回,单击"确定"按钮返回,如图 2-5-86 所示。

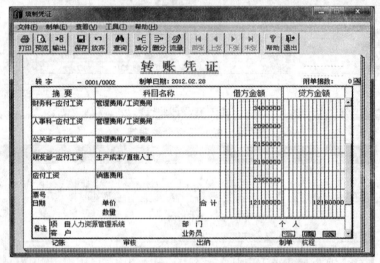

图 2-5-86　修改后的应付工资费用分配转账凭证

(8)单击"保存"按钮,系统保存本张应付工资费用分配的转账凭证,并自动传递到账务系统,如图 2-5-87 所示。

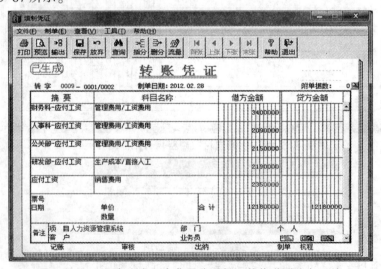

图 2-5-87　保存生成工资费用分配凭证并传递到账务系统

注意:

● 工资分摊要按照分摊费用类型依次进行。

● 如果取消勾选"合并科目相同,辅助项相同的分录"复选框,则在生成凭证时每一条分录都将对应一个贷方科目。

● 对于系统自动生成的机制凭证,用户可以按照实际业务需要对其进行直接修改,将凭证修改正确后再保存传递到账务系统。

第二,生成计提工会经费的转账凭证。操作步骤如下:

(1)以"操作员"身份"002 杭程"注册进入用友通 T3 软件,打开"工资管理"窗口,执行"工资—工资类别—打开工资类别",进入正式人员的工资类别状态。

(2)执行"工资—业务处理—工资分摊"命令,进入"工资分摊"对话框,如图 2-5-88 所示。

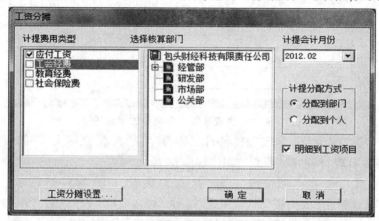

图 2-5-88　工资分摊

(3)在"计提费用类型"中选择"工会经费",单击"确定"按钮,打开"工资分摊明细"对话框,如图 2-5-89 所示。

图 2-5-89　工资分摊明细

(4)在"类型"处选择"工会经费",勾选"合并科目相同,辅助项相同的分录"复选框,单击"制单"按钮,生成计提工会经费的转账凭证,如图2-5-90所示。

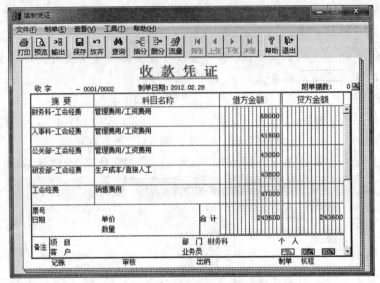

图2-5-90 生成计提工会经费的转账凭证

(5)将"收 字"修改为"转 字",选择科目名称为"生产成本/直接人工"的"借方金额"处,双击"项目",屏幕出现"辅助项"窗口,如图2-5-84所示。

(6)单击"项目名称"的参照按钮,打开"参照"对话框,如图2-5-85所示。

(7)用户双击选择"01人力资源管理系统"返回,单击"确定"按钮返回,如图2-5-91所示。

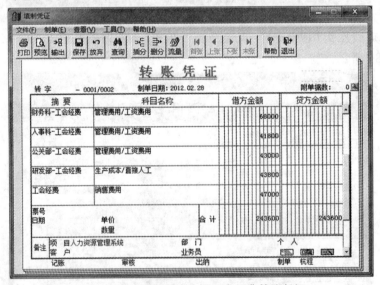

图2-5-91 修改后的计提工会经费转账凭证

(8)单击"保存"按钮,系统保存本张计提工会经费的转账凭证,并自动传递到账务系统。如图2-5-92所示。

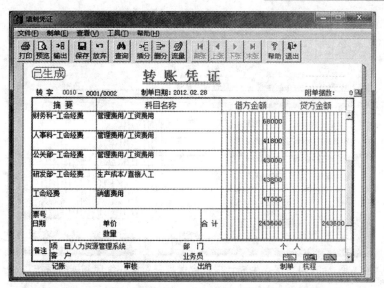

图 2-5-92　保存生成计提工会经费凭证并传递到账务系统

第三,生成计提教育经费的转账凭证。

本实例的操作步骤比照业务 2 进行,如图 2-5-93 所示。

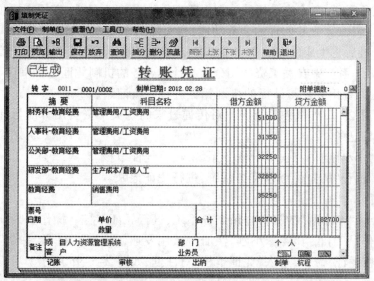

图 2-5-93　保存生成计提教育经费凭证并传递到账务系统

第四,生成计提社会保险费的转账凭证。

本实例的操作步骤比照业务 2 进行,如图 2-5-94 所示。

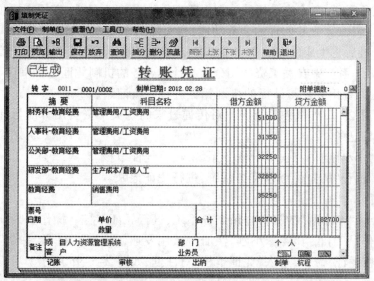

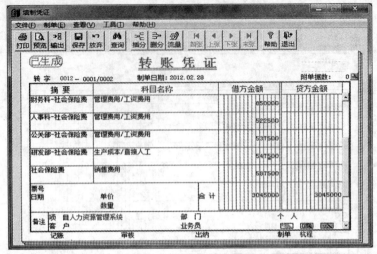

图 2-5-94　保存生成计提社会保险费凭证并传递到账务系统

五、账务处理

涉及工资核算的账务处理包括：工资费用的分配、工资附加费的计提、各项扣款(病假和事假扣款、个人所得税、个人应承担的社会保险费等)、发放工资等。在用友通 T3 软件中,系统均提供了有关工资核算业务处理的全部功能,在实际工作中一般都在工资管理系统集中处理工资核算业务,最后将生成的有关工资业务凭证传递到账务系统集中审核记账。此处仅举例介绍对传递到账务系统中有关工资费用分配与计提业务的机制凭证进行审核与记账。

实例:对工资费用分配与计提的机制凭证进行审核记账。

2012 年 2 月 29 日在账务系统中, 对传递过来的有关工资费用分配与计提业务的机制凭证进行审核与记账。

1. 以会计"李小刚"的身份登录账务系统,进行凭证审核。
2. 以会计"杭程"的身份登录账务系统,进行凭证记账。

操作步骤:

第一,以会计"李小刚"的身份登录账务系统,进行凭证审核。操作步骤如下:

(1)以"操作员"身份"004 李小刚"注册进入用友通 T3 软件,打开"总账"窗口,执行"总账—凭证—审核凭证"命令,进入"凭证审核"对话框,如图 2-5-95 所示。

图 2-5-95　凭证审核

(2)输入过滤条件,单击"确认"按钮,系统列出符合条件的凭证,如图 2-5-96 所示。

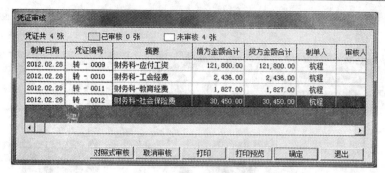

图 2-5-96　凭证审核

(3)选中凭证编号为"转–0009"的凭证,单击"确定"按钮,进入"审核凭证"对话框,如图 2-5-97 所示。

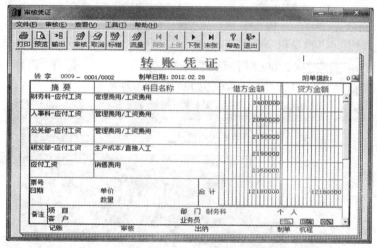

图 2-5-97　审核凭证

(4)经用户确认凭证无误后,单击"审核"按钮,完成审核凭证的操作,如图 2-5-98 所示。

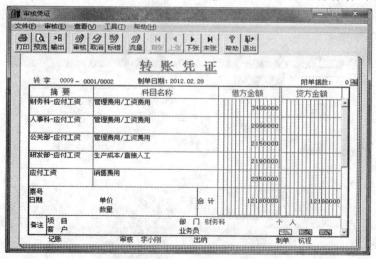

图 2-5-98　完成审核凭证

(5)重复上述步骤,完成对其他凭证的逐一审核,最后单击"退出"按钮返回,如图2-5-99所示。

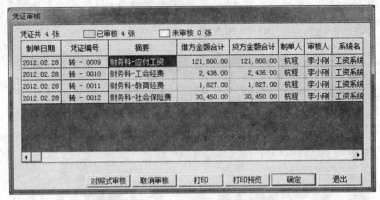

图2-5-99 完成全部凭证的审核

第二,以会计"杭程"的身份登录账务系统,进行凭证记账。操作步骤如下:

(1)以"操作员"身份"002 杭程"注册进入用友通 T3 软件,打开"总账"窗口,执行"总账—凭证—记账"命令,进入"记账"对话框,如图 2-5-100 所示。

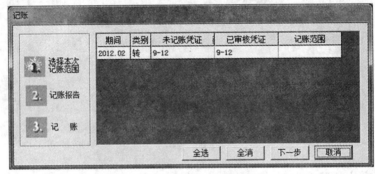

图 2-5-100 记账

(2)选择需要记账的范围,默认为所有已审核的凭证,单击"下一步"按钮,打开"记账报告",如图 2-5-101 所示。

图 2-5-101 记账报告

(3)单击"下一步"按钮,进入"记账"选择,如图2-5-102所示。

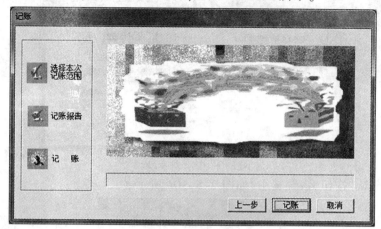

图 2-5-102 记账选择

(4)单击"记账"按钮,系统自动开始记账并提示"记账完毕",单击"确定"按钮返回。

六、月末处理(结转)

月末处理也就是月末结转,是指将当月工资数据经过处理之后结转至下月。需要说明,月末结转只能在会计年度的1月至11月进行,并且只有在当月工资数据处理完毕后才可以进行。如果单位的工资账套有多个工资类别,则应在处理完不同的工资类别数据之后(或对多工资类别,应关闭所有工资类别),再进行月末结转。进行月末结转后,当月的工资数据将不允许再变动。

在12月份工资数据处理完毕后进行的结转为年末结转,也就是将工资数据经过处理后结转至下年。只有处理完所有工资类别的工资数据,或对多工资类别,应关闭所有工资类别,然后在"系统管理"中选择"年度账"进行上年数据结转。进行年末结转后本年各月数据不允许再变动。

无论是月末结转或是年末结转只有账套主管才能执行,同时在期末结转时,系统提示用户进行"清零项目"处理。所谓清零项目是指在工资项目中,有的项目是变动的,即每月的数据均不相同,在每月进行工资处理时,需要将其数据清零,然后再输入当月的数据,此类工资项目即为清零项目。如病事假天数、病事假扣款、代扣税、奖金、应发合计等。

实例:包头财经公司于2012年2月29日,在进行完上述有关工资业务的处理之后,对单位正式人员的工资月末结转,并将"病假天数"和"病假扣款"、"事假天数"和"事假扣款"、"奖金"工资项目清零。

操作步骤:

(1)以"账套主管"身份"001 董理"注册进入用友通 T3 软件,打开"工资管理"窗口,执行"工资—工资类别—打开工资类别",进入正式人员的工资类别状态。

(2)执行"工资—业务处理—月末处理"命令,打开"月末处理"对话框,如图2-5-103所示。

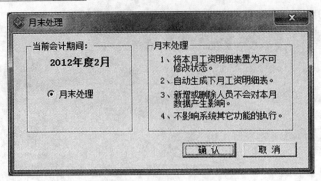

图 2-5-103　月末处理

(3)单击"确认"按钮,系统提示,如图 2-5-104 所示。

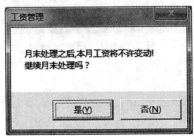

图 2-5-104　系统提示

(4)单击"是"按钮,系统提示"是否选择清零项?",单击"是"按钮,进入"选择清零项目"对话框,如图 2-5-105 所示。

(5)将"病假天数"和"病假扣款","事假天数"和"事假扣款","奖金"工资项目选择至右侧,并勾选"保存本次选择结果"复选框,如图 2-5-106 所示。

图 2-5-105　选择清零项目

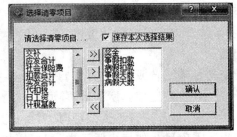

图 2-5-106　选择清零项目

(6)单击"确认"按钮,系统提示"月末处理完毕!",单击"确定"按钮返回。

注意:

● 如果本月工资未汇总,则不能进行月末处理。

第六章　报表管理系统

报表管理系统是整个电算化核算系统的最后一个环节，通过报表管理系统的处理结果为单位的投资人和债权人以及有经济利益关系的所有用户提供及时、准确的财务报告。本章依据会计报表管理系统的基本业务处理流程，全面系统地介绍用友通 T3 软件的操作过程，包括报表管理系统的初始设置和日常使用。

第一节　报表管理系统的初始设置

报表管理系统的初始化就是根据用户单位的需求，运用报表管理系统提供的相应功能进行定义报表的结构格式、数据来源和运算关系等一系列的系统初始化工作。目的是建立一套完全适用单位管理需求的报表管理系统，为单位用户编制各种报表作准备。

一、应用报表模板

所谓报表模板是指已经定义完整报表结构格式和数据来源及其运算关系的报表格式文件。用户在使用报表系统之初所进行的一系列初始化工作实质上是预置报表模板和生成单位常用的报表模板文件。

单位的各种会计报表包括对外报表和内部报表，资产负债表、利润表、现金流量表等是主要的对外会计报表。这些报表的格式是国家统一规定的，因此，通用报表管理系统为用户提供了多个行业的各种标准财务报表格式(模板)。用户可套用系统提供的这些标准报表模板，并在此基础上根据自己单位的具体情况加以局部修改，迅速建立一张符合需要的会计报表，免去了建立报表、定义格式和公式的烦琐工作。

这里仅介绍如何对系统提供的现成报表模板进行编辑和保存编辑后生成的报表模板。

(一)调用报表模板

实例：调用报表模板。

包头财经公司 1 月末调用所在行业是一般企业(2007 年会计准则)的资产负债表模板。以"账套主管"身份"001 董理"注册进入用友通 T3 软件(注：今后有关报表管理系统的实例操作均为账套主管"001 董理")。

操作步骤：

(1)在"用友通 T3—财务报表"窗口中,执行"文件—新建"命令,进入"新建"对话框,如图 2-6-1 所示。

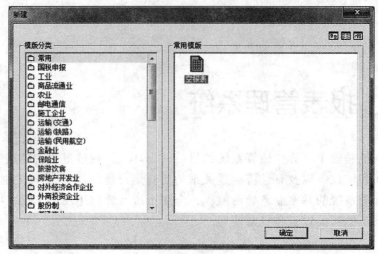

图 2-6-1　新建

(2)先选定"常用—空白表",单击"确定"按钮,系统自动生成一张空白报表模板,如图 2-6-2 所示。

注意：

● 此时,用户可以直接在"新建"窗口中的左侧,选择"模板分类"中的"一般企业(2007年新会计准则)",并同时在窗口右侧选择对应的"资产负债表"模板。单击"确定"按钮,即可打开系统默认的"资产负债表"模板,如图 2-6-2 所示。

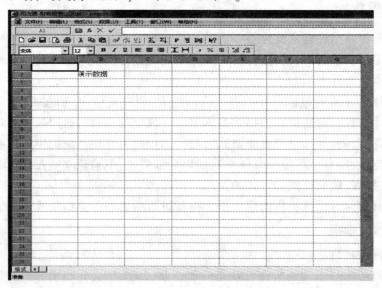

图 2-6-2　空白报表模板

(3)执行"格式—报表模板"命令,打开"报表模板"对话框,在"你所在的行业:"列表框中选择"一般企业(2007年新会计准则)"选项,并在"财务报表"列表框中选择"资产负债表",如图2-6-3所示。

图2-6-3　报表模板

(4)单击"确认",打开"模板格式将覆盖本表格式!是否继续?"提示框。

(5)单击"确定",当前格式模板被自动覆盖,并显示系统默认的"资产负债表"模板,如图2-6-4所示。

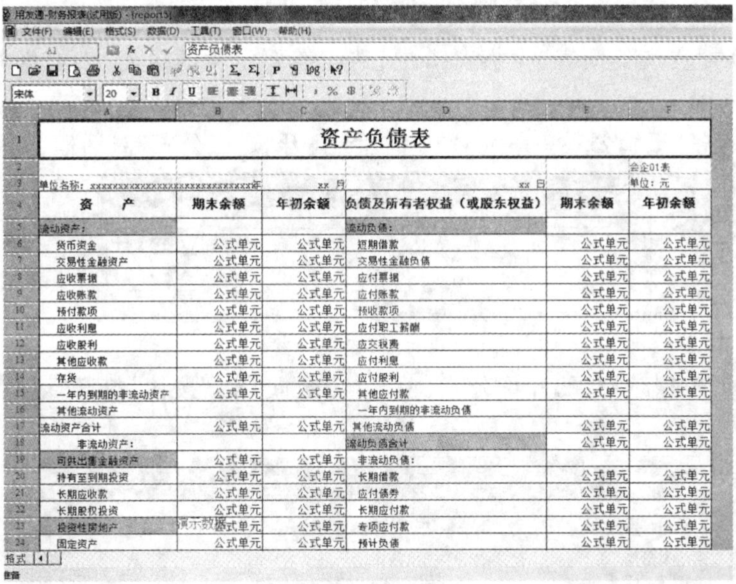

图2-6-4　资产负债表模板

(二)编辑报表格式

用户采用上述方法调用报表管理系统中内置的报表模板,就可以根据单位的管理需要对其进行格式的重新编辑设置,包括编辑报表的表尺寸,定义行高和列宽,画表格线、编辑单元属性和组合单元、输入项目内容(表样文字)、设置关键字等。

在"格式状态"下,单击"格式"菜单,选择相关的命令即可完成表尺寸、行高、列宽、区域画线、单元属性等相关报表格式的编辑操作。有关编辑报表格式的具体操作过程将在"自定义报表"中详细讲解。

(三)编辑报表计算公式

用户在调用系统内置的有关报表模板之后,除了要在"格式状态"下检查该模板的格式,与此同时还必须检查该报表模板的公式是否适合本单位的实际需要,如果不一致,则应做出适当的调整。

用户在调用报表系统中内置的报表模板时,各类报表模板中的数据单元已经设置好了相关的公式。如图2-6-4资产负债表模板中,"期末余额"和"年初余额"两列所属的各项目单元,均显示为"公式单元",说明对应的单元已经设置相关的公式。有关编辑报表公式的详细操作过程将在"自定义报表"中详细讲解。

实例:编辑报表计算公式。

包头财经公司2012年1月末,对被调用的资产负债表模板中的单元公式进行修改,即存货=材料采购+原材料+库存商品+生产成本+制造费用,未分配利润=本年利润+利润分配(注:假设仅仅对存货与未分配利润的年初余额计算公式进行修改)。

操作步骤:

(1)在"用友通T3—财务报表"窗口中,经过在上个实例中调用"资产负债表"模板的操作之后,如图2-6-4所示。

(2)在显示的"资产负债表"模板窗口中,选定需要定义的单元"C14"即"存货的年初余额"。

(3)执行"数据—编辑公式—单元公式"命令,打开"定义公式"对话框,如图2-6-5所示。

图2-6-5 定义公式

(4)清空单元"C14"原有的计算公式,单击"函数向导..."按钮,打开"函数向导"对话框,如图2-6-6所示。

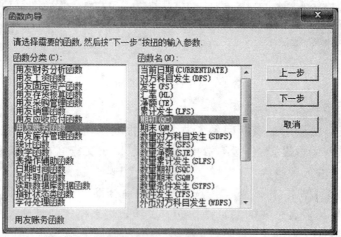

图2-6-6 函数向导

(5)在"函数分类"列表中选择"用友账务函数",在"函数名"列表中选择"期初(QC)",单击"下一步",打开"用友账务函数"对话框,如图2-6-7所示。

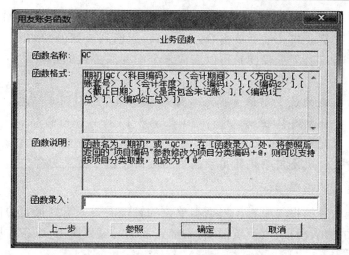

图 2-6-7　用友账务函数

(6)单击"参照"按钮,打开"账务函数"对话框,如图 2-6-8 所示。

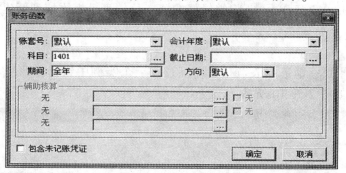

图 2-6-8　账务函数

(7)在"科目"文本框中输入"1401(材料采购)",在"期间"列表中选择"全年",其余均为默认,最后单击"确定"按钮,返回"用友账务函数"对话框,如图 2-6-9 所示。

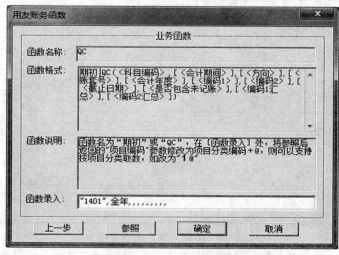

图 2-6-9　用友账务函数

(8)单击"确定"按钮,返回"定义公式"窗口,输入运算符"+"后,重复操作步骤(4)至步骤(8),继续编辑输入存货公式。最后单击"确定"按钮,返回到步骤(1),如图 2-6-4 所示。

(9)重复操作步骤(2)至步骤(8),可以完成未分配利润公式的编辑。

注意:

● 单元是组成报表的最小单位,单元名称是由其所在行和列来标志。行号用数字 1~9999 表示,列标用字母 A 到 IU 表示。如:C14 表示第 14 行第 3 列的那个单元。

● 对于单元公式的编辑,可采用两种方式进行设置:一是直接输入公式;二是利用函数向导输入公式。建议初次使用系统的用户利用函数向导输入公式为好。

(四)保存编辑后的报表模板

用户调用系统内置的报表模板,根据本单位的管理需要编辑好报表的格式和计算公式后,可以将编辑后的报表模板(资产负债表)添加到系统的模板库中,以备今后直接调用该报表模板生成会计报表。

实例: 保存报表模板。

包头财经公司 2012 年 1 月末,将编辑好的资产负债表模板添加到新建"包头财经公司"的报表模板库中。

操作步骤:

(1)在"用友通 T3—财务报表"窗口中,经过在上个实例中编辑修改"资产负债表"模板的计算公式之后,如图 2-6-10 所示。

图 2-6-10　编辑后资产负债表模板

(2)执行"文件—另存为"命令,打开"保存为"对话框,如图 2-6-11 所示。

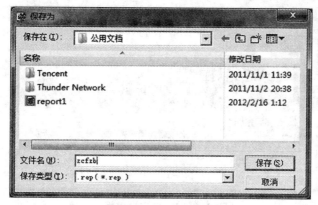

图 2-6-11　保存为

(3)在"文件名(N)"文本框中输入"zcfzb",单击"保存",即可保存此报表模板文件(此时,用户也可以将编辑后的模板文件保存到指定的文件目录)。

注意：

● 编辑修改后的报表模板,经过"文件—另存为"(或"文件—保存"),此报表模板被保存为用友通 T3 软件的专属报表文件,即 *.rep,而且该报表模板文件是被系统单独存放并没有覆盖系统内置的报表模板。

● 为了便于今后直接调用修改编辑后的报表模板,并且保证此报表模板不被随意破坏,需要将此报表模板文件也增添到单位专属的报表模板库中。

(4)执行"格式—自定义模板"命令,打开"自定义模板"对话框,如图 2-6-12 所示。

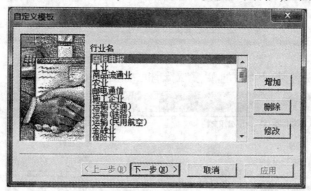

图 2-6-12　自定义模板

(5)单击"增加"按钮,打开"定义模板"对话框,如图 2-6-13 所示。

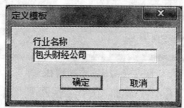

图 2-6-13　定义模板

(6)输入"行业名称"为"包头财经公司",单击"确定"按钮,如图 2-6-14 所示。

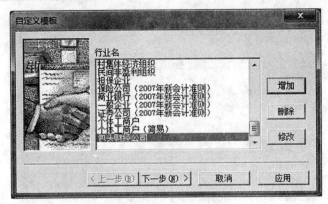

图 2-6-14　自定义模板

(7)在"行业名"列表中选择"包头财经公司",单击"下一步",进入"自定义模板"对话框中,如图 2-6-15 所示。

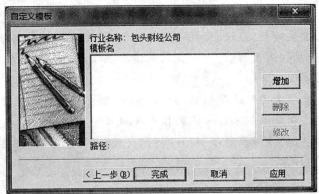

图 2-6-15　自定义模板

(8)单击"增加"按钮,打开"添加模板"对话框,如图 2-6-16 所示。

图 2-6-16　添加模板

(9)输入"模板名"为"zcfzb",单击"添加"按钮,返回到"自定义模板"对话框,如图 2-6-17 所示。

图 2-6-17　自定义模板

(10)选定"模板名"为"zcfzb",单击"修改"按钮,将"模板名"修改为"资产负债表",单击"确定"按钮,返回到"自定义模板"窗口,如图 2-6-18 所示。

图 2-6-18　自定义模板

(11)单击"完成"按钮,即可将该资产负债表模板添加入到"包头财经公司"的报表模板库中。

注意:

●使用用友通 T3 报表管理系统新建生成的报表文件或者是系统内置的报表模板文件,它们的文件类型均为 *.rep。实质上一个完整的会计报表是由报表的结构格式和报表内部的数据两部分组成。

●用友通 T3 报表管理系统分为格式设计工作和数据处理工作两个部分。报表格式设计工作和报表数据处理工作分别在格式状态和数据状态下进行。

●格式状态是专门用来设计报表格式的状态,主要是为报表设置固定的内容。在该状态下,用户看到的是报表的格式,不能进行数据的录入、计算操作,表页的数据全部被隐藏。在格式状态下所作的操作,对本报表所有的表页都发生作用。在格式状态下,可以实现表尺寸、行高列宽、单元属性、组合单元等的设置。另外,报表的单元公式、审核公式和舍位平衡公式也必须在格式状态下进行。

●数据状态是专门进行数据管理的状态,主要是为报表进行数据处理的。在该状态下,用户看到的是报表全部内容,包括格式和数据。在数据状态下,用户可以输入数据、增加或删除表页、审核、舍位平衡、做图形、汇总数据等,但用户在此状态下不能从根本上修改报表的格式。

● 在"用友通 T3—财务报表"窗口中,单击"编辑"菜单下"格式与数据状态"命令或直接单击窗口左下角"格式/数据"命令按钮,可以实现在两者之间的切换。"格式/数据"命令按钮上显示的字样即为当前的状态。

二、自定义报表

单位的各种会计报表中除了前述的主要对外报表之外,为了加强内部管理仍需要大量的内部报表。因此内部报表具有多样性和随机性,要求财会人员能够熟练、灵活地使用会计软件提供的自定义报表功能。这里全面介绍用友通 T3 报表管理系统有关完成创建新表、设计报表格式、定义报表的数据来源及运算关系等一系列功能。

(一)设计表样

设计表样包括创建新表和设计报表格式。

1. 创建新表

创建新表就是在报表管理系统中登记注册一张独一无二的空白报表文件,要求这张新创建的报表具有唯一标志的文件名、编号或编码,然后才能在这张报表上设计报表的格式等。

2. 设计报表格式

新表创建完毕后应进行报表的格式设计,报表的格式设计决定了整个报表的外观和结构。报表的格式是在报表的格式状态下设计的,所设计的格式对整个报表都有效。它主要包括的格式设计内容有以下几点:

(1)设置表尺寸,即设计报表的行数和列数。

(2)定义行高和列高。

(3)画表格线。

(4)设置单元属性,即把固定内容的单元,如"项目""行次""期初数"及"期末数"等定为表样单元;把需要输入数字的单元定为数值单元;把需要输入字符的单元定为字符单元。

(5)设置单元风格,即设置单元的字型、字体、字号、颜色、图案及折行显示等。

(6)定义组合单元,即把相邻的两个或多个单元组合作为一个单元使用。这些单元必须是同一类型(表样型、数值型或字符型)。组合单元可以组合同一行相邻的几个单元,也可以组合同一列相邻的几个单元,还可以把一个多行多列的平面区域设为一个单元。组合单元的名称可以是区域的名称,也可以是区域中单元的名称。

(7)设置可变区,即确定可变区在表页上的位置和大小。

(8)定义关键字,包括设置关键字和调整关键字在表页上的位置。关键字是特殊的数据单元,可以唯一标志一个表页,用来快速查找表页。关键字的显示位置在格式状态下设置,关键字的值则在数据状态下录入。

设置关键字,关键字有 6 种,即单位名称(字符型)、单位编号(字符型)、年(数字型)、季(数字型)、月(数字型)、日(数字型)。另外用户还可以自定义一个关键字(数字型),可以根据实际需要任意设置相应的关键字。

调整关键字的位置,关键字的位置是指关键字在某个单元或组合单元中的起始位置。在同一个单元或组合单元定义了关键字之后,可能会出现重叠在一起的情况,所以需要对关键字的位置进行调整。

(9)输入表样单元,即报表上的固定文字内容,主要包括表头、表体项目、表尾项目等。

实例:设计表样。

包头财经公司2012年1月末,根据内部管理的需要,依照当月的账务处理数据,编制"货币资金表",见表2-6-1。

制表说明:①表头。标题"货币资金表"设置为黑体、14号、居中,单位名称和年、月、日、货币单位应设置为关键字。②表体。表体中文字设置为宋体、12号、居中。③表尾。"制表人:"设置为宋体、10号、居右或居中。

表 2-6-1　货币资金表

编制单位:　　　　　　　　　　　年　　月　　日　　　　　　　　　　单位:元

项目	行次	期初数	期末数
库存现金	1		
银行存款	2		
合计	3		

制表人:

操作步骤:

第一,创建新表。

(1)在"用友通 T3—财务报表"窗口中,执行"文件—新建"命令,进入"新建"对话框,如图 2-6-19 所示。

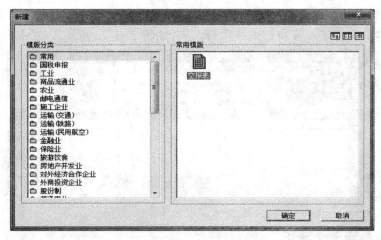

图 2-6-19　新建

(2)先选定"常用—空白表",单击"确定"按钮,系统自动生成一张空白报表模板,如图 2-6-20 所示。

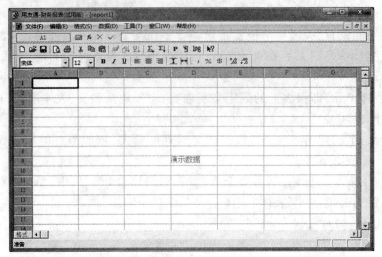

图 2-6-20　空白报表模板

（3）执行"文件—保存"命令，打开"另存为"对话框，如图 2-6-21 所示。

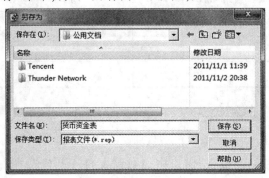

图 2-6-21　另存为

（4）在"文件名（N）"文本框中输入"货币资金表"。单击"保存"按钮返回，即可保存此表。
至此，我们创建并保存了一张空白的货币资金表，如图 2-6-22 所示。

图 2-6-22　货币资金表

第二,设置表尺寸。

将报表设置为7行4列。

(1)执行"格式—表尺寸"命令,打开"表尺寸"对话框,如图2-6-23所示。

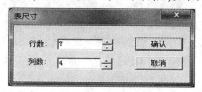

图2-6-23 表尺寸

(2)在"行数"文本框中输入"7",在"列数"文本框中输入"4",单击"确认"按钮,即可得到相应的表格,如图2-6-24所示。

图2-6-24 货币资金表

第三,定义行高和列高。

将报表第1行行高设置为8 mm,第2~7行行高设置为6 mm,列宽设置为40 mm。

(1)选中第1行即"A1:D1",执行"格式—行高"命令,打开"行高"对话框,如图2-6-25所示。

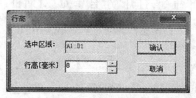

图2-6-25 行高

(2)在"行高[毫米]"文本框处输入"8",单击"确认"按钮。

(3)选中第2~7行,即"A2:D7",执行"格式—行高"命令,打开"行高"对话框,在"行高[毫米]"文本框处输入"6",单击"确认"按钮。

(4)选中所有列,即"A1:D7",执行"格式—列宽"命令,打开"列宽"对话框,如图2-6-26所示。

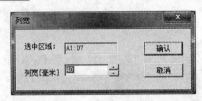

图 2-6-26　列宽

(5)在"列宽[毫米]"文本框处输入"40",单击"确认"按钮。更改行高和列宽后的货币资金表如图 2-6-27 所示。

图 2-6-27　更改行高和列宽后的货币资金表

注意：

●行高和列宽的定义,可以通过菜单操作,也可以直接利用鼠标拖动某行或某列来调整。只是这样利用鼠标拖动来调整不够精确。

第四,定义组合单元。

有些内容如标题、编制单位、日期及货币单位等信息在一个单元容纳不下,这就需要定义组合单元来实现这些内容的输入和显示。

将单元 A1:D1 和单元 A2:D2 分别组合成一个单元。

(1)单击 A1 单元,拖动鼠标至 D1 单元,选择需要合并的区域 A1:D1。

(2)执行"格式—组合单元"命令,打开"组合单元"对话框,如图 2-6-28 所示。

图 2-6-28　组合单元

(3)单击"整体组合"按钮,完成组合单元。重复操作步骤(1)至步骤(3),完成单元 A2:D2 的组合单元。

注意：

●组合单元可以用该区域名来表示。区域就是一组单元,自起点单元至终点单元的一个完整的长方形矩阵。如 A1:D1 表示一个区域或是一组单元。

第五,输入表样文字。

报表表样文字主要包括:表头内容、表体项目和表尾项目等。按照表 2-6-1 内容录入。

选中需要输入内容的单元或组合单元,直接输入表 2-6-1 的相关文字内容,如图 2-6-29 所示。

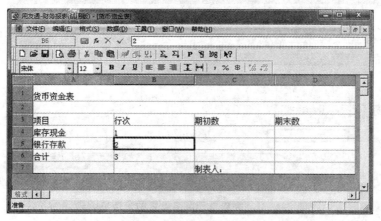

图 2-6-29　表样文字

注意:

● 输入表样文字时,因为准备将"编制单位、年、月、日、单位:元"确定为关键字,所以编制单位、日期和货币单位在此均不需要输入。

第六,设置单元风格。

制表说明:①表头。标题"货币资金表"设置为黑体、14 号、居中,单位名称和年、月、日、货币单位应设置为关键字。②表体。表体中文字设置为宋体、12 号、居中。③表尾。"制表人:"设置为宋体、10 号、居右或居中。

即按照制表说明,选中需要设置风格的单元或组合单元,进行以下操作。

(1)选中标题"货币资金表"所在的组合单元"A1:D1",执行"格式—单元属性"命令,打开"单元格属性"对话框,选择"字体图案"选项卡,如图 2-6-30 所示。

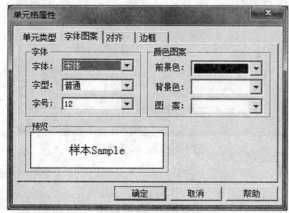

图 2-6-30　字体图案

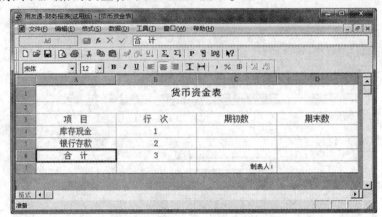

图 2-6-31 完成单元风格设置的货币资金表

第七，设置单元属性。

设置单元属性也就是定义单元的类型，前面已经介绍单元类型包括三种，即数值型、字符型和表样型。在用友通 T3 报表系统中，用户新创建的报表，所有单元的单元类型均默认为数值型；在"格式状态"下输入的内容均默认为表样单元。字符单元和数值单元输入后只对本表页有效，表样单元输入后对所有的表页有效。如将"制表人："后面的一个单元设置为字符型，以便今后能够输入制表人的姓名。

(1)选定需要定义的单元"D7"，执行"格式—单元属性"命令，打开"单元格属性"对话框，选择"单元类型"选项卡，选择"字符"选项，如图 2-6-32 所示。

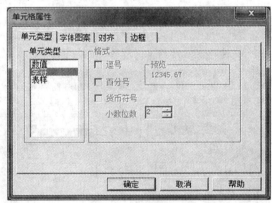

图 2-6-32 单元类型

(2)单击"确定"按钮。

第八，画表格线。

报表管理系统在默认状态下，新创建的报表是没有任何表格线的，所以为了满足查询和

262

打印的需要,还需要画上表格线。

(1)选中报表需要画线的区域,即 A3:D6,执行"格式—区域画线"命令,打开"区域画线"对话框,如图 2-6-33 所示。

(2)选择"画线类型"为"网线",单击"确认"按钮。

第九,定义关键字。

将表头中的单位名称、年、月、日、货币单位设置为关键字,并将"年"偏移量输入−250,"月"偏移量输入−215,"日"偏移量输入−180。

(1)选中需要输入关键字的单元"A2:D2",执行"数据—关键字—设置"命令,打开"设置关键字"对话框,如图 2-6-34 所示。

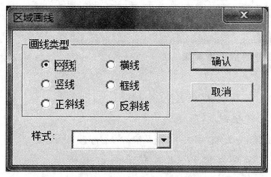

图 2-6-33 区域画线

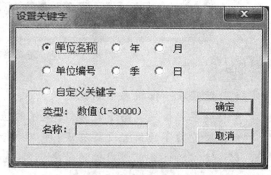

图 2-6-34 设置关键字

(2)选择"单位名称"单选按钮,单击"确定",按照以上两个操作步骤,将"年""月""日"定义为关键字。

(3)选择"自定义关键字"单选按钮,在"名称"文本框处输入"单位:元",如图 2-6-35 所示。

(4)单击"确定"按钮,返回。

(5)执行"数据—关键字—偏移"命令,打开"定义关键字偏移"对话框,如图 2-6-36 所示。

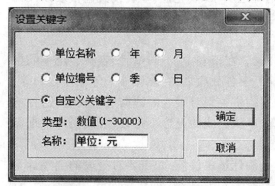

图 2-6-35 自定义关键字

图 2-6-36 定义关键字偏移

(6)按照事先确定的需要调整位置的关键字后面输入偏移量,即分别在"年""月""日"后面输入"−250""−215""−180",单击"确定"按钮,返回,完成关键字的定义。如图 2-6-37 所示。

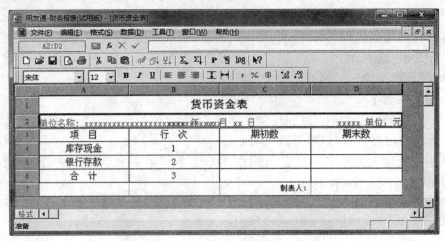

图 2-6-37　完成格式设置的货币资金表

注意：

- 关键字在一张报表中只能定义一次,即报表中不能有重复的关键字。
- 关键字在格式状态下定义,关键字的值则在数据状态下录入。
- 如果关键字的位置设置有误,可以执行"数据—关键字—取消"命令后再重新设置。
- 关键字的位置可以用偏移量来调整,负数表示向左偏移,正数表示向右偏移。

(二)设置报表运算公式

设置报表运算公式就是通过系统提供的相应功能来确定报表中每个项目的数据来源及其项目之间的数据关系,报表项目的数据采集和表中项目之间的数据关系在会计电算化系统中通常是以计算公式表示。

用友通 T3 软件引入了单元公式、审核公式和舍位平衡公式三类计算公式。

单元公式是指为报表数值单元进行赋值的公式。报表处理中,许多单元的数据不是直接录入,而是通过数据运算生成的。单元公式的作用就是从账簿、凭证、本表或其他报表以及其他子系统等处调用、运算所需要的数据,并填入相应的报表单元中。它既可以将数值单元赋值为数值,也可以赋值为字符。

审核公式是指用来表示数据间钩稽关系的公式。在报表中,不同单元、表页甚至不同报表的数据之间往往存在着某种钩稽关系。如小计等于各分项之和、合计等于各小计之和等。为确保数据的准确性和一致性,需要利用这种数据钩稽关系对报表的数据进行检查,这种检查称为数据审核,相关的钩稽公式称为审核公式。审核公式的设置不是必须的,用户根据需要自行决定是否定义审核公式。

在多张报表进行汇总时,为了使每张报表的金额计量单位统一,需要对报表的金额计量单位进行位数转换,如报表的计量单位由个位转变为百位、千位,即将"元"单位转变为"百元"或"千元"单位,这种操作称为进位操作。进位操作后原来的平衡关系可能因为小数位的四舍五入而被破坏。因此需要对进位后的数据平衡关系重新调整,使舍位后的数据符合指定的平衡公式。这种用于确定对报表数据舍位及重新调整报表舍位之后平衡关系的公式,称为舍位平衡公式。报表的舍位操作并不是必须的,一般是在报表汇总或合并时,需要将不同报表的金额计量单位进行统一,便于报表数据的汇总与合并,此时才需要进行报表的舍位平衡操作。

定义舍位平衡公式,需要指明要舍位的表名、舍位范围以及舍位位数,并且还要输入平衡公式。

以上各类计算公式是在报表的"格式状态"下定义,在报表的"数据状态"下使用。若设置的计算公式中没有规定表页的范围或条件,则定义的计算公式对所有的表页有效。

实例:设置报表运算公式。

包头财经公司 2012 年 1 月末,需要对自行设计的"货币资金表"定义以下运算公式,以便生成报表。

1. 单元公式

库存现金期初数:C4=QC("1001",全年,,,,,,,,,)

库存现金期末数:D4=QM("1001",全年,,,,,,,,,)

银行存款期初数:C5=QC("1002",全年,,,,,,,,,)

银行存款期末数:D5=QM("1002",全年,,,,,,,,,)

期初数合计:C6=C4+C5

期末数合计:D6=D4+D5

2. 审核公式

C6=C4+C5 MESS"期初货币资金合计数有误!"

D6=D4+D5 MESS"期末货币资金合计数有误!"

3. 舍位平衡公式

舍位表名 HBZJSW

舍位范围 C4:D6,舍位位数 3

平衡公式 C6=C4+C5,D6=D4+D5

操作步骤:

第一,设置单元公式。

(1)在上个实例中完成对"货币资金表"的格式设计操作,如图 2-6-37 所示。

(2)在显示的"货币资金表"模板窗口中,选定需要定义公式的单元"C4"即"库存现金期初数"。

(3)执行"数据—编辑公式—单元公式"命令,打开"定义公式"对话框,如图 2-6-38 所示。

图 2-6-38　定义公式

(4)单击"函数向导"按钮,打开"函数向导"对话框。

(5)分别选定函数分类"用友账务函数"和函数名"期初(QC)",如图 2-6-39 所示。

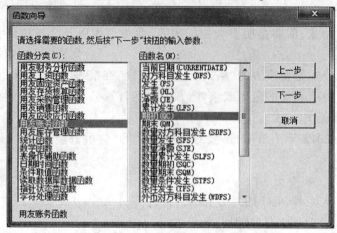

图 2-6-39 函数向导

(6)单击"下一步",按钮,打开"用友账务函数"对话框,如图 2-6-40 所示。

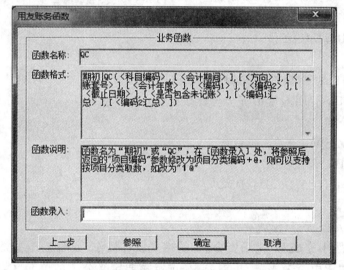

图 2-6-40 用友账务函数

(7)单击"参照"按钮,打开"账务函数"对话框,如图 2-6-41 所示。

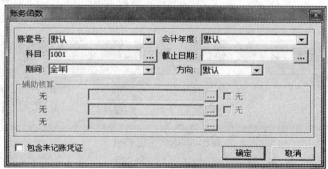

图 2-6-41 账务函数

(8)在"期间"列表中选择"全年",单击"确定"按钮(其他默认参数均符合要求),返回,如图 2-6-42 所示。

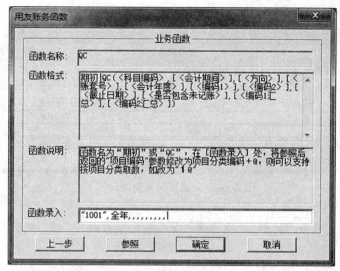

图 2-6-42　用友账务函数

(9)单击"确定"按钮,返回到"定义公式"窗口,如图 2-6-43 所示。

图 2-6-43　定义公式

(10)单击"确定"按钮,返回,完成定义单元公式,即"C4(库存现金期初数)"的设置,如图 2-6-44 所示。

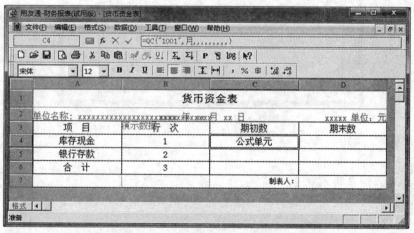

图 2-6-44　完成公式定义的单元 C4

(11)重复操作步骤(2)至步骤(10),可以完成其他单元公式的设置,如图 2-6-45 所示。

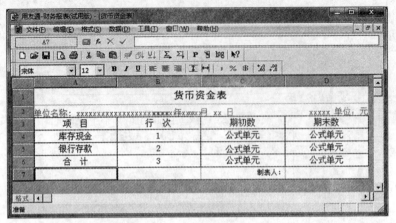

图 2-6-45　完成定义单元公式

注意：

● 单击工具栏上的"fx"按钮，或双击某"公式单元"，或按"="键，均可以打开"定义公式"对话框。

● 单元公式中涉及的符号均为英文半角字符。

● 需要定义公式的单元"C6"即"期末合计数"，在"定义公式"的对话框内可以直接输入合计公式：C4+C5。同理，可以定义单元公式 D6=D4+D5。

第二，设置审核公式。

(1)执行"数据—编辑公式—审核公式"命令，在打开的"审核公式"对话框中，输入相应的审核关系，如图 2-6-46 所示。

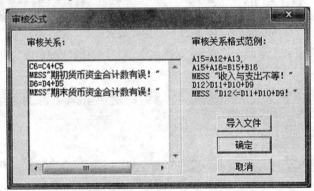

图 2-6-46　定义审核关系

(2)单击"确定"按钮。

注意：

● 审核公式必须在格式状态下编辑，在数据状态下执行。

● 审核公式由验证关系公式和提示信息组成，在审核时如果不符合验证关系公式，将出现提示信息。

第三，设置舍位平衡公式。

(1)执行"数据—编辑公式—舍位公式"命令，在打开的"舍位平衡公式"对话框中，输入相应的舍位信息,如图 2-6-47 所示。

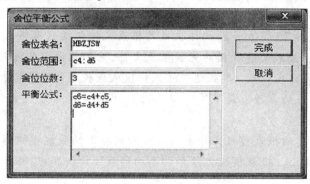

图 2-6-47 设置舍位平衡公式

(2)单击"完成"按钮。

注意:

● 每个平衡公式一行,各公式之间用逗号","(半角)隔开,最后一条公式不用写逗号,否则公式无法执行。

● 等号左边只能为一个单元(不带页号和表名)。

● 舍位平衡公式中只能使用"+""-"符号,不能使用其他运算符及函数。

(三)保存自定义生成的报表模板

用户使用报表管理系统经过创建新表、设计报表格式、设置报表运算公式等工作过程已经自定义了一张完全符合单位管理需要的会计报表模板。用户必须要将生成的报表模板完整安全地进行保存,以备随时调用此报表模板生成相应的会计报表。

实例:保存自定义生成的报表模板。

包头财经公司 2012 年 1 月末,将自定义完成的"货币资金表"的模板文件保存到"包头财经公司"的报表模板库中。

操作步骤:

(1)通过以上几个实例的设置工作,全面完成对"货币资金表"的格式设计和计算公式设计,如图 2-6-48 所示。至此,自定义货币资金表的模板文件建立完成。

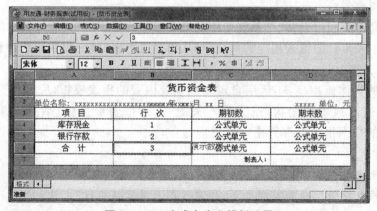

图 2-6-48 完成自定义模板设置

（2）执行"文件—保存"命令，系统自动完成该文件的保存。

注意：

● 用户使用用友通 T3 报表管理软件生成的报表文件包括只有格式与计算公式的报表模板文件和既有格式、公式又有数据的完整报表文件，它们均是以用友通 T3 报表管理软件专属的报表文件 *.rep 方式存放。单从这一点来讲报表模板文件就是报表文件。这里需要注意的是它们在报表文件的管理上是不同的，按照报表模板文件来管理更加安全可靠；按照普通报表文件管理更加灵活方便。

● 对于用户新创建的报表模板文件要将其添加到指定的系统模板库中，以保证其安全完整，方便今后随时调用。报表模板文件如何添加到系统模板库中，具体的操作过程之前已经详细介绍。

第二节　报表管理系统的日常使用

　　按照报表管理系统的基本操作过程，初次使用报表管理系统的用户经过一系列的初始化工作，一个完全适用于本单位管理需要的电算化报表管理系统就建立起来了。用户可以使用系统提供的功能编制生成各种对内报表和对外报表。本节将全面介绍报表数据的处理和会计报表的输出。

一、报表数据处理

　　报表数据处理主要包括生成报表数据、审核报表数据和舍位平衡操作等工作。报表数据处理工作必须在数据状态下进行。在整个报表数据处理过程中，系统主要是根据用户已经定义的单元公式、审核公式和舍位平衡公式自动进行数据的采集、审核及舍位等操作。另外，报表数据处理是针对某一特定的表页进行的，在进行数据处理时还要涉及表页的操作，如表页的增加和删除等，还要涉及录入每张表页上关键字的值等。同时，再辅助以人工的必要数据输入，最后编制出用户满意的各种会计报表。

　　（一）生成报表

　　生成报表又称编制报表，就是系统运用已经设置好的报表结构，通过其中的运算公式从相应的数据源中采集数据填入相应的单元中，从而生成报表。整个报表生成过程是在人工控制下的计算机自动完成。

　　生成报表的具体流程是：①运用自定义或系统内置的报表模板（完全符合用户需要的报表模板）；②进入报表数据状态；③录入关键字；④报表重算（包括整表重算和表页重算）；⑤将生成的数据报表保存到指定位置。

　　注意：

　　● 这里所采用的报表模板不论是自制的还是系统内置的报表模板，一定是完全符合用户管理需要的报表模板。在此前提之下，用户可以采用直接执行"文件—打开"命令，打开选用的报表模板文件；也可以通过执行"新建—模板分类—常用模板"命令，调用系统模板库的报表模板文件。这里建议采用后一种方式进行报表模板的运用,并详细介绍这一方式下的操作过程。

实例:生成报表。

包头财经公司2012年1月末,运用自行定义的货币资金表模板生成相应报表。由于之前已经将定义完成的货币资金表模板文件添加到包头财经公司的模板库中。这里是采用执行"新建—模板分类—常用模板"命令,来运用报表模板文件。

操作步骤:

第一,运用报表模板。

(1)在"用友通T3—财务报表"窗口中,执行"文件—新建"命令,进入"新建"对话框,选取"模板分类"中的"包头财经公司",并在其对应的"包头财经公司模板"中选定"货币资金表",如图2-6-49所示。

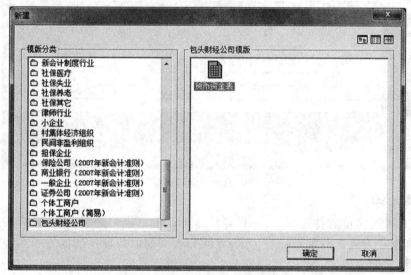

图2-6-49 包头财经公司模板

(2)单击"确定"按钮,打开"货币资金表"模板文件,如图2-6-50所示。

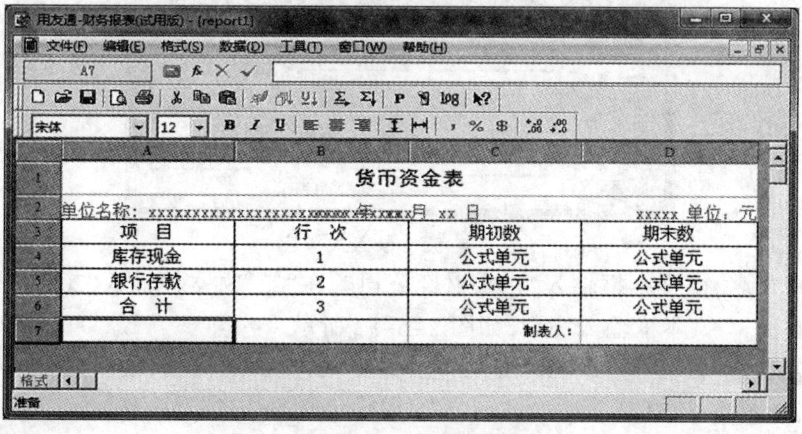

图2-6-50 货币资金表

注意：

● 此时，系统打开的"货币资金表"模板格式，已经覆盖了系统新建的文件名默认为 report1.rep 的报表格式。当前，用户正在运用的报表模板文件是文件名为 report1.rep，文件的模板格式完全是"货币资金表"的模板格式，也就是"货币资金表"模板文件不会受到任何变动，这也是建议用户使用这种方式的原因。

第二，进入报表数据状态。

直接在报表的格式状态下，单击报表左下角的"数据/格式"按钮，进入报表的数据状态，如图 2-6-51 所示。

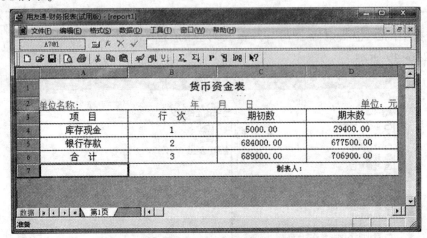

图 2-6-51　报表数据状态

第三，录入关键字。

关键字是表页定位的特定标志，在格式状态下设置完成关键字以后，只有在数据状态下录入，才能真正成为表页的鉴别标志，为表页间和表间的取数提供依据。

继续前面实例的操作：录入"货币资金表"的关键字。

(1) 执行"数据—关键字—录入"命令，打开"录入关键字"对话框，如图 2-6-52 所示。

图 2-6-52　录入关键字

(2) 在"单位名称"文本框输入"包头财经公司"，在"年"文本框输入"2012"，在"月"文本框输入"1"，在"日"文本框输入"31"，如图 2-6-52 所示。

(3) 单击"确定"按钮，系统弹出"是否重算第 1 页"。如果此时就要生成有关报表数据，单击"是"按钮，如图 2-6-53 所示。

图 2-6-53　生成有关报表数据

注意：
- 每一张表页上均需要输入关键字的值,报表输出时将随同单元一起显示。
- 日期关键字可以确认报表数据取数的时间范围,即确定报表数据生成的具体日期。

第四,报表重算(包括整表重算和表页重算)。

报表重算是指在编制报表时可以反复使用已经设置的计算公式。同一报表在同一会计日期内多次进行报表计算,生成得到的运算结果是相同的,则在不同的会计期间就生成不同运算结果的报表。如果在报表生成时系统提示公式有误,则必须重新修改报表的计算公式,修改完毕后,重新进行报表计算。

报表重算是在报表的"数据状态"下进行的,通过执行"数据—表页重算"命令或执行"数据—整表重算"命令。

第五,将生成的数据报表保存到指定位置。

由于之前是通过执行"新建—模板分类—常用模板"命令,调用"包头财经公司模板"中的"货币资金表"。因此,此时执行"文件—保存"或"文件—另存为"命令均可以将生成的货币资金表保存到用户指定的位置。具体操作省略。

(二)审核报表

在实际应用中,只要报表中的数据发生变化,必须要进行审核。通过审核可以找出报表内部的问题,还可以找出不同报表中存在的问题。

执行审核功能后,系统将按照审核公式逐条审核表内的关系。当报表数据不符合钩稽关系时,系统会提示错误信息。

导致审核出现错误的原因有:单元公式出现语法错误,审核公式本身错误和账套数据源错误等。

如果按照错误信息修改了错误,需要重新计算,并再次进行审核,直到不出现任何错误信息为止。在实际工作中,只有经过审核无误后才将生成的报表文件进行保存以备使用。

实例:审核"货币资金表"。

操作步骤:

继续前面实例的操作,执行"数据—审核"命令,系统自动对货币资金表进行审核,并将审核结果,即"完全正确"显示在窗口的左下方,如图 2-6-54 所示。

图 2-6-54　审核结果

(三)舍位平衡操作

实例:报表舍位平衡操作。

包头财经公司 2012 年 1 月末,根据之前已经设置的舍位平衡公式,运行系统提供的相应功能,进行舍位平衡的操作,并将舍位平衡后由系统生成的"货币资金表"计量单位改为"千元"。

操作步骤:

(1)继续前面实例的操作,执行"数据—舍位平衡"命令,系统会自动根据前面定义的舍位公式进行舍位操作,并将舍位后的报表保存在 hbzjbsw.rep 文件中。

(2)执行"文件—打开"命令,将 hbzjbsw.rep 文件打开,如图 2-6-55 所示。

图 2-6-55　舍位平衡后货币资金表

(3)单击报表左下角的"数据/格式"按钮,进入报表的格式状态,如图 2-6-56 所示。

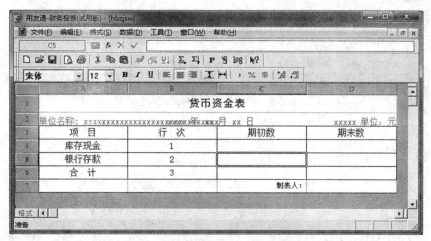

图 2-6-56　舍位平衡后货币资金表的格式状态

(4)执行"数据—关键字—设置"命令,打开"设置关键字"对话框,将"自定义关键字"文本框中的"元"改为"千元",如图 2-6-57 所示。

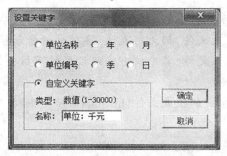

图 2-6-57　设置关键字

(5)单击"确定"按钮,返回,如图 2-6-58 所示。

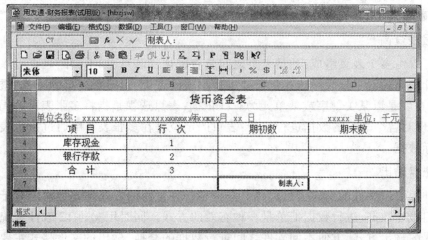

图 2-6-58　更改计量单位

(6)单击报表左下角的"数据/格式"按钮,进入报表的数据状态,如图 2-6-59 所示。

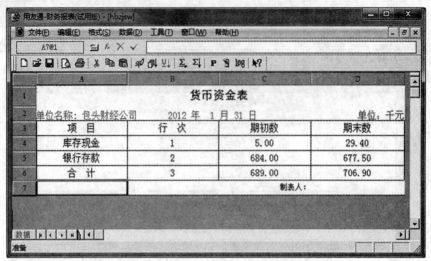

图 2-6-59　舍位平衡后货币资金表的数据状态

注意：

● 如果舍位公式有误,系统状态栏会提示"无效命令或错误参数!"信息。

● 舍位平衡后生成的报表文件,仍为用友通 T3 软件的专属报表文件即 *.rep。

● 舍位平衡后生成的报表文件,其中仅有已经设置的审核公式,单元公式和舍位平衡公式均不存在。

● 舍位平衡后,可以将生成的报表文件(hbzjbsw.rep 文件)打开查阅并注意保存。

二、会计报表的输出

单位设置的各种报表经过上述报表数据处理编制为可供用户使用的对外报表和对内报表。通过系统提供的报表输出功能实现用户对各种报表的使用。会计报表的输出主要包括:屏幕查询、磁盘输出和打印输出等形式。

(一)报表查询

报表可以由多个表页组成,并且表页之间具有密切的联系,如不同的表页可以是同一单位不同会计期间的同一报表。这些都需要进行报表的查询,包括对表页的查找、透视和定位等。表页的查找是以某关键字或某单元为查找依据;表页透视是指将多张表页的局部内容同时输出,实现对各个表页的数据进行比较;表页的定位是在多张表页中通过指定表页的单元来查看目标数据。

(二)磁盘输出

将各种报表以文件的形式输出到磁盘上也是一种常用的方式。此类输出对于下级部门向上级部门报送数据,进行数据汇总是一种有效的方式。同时用友通 T3 软件系统提供了不同文件格式的输出方式,方便不同软件之间进行数据的交换。输出的文件格式主要有报表文件(*.rep)、数据库文件(*.dbf)、Excel 文件(*.xls)和网页文件(*.html)等。

（三）打印输出

打印输出方式是指将编制出来的报表以纸介质的形式打印输出。打印输出是将报表进行保存、报送有关部门而不可缺少的一种报表输出方式。在打印输出之前必须要在报表系统中做好打印机的有关设置以及报表打印的格式设置，并且在报表打印之前可以在"预览"窗口中预览。

第三篇

会计核算系统操作技能
(金蝶 KIS 版)

在第二篇我们用 6 章的内容,以用友通 T3 会计软件为例全面系统地阐述了会计核算系统的操作原理。这样读者会有一个较为完整的应用会计核算软件的理念。从第三篇开始进入到会计核算系统操作技能的介绍,也就是通过对金蝶 KIS(标准版 V9.1)会计软件的应用,使读者能够真正掌握目前国内不同会计核算软件的基本操作技能。全篇内容共计有 4 章,全部按照电算化会计核算系统的实际业务操作流程来编排,即系统管理—系统初始设置—日常账务处理(填凭证和登账簿)—会计报表编制。

第一章　系统管理

　　根据第二篇阐述的会计核算系统的基本操作原理，用户在使用核算系统之前首先要明确系统管理的主要内容。金蝶 KIS 会计软件系统管理主要包括：系统的安装配置、账套管理、用户增减及其用户权限管理和系统安全管理。

第一节　系统安装

　　从本节开始以金蝶 KIS(标准版 V9.1)会计软件为例,全面系统地介绍软件的操作使用过程。依据会计核算系统的操作原理,在使用电算化会计核算软件之前首先要针对单位的性质来选用会计软件,对计算机系统的运行环境进行必要的安装配置,包括硬件和系统软件两个方面。在安全稳定的计算机系统中安装所选用的会计核算软件。

一、配置运行环境

　　会计核算软件必须在与之相适应的环境下运行才能保证发挥其功能，很好地完成会计核算工作。会计核算软件的运行环境包括硬件环境和软件环境两个方面。

　　(一)硬件环境

　　按照计算机硬件设备的不同组合方式,一般构成为以下两种硬件结构。

　　1. 单机环境:配置一台计算机和相应的外部设备,属于单用户、单任务工作。针对金蝶 KIS 会计软件，单机版用户主机配置:CPU P100 MHz 或以上,内存 64 MB 或以上,硬盘空间 500 MB 或以上。

　　2. 网络环境：具有独立功能的多台计算机与一台或几台数据服务器通过网络通信线路连接而成，组成功能更加强大的计算机网络环境。网络环境下的结构如图 3-1-1 所示。

　　针对金蝶 KIS 会计软件，网络用户建议

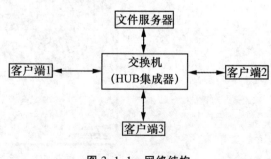

图 3-1-1　网络结构

最多 3 个用户,硬件配置见表 3-1-1。

表 3-1-1 网络用户硬件配置

对象	硬件配置要求
网络服务器	CPU P1 GHz以上,内存512 MB或以上,硬盘至少1 GB以上,有一个光驱
客户端	CPU P100 MHz以上,内存64 MB或以上,硬盘至少500 MB以上,有一个光驱

(二)软件环境

软件环境是指支持软件即所需要的系统软件,包括操作系统和数据库。针对前述的网络硬件环境结构,金蝶 KIS 软件相对应的系统软件需求见表 3-1-2。

表 3-1-2 操作系统配置

对象	操作系统配置要求
网络服务器	Win2000 Sever中文版、Win2000 advanced Sever中文版、Win Server 2003中文版、Windows Vista home 中文版、Win 7中文版
客户端	Win2000中文版、Win2000 Server中文版、Win2000 Advanced Server中文版、Win Server 2003中文版、WinXP中文版、Windows Vista home 中文版、Win 7中文版

二、安装会计软件

(一)安装前的准备工作

1. 整理计算机的硬盘空间

在已经使用的计算机上,一般存在许多没有用的文件。因此,安装会计软件之前应该将这些文件删除,使计算机的硬盘空间最大化,以便于会计软件的运行。

2. 查杀计算机病毒

有些计算机可能染有计算机病毒,这样会对会计软件的运行造成很大的不良影响和破坏。因此,在安装会计软件前必须使用杀毒工具对计算机硬盘进行全面的清理和查杀。

(二)安装金蝶 KIS 会计软件

(1)将金蝶 KIS 软件安装光盘放入光驱后,系统自动弹出安装向导"金蝶 KIS 安装程序"对话框,如图 3-1-2 所示。(如没有自动运行,请打开光盘,双击其中的 kissetup.exe 文件运行安装向导)

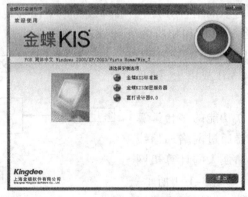

图 3-1-2 金蝶 KIS 安装向导

(2)单击"金蝶 KIS 标准版"即可开始安装,如图 3-1-3 所示。

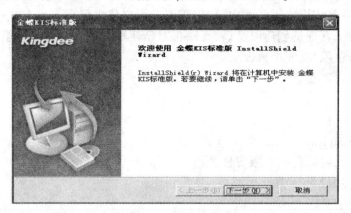

图 3-1-3　金蝶 KIS 安装进程

(3)依照安装向导提示安装即可,直至将金蝶 KIS 会计软件安装完毕,如图 3-1-4 所示。

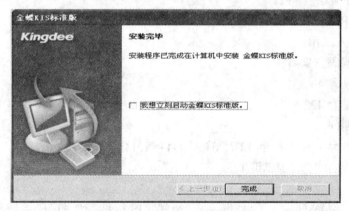

图 3-1-4　金蝶 KIS 安装完毕

第二节　账套管理

账套是会计软件中最基本的概念。所谓账套就是指保存一个会计主体单位的相关会计业务数据资料的文件。它包括两层含义:①一个账套中只能保存一个单位或一个独立核算单位的会计核算资料;②账套中存放的内容为会计科目、记账凭证、各种账簿、会计报表等会计核算资料。在金蝶 KIS 会计软件中可以建立任意多个相对独立的账套。

账套管理包括账套的建立、备份和恢复、账套修复和碎片整理。系统管理员负责账套的建立、备份和恢复、账套修复和碎片整理。在这里系统管理员与账套主管同为一个人,既是系统管理员又是账套主管,系统默认的系统管理员为 Manager。

一、建立账套

用户单位在使用金蝶 KIS 会计软件处理业务之前需要建立账套,即"建账",包括确定账套名称、单位所属行业、记账本位币、科目编码方案、账套启用会计期间等方面的单位信息。金蝶 KIS 会计软件系统设置了建账向导,用于引导用户建立账套。

需要说明,系统管理员创建账套后,无法再对新建账套进行修改。这里只有账套名称可以在之后的"账套选项"功能中修改。

实例:建立公司账套。

1. 账套信息

账套文件名:001

账套路径:D:\btcjgs

账套名称:包头财经科技有限责任公司

启用会计期:2012 年 1 月

2. 核算类型信息

行业性质:新会计准则

按行业性质预置会计科目

本位币代码:RMB

本位币名称:人民币

3. 会计科目编码方案

会计科目级数为 4

科目编码方案为 4222

4. 账套会计期间

账套会计期间为 1 月 1 日至 12 月 31 日的自然月份

账套启用会计期间为 2012 年 1 月

操作步骤:

(1)以系统管理员 Manager 的身份执行"金蝶 KIS 标准版",打开"**系统登录**"窗口,如图 3-1-5 所示。

图 3-1-5 系统登录

(2)将"账套名称"选择框原有的内容清空,在选择框中打开"账套文件"对话框,如图 3-

1-6 所示。

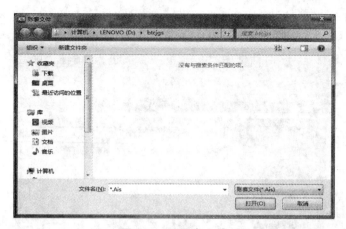

图 3-1-6　账套文件

(3)选择账套路径为"D:\btcjgs",输入账套"文件名"为"001",单击"打开"按钮"返回,如图 3-1-7 所示。

图 3-1-7　金蝶 KIS 标准版系统登录

(4)"用户名称"为"Manager","用户密码"为空,单击执行"新建账套"命令,打开"建账向导"对话框,如图 3-1-8 所示。

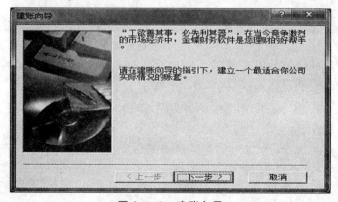

图 3-1-8　建账向导

注意：

●在如图 3-1-5 所示的"系统登录"窗口中，直接单击"确定"按钮，进入系统后，选择执行"文件—新建账套"命令，也可以建立新账套。

(5)在弹出的"建账向导"对话框中，单击"下一步"，进入"请输入账套名称"对话框，如图 3-1-9 所示。

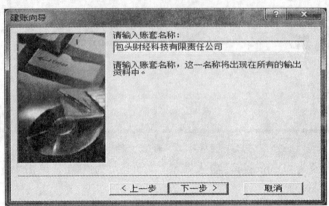

图 3-1-9　请输入账套名称

(6)输入"包头财经科技有限责任公司"，单击"下一步"按钮，进入"请选择贵公司所属的行业"对话框，如图 3-1-10 所示。

图 3-1-10　选择所属的行业

(7)选择"新会计准则"，此时系统默认预置所选行业的会计科目表，单击"下一步"按钮，进入"请定义记账本位币"对话框，如图 3-1-11 所示。

(8)输入"记账本位币"为"RMB"和"人民币"，单击"下一步"，进入"定义会计科目结构"窗口，如图 3-1-12 所示。

(9)输入"会计科目级数"为"4"，完成科目编码方案为"4222"，单击"下一步"，进入"请定义会计期间的界定方式"窗口，如图 3-1-13 所示。

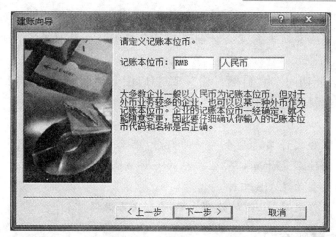

图 3-1-11　定义记账本位币

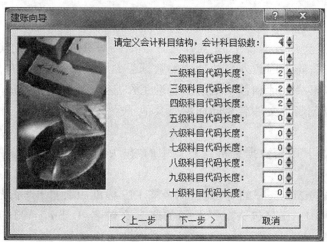

图 3-1-12　定义会计科目结构

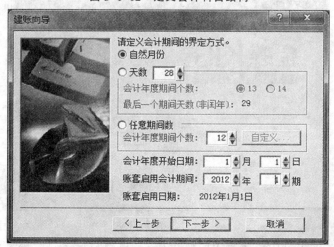

图 3-1-13　定义会计期间的界定方式

注意：

● 由于系统按照账套所选行业会计制度预置了第1级会计科目，因此第1级科目编码长度不能修改。

(10)定账套"会计期间"为"自然月份"，"账套启用会计期间"为"2012年1月"，单击"下一步"完成"包头财经科技有限责任公司"的账套建立。

注意：

● 账套名称与账套文件名是两个不同的概念。账套名称将出现在输出的凭证、账簿和报表等资料上。账套文件名是计算机管理文档的一种方式。

● 账套文件的类型为 *.AIS 文件。

● 在完成建账工作之后，上述的建账参数将无法再做修改。

二、账套备份和恢复账套

(一)账套备份

账套备份也就是会计数据备份，是将所选账套的数据备份到硬盘或其他介质中。其目的是为了长期保存数据，防备因意外事故造成的数据丢失和破坏。当然，有(异地)管理的子公司，此种方法也可以解决审计和数据汇总的管理工作，这时需要预先规定不同子公司的账套文件名不能相同，以免账套文件名相同而覆盖其他子公司账套的数据。

实例： 账套备份。

将"包头财经公司"账套数据备份到D盘中的"包头财经公司账套备份"文件夹中。

操作步骤：

(1)以系统管理员Manager的身份执行"金蝶KIS标准版"，打开"系统登录"窗口，在"账套名称"处选择为"001.AIS"(包头财经公司的账套文件名：D:\btcjgs\001.AIS)，如图3-1-14所示。

图3-1-14　系统登录

(2)单击"确定"按钮，进入"金蝶KIS标准版"窗口，执行"文件—账套维护—账套备份"命令，打开"账套备份"对话框，如图3-1-15所示。

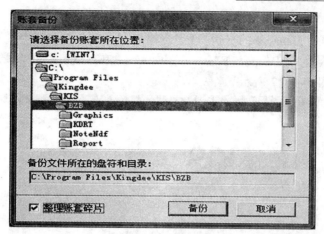

图 3-1-15　账套备份

(3)选择"备份文件所在的盘符和目录"为"d:\ 包头财经公司账套备份",如图 3-1-16
所示。

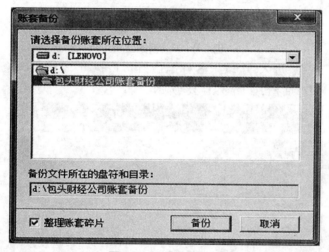

图 3-1-16　账套备份

(4)单击"备份"按钮,完成账套备份。

注意:

账套备份后的文件类型为 *.AIR 文件。

(二)恢复账套

账套恢复也就是会计数据恢复,是指将备份的数据恢复到系统中。进行账套恢复的原因
是:当系统中的数据被破坏,将最新备份的数据恢复到系统中;当然,子公司的账套数据可以
定期被恢复到总公司,以便于进行有关账套数据的分析和汇总工作。

用户如果需要使用备份的账套数据(相应的 *.AIR 文件),必须先将备份的账套恢复到
硬盘中(恢复为 *.AIS 文件),再用金蝶 KIS 软件打开即可。

实例:恢复账套。

将"包头财经公司"的备份账套数据恢复到系统中。

操作步骤:

(1)以系统管理员 Manager 的身份执行"金蝶 KIS 标准版",打开"系统登录"窗口,在"账套名称"处系统默认为"C:\Program Files\Kingdee\KIS\BZB\Sample.ais"(系统默认的账套文件名:Sample.ais),如图 3-1-17 所示。

图 3-1-17　系统登录

(2)单击"确定"按钮,进入"金蝶 KIS 标准版"窗口,执行"文件—账套维护—账套恢复"命令,打开"恢复账套"对话框,如图 3-1-18 所示。

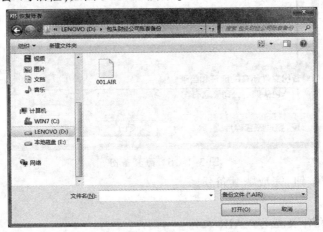

图 3-1-18　恢复账套

(3) 选取之前已经备份的包头财经公司账套文件 "d:\ 包头财经公司账套备份 \001.AIR",单击"打开"按钮,系统弹出"恢复为"对话框,如图 3-1-19 所示。

(4)单击"保存"按钮,即可完成将包头财经公司的备份账套文件 001.AIR 恢复为账套文件 001.AIS。系统默认将此文件恢复到金蝶 KIS 软件的目录中, 即 "C:\Program Files\Kingdee\KIS\BZB"的文件目录下。

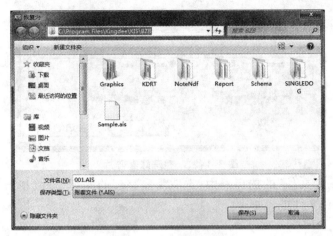

图 3-1-19　恢复为

注意：

● 用户可以按照自己的选择将账套文件恢复到指定的文件目录中，并且可以是指定的账套文件名。

三、账套修复和碎片整理

（一）账套修复

用户在使用过程中可能会遇到断电等意外故障，可能会对正在使用的账套文件造成破坏，以致无法打开账套。金蝶 KIS 软件提供了很强的事故修复能力。

操作方法：以系统管理员 Manager 的身份执行"金蝶 KIS 标准版"，打开"系统登录"窗口，登录系统默认的账套，执行"文件—账套维护—账套修复"命令，如图 3-1-20 所示。

图 3-1-20　修复账套

用户在"指定账套文件"的选择框中，选取需要修复的被损账套文件，单击"开始修复"按钮，系统即开始对指定的账套文件进行修复。这里需要注意的是系统提供的账套修复功能只是一种补救措施，可能被损坏的账套文件经过修复后仍然不能使用。

（二）账套碎片整理

系统所建立的账套在运行过程中可能会产生一些无用的空间，无法释放，使账套文件占用的空间越来越大，这样可直接影响系统运行的稳定和速度。金蝶 KIS 软件提供的"整理账套碎片"功能则可以将账套中无用的空间释放出来，重新整理账套。

操作方法：以系统管理员 Manager 的身份执行"金蝶 KIS 标准版"，打开"系统登录"窗口，登录系统默认的账套，执行"文件—账套维护—账套碎片整理"命令，如图 3-1-21 所示。

图 3-1-21　整理账套碎片

　　用户在指定"账套文件"的选择框中,选取需要整理的账套文件,单击"开始"按钮,系统即开始对指定的账套文件进行整理。

第三节　用户增减及其用户权限管理

　　在金蝶 KIS 软件中,系统管理员 Manager 完成单位账套的建立之后,需要对使用该新建账套的单位用户进行确定。这里需要指出的是系统管理员 Manager 具有整个新建账套的最高权限,负责增加或减少账套的操作人员及其权限的分配。

一、用户的增加和删除

　　在金蝶 KIS 软件中, 使用和操作软件的用户是按照分组进行管理的, 系统默认的一个"系统管理员组"和一个"缺省组",其中在"系统管理员组"的操作员才有增加、删除用户、对用户进行授权以及反过账和反结账的权限。"缺省组"也就是普通操作员组,可以将其更名为其他组。在金蝶 KIS 软件中除列入"系统管理员组"之外,操作人员只有在授权范围内才能实施操作。

　　在金蝶 KIS 软件中, 系统管理员对用户的管理是通过设置用户组和设置用户两步来实现的,分别包括用户组的增加、修改和删除,用户的增加和删除。其中系统默认的系统管理员 Manager 在用户新建账套之后,可以用新增注册的系统管理员身份将其删除。

　　实例:用户的增减管理。

　　姓名:董理　　口令:001　　所属用户组:系统管理员组

　　姓名:杭程　　口令:002　　所属用户组:会计组

　　姓名:成功　　口令:003　　所属用户组:出纳组

　　操作步骤:

　　第一,设置用户组。

　　(1)以系统管理员 Manager 的身份执行"金蝶 KIS 标准版",打开"系统登录"窗口,在"账套名称"处选择为"001.AIS"(包头财经公司的账套文件名:D:\btcjgs\001.AIS),如图 3-1-14 所示。

　　(2)单击"确定"按钮,进入"金蝶 KIS 标准版"窗口,执行"工具—用户管理"命令,打开

"用户(组)管理"对话框,如图 2-1-22 所示。

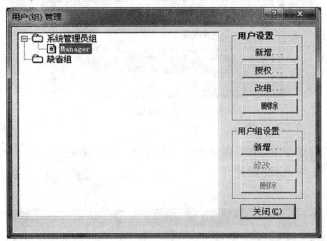

图 2-1-22　用户(组)管理

(3)单击"用户组设置"下的"新增"按钮,打开"增加用户组"窗口,输入"会计组"如图 3-1-23 所示。

图 3-1-23　增加用户组

(4)单击"确定"按钮,完成新增用户组。重复第 3 至 4 步,新增"出纳组",如图 3-1-24 所示。

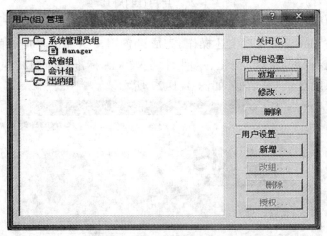

图 3-1-24　用户(组)管理

第二,设置用户。

(1)单击"用户设置"下的"新增"按钮,打开"增加用户"窗口,在"用户组名"处选取"系统管理员组",在"用户名"处输入"董理",在"安全码"处输入自定义的 5～16 个字符的安全码,如图 3-1-25 所示。

图 3-1-25　增加用户

注意：

● 用户平时用不到这个安全码,在系统受到破坏时,可以用它来恢复你对账套的访问权限。

(2)单击"确定"按钮,完成新增用户。重复第1至2步,新增用户"杭程"和"成功",如图 3-1-26 所示。

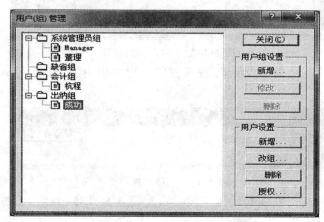

图 3-1-26　用户(组)管理

第三,设置用户密码。

(1)系统管理员 Manager 通过上述操作,完成设置用户组和设置用户的增加和减少。单击"用户(组)管理"窗口的"关闭"按钮,返回到"金蝶 KIS 标准版"窗口,执行"文件—更换操作员"命令,打开"系统登录"对话框,如图 3-1-27 所示。

图 3-1-27　系统登录

(2)在"用户名称"处选取(或输入)"董理",单击"确定"按钮,以操作员"董理"身份进入系统,如图 3-1-28 所示。

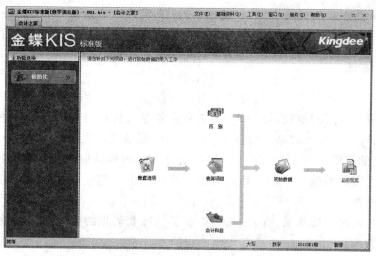

图 3-1-28　金蝶 KIS 标准版

(3)执行"工具—修改密码"命令,进入"修改密码"对话框,如图 3-1-29 所示。

图 3-1-29　修改密码

(4)因为之前没有给操作员"董理"设置密码,所以这里不需要输入旧密码。此时,操作员"董理"为自己设置密码,按实例的要求分别在"新密码"和"确认新密码"两处输入密码(口令)"001",如图 3-1-30 所示。单击"确定"按钮,完成密码设置。重复第 1 至 4 步,分别设置操作员"杭程"和"成功"的密码。

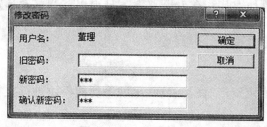

图 3-1-30　修改密码

注意:

● 对所设置的用户组可以进行修改,或者在未被使用前对其进行删除。一旦被使用,则不能删除。

● 在实际工作中可以根据需要随时增加操作员。

● 为了保证系统安全和分清责任,操作员登录系统后应当及时修改设置自己的口令。

● 操作员密码修改后是在下一次登录打开账套或更换操作员时生效。

● 为了保证账套数据的安全,在新建账套后,应该将系统预设的 Manager 用户添加一个安全的新密码或者将 Manager 直接删除(可以单独使用新增注册的系统管理员)。

二、用户权限管理

对用户权限的管理就是对已经设置的用户进行授权。在金蝶 KIS 软件中只有系统管理员才有权进行用户权限的设置(授权)。系统默认的系统管理员 Manager 自动拥有账套系统的全部权限,并可以增加新的系统管理员。系统默认的系统管理员 Manager 和之后新增的系统管理员,他们的权限范围是相同的,都拥有账套系统的最高权限,他们两者所不同的是后者新增的系统管理员不能建立新账套。因此,用户权限的管理主要是对系统管理员以外的操作员进行权限设置。

在金蝶 KIS 软件中操作员权限是指操作员拥有账套数据的处理权限以及权限的作用范围。因此,系统管理员 Manager 在建立账套和设置操作员之后,就需要由系统管理员 Manager(包括新增的系统管理员)对账套的分工权限及其作用范围进行具体设置。以便操作员在分工明确、职责清楚的范围内充分发挥账套的功能,完成会计核算任务。

(一)授权时首先要确定用户授权范围

用户授权范围是指该用户的操作权限所能作用的范围。用户授权范围分为以下三个级别。

1. 当前用户

该用户只能查看、处理本人所经办的业务。例如在查询凭证时,就只能查到本人录入的凭证。非本人录制的凭证则无法查看到,也就无法修改和审核。系统默认,包括系统管理员 Manager 在内的全部操作人员的权限作用范围均为当前用户。

2. 本组用户

该用户只能查看和处理本组用户经办的业务。例如,某用户的授权范围选择为本组用户,权限设置为"审核",则他只能审核本组用户所做的凭证,对超出范围的凭证不能审核。

3. 所有用户

选择此范围则可处理所有用户经办的业务,且不论这些业务是属于哪个用户组的处理范围。

(二)账套数据的处理权限

1. 操作权限

对账务处理、工资、固定资产、往来管理、出纳等功能模块进行授权操作。

2. 报表权限

它包括:各种账报表的查询和打印权限,可以对各种总账、明细账、汇总表等进行查询和打印;报表编制和分析权限,可以编制报表、修改报表、删除报表、查询报表和打印报表等。

3. 科目权限

科目权限是指授予会计科目使用的权限,其中具体的会计科目授权设置将直接影响到您是否有权限查看或使用该科目。

实例：设置操作员权限。

1. 设置操作员"董理"拥有包头财经公司账套的所有权限。

2. 设置操作员"杭程"拥有包头财经公司账套"账务处理"中除了"凭证审核"以外的所有操作权限，"固定资产""工资管理""往来管理"和"系统维护"的所有操作权限。

3. 设置操作员"成功"拥有包头财经公司账套"出纳管理"的所有权限。

4. 上述操作人员的授权范围均为"所有用户"。

操作步骤：

(1)以系统管理员 Manager 的身份执行"金蝶 KIS 标准版"，打开"系统登录"窗口，在"账套名称"处选择"001.AIS"(包头财经公司的账套文件名：D:\btcjgs\001.AIS)，如图3-1-14 所示。

(2)单击"确定"按钮，进入"金蝶 KIS 标准版"窗口，执行"工具—用户管理"命令，打开"用户(组)管理"对话框，如图 3-1-31 所示。

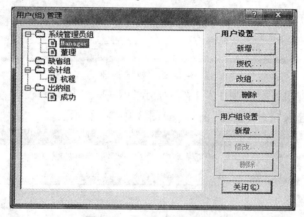

图 3-1-31　用户(组)管理

(3)选择系统管理员组"董理"，单击"授权"按钮，进入"权限管理"窗口，如图 3-1-32 所示。

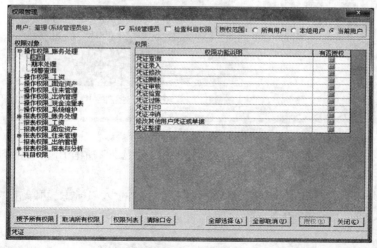

图 3-1-32　权限管理

(4)单击"授予所有权限"按钮,并在"授权范围"处选定"所有用户",最后单击"授权"按钮,完成系统管理员"董理"拥有账套所有权限的设置,如图 3-1-33 所示。

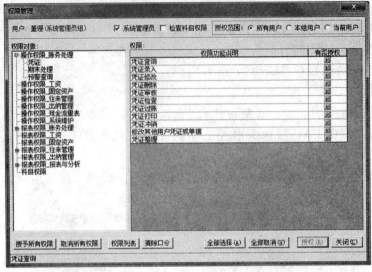

图 3-1-33　权限管理

(5)单击"关闭"按钮,返回到图 3-1-31 所示"用户(组)管理"窗口。选择会计组"杭程",单击"授权"按钮,再进入"权限管理"窗口,如图 3-1-34 所示。

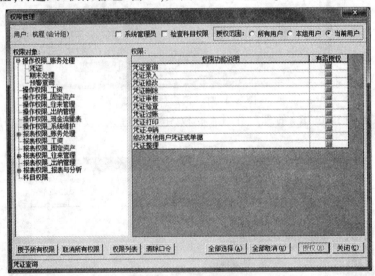

图 3-1-34　权限管理

(6)在"权限对象"下选择"凭证",在"授权范围"处选择"所有用户",同时单击"全部选择"按钮,如图 3-1-35 所示。

(7)单击(去掉)"凭证审核"后面"有否授权"处对应的"√"标志,再单击"授权"按钮,完成"账务处理—凭证"功能的相应操作权限设置,如图 3-1-36 所示。

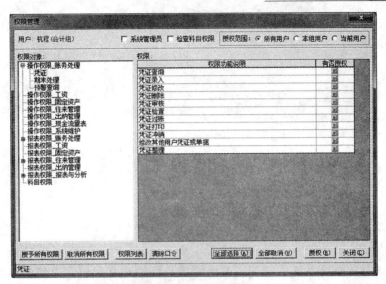

图 3-1-35　权限管理

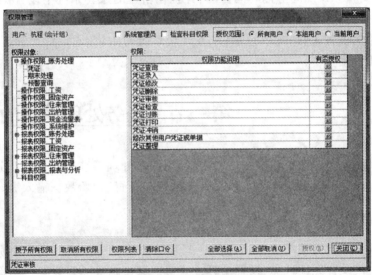

图 3-1-36　设置权限

(8)重复第 6 至 7 步,完成其他账套功能的相应操作权限设置。

(9)重复第 5 至 7 步,完成操作员"成功"的相应操作权限设置。

第二章 系统初始设置

通过上一章会计核算系统的管理，系统管理员已经建立起包含单位基本信息、核算类型、科目编码方案和会计期间等内容的账套，并且在新建的账套系统中设置操作员和操作权限的授权。从本章开始由系统管理员根据单位的管理要求，运用金蝶 KIS 软件提供的功能进行一系列的初始化设置工作，主要包括：账务处理系统初始化、固定资产管理系统初始化和工资管理系统初始化。

第一节 账务处理系统的初始设置

账务处理系统是会计核算系统的核心，在使用账务处理系统进行日常业务处理之前，必须要进行尽可能详尽的设置工作，主要包括：基础资料设置、初始数据输入等。

一、基础资料设置

基础资料是保障账务系统正常运行的一些基础数据，主要包括：设置币别、核算项目设置、设置会计科目、设置凭证种类、设置结算方式等。其中核算项目设置包括部门设置、职员设置和往来单位设置等属于辅助账核算初始化，外币种类设置、会计科目设置、凭证类别设置和结算方式设置为传统会计核算初始化。关于这一点已经在之前有关"辅助账管理业务处理程序"章节中阐述。因此，基础数据的设置工作量很大。用户单位应根据管理工作的实际需要，做好基础数据的整理工作。

（一）设置币别

核算单位如果有外币业务，就需要进行有关外币的管理，包括设置外币种类和外币汇率。其中外币汇率包括记账汇率和调整汇率两类，记账汇率一般采用本月月初的外币汇率，月末进行调汇业务前要以月末的外币汇率作为调整汇率。

实例：设置外币种类。

包头财经公司 2012 年 1 月 1 日依据表 3-2-1 资料设置外币种类。

表 3-2-1   外币资料

外币符号	外币名称	记账汇率
USD	美元	6.40
HKD	港币	0.85
AUD	澳元	6.50

操作步骤：

(1)以系统管理员 Manager 的身份执行"金蝶 KIS 标准版"，打开"系统登录"窗口，在"账套名称"处选择"001.AIS"，输入"用户密码"，单击"确定"按钮，进入"金蝶 KIS 标准版"窗口，执行"币别"命令，打开"币别"对话框，如图 3-2-1 所示。

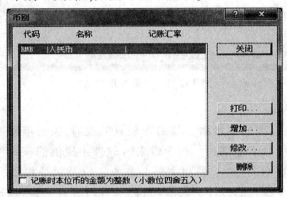

图 3-2-1   币别

(2)单击"增加"按钮，进入设置外币信息窗口，输入"币别代码"为"USD"，"币别名称"为"美元"，"期间"选为"1"，"期初汇率"为"6.40"，如图 3-2-2 所示。

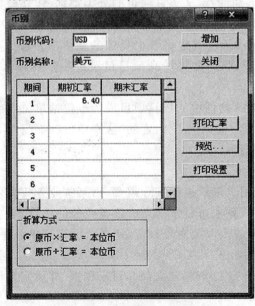

图 3-2-2   设置外币信息

(3)单击"增加"按钮,完成美元外币的设置。重复第 2 至 3 步,完成其他外币的设置,如图 3-2-3 所示。

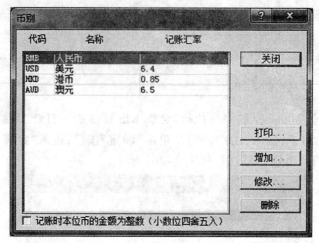

图 3-2-3　设置外币信息

(二)核算项目设置

金蝶 KIS 软件中核算项目设置属于辅助账核算的范畴,关于辅助账核算已经在有关"辅助账管理业务处理程序"章节中阐述。在金蝶 KIS 软件中提供的核算项目设置功能,可以将单位的库存商品、生产成本、在建工程和主营业务收入以及对外投资、课题合同和订单等业务,根据管理的实际需要将它们设计为核算项目。为此应允许单位自行定义多个种类的核算项目,可以将具有相同特性的一类项目定义成一个核算类别,一个核算类别可以核算多个项目。以金蝶 KIS 软件为例,用户可以按照以下步骤进行核算项目设置:

第一,定义核算项目类别,即定义核算项目的分类类别,建立核算项目的类别库文件。如新建商品、产品和客户等类别库文件。

第二,定义核算项目目录也就是将各个具体的核算项目输入类别库中。为了便于统计,也可将这些项目进一步划分,如将产品项目目录进一步划分为自行开发项目和委托开发项目。

这里需要说明,金蝶 KIS 软件中的核算项目设置也包括单位内部的个人和部门设置,单位外部的供应商和客户设置。其中系统内置的"往来单位""部门"和"职员"三个核算项目只能应用,不能对它进行删除和修改。

1. 自定义核算项目

自定义核算项目就是用户单位根据实际需要,对某些业务核算采用项目核算方式,通过设置核算项目类别和设置核算项目目录来完成该类业务的核算。它主要包括库存商品、生产成本、在建工程和主营业务收入以及对外投资、课题合同和订单等业务核算。

实例:建立商品目录档案。

包头财经公司根据表 3-2-2 资料建立商品目录档案,并设定允许核算项目分级显示。

表 3-2-2　商品目录

编号	商品分类及目录名称
1	外购用品
2	自制软件加密器
3	管理软件
01	RL-12 加密器,上级代码:2
02	人力资源管理系统,上级代码:3
03	管理会计软件,上级代码:3

操作步骤:

(1)以系统管理员 Manager 的身份执行"金蝶 KIS 标准版",进入"金蝶 KIS 标准版"窗口,执行"核算项目"命令,打开"核算项目"对话框,如图 3-2-4 所示。

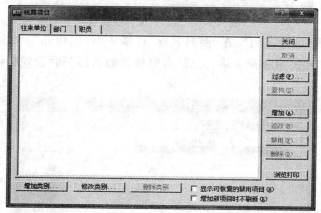

图 3-2-4　核算项目

(2)单击"增加类别"按钮,打开建立"核算项目类别"对话框,在"类别名称"处输入"商品",其余均为默认,如图 3-2-5 所示。

图 3-2-5　建立核算项目类别

(3)单击"确定"按钮,返回"核算项目"对话框。选定新建的核算项目"商品",单击右侧的"增加"按钮,进入增加核算项目"商品"分类目录,如图 3-2-6 所示。

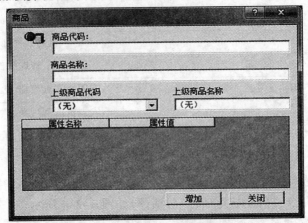

图 3-2-6　输入商品分类目录

(4)在"商品代码"处输入"1",在"商品名称"处输入"外购用品",单击"增加"按钮,完成该商品分类的增加。重复第 3 至 4 步,完成"自制软件加密器"和"管理软件"的增加,如图 3-2-7 所示。

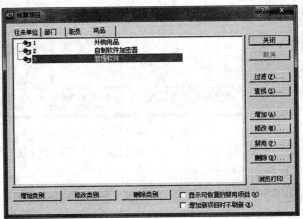

图 3-2-7　增加商品分类目录

注意:

● 在上述第 1 至 4 步操作之前,应预先执行系统的"账套选项"命令,在"高级配置选项"中设定"允许核算项目分级显示"。

(5)将光标移到"自制软件加密器"处,单击右侧"增加"按钮,在"商品代码"处输入"01",在"商品名称"处输入"RL-12 加密器",在"上级商品代码"处输入"2",单击"增加"按钮,如图 3-2-8 所示。

(6)将光标移到"管理软件"处,单击右侧"增加"按钮,在"商品代码"处输入"02",在"商品名称"处输入"人力资源管理系统",在"上级商品代码"处输入"3",单击"增加"按钮,重复本步骤完成增加"管理会计软件"商品,单击"关闭"按钮返回,如图 3-2-9 所示。

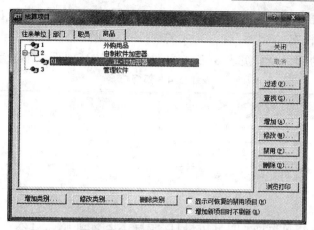

图 3-2-8 增加商品名称目录

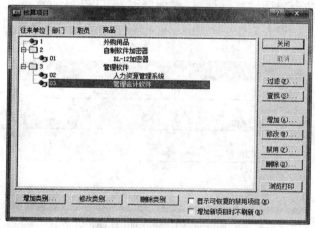

图 3-2-9 增加商品名称目录

实例：建立产品目录档案。

包头财经公司根据表 3-2-3 资料建立产品目录档案，并设定允许核算项目分级显示。

表 3-2-3 产品目录

编号	产品分类及目录名称
1	自行开发项目
2	委托开发项目
01	人力资源管理系统，上级代码：1
02	管理会计软件，上级代码：2

操作步骤：

具体操作步骤，如同"建立商品目录档案"。

2. 设置部门档案

这里部门是指会计主体单位内部所管辖的需要进行核算和管理的各个职能部门。部门档案主要用于设置单位内部各个职能部门的信息。在金蝶 KIS 软件中就是按照已经定义好的部门库文件,输入部门编号及其相关信息。每个部门档案包含部门代码和部门名称信息。

实例:建立部门档案。

包头财经公司的部门档案见表3-2-4,并设定允许核算项目分级显示。

表3-2-4 部门档案

部门编码	部门名称	部门编码	部门名称
1	经管部	2	研发部
101	财务科	3	市场部
102	人事科	4	公关部

操作步骤:

(1)以系统管理员 Manager 的身份执行"金蝶 KIS 标准版",进入"金蝶 KIS 标准版"窗口,执行"核算项目"命令,打开"核算项目"对话框,如图3-2-4所示。

(2)选定核算项目"部门",单击右侧的"增加"按钮,进入增加核算项目"部门"档案对话框,如图3-2-10所示。

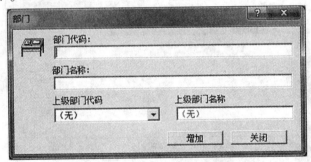

图3-2-10 输入部门档案

(3)在"部门代码"处输入"1",在"部门名称"处输入"经管部",单击"增加"按钮。重复本步骤对其他内容的输入,单击"关闭"按钮返回。

3. 设置职员档案。

这里的职员是指单位内部各个职能部门中,参与单位的业务活动而需要对其进行核算和管理的人员,如财务人员、采购人员、销售人员等。职员档案主要是设置单位内部各个职能部门中的职员信息,所以,必须先设置好部门档案才能在这些部门下设置相应的职员档案。在金蝶 KIS 软件中就是按照已经定义好的职员库文件,输入每位职员档案信息,包括职员编码、名称、所属部门和职员类别等。其中,职员编码必须唯一,职员名称可以重复。

实例:建立职员档案。

包头财经公司的职员档案见表3-2-5。

表3-2-5 职员档案

编号	职员姓名	所属部门	职员类别	职务	编号	职员姓名	所属部门	职员类别	职务
001	董理	财务科	管理	主管	102	郭丽	研发部	技术	技术员
002	杭程	财务科	管理	管理员	103	陈亮	研发部	技术	技术员

编号	职员姓名	所属部门	职员类别	职务	编号	职员姓名	所属部门	职员类别	职务
003	成功	财务科	管理	管理员	201	李蓉	市场部	营销	部长
004	刘民	财务科	管理	管理员	202	李明	市场部	营销	销售员
005	史佳	人事科	管理	主管	203	刘芳	市场部	营销	销售员
006	徐兵	人事科	管理	管理员	301	王芳	公关部	管理	部长
007	邓杰	人事科	管理	部长	302	李霞	公关部	管理	管理员
101	金鑫	研发部	技术	部长	303	张华	公关部	管理	管理员

操作步骤：

（1）以系统管理员 Manager 的身份执行"金蝶 KIS 标准版"，进入"金蝶 KIS 标准版"窗口，执行"核算项目"命令，打开"核算项目"对话框，如图 3-2-4 所示。

（2）选定核算项目"职员"，单击右侧的"增加"按钮，进入增加核算项目"职员"档案对话框，如图 3-2-11 所示。

（3）依次输入职员的相关信息，即在"代码"处输入"001"，"姓名"处输入"董理"，"部门"输入"财务科"，"类别"处输入"管理"，"性别"处输入"男"，"职务"处输入"主管"，其余均为空白，最

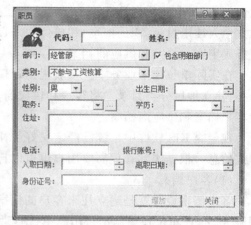

图 3-2-11　输入职员档案

后单击"增加"按钮。重复本步骤依次输入其他职员信息，待输入完毕全部职员信息，单击"关闭"按钮返回，如图 3-2-12 所示。

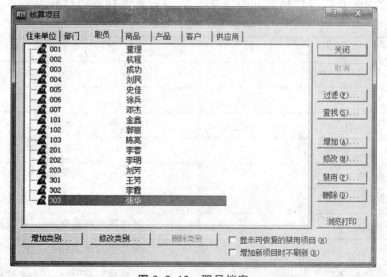

图 3-2-12　职员档案

注意：

● 职员的"类别"是进行工资费用分配的依据。系统预设的职员类别为"不参与工资核算"，表示该职员不参加工资核算，在工资管理系统中不会出现该职员。对系统预置的该类别不能进行修改或删除。用户在此可以根据本单位的实际管理需要，按照工资费用分配的情况来新增设置职员的类别。

● 用户在输入职员信息之前，必须先输入"部门"档案。这里只能通过下拉菜单选择其中的职员所属部门。

4. 往来单位设置

这里的往来单位包括个人往来和单位往来。其中个人往来是指企业单位与单位内部职工发生的往来业务，单位往来是指企业单位与外单位发生的往来业务。在前面的有关章节中我们阐述过，电算化会计核算系统将这类往来业务的核算都列入辅助核算管理。为此，需要建立个人往来目录(职员档案)和单位往来目录。往来单位的设置就是根据实际的单位往来业务确定客户档案和供应商档案。

在实际单位往来业务中，一般根据管理的要求对客户和供应商的所属地区进行相应的分类，建立地区分类目录。将客户和供应商在按照地区、行业等标准分类的基础上进一步设置客户档案和供应商档案。

在金蝶 KIS 软件中系统已经定义好了往来单位库文件，用户可以直接输入相关的往来单位信息。根据实际管理需要用户也可以自行定义往来单位的库文件，输入相关的信息。

(1)客户档案

客户档案设置就是建立往来客户的档案信息，为单位的销售管理、库存管理和应收账管理服务。企业单位在填制销售出库单、销售发票和进行款项结算时都要用到客户的信息。为此必须要正确建立客户档案。

实例：建立客户档案。

包头财经公司账套的客户档案见表3-2-6，并设定允许核算项目分级显示。

表3-2-6　客户档案

编号	客户分类和档案名称
1	内蒙古
2	北京
3	天津
4	华东地区
5	华南地区
01	包头兰天有限公司,上级代码:1
02	呼市用友有限公司,上级代码:1
03	北京用友集团公司,上级代码:2
04	上海科达有限公司,上级代码:4

操作步骤：

具体操作步骤如同"建立商品目录档案"，如图 3-2-13 所示。

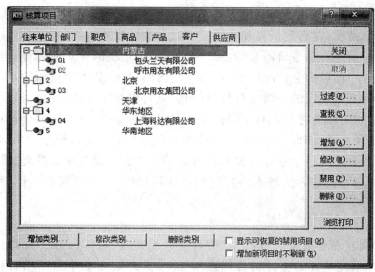

图 3-2-13　客户档案

(2)供应商档案。

供应商档案设置就是建立往来供应商的档案信息，为单位的采购管理、库存管理和应付账管理服务。企业单位在填制采购入库单、采购发票和进行采购款项结算时都要用到供应商的信息。为此必须要正确建立供应商档案。

供应商档案的设置与客户档案的设置类似，用户可以参照客户档案的设置，此处不再具体介绍，如图 3-2-14 所示。

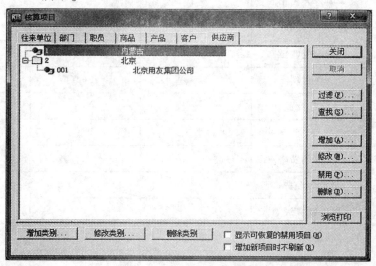

图 3-2-14　供应商档案

(三)设置会计科目

会计科目是填制记账凭证、登记账簿、编制会计报表的基础。会计科目设置的完整性关系着会计核算工作的顺利实施,会计科目设置的层次、深度直接关系到会计核算的详细程度和准确程度。

会计软件中所使用的一级会计科目,必须符合当前会计准则的规定。而明细科目,各单位则可以根据实际情况,在满足核算和管理要求以及会计报表编制的基础上自行决定。

设置会计科目就是将单位所需要的会计科目逐一按系统的要求输入计算机中。目前商品化通用会计软件中已经为会计准则预设了一级会计科目。如果用户所使用的会计科目基本上与所选的会计准则规定的一级会计科目一致,则可以在建立账套时选择预置会计科目。这样,在会计科目初始设置时只需对不同的会计科目进行修改,对缺少的会计科目进行增加处理即可。如果所使用的会计科目与所选会计准则规定的会计科目相差较多,则可以在建立账套时选择不预置会计科目。这样可以根据自身的需要自行设置全部的会计科目。

在增加会计科目时,输入的基本内容包括会计科目代码、会计科目名称、科目类别和辅助核算设置等项目。

实例:设置会计科目。

包头财经公司在新建账套时选择了"按行业性质预置科目",因此,在此只需要根据单位的实际情况,在系统预置的会计科目体系基础上,按照表3-2-7给出的资料增加部分会计科目。

表 3-2-7　会计科目表

科目编码	科目名称	币别核算	辅助账类型	计量单位
100201	工行存款			
100202	中行美元	美元　期末调汇		
100203	中行人民币			
1122	应收账款		客户往来核算	
1221	其他应收款		职员往来核算	
140301	甲材料			件
1405	库存商品		商品	套(个)
221101	工资			
221102	福利费			
221103	工会经费			
221104	职工教育经费			
221105	社会保险费			
222101	应交增值税			
22210101	进项税额			
22210102	销项税额			

科目编码	科目名称	币别核算	辅助账类型	计量单位
222102	未交增值税			
222103	应交个人所得税			
500101	直接材料		产品	
500102	直接人工		产品	
500103	制造费用		产品	
660101	工资费用		部门	
660102	折旧费用		部门	
660103	其他费用		部门	
660201	工资费用		部门	
660202	折旧费用		部门	
660203	其他费用		部门	

操作步骤：

第一，增加会计科目。

下面以增加"应付职工薪酬—工资(221101)"为例说明其操作步骤：

(1)以系统管理员 Manager 的身份执行"金蝶 KIS 标准版"，进入"金蝶 KIS 标准版"窗口，执行"会计科目"命令，打开"会计科目"对话框，如图 3-2-15 所示。

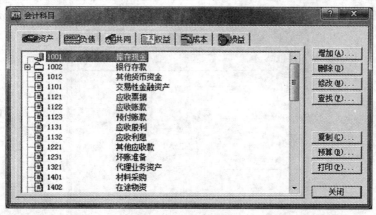

图 3-2-15　会计科目

(2)单击"增加"按钮，进入"新增科目"对话框，如图 3-2-16 所示。依次输入科目代码、科目名称等内容。

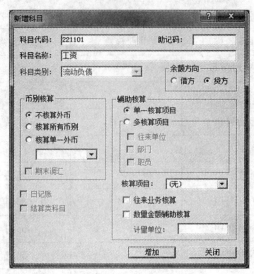

图 3-2-16　新增科目

(3)单击"增加"按钮保存。重复上述步骤,可以增加其他会计科目。

注意:

● 增加会计科目除了以上增加方式外,还可以利用复制功能增加会计科目。如果某一科目的下级与另一个科目的下级内容相同,则可以采用"复制"功能,将某一科目的下级复制到另一科目中作为下级。

第二,修改会计科目。

下面以会计科目"库存商品(1405)"为例说明其操作步骤:

(1)在"会计科目"窗口中,将光标定位在需要修改的会计科目上,如"1405 库存商品"。单击"修改"按钮或双击该会计科目,进入"修改科目"对话框,如图 3-2-17 所示。

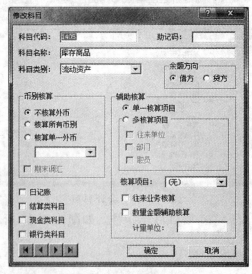

图 3-2-17　修改科目

(2)在"修改科目"对话框中,单击"核算项目"后面的选择项,从选择菜单中选定"商品"

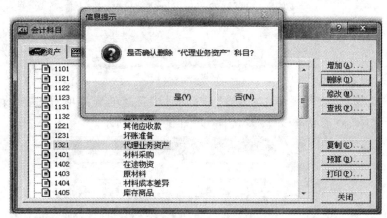

项；再单击选中"数量金额辅助核算"复选框，在"计量单位"文本框处输入"套(个)"，最后单击"确定"按钮返回结束。

注意：

- 已有数据的会计科目不能再被修改。
- 非末级会计科目不能再修改科目编码。

第三，删除会计科目。

如果某些会计科目不需要或者不适合用户单位，可以在未使用前将其删除。下面以删除会计科目"1321 代理业务资产"为例说明其操作步骤：

(1)在"会计科目"窗口中，将光标定位在需要删除的会计科目上，如"1321 代理业务资产"。单击"删除"按钮，进入删除"信息提示"对话框，如图 3-2-18 所示。

图 3-2-18　删除信息提示

(2)单击"确定"按钮，完成删除此会计科目。

注意：

- 删除科目后不能被自动恢复，但可以通过增加功能来完成。
- 非末级科目不能删除。
- 已有数据的会计科目不能直接删除。

第四，设置会计科目辅助核算标记。

对有辅助核算要求的会计科目，需要设置相应的辅助核算标志。一个会计科目设置了辅助核算后，它所发生的每一笔业务都将同时登记在总账和辅助明细账上。可以进行辅助核算的内容主要有：部门往来核算、职员往来核算、客户往来核算、供应商往来核算和其他核算项目等。

辅助核算标志一般要求设在最底层的会计科目上，但是为了查询或出账方便，其上级也可以设置辅助账核算。辅助账核算一经定义并使用，则不要进行随意修改，以免造成账簿数据的混乱。

下面以设置会计科目"1122 应收账款"的辅助核算标志为例说明其操作步骤：

(1)在"会计科目"窗口中，将光标移到"1122 应收账款"科目上，单击"修改"按钮或双击该会计科目，进入"修改科目"对话框，如图 3-2-19 所示。

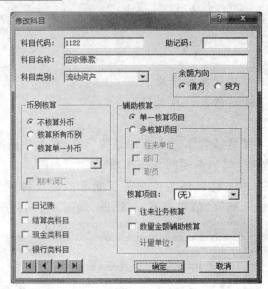

图 3-2-19　修改科目

(2)在"辅助核算"选项区域中,单击"核算项目"后面的选择项,从选择菜单中选定"客户"项;再单击选中"往来业务核算"复选框,如图 3-2-20 所示。

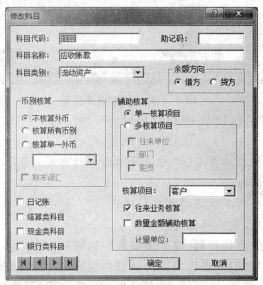

图 3-2-20　设置辅助核算

(3)单击"确定"按钮,返回。用户可以重复上述操作,将包头财经公司的其余有辅助核算要求的会计科目均设置为相应的辅助核算标志。

注意:

●因为需要启用"往来管理"系统,所以在有关的会计科目设置中选择相应的"往来业务核算"。在金蝶 KIS 软件中将有关往来业务核算,即个人往来、供应商往来和客户往来,在单独建立的"往来管理"系统中进行往来清理、对账(催款)和账龄分析。

(四)设置凭证类别

在手工核算中,把记账凭证分成若干种类主要是为便于传递、装订和保管,便于汇总和记账。在会计电算化系统中,汇总记账的唯一依据是记账凭证中的借贷方向、科(栏)目代码和金额,与凭证的种类已经没有关系。在这种情况下,会计电算化系统中的凭证种类的设置除了仍满足便于对凭证的传递、装订和保管外,主要应考虑有利于提高凭证输入的速度和正确性。例如,收款凭证的借方一定会有"库存现金"或"银行存款"科目,如果设置了这类收款凭证,则在输入记账凭证时,系统就会自动将借方科目确定为"库存现金"或"银行存款"科目。

在实际工作中,用户完全可以按照本单位的需要对记账凭证进行分类。在金蝶 KIS 软件中,用户第一次进行凭证类别设置,可以按以下几种常用分类方式进行定义。

(1)记账凭证。

(2)收款凭证、付款凭证、转账凭证。

(3)现金收款、现金付款、银行收款、银行付款、转账凭证。

实例:设置凭证类别。

包头财经公司根据表 3-2-8 资料设置凭证类型。

表 3-2-8 凭证类型

凭证字和对应类型	限制范围	限制科目
收—收款凭证	借方必有	1001,100201,100202,100203
付—付款凭证	贷方必有	1001,100201,100202,100203
转—转账凭证	借和贷必无	1001,100201,100202,100203

操作步骤:

(1)以系统管理员 Manager 的身份执行"金蝶 KIS 标准版",进入"金蝶 KIS 标准版"窗口,执行"基础资料—凭证字"命令,打开"凭证字"对话框,如图 3-2-21 所示。

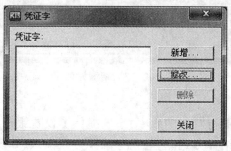

图 3-2-21 凭证字

(2)单击"新增"按钮,进入"新增凭证字"窗口,如图 3-2-22 所示。

(3)依次输入"凭证字"为"收"、"对应套打类型"为"收款凭证"、"借方必有"为"1001,100201,100202,100203",如图 3-2-23 所示,单击"确定"按钮。重复本步骤操作,完成其他凭证类型的设置。

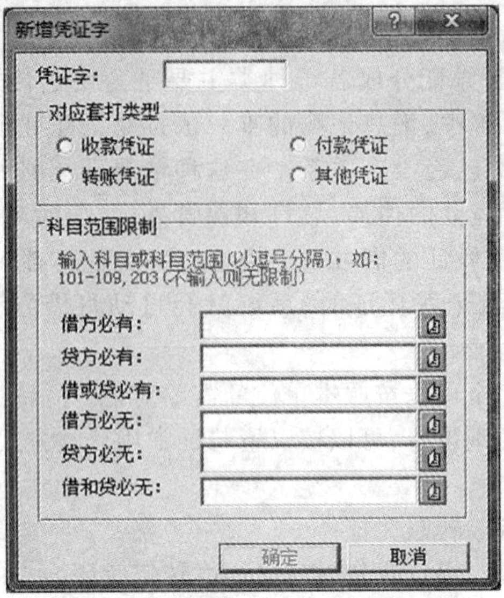

图 3-2-22　新增凭证字

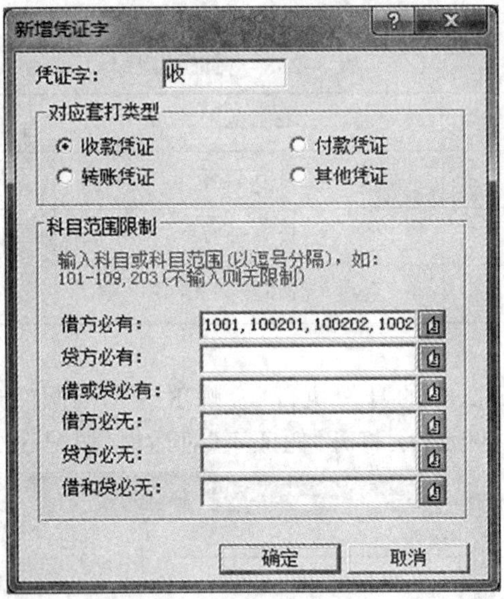

图 3-2-23　新增凭证字

(五)设置结算方式

　　为了便于管理和提高银行对账的效率,系统提供了设置银行结算方式的功能,用来建立用户在经营活动中涉及的结算方式。它与财务结算方式一致,如现金结算、支票结算等。结算方式的设置内容主要包括结算方式名称。结算方式一旦被引用,便不能再进行修改和删除的操作。

　　实例:设置结算方式。

　　包头财经公司根据表 3-2-9 资料设置结算方式。

表 3-2-9　结算方式

现金支票
转账支票
电汇
委托收款
商业汇票
其他

操作步骤:

(1)以系统管理员 Manager 的身份执行"金蝶 KIS 标准版",进入"金蝶 KIS 标准版"窗口,执行"基础资料—结算方式"命令,打开"结算方式"对话框,如图 3-2-24 所示。

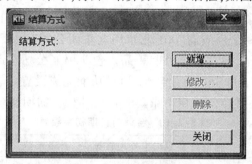

图 3-2-24　结算方式

(2)单击"新增"按钮,进入增加"结算方式"窗口,如图 3-2-25 所示。

图 3-2-25　增加结算方式

(3)在"结算方式名称"处输入"现金支票",单击"增加"按钮。重复本步骤操作完成其他结算方式的设置,如图 3-2-26 所示。

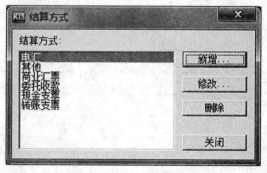

图 3-2-26　结算方式

二、初始数据输入

在基础设置之后，为了使单位的手工会计数据与电算化会计系统实现无缝对接，确保会计数据的连续完整。账务处理系统在第一次使用前还需要将手工的各明细科目初始数据录入账务处理系统。这些初始数据主要包括各明细科目的年初余额和系统启用前各月的累计发生额。

在输入各明细科目的初始数据时，如果某一科目设置了辅助核算，还应输入其辅助核算账户的初始数据。各账户的初始数据输入完毕后，必须要满足数据间的平衡关系，为此系统自动对数据进行试算平衡的校验。

实例：输入期初数据。

1.说明：本实例追加了三个明细科目，"160101 办公设备""160102 运输设备""160103 房屋建筑物"；同时追加了一个供应商"001 北京用友集团公司"（参照建立客户档案）；追加了一个商品目录"04 真皮公文包"，属于外购用品。包头财经公司在此新增的这些内容均已通过前述的有关"设置核算项目"和"设置会计科目"功能完成设置。

2. 2012 年 1 月，包头财经公司 001 账套的各会计科目的期初余额见表 3-2-10。

表 3-2-10　会计科目期初余额表

科目代码	科目名称	辅助账类型	外币核算	计量单位	方向	期初余额
1001	库存现金				借	5 000 元
100201	工行存款				借	620 000 元
100202	中行美元				借	64 000 元
100202	中行美元		美元		借	10 000 元
1122	应收账款	客户往来核算			借	250 000 元
1221	其他应收款	职员往来核算			借	2 000 元
140301	甲材料				借	30 000 元
140301	甲材料			件	借	300 元
1405	库存商品	商品			借	1 600 000 元
1405	库存商品			套(个)	借	114 元
160101	办公设备				借	1 120 000 元
160102	运输设备				借	600 000 元
160103	房屋建筑物				借	2 600 000 元
1602	累计折旧				贷	260 000 元
2001	短期借款				贷	500 000 元
2202	应付账款	供应商往来核算			贷	400 000 元
4001	实收资本				贷	5 000 000 元
4002	资本公积				贷	731 000 元

注：有关固定资产科目和累计折旧科目的期初数据录入，见"第二节固定资产管理系统初始设置"实例。

3.辅助核算账户期初余额,见表 3-2-11 至 3-2-14。

表 3-2-11　应收账款期初余额明细表

日期	凭证号	客户	摘要	金额	业务员	业务号	票据日期
2011-11-2	转 0322	包头兰天	应收货款	250 000 元	李明	1001	2011-11-2

表 3-2-12　其他应收款期初余额明细表

日期	凭证号	业务号	部门	姓名	摘要	金额
2011-12-6	付 0294	1061	市场部	李蓉	出差借款	2 000 元

表 3-2-13　库存商品期初余额明细表

项　目	方　向	金　额	数　量
真皮公文包	借	40 000 元	100 个
RL-12 加密器	借	60 000 元	10 个
人力资源管理系统	借	700 000 元	2 套
管理会计软件	借	800 000 元	2 套

表 3-2-14　应付账款期初余额明细表

日期	凭证号	供应商	摘要	金额	业务员	业务号	票据日期
2011-12-16	转 0615	北京用友	应付货款	400 000 元	郭丽	1086	2011-12-16

操作步骤:

第一,输入基本会计科目余额。

(1)以系统管理员 Manager 的身份执行"金蝶 KIS 标准版",进入"金蝶 KIS 标准版"窗口,执行"初始数据"命令,打开"初始数据录入"对话框,如图 3-2-27 所示。

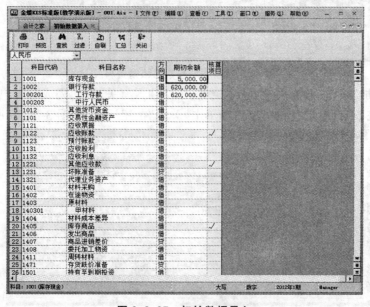

图 3-2-27　初始数据录入

(2)将光标定到"1001 库存现金"科目的期初余额栏,直接输入期初余额 5 000。其他会计科目的期初余额比照此处方法直接输入即可。

注意:

● 只需要在此录入最低一级会计科目的余额,中间级科目的余额系统会自动计算填列。

● 修改科目余额时,直接输入正确的数据即可。

● 如果某科目为数量和外币核算,则直接录入数量和外币金额,本位币金额系统自动计算填列。

● 启用账套后,不能再进行修改这些初始数据。

● 在此处不能对科目进行增、删、改的操作,如要进行增、删、改科目,则必须在"设置会计科目"功能中去操作。

第二,输入辅助核算账户余额。

(1)输入单位往来核算余额

这里单位往来辅助核算包括客户往来和供应商往来辅助核算。需要在系统打开的"初始往来业务资料"的对话框中输入相关信息。

①在"初始数据录入"对话框中,双击"应收账款"客户往来核算科目的"期初余额"栏,进入"初始包括已核销资料"录入窗口,如图 3-2-28 所示。

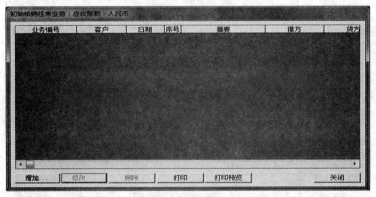

图 3-2-28 初始包括已核销资料

②单击"增加"按钮,根据表 3-2-11 资料,依次输入有关信息,完成对客户往来期初余额的录入。输入完毕后,单击"增加"按钮和单击"关闭"按钮返回,如图 3-2-29 所示。

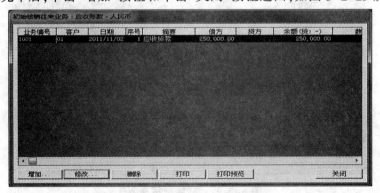

图 3-2-29 客户往来期初余额

③依照上述操作步骤，根据表3-2-14资料，依次输入有关信息，完成对供应商往来期初余额的录入。输入完毕后，单击"增加"按钮和单击"关闭"按钮返回，如图3-2-30所示。

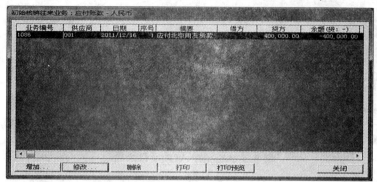

图3-2-30　供应商往来期初余额

(2)输入个人往来核算余额

①在"初始数据录入"对话框中，双击"其他应收款"个人往来核算科目的"期初余额"栏，进入"初始包括已核销资料"录入窗口，如图3-2-28所示。

②单击"增加"按钮，根据表3-2-12资料，依次输入有关信息，完成对职员往来期初余额的录入。输入完毕后，单击"增加"按钮和单击"关闭"按钮返回，如图3-2-31所示。

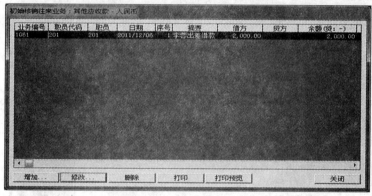

图3-2-31　职员往来期初余额

(3)输入自定义核算项目余额

①在"初始数据录入"对话框中，双击"库存商品"项目核算科目的"期初余额"栏，进入"核算项目余额"录入窗口，如图3-2-32所示。

核算项目类别	核算项目代码	核算项目名称	期初余额	
			原币	数量
商品	01	RL-12加密器	0.00	0.00
商品	02	人力资源管理系统	0.00	0.00
商品	03	管理会计软件	0.00	0.00
商品	04	真皮公文包	0.00	0.00
商品	1	外购用品	0.00	0.00
商品	2	自制软件加密器	0.00	0.00
商品	3	管理软件	0.00	0.00

图3-2-32　录入核算项目余额

②根据表 3-2-13 资料,依次输入有关信息,如图 3-2-33 所示。输入完毕后,单击"保存""刷新"和"关闭"按钮。

核算项目类别	核算项目代码	核算项目名称	期初余额	
			原币	数量
商品	01	RL-12加密器	60,000.00	10.00
商品	02	人力资源管理系统	700,000.00	2.00
商品	03	管理会计软件	800,000.00	2.00
商品	04	真皮公文包	40,000.00	100.00
商品	1	外购用品	40,000.00	100.00
商品	2	自制软件加密器	60,000.00	10.00
商品	3	管理软件	1,500,000.00	4.00

图 3-2-33　录入核算项目余额

第三,试算平衡。

会计科目及其辅助核算账户的期初余额和累计发生额输入完毕后,必须依据会计平衡等式进行校验。此校验工作是由计算机自动完成,并自动生成一个校验结果报告。如果试算结果不平衡,则应依次逐项进行检查更正,然后再进行平衡校验,直至平衡为止。

(1)在"初始数据录入"对话框中,输入完所有余额后,在左上方的下拉列表框中选择"试算平衡表"命令,系统自动计算检查录入的初始数据是否平衡,如图 3-2-34 所示。

	科目代码	科目名称	期初借方	期初贷方
67	4002	资本公积		731,000.00
68	4101	盈余公积		
69	4103	本年利润		
70	4104	利润分配		
71	4201	库存股		
72	5001	生产成本		
73	5101	制造费用		
74	5201	劳务成本		
75	5301	研发支出		
76	6001	主营业务收入		
77	6051	其他业务收入		
78	6101	公允价值变动损益		
79	6111	投资收益		
80	6301	营业外收入		
81	6401	主营业务成本		
82	6402	其他业务成本		
83	6403	营业税金及附加		
84	6601	销售费用		
85	6602	管理费用		
86	6603	财务费用		
87	6701	资产减值损失		
88	6711	营业外支出		
89	6801	所得税费用		
90	6901	以前年度损益调整		
91		合　计	2,571,000.00	6,631,000.00

图 3-2-34　试算平衡表

(2)单击"关闭"按钮,返回。

注意:

● 启用账套后,不能再输入和修改期初余额。

● 上述"试算平衡表"显示"试算表不平衡!",因为此时还有固定资产有关科目的初始数据末录入。这里涉及固定资产的初始化工作,将在本章第二节中全面阐述。

第二节　固定资产管理系统的初始设置

固定资产管理系统的初始设置就是建立电算化固定资产管理系统所进行的一系列基本信息和各种参数的设置。它主要包括：设置固定资产的使用部门、设置固定资产的类别、设置固定资产的增减方式和录入固定资产的原始卡片数据等。

一、设置固定资产的使用部门

固定资产的使用部门的设置也就是确定固定资产的归属部门。单位内部的各个职能部门设置情况，均已在前述的"设置部门档案"中完成。这些部门档案情况在金蝶 KIS 软件中是共享的，这里可以根据单位的情况进行增加和修改。

固定资产的使用部门的设置也是进行折旧费分配的依据。用户单位每月计提固定资产折旧时，根据相应的折旧计算方法计算固定资产折旧额后，必须把计提的折旧分配计入本期的成本或费用，按照管理的要求，一般是按使用部门进行归集折旧费用。因此，固定资产使用部门的定义，不仅涉及加强固定资产的归属管理，同时也是正确分配折旧费用的依据。在金蝶 KIS 软件中，有关折旧费用的分配入账科目是于录入固定资产原始卡片数据时，在每个固定资产的使用归属部门中进行分别设置。

实例：设置资产使用部门。

包头财经公司的固定资产归属部门及其对应的折旧费用分配入账科目见表 3-2-15。

表 3-2-15　固定资产归属部门及其对应的折旧费用分配入账科目

部门编号	部门名称	折旧费用分配入账科目
101	财务科	管理费用/折旧费用
102	人事科	管理费用/折旧费用
2	研发部	生产成本/制造费用
3	市场部	销售费用/折旧费用
4	公关部	管理费用/折旧费用

操作步骤：省略。

注意：

● 这些"部门档案"情况在金蝶 KIS 软件中是共享的，这里可以根据单位的情况进行增加和修改。

二、设置固定资产类别

在金蝶 KIS 软件中，固定资产类别的设置就是定义固定资产类别的名称和其相应的折旧方法和净残值率。用户单位要及时准确地做好固定资产核算和统计管理，就必须根据自身的特点和管理的需要,确定一个较为合理的资产分类体系。

实例:设置资产类别。

包头财经公司根据表 3-2-16 所示的资料,设置固定资产类别。

表 3-2-16 固定资产类别设置

类别名称	净残值率	折旧方法
办公设备	3%	平均年限法
运输设备	5%	平均年限法
房屋建筑物	20%	平均年限法

操作步骤:

(1)以系统管理员 Manager 的身份执行"金蝶 KIS 标准版",进入"金蝶 KIS 标准版"窗口,执行"初始数据"命令,打开"初始数据录入"对话框,如图 3-2-27 所示。

(2)在左上方的下拉列表框中选择"固定资产"命令,系统进入"固定资产初始数据录入"窗口,如图 3-2-35 所示。

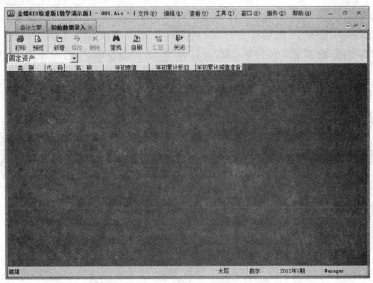

图 3-2-35 固定资产初始数据录入

(3)单击"新增"按钮,进入"固定资产卡片"对话框,单击"类别"后面的编辑按钮,弹出"固定资产类别"对话框,如图 3-2-36 所示。

图 3-2-36 固定资产类别

(4)单击"增加"按钮,进入"固定资产类别"增加窗口,如图 3-2-37 所示。

图 3-2-37　增加固定资产类别

(5)依次输入"类别名称"为"办公设备","常用折旧方法"为"平均年限法","预计净残值率"为"3%",单击"增加"按钮,重复本步骤完成其他固定资产类别的设置,单击"关闭"返回。

注意:

● "房屋及建筑物"为系统内置的固定资产类别,只能修改不能删除。

三、设置固定资产增减方式

固定资产的增减方式包括增加方式和减少方式两类。资产的增加方式主要有:直接购入、投资者投入、自行建造、接受捐赠、盘盈和融资租入等;资产的减少方式主要有:出售、报废、毁损、盘亏、投资转出和捐赠转出等。设置资产的增加方式和减少去向,实际上是定义由此而准备生成相应机制凭证的对应科目。

实例:设置资产增减方式。

包头财经公司有关固定资产的增加和减少的方式见表 3-2-17。

表 3-2-17　固定资产的增加和减少的方式名称及对应的入账科目

增减方式名称	对应入账科目
直接购入	100201,工行存款
接受投资	4001,实收资本
接受捐赠	4002,资本公积
自行建造	1604,在建工程
融资租入	1461,融资租赁资产
出售,报废,毁损	1606,固定资产清理
投资转出	1511,长期股权投资

操作步骤:

(1)以系统管理员 Manager 的身份执行"金蝶 KIS 标准版",进入"金蝶 KIS 标准版"窗口,执行"初始数据"命令,打开"初始数据录入"对话框,如图 3-2-27 所示。

(2)在左上方的下拉列表框中选择"固定资产"命令,系统进入"固定资产初始数据录入"窗口,如图 3-2-35 所示。

(3)单击"新增"按钮,进入"固定资产卡片"对话框,单击"增加方式"后面的编辑按钮,弹出"固定资产变动方式"对话框,如图 3-2-38 所示。

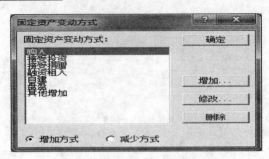

图 3-2-38　固定资产变动方式

(4)选中"增加方式—购入",单击"修改"按钮,进入编辑"固定资产变动方式"窗口,如图 3-2-39 所示。

图 3-2-39　编辑固定资产变动方式

(5)在"对应科目"处选择"100201(工行存款)",在"凭证字"处选择"付",单击"确定"按钮返回。重复第 4 至 5 步,完成对其他增加方式的设置。同理,通过上述操作步骤也可以完成对资产减少方式的设置,如图 3-2-40 所示。

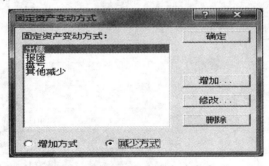

图 3-2-40　固定资产变动方式

注意:
- 已经使用的增减方式不能删改。
- 生成凭证时,如果入账科目发生变化,可以进行修改。

四、输入固定资产原始卡片数据

用户在使用固定资产系统进行日常业务核算之前,必须将手工核算时的有关固定资产原始卡片数据录入系统。这里所谓固定资产原始卡片是指已经和正在使用的固定资产卡片。在金蝶 KIS 软件中,原始卡片数据的录入必须在系统启用账套之前。

实例: 录入固定资产原始卡片。

包头财经公司有关固定资产原始卡片信息见表3-2-18。

表3-2-18 固定资产原始卡片信息

代码	0001	0002	0003	0004	0005	0006	0007	0008	0009	0010	0011	0012	0013
名称	微机1	微机2	笔记本1	笔记本2	笔记本3	打印机	扫描仪	传真机	12人客车	宝马轿车	办公楼	机房	机房设备
固定资产科目	办公设备	办公设备	办公设备	办公设备	办公设备	办公设备	办公设备	办公设备	运输设备	运输设备	房屋建筑	房屋建筑	办公设备
累计折旧科目	累计折旧	累计折旧	累计折旧	累计折旧	累计折旧	累计折旧	累计折旧	累计折旧	累计折旧	累计折旧	累计折旧	累计折旧	累计折旧
减值准备科目	固定资产减值准备	固定资产减值准备	固定资产减值准备	固定资产减值准备	固定资产减值准备	固定资产减值准备	固定资产减值准备	固定资产减值准备	固定资产减值准备	固定资产减值准备	固定资产减值准备	固定资产减值准备	固定资产减值准备
资产类别	办公设备	办公设备	办公设备	办公设备	办公设备	办公设备	办公设备	办公设备	运输设备	运输设备	房屋建筑	房屋建筑	办公设备
使用部门	财务科	人事科	研发部	市场部	公关部	财务科	研发部	市场部	公关部	公关部	公关部	研发部	研发部
入账日期	2010-04-10	2010-04-10	2010-04-10	2010-04-10	2010-04-10	2010-04-10	2010-04-10	2010-04-10	2010-04-10	2010-04-10	2010-04-10	2010-04-10	2010-04-10
增加方式	购入	购入	购入	购入	购入	购入	购入	购入	购入	购入	购入	购入	购入
原值	7000元	7000元	1.2万元	1.2万元	1.2万元	6000元	8000元	3000元	20万元	40万元	100万元	160万元	105.3万元
入账时累计折旧													
预计使用年限	5	5	5	5	5	5	5	5	10	15	50	50	5
账套启用时累计折旧	2600元	2600元	4400元	4400元	4400元	2200元	3000元	1100元	3.7万元	4.9万元	3.7万元	5.9万元	5.33万元
账套启用时已提减值准备													
账套启用时已计提折旧期间													
折旧费用分配科目	见表3-2-15	见表3-2-15	见表3-2-15	见表3-2-15	见表3-2-15	见表3-2-15	见表3-2-15	见表3-2-15	见表3-2-15	见表3-2-15	见表3-2-15	见表3-2-15	见表3-2-15
减值准备对方科目	资产减值损失	资产减值损失	资产减值损失	资产减值损失	资产减值损失	资产减值损失	资产减值损失	资产减值损失	资产减值损失	资产减值损失	资产减值损失	资产减值损失	资产减值损失
本年变动数据													

注:使用情况均为"使用中"。

操作步骤：

(1)以系统管理员 Manager 的身份执行"金蝶 KIS 标准版"，进入"金蝶 KIS 标准版"窗口，执行"初始数据"命令，打开"初始数据录入"对话框，如图 3-2-27 所示。

(2)在左上方的下拉列表框中选择"固定资产"命令，系统进入"固定资产初始数据录入"窗口，如图 3-2-35 所示。

(3)单击"新增"按钮，进入"固定资产卡片"对话框，如图 3-2-41 所示。

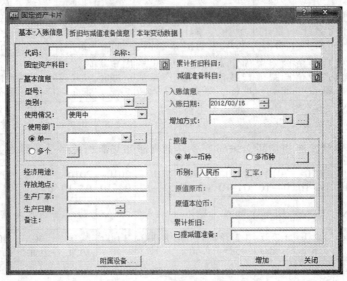

图 3-2-41　固定资产卡片

(4)按照表 3-2-18 中的原始卡片信息，依次输入代码为"0001"的固定资产原始卡片的相应信息，单击"增加"按钮，完成该原始卡片的录入。重复本步骤操作录入其他固定资产原始卡片信息，最后单击"关闭"按钮返回，如图 3-2-42 所示。

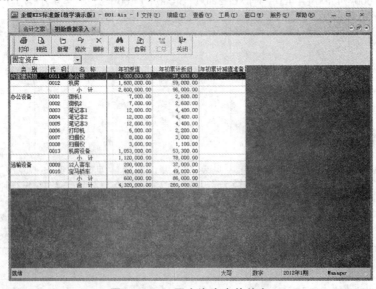

图 3-2-42　固定资产卡片信息

注意:

● 固定资产原始卡片数据的录入只能在账套启用之前进行,并且在账套启用之前可以对录入的原始卡片数据进行删除和修改。

● 在表3-2-18中,"账套启用时已计提折旧期间"是指"固定资产卡片"中的"累计已计提折旧期间数",用户必须严格按照该资产已经计提的月份数计算折旧,不包括使用期间停用等不计提折旧的月份,否则不能正确计算折旧。

● 本年变动数是指固定资产从年初到账套启用期止的固定资产原值、累计折旧以及减值准备等项目数据的变动情况。如果账套是从年初启用的,则不用输入这些固定资产信息。

五、账套选项设置

新建的账套在经过前述的系统初始设置工作后,已经完成了系统的主要初始化工作。由于用户单位的具体情况发生变化或者业务发生变更,导致一些账套信息与核算内容不符的情况,可以通过选项设置功能进行账套选项的调整。同时,为了能够更加适应用户单位的具体核算要求,有必要更为深入地做好账套一系列控制参数的调整和设置。因此,账套选项的设置关系整个账套系统的重大会计核算要求。其中的一些选项一经确定,不宜随意变动,否则会导致会计处理的错误或前后不一致。账套选项设置具体包括:账套参数、凭证选项、账簿选项、税务和银行信息、合并报表选项和高级配置选项等六个方面的参数设置和调整。

实例:账套选项设置。

包头财经公司根据下列资料要求设置账套控制参数。

1. 增加和修改凭证时允许改变凭证字号。
2. 凭证录入时自动填补断号。
3. 输入外币凭证时由本位币自动折算原币。
4. 凭证需要凭证字。
5. 凭证过账前必须经过审核。
6. 凭证保存后立即新增。
7. 凭证借贷双方都必须有。
8. 账簿余额方向:根据余额正负自动调节。
9. 账簿排列顺序:按日期、凭证字号排列。
10. 可以在明细账中打印日记账。
11. 出纳系统的启用日期为2012年1月,进行银行对账。
12. 允许核算项目分级显示。
13. 显示核算项目所有级次。
14. 数量保留2位小数位。
15. 期末结账时强制备份。
16. 固定资产折旧时将减值准备的数值计算在内。
17. 编辑出纳日记账记录时可以自动从账务引入数据。
18. 可以从凭证引入现金日记账。

19. 可以从凭证引入银行存款日记账。

20. 从凭证引入日记账时覆盖出纳中相同的记录。

21. 税务登记号:1502035156789。

22. 开户银行及账号:中国工商银行包头分行 15020304725165678。

操作步骤:

(1)以系统管理员 Manager 的身份执行"金蝶 KIS 标准版",进入"金蝶 KIS 标准版"窗口,执行"账套选项"命令,打开"账套选项"对话框,如图 3-2-43 所示。

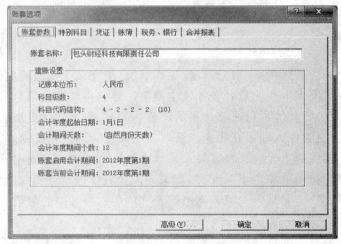

图 3-2-43　账套选项

(2)单击"凭证"按钮,依照包头财经公司有关账套控制参数的要求,选定"凭证—选项"中相应的复选框,如图 3-2-44 所示。

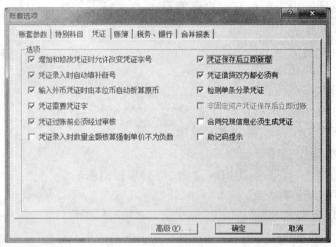

图 3-2-44　凭证选项

(3)单击"账簿"按钮,依照包头财经公司有关账套控制参数的要求,选定"账簿"中相应的选项,如图 3-2-45 所示。

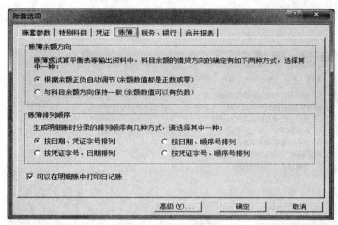

图 3-2-45　账簿选项

(4)单击"税务、银行"按钮,依照包头财经公司有关账套控制参数的要求,输入相应的"企业信息"和定义"出纳系统"参数,如图 3-2-46 所示。

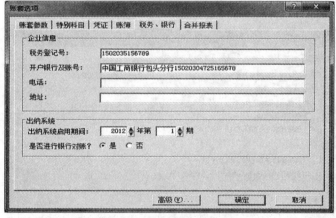

图 3-2-46　税务、银行

(5)单击"高级"按钮,进入"高级配置选项",依照包头财经公司有关账套控制参数的要求,选定"系统"中的相应选项,如图 3-2-47 所示。

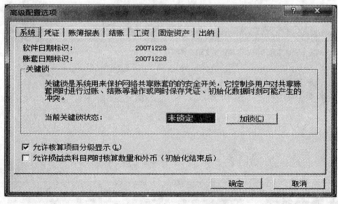

图 3-2-47　系统参数

(6)单击"凭证"按钮,依照包头财经公司有关账套控制参数的要求,选定相应的参数,如图 3-2-48 所示。

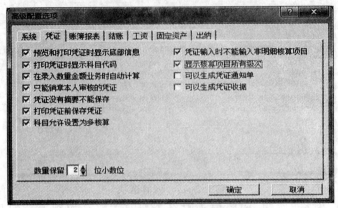

图 3-2-48　凭证参数

(7)单击"结账"按钮,依照包头财经公司有关账套控制参数的要求,选定相应的参数,如图 3-2-49 所示。

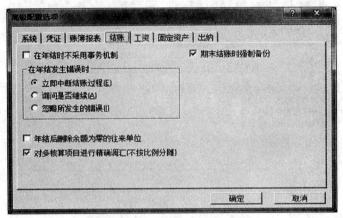

图 3-2-49　结账参数

(8)单击"固定资产"按钮,依照包头财经公司有关账套控制参数的要求,选定相应的参数,如图 3-2-50 所示。

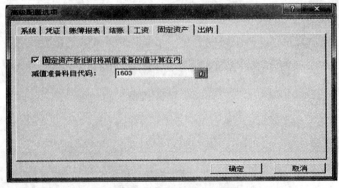

图 3-2-50　固定资产参数

(9)单击"出纳"按钮,依照包头财经公司有关账套控制参数的要求,选定相应的参数,如图 3-2-51 所示。

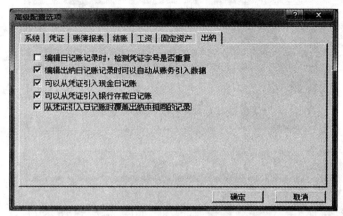

图 3-2-51 出纳参数

第 10 步,经过上述步骤的操作,完成全部有关账套选项的设置,单击"确定"按钮返回。

注意:

● 账套选项设置可以根据用户单位的核算要求,随时进行相应的调整。

● 在金蝶 KIS 软件中,将出纳管理单独设计为独立于账务处理系统,在账套选项设置中通过"税务、银行—出纳系统"选项和"高级配置选项—出纳"选项建立出纳管理系统与账务处理系统的关联。

● 在"税务、银行—出纳系统"选项中,如果选定"是否进行银行对账"为"是",则在录入记账凭证时,对于涉及银行存款科目要求录入"结算方式"和"结算号"两项。另外,此处的"出纳系统启用期间"默认为账务处理系统的启用时间(账套启用时间),这样出纳管理系统就可以直接调用账务系统的有关货币资金收付款业务数据,特别是银行存款日记账数据,以便进行银行对账。

六、启用账套

在金蝶 KIS 软件中,用户根据单位的管理和核算要求进行前述有关账务与固定资产等内容的初始化后,就可以执行"启用账套"命令。启用账套就是结束账务处理系统和固定资产管理系统的初始设置工作。一经启用账套,就关闭了账务系统和固定资产系统的初始设置,这一过程是不可逆的。但是其中的有关"账套选项""币别""核算项目""会计科目""凭证字"等设置全部列入"系统维护"中,用户可以根据单位的管理和核算要求对这些内容进行必要的调整。建议用户在进行重新设置和调整这些账套参数规则时,一般是在年初进行调整,同时还要注意会计核算规则的一致性和连续性。

实例:启用账套。

启用包头财经公司账套。

操作步骤:

(1)以系统管理员 Manager 的身份执行"金蝶 KIS 标准版",进入"金蝶 KIS 标准版"窗口,执行"启用账套"命令,如图 3-2-52 所示。

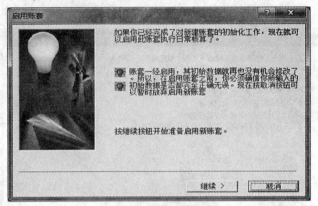

图 3-2-52　启用账套

(2)单击"继续"按钮,进入"账套备份"对话框,如图 3-2-53 所示。

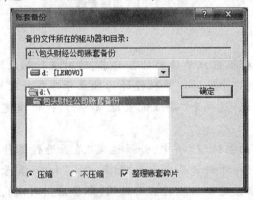

图 3-2-53　账套备份

(3)选定"d:\ 包头财经公司账套备份",单击"确定"按钮,出现完成备份"信息提示",如图 3-2-54 所示。

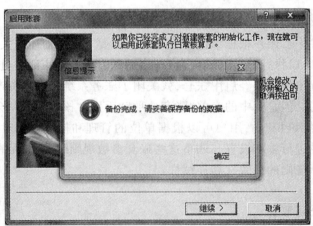

图 3-2-54　信息提示

(4)单击"确定"按钮,完成启用账套,如图 3-2-55 所示。

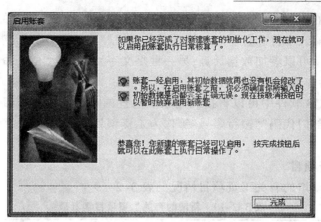

图 3-2-55 完成启用账套

注意：

● 启用账套时，系统自动进行总账数据的平衡校验，并进行固定资产原始卡片数据与总账数据的平衡校验。如果发现校验关系不平衡，系统会提示用户修改有关错误。待用户修改完成之后再重新执行"启用账套"，直至成功完成启用账套为止。

第三节 工资管理系统的初始设置

工资管理系统的主要功能就是计算工资和生成机制凭证传送到账务处理。为此，在工资管理系统首先要按照工资核算与管理的要求进行一系列的初始设置，之后使用电算化工资管理系统进行日常业务处理。工资管理系统的初始设置主要包括：部门设置、职员设置、工资项目设置和计算公式设置。

一、部门设置

在计算职员工资之前，首先要确定职员所属的部门，这是计算统计职员工资和进行人员工资管理及其费用分配的重要依据。关于部门设置工作已经在账务系统初始化中通过核算项目设置功能已经建立了单位的部门档案，这里完全可以共享部门档案信息。

二、职员设置

在金蝶 KIS 软件中，同部门档案一样，有关职员设置已经在账务系统初始化中通过核算项目设置功能建立好单位的职员档案。这里完全可以共享职员档案信息。需要特别说明，在前述的职员档案设置中"类别"项目如果是"不参与工资核算"，则该职员就不会出现在工资管理系统中，也就不能对该职员进行工资核算管理。

三、工资项目设置

这里的工资项目实际上是工资数据库文件中的每个字段，也就是工资表单中构成工资的每个工资项目。在金蝶 KIS 软件中,设置工资项目就是定义工资项目的名称和类型。工资项目的"名称"可以输入字符和数字。工资项目的"类型"有两种:一种是数值型,数值型的工资项目只能输入数字可以参加数据计算;另一种是文字型,文字型的工资项目可以作为逻辑判断的条件,不能参加数据计算。

另外,在金蝶 KIS 软件中可以直接调用系统内置的"职员"核算项目中的字段,如"职员代码""职员姓名""部门代码""银行账号"等作为工资项目名称。这些内置的工资项目类型均为文字型。

实例:设置工资项目。

包头财经公司新增的有关工资项目情况见表 3-2-19。

表 3-2-19 新增的有关工资项目情况表

项目名称	类型	项目名称	类型
职员代码		应发合计	数值型
职员姓名		事假扣款	数值型
部门		病假扣款	数值型
职务		社会保险费	数值型
基本工资	数值型	扣款合计	数值型
计件工资	数值型	实发合计	数值型
请假扣款	数值型	代扣税	数值型
请假天数	数值型	事假天数	数值型
计件单价	数值型	病假天数	数值型
计件数量	数值型	日工资	数值型
岗位工资	数值型	计税基数	数值型
奖金	数值型	银行账号	
交补	数值型	身份证号	

操作步骤:

(1)以系统管理员 Manager 的身份执行"金蝶 KIS 标准版",进入"金蝶 KIS 标准版"窗口,执行"工资管理"系统,如图 3-2-56 所示。

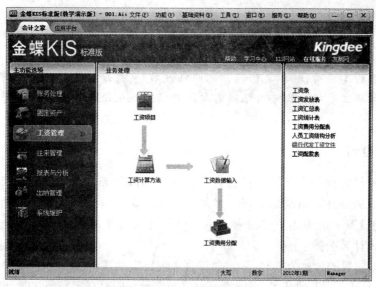

图 3-2-56　工资管理系统

(2)单击"工资项目",进入"工资项目"编辑窗口,如图 3-2-57 所示。

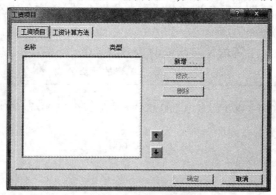

图 3-2-57　编辑工资项目

　(3)单击"增加"按钮,依照包头财经公司新增的有关工资项目情况表 3-2-19,依次输入,如图 3-2-58 所示。

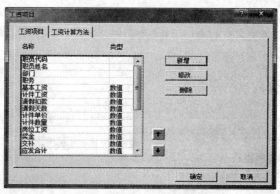

图 3-2-58　工资项目

(4)单击"确定"按钮返回。

注意：

● 系统内置的工资项目默认均为"文字型"，不需要用户选择项目类型。

● 系统内置的工资项目"职员代码"和"职员姓名"需要分别编排在前两项。

● 用户新增的工资项目均可以根据需要进行修改或删除，但是输入工资数据后不再允许修改或删除。

四、计算公式设置

计算公式的设置就是将工资项目、运算符、条件和函数等按照用户的要求组合起来。若要通过计算公式最终计算出全部工资，必须在系统中事先设置好各个工资项目间的运算公式。计算公式的设置一般采用直接输入或系统引导输入的方式，初次使用系统的用户建议采用系统引导输入计算公式。

在定义工资项目的计算公式时，一定要符合系统要求的逻辑，系统将对输入的计算公式进行合法性检查，不符合逻辑的公式，系统将给出错误提示。同时在定义公式时，要注意公式中工资项目的先后顺序，需要先得到数据的项目要先定义公式。如应发合计、扣款合计和实发合计是最后才定义的三个公式，并且实发合计的公式要在应发合计、扣款合计公式的后面定义。

实例：计算公式设置。

1. 包头财经公司职员工资的计算公式见表3-2-20。

表3-2-20 职员工资的计算公式

工资项目	定义公式
岗位工资	部长的岗位工资3 000元，主管和技术员的岗位工资2 000元，其他职务的岗位工资1 500元 公式： 如果 职务 是 "3" 则 岗位工资=3 000 否则如果 职务 是 "1" 或 职务 是 "4" 则 岗位工资 = 2 000 否则 岗位工资 = 1 500 如果完
日工资	(基本工资+岗位工资)/22
事假扣款	事假天数 * 日工资
病假扣款	病假天数 * 日工资 *0.2
交补	市场部和公关部的交补1 000元，其他部门的交补800元。 公式： 如果 部门 是 "市场部" 或 部门 是 "公关部" 则 交补=1 000 否则 交补=800 如果完
社会保险费	(基本工资+岗位工资)*0.15
计税基数	基本工资+岗位工资+奖金-社会保险费-事假扣款-病假扣款
代扣税	详情见:2. 扣缴所得税
应发合计	基本工资+岗位工资+奖金+交补
扣款合计	事假扣款+病假扣款+代扣税+社会保险费
实发合计	应发合计-扣款合计

2. 扣缴所得税

从 2011 年 9 月 1 日起,我国个人所得税减除费用标准(通常称为个税起征点)由现行的每月 2 000 元提高到每月 3 500 元。

代扣税(应纳个人所得税税额)=应纳税所得额×适用税率-速算扣除数。

扣除标准(基数标准)3 500 元/月(2011 年 9 月 1 日起正式执行)。

应纳税所得额=扣除"三险一金"后月收入(计税基数)-扣除标准(基数标准)。

"三险一金"及"五险一金"中由个人缴纳的部分包括:养老保险费、医疗保险费、失业保险费和住房公积金。税率表见表 3-2-21。

表 3-2-21　税率表

级数	应纳税所得额	税率(%)	速算扣除数(元)
1	<1 500	3	0
2	1 500～4 500	10	105
3	4 500～9 000	20	555
4	9 000～35 000	25	1 005
5	35 000～55 000	30	2 755
6	55 000～80 000	35	5 505
7	>80 000	45	13 505

包头财经公司根据上述最新的税率表和扣除标准(基数标准),计算单位职员的个人所得税即代扣税。

代扣税计算公式如下:

如果 计税基数 - 3 500<= 1 500 则

税率= 0.03 扣除 = 0

否则如果 计税基数 - 3 500<= 4 500 则

税率= 0.1 扣除 = 105

否则如果 计税基数 - 3 500<= 9 000 则

税率= 0.2 扣除 = 555

否则如果 计税基数 - 3 500<= 35 000 则

税率= 0.25 扣除 = 1 005

否则如果 计税基数 - 3 500<= 55 000 则

税率= 0.30 扣除 = 2 755

否则如果 计税基数 - 3 500<= 80 000 则

税率= 0.35 扣除 = 5 505

否则

税率= 0.45 扣除 = 13 505

如果完

如果 计税基数 – 3 500<= 0 则

代扣税 = 0

否则

代扣税 =(计税基数 – 3 500) * 税率 – 扣除

如果完

操作步骤：

(1)以系统管理员 Manager 的身份执行"金蝶 KIS 标准版"，进入"金蝶 KIS 标准版"窗口，执行"工资管理"系统，如图 3–2–56 所示。

(2)单击"工资计算方法"，进入"工资计算方法"的编辑窗口，如图 3–2–59 所示。

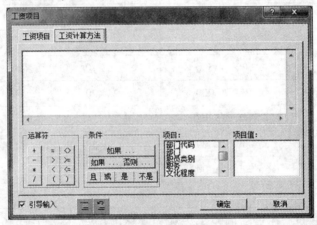

图 3-2-59　编辑工资计算方法

(3)依照包头财经公司职员的工资计算公式，见表 3–2–20。采用系统提供的"引导输入"方式，依次输入和编辑职员的工资计算公式，如图 3–2–60 所示。

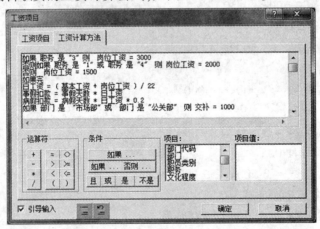

图 3-2-60　编辑工资计算方法

(4)单击"确定"按钮返回，系统弹出"信息提示"，如图 3–2–61 所示。

图 3-2-61　信息提示

(5)单击"是"重新计算工资,否则不重新计算。

注意:

● 系统会自动对输入的计算公式进行合法性检查,用户要按照错误提示返回修改,直至正确为止(无错误提示)。

第三章　系统日常业务处理

电算化会计核算系统经过系统管理和系统初始设置，一个完全适用于用户单位的专用会计核算系统建立起来。上述的工作过程是在系统管理员的负责下全面组织实施的。从本章开始，系统的操作人员在前述的分工授权范围内，运用已经建立起来的专门适用于本单位实际需要的会计核算系统，全面开展日常经济业务处理。这里仍然以金蝶 KIS 会计软件为例，继续采用第二篇的包头财经公司会计业务。本章全面介绍账务处理系统、固定资产管理系统和工资管理系统三大会计核算系统的日常业务处理。

第一节　账务处理系统的日常使用

整个账务处理系统经过上述的初始化工作之后，一个完全适用于核算单位的电算化账务处理系统建立起来，接下来就是如何使用账务处理系统进行单位的业务处理，即日常业务处理。账务处理系统的日常业务主要有：凭证管理、出纳管理、账簿查询管理和辅助账管理。

一、凭证管理

凭证管理包括：填制凭证、审核凭证、凭证记账和输出凭证。

（一）填制凭证

填制凭证包括增加记账凭证、修改和更正记账凭证、作废和删除记账凭证。

1. 增加记账凭证

记账凭证是登记账簿的依据，因此整个账务处理系统首先从增加填制记账凭证开始。产生记账凭证的来源途径有三种，可将其分为两大类，即手工输入记账凭证和计算机自动生成的机制凭证。其中机制凭证包括账务系统自动生成的凭证和在其他系统中生成传递到账务系统的凭证。本节主要介绍如何手工输入记账凭证。

记账凭证的内容一般包括两个部分：一是凭证头部分，包括凭证类别、凭证编号、凭证日期和附件张数等；二是凭证正文部分，包括摘要、科目、方向、金额、合计等。如果输入的会计科目有辅助核算要求，则还应输入辅助核算内容。

实例:增加记账凭证。

包头财经公司在完成对账务处理系统相关初始化工作之后,2012年1月份发生下列经济业务,根据经济业务填制相关的记账凭证。(以会计"杭程"身份登录系统,填制记账凭证)

1.1日,财务科成功开出现金支票(No:0425)1张,从工商银行提现金30 000元备用。

借:库存现金　　　　　　　　　　　　　　30 000
　　贷:银行存款——工行存款　　　　　　　　　　　30 000

2.2日,研发部金鑫出差向财务科借现金5 000元。(业务编号:001)

借:其他应收款　　　　　　　　　　　　　5 000
　　贷:库存现金　　　　　　　　　　　　　　　　5 000

3.2日,接到工商银行收账通知,归还短期借款100 000元,利息1 000元。

借:短期借款　　　　　　　　　　　　　　101 000
　　贷:银行存款——工行存款　　　　　　　　　　101 000

4.3日,通过工商银行电汇支付北京用友公司欠款280 000元。(电汇No:26812,原业务员:郭丽,原业务编号:1086)

借:应付账款　　　　　　　　　　　　　　280 000
　　贷:银行存款——工行存款　　　　　　　　　　280 000

5.4日,收到包头兰天公司转账支票1张(No:1222),支付上年度11月2日的全部欠款250 000元,存入工商银行。(原业务员为李明,原业务编号:1001)

借:银行存款——工行存款　　　　　　　　250 000
　　贷:应收账款　　　　　　　　　　　　　　　　250 000

6.5日,市场部刘芳向包商银行出售人力资源管理系统1套,售价500 000元,税款15 000元。已派人为包商银行安装调试完毕,并开具增值税发票(No:014056),收到转账支票(No:01412345)1张,存入工商银行。

借:银行存款——工行存款　　　　　　　　515 000
　　贷:主营业务收入　　　　　　　　　　　　　　500 000
　　　应交税费——应交增值税——销项税额　　　15 000

7.6日,市场部刘芳向财务科交来配套软件加密器(RL-12加密器)出库单(数量1个,价款6 000元)作为销售成本入账。

借:主营业务成本　　　　　　　　　　　　6 000
　　贷:库存商品　　　　　　　　　　　　　　　　6 000

8.7日,将中国银行10 000美元存款,兑换成人民币。银行当日的美元买入价为6.50元。财务科根据有关外币结售汇凭证(No:66699)进行账务处理。

借:银行存款——中行人民币　　　　　　　65 000
　　贷:银行存款——中行美元　　　　　　　　　　64 000
　　　财务费用　　　　　　　　　　　　　　　　1 000

9.8日,市场部李明购买了600元的办公用品,以现金支付,附单据1张。

借:销售费用——其他费用   600

    贷:库存现金   600

10. 8 日,市场部向外出售 100 件甲材料,收到 16 000 元转账支票(No:78666)1 张存入工商银行。

借:银行存款——工行存款   16 000

    贷:其他业务收入   16 000

11. 9 日,收到金蝶公司投资款 20 000 美元,存入中国银行账户。电汇(No:D001496)。

借:银行存款——中行美元   128 000

    贷:实收资本   128 000

                                      (20 000 美元 *6.40)

12. 12 日,公关部王芳支付业务招待费 1 500 元,工商银行转账支票(No:Q0068)。

借:管理费用——其他费用   1 500

    贷:银行存款——工行存款   1 500

13. 14 日,结转已销 100 件甲材料的成本,按 10 000 元列入销售成本。

借:其他业务成本   10 000

    贷:原材料——甲材料   10 000

14. 16 日,委托呼市用友公司开发 2 套管理会计软件,合同约定开发费用共计 500 000 元,财务科已通过工商银行电汇(No:G00063)支付。开发费用按 3:2 在人工费和制造费之间分配。

借:生产成本——直接人工   300 000

            ——制造费用   200 000

    贷:银行存款——工行存款   500 000

15. 25 日,委托上海先科公司加工配套的管理会计软件加密器(名称:GK–16 加密器)共计 4 个,合同约定加工费共计 8 000 元,财务科已通过工商银行电汇(No:G00997)支付。加工费列入直接材料成本。软件加密器代码:03,属于委托开发项目。

借:生产成本——直接材料   8 000

    贷:银行存款——工行存款   8 000

16. 26 日,根据发货单,结转已销 1 套人力资源管理系统成本,按 350 000 元列入销售成本。

借:主营业务成本   350 000

    贷:库存商品   350 000

操作步骤:

第一,输入普通记账凭证。

下面以业务 9 为例说明其操作步骤:

(1)以操作员"杭程"的身份执行"金蝶 KIS 标准版",进入"金蝶 KIS 标准版"窗口,执行"账务处理—凭证录入"命令,打开"记账凭证"对话框,如图 3-3-1 所示。

图 3-3-1　增加记账凭证

(2)在"凭证字"处选择"付",在"附单据"处输入"1",在"日期"处选择"2012-01-08"。

(3)依次在"摘要"处输入"市场部李明购买办公用品",在"会计科目"处单击"获取"按钮,选择"660103-3 销售费用—其他费用—(部门)市场部",在"借方金额"处输入"600"按Enter 键。

(4)重复上述步骤,录入下一行,如图 3-3-2 所示。

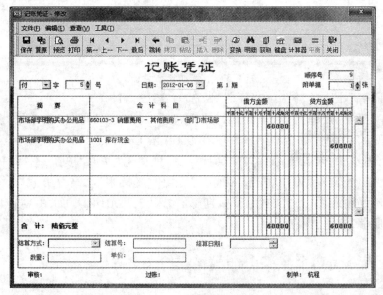

图 3-3-2　增加记账凭证

(5)单击"保存"按钮,保存凭证。

注意:

● 在采用自动填补断号时,系统自动连续进行顺序编号。

●当一行的新增分录完成后,按 Enter 键,回到下一分录行。每行的摘要可以相同也可以不同。如果"账套选项"设置为凭证没有摘要不能保存,则摘要不能为空。

●会计科目编码必须是末级的科目编码。

●金额不能为"零",红字以"–"号表示。

●凭证在审核之前均可以修改。

第二,输入需要进行银行对账的记账凭证。

下面以业务 1 为例说明其操作步骤:

(1)以操作员"杭程"的身份执行"金蝶 KIS 标准版",进入"金蝶 KIS 标准版"窗口,执行"账务处理—凭证录入"命令,打开"记账凭证"对话框,如图 3-3-3 所示。

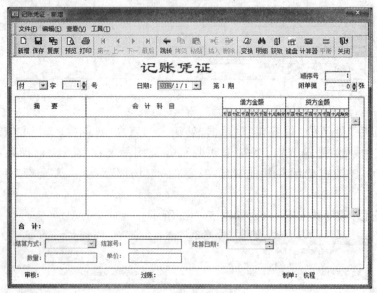

图 3-3-3　增加记账凭证

(2)在"凭证字"处选择"付",在"日期"处选择"2012/1/1"。

(3)依次在"摘要"处输入"从工商银行提现备用",在"会计科目"处单击"获取"按钮,选择"1001 库存现金",在"借方金额"处输入"30 000" 按 Enter 键。

(4)重复上述步骤,录入下一行,在"会计科目"处单击"获取"按钮,选择"100201 工行存款",在"贷方金额"处输入"30 000" 按 Enter 键。此时光标来到"结算方式"处,输入"现金支票",在"结算号"处输入"0425",在"结算日期"处输入"2012/01/01",如图 3-3-4 所示。

(5)单击"保存"按钮,保存凭证。

注意:

●输入的结算方式、结算号和结算日期将在进行银行对账时使用。

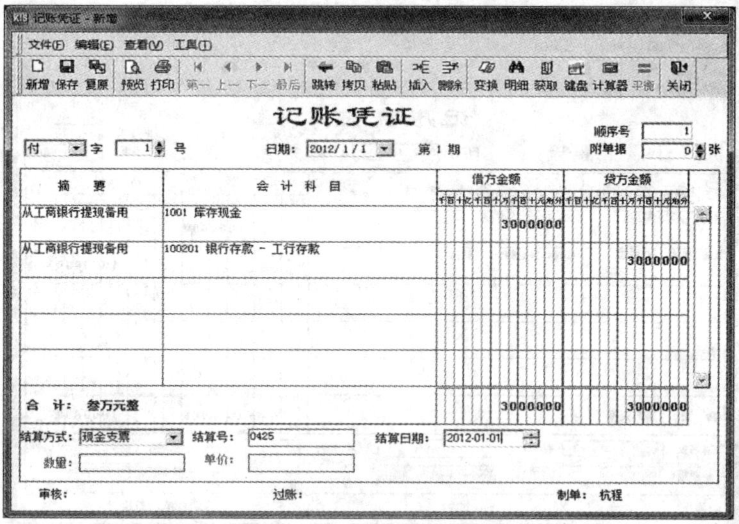

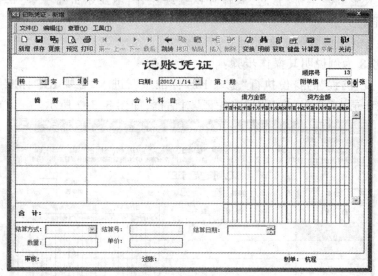

图 3-3-4　增加记账凭证

第三,输入有数量核算要求的记账凭证。

下面以业务 13 为例说明其操作步骤:

(1)以操作员"杭程"的身份执行"金蝶 KIS 标准版",进入"金蝶 KIS 标准版"窗口,执行"账务处理—凭证录入"命令,打开"记账凭证"对话框,如图 3-3-5 所示。

图 3-3-5　增加记账凭证

(2)在"凭证字"处选择"转",在"日期"处选择"2012/1/14"。

(3)依次在"摘要"处输入"结转已销甲材料成本",在"会计科目"处单击"获取"按钮,选择"6402 其他业务成本",在"借方金额"处输入"10 000" 按 Enter 键。

(4)重复上述步骤,录入下一行,在"会计科目"处单击"获取"按钮,选择"140301 甲材料",在"贷方金额"处输入"10 000" 按 Enter 键。此时光标在"数量"处,输入"100",在"单价"处自动输入"100",如图 3-3-6 所示。

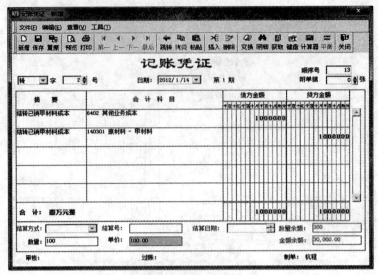

图 3-3-6　增加记账凭证

(5)单击"保存"按钮,保存凭证。

注意:

● 系统根据金额÷数量计算出单价。

● 若跳过"数量"和"单价"信息,软件可以继续操作,不显示出错警告,但可能导致数量核算的对账不平。

第四,输入有外币核算的记账凭证。

下面以业务 8 为例说明其操作步骤:

(1)以操作员"杭程"的身份执行"金蝶 KIS 标准版",进入"金蝶 KIS 标准版"窗口,执行"账务处理—凭证录入"命令,打开"记账凭证"对话框,如图 3-3-7 所示。

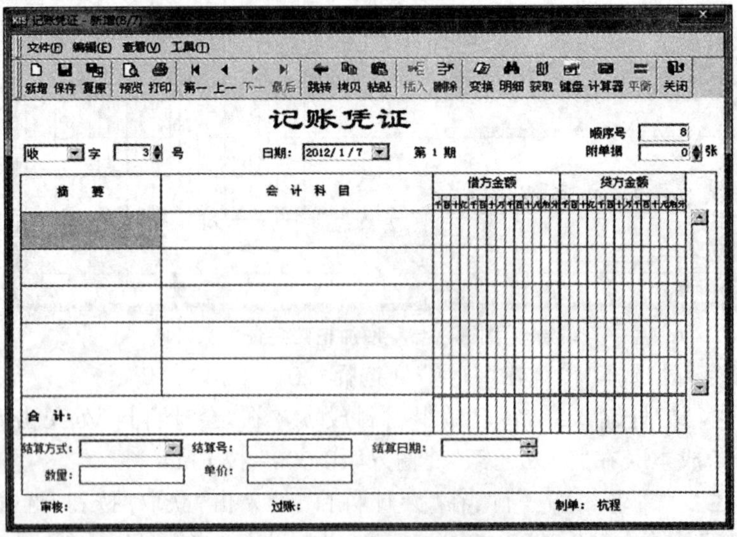

图 3-3-7　增加记账凭证

(2)在"凭证字"处选择"收",在"日期"处选择"2012/1/7"。

(3)依次在摘要处输入"将美元兑换成人民币",在"会计科目"处单击"获取"按钮,选择"100203 中行人民币"时,在"借方金额"处输入"65 000"按 Enter 键。此时光标在"结算方式"处,输入"其他",在"结算号"处输入"66699",在"结算日期"处输入"2012/1/7"按Enter 键。

(4)重复上述步骤,录入下一行。在"会计科目"处单击"获取"按钮,选择"100202 中行美元",在"原币金额—USD"处输入"10 000",此时"贷方金额"处自动输入"64 000",按Enter 键。

(5)重复上述第(3)步,录入下一行,至输入完毕,如图 3-3-8 所示。最后单击"保存"按钮,保存凭证。

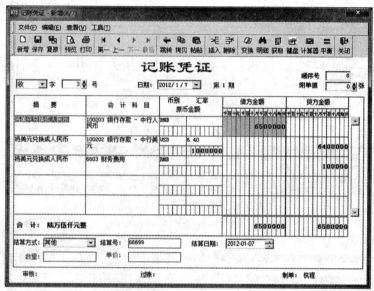

图 3-3-8　增加记账凭证

第五,输入有辅助账业务的记账凭证。

辅助账核算主要包括职员往来核算、部门核算、客户往来核算、供应商往来核算、产品和商品核算。这里通过实例操作介绍职员往来核算、供应商(客户)往来核算等辅助账核算。

(1)输入有职员往来核算的记账凭证。

下面以业务 2 为例说明其操作步骤:

①以操作员"杭程"的身份执行"金蝶 KIS 标准版",进入"金蝶 KIS 标准版"窗口,执行"账务处理—凭证录入"命令,打开"记账凭证"对话框,如图 3-3-9 所示。

②在"凭证字"处选择"付",在"日期"处选择"2012/1/2"。

③依次在摘要处输入"研发部金鑫出差借款",在"会计科目"处单击"获取"按钮,选择"1221 其他应收款",在"职员代码"处单击"获取"按钮,选择"101 金鑫",在"业务编号"处输入"001",在"借方金额"处输入"5 000"按 Enter 键。

④重复上述步骤,录入下一行,如图 3-3-10 所示。

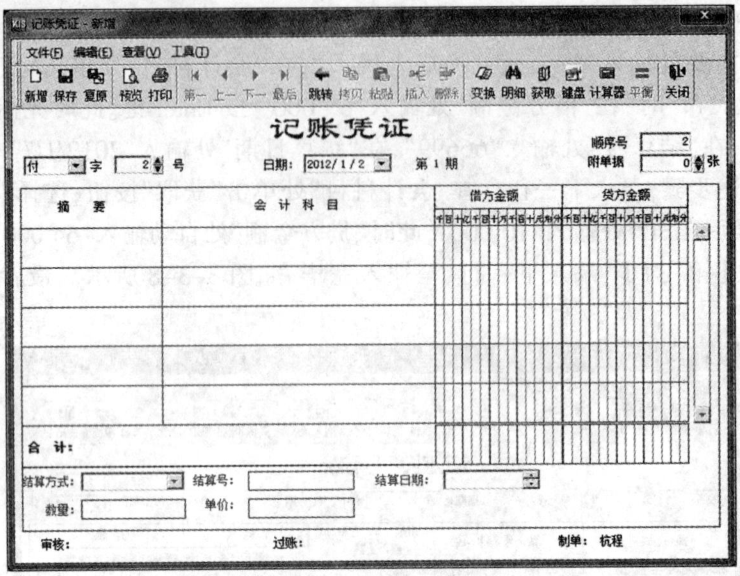

图 3-3-9　增加记账凭证

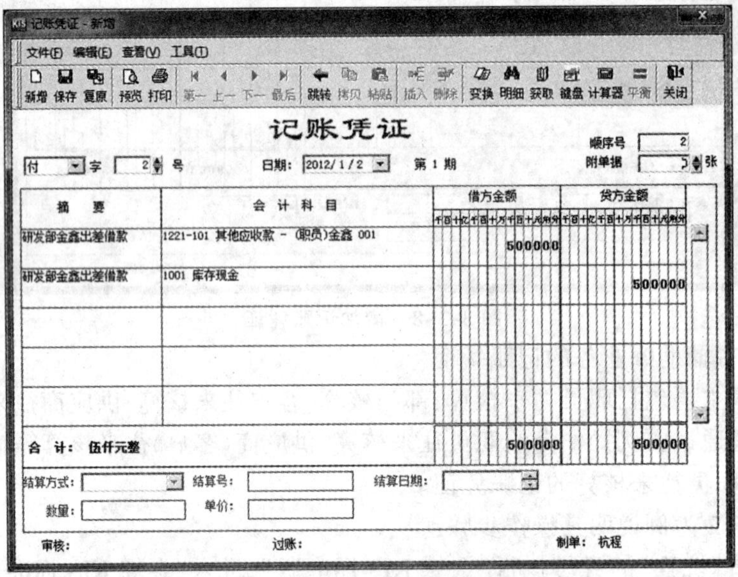

图 3-3-10　增加记账凭证

⑤单击"保存"按钮,保存凭证。

注意:

● 如果新发生的业务中职员(包括部门)不属于已经定义好的职员,则要在此先正确编辑新增职员的信息,系统会自动追加到职员目录中。

(2)输入有供应商(客户)往来核算的记账凭证。

下面以业务 4 为例说明其操作步骤:

①以操作员"杭程"的身份执行"金蝶 KIS 标准版",进入"金蝶 KIS 标准版"窗口,执行"账务处理—凭证录入"命令,打开"记账凭证"对话框,如图 3-3-11 所示。

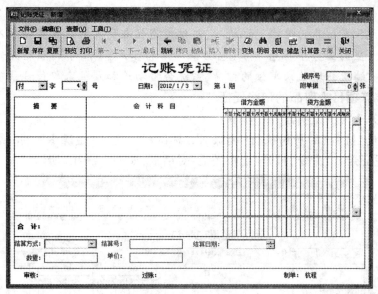

图 3-3-11　增加记账凭证

②在"凭证字"处选择"付",在"日期"处选择"2012/1/3"。

③依次在摘要处输入"支付北京用友公司欠款",在"会计科目"处单击"获取"按钮,选择"2202 应付账款",在"供应商代码"处单击"获取"按钮,选择"001 北京用友集团公司",在"业务编号"处输入"1086",在"借方金额"处输入"280 000"按 Enter 键。

④重复上述步骤,录入下一行,在"会计科目"处单击"获取"按钮,选择"100201 工行存款",在"贷方金额"处输入"280 000"按 Enter 键。此时光标在"结算方式"处,输入"电汇",在"结算号"处输入"26812",在"结算日期"处输入"2012-01-03",如图 3-3-12 所示。

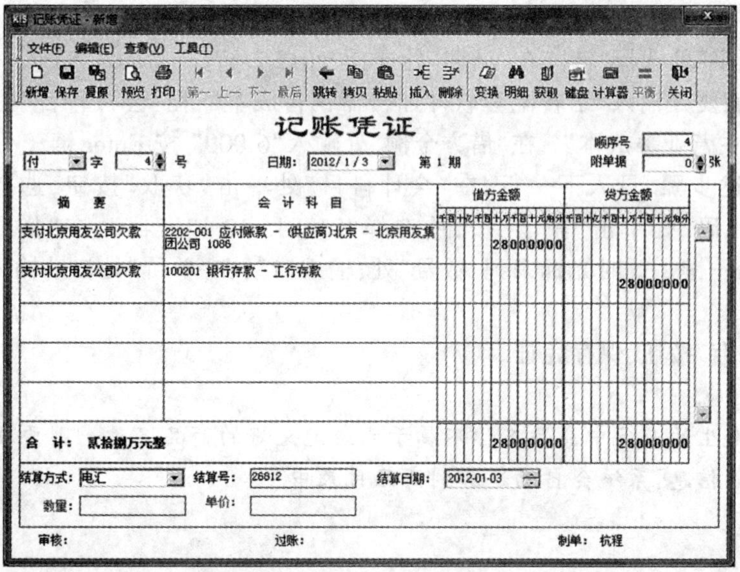

图 3-3-12　增加记账凭证

⑤单击"保存"按钮,保存凭证。

注意：

● 有关客户往来核算的记账凭证输入，与供应商往来核算的记账凭证输入相同。

● 如果新发生的业务中往来单位(包括供应商和客户)不属于已经定义好的往来单位，则要在此先正确编辑新增往来单位的信息，系统会自动追加到往来单位目录中。

(3)输入核算项目为商品的记账凭证。

下面以业务7为例说明其操作步骤：

①以操作员"杭程"的身份执行"金蝶 KIS 标准版"，进入"金蝶 KIS 标准版"窗口，执行"账务处理—凭证录入"命令，打开"记账凭证"对话框，如图 3-3-13 所示。

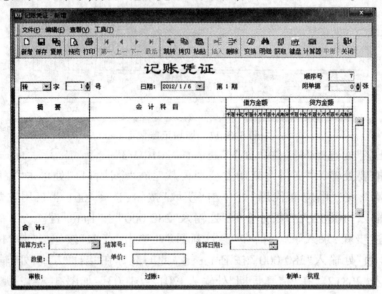

图 3-3-13 增加记账凭证

②在"凭证字"处选择"转"，在"日期"处选择"2012/1/6"。

③依次在摘要处输入"结转配套软件加密器销售成本"，在"会计科目"处单击"获取"按钮，选择"6401 主营业务成本"，在"借方金额"处输入"6 000"按 Enter 键。

④重复上述步骤，录入下一行，在"会计科目"处单击"获取"按钮，选择"1405 库存商品"，在"商品代码"处单击"获取"按钮，选择"01 RL-12 加密器"，在"贷方金额"处输入"6 000"按 Enter 键。此时光标来到"数量"处，输入"1"，在"单价"处自动输入"6 000"，如图 3-3-14 所示。

⑤单击"保存"按钮，保存凭证。

注意：

● 如果新发生的业务中商品名称不属于已经定义好的商品名称，则要在此先正确编辑新增商品名称的信息，系统会自动追加到商品目录中。

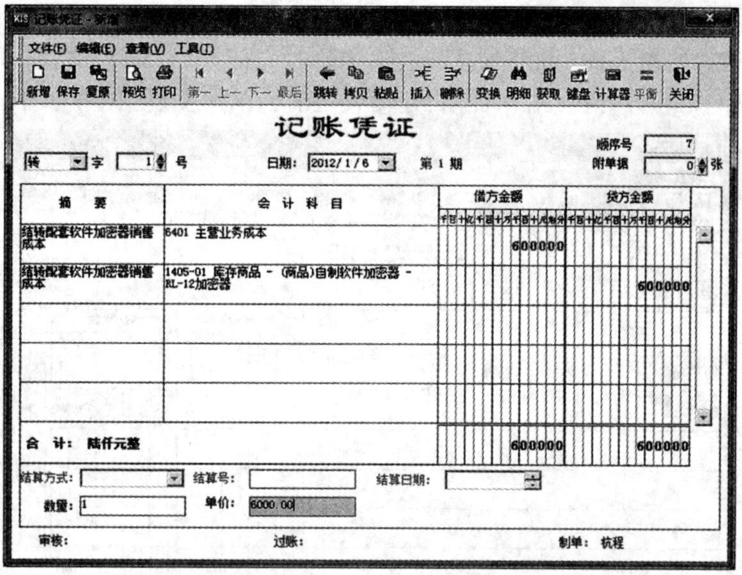

图 3-3-14　增加记账凭证

(4)输入核算项目为产品的记账凭证。

下面以业务 15 为例说明其操作步骤：

①以操作员"杭程"的身份执行"金蝶 KIS 标准版"，进入"金蝶 KIS 标准版"窗口，执行"账务处理—凭证录入"命令，打开"记账凭证"对话框，如图 3-3-15 所示。

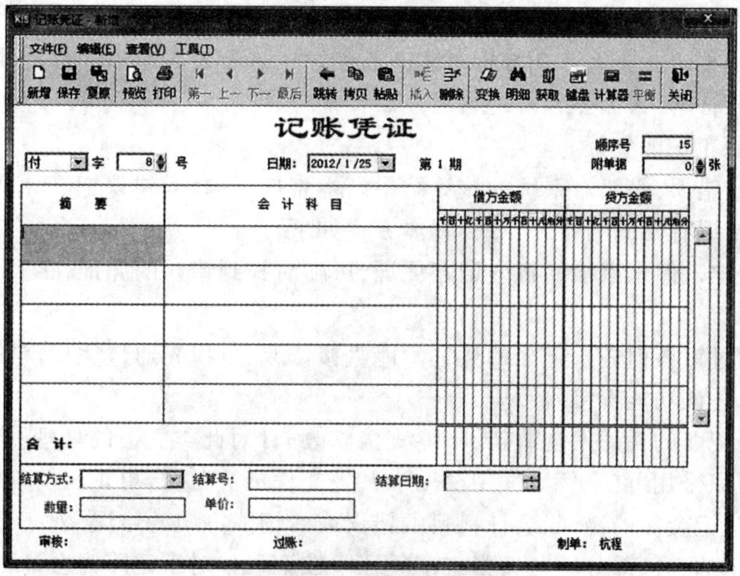

图 3-3-15　增加记账凭证

②在"凭证字"处选择"付"，在"日期"处选择"2012/1/25"。

③依次在摘要处输入"委托加工配套的管理会计软件加密器"，在"会计科目"处单击"获取"按钮，选择"500101 生产成本—直接材料"，在"产品代码"处单击"获取"按钮，增加并选择"03 GK-16 加密器"，在"借方金额"处输入"8 000"按 Enter 键。

④重复上述步骤,录入下一行,在"会计科目"处单击"获取"按钮,选择"100201 工行存款",在"贷方金额"处输入"8 000"按 Enter 键。此时光标在"结算方式"处,输入"电汇",在"结算号"处输入"G00997",在"结算日期"处输入"2012-01-25",如图 3-3-16 所示。

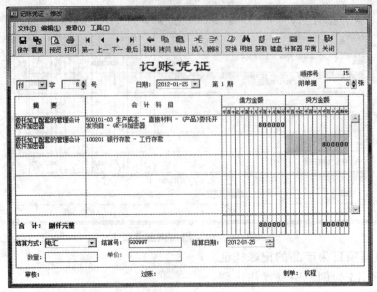

图 3-3-16　增加记账凭证

⑤单击"保存"按钮,保存凭证。

注意:

● 如果新发生的业务中产品名称不属于已经定义好的产品名称,则要在此先正确编辑新增产品名称的信息,系统会自动追加到产品目录中。

2. 修改和更正记账凭证

记账凭证的错误,必然对系统的核算结果产生直接影响。对错误记账凭证的修改要区别不同状态下的错误有不同的修改方式,具体方式如下:

(1)对已经输入但未审核的机内记账凭证,可随时找到错误的凭证在编辑状态下直接修改。

(2)已经通过审核但还未记账的凭证不能直接修改,可以先通过凭证审核功能取消审核后,再通过编辑凭证功能直接修改。

(3)若已经记账的凭证发现有错,不能直接修改。针对此类凭证的处理,会计制度要求留下审计线索。可以采用"红字凭证冲销法"或者"补充凭证法"进行更正。红字冲销法用于更正记账金额大于应记金额的错误、会计科目的错误或者记账方向的错误。对于记账金额多记的部分可以将多记的金额部分填写一张红字凭证审核记账,对于记账为会计科目或借贷方向的错误,则只能填写一张相同的红字凭证审核记账,再填写一张正确的凭证并审核记账。补充更正法用于更正记账金额小于应记金额的错误。

综上所述,在上述三种错误凭证中前两种记账凭证的错误修改不留下任何修改线索和痕迹,第三种记账凭证的错误修改是通过保留错误凭证和更正凭证的方法保留修改痕迹,也就是所谓的更正记账凭证。

实例：红字冲销记账凭证。

假设包头财经公司财务科于 2012 年 1 月 26 日，采用红字冲销法对已经记账的 1 月 1 日"付"字"1"号凭证红字冲销。（注：此笔业务于所有凭证审核记账之后再进行操作）

操作步骤：

(1)以操作员"杭程"的身份执行"金蝶 KIS 标准版"，进入"金蝶 KIS 标准版"窗口，执行"账务处理—凭证查询"命令，打开"凭证过滤"对话框，如图 3-3-17 所示。

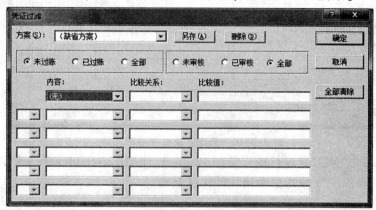

图 3-3-17　凭证过滤

(2)选择"已过账"，单击"确定"按钮，进入"会计分录序时簿"窗口，如图 3-3-18 所示。

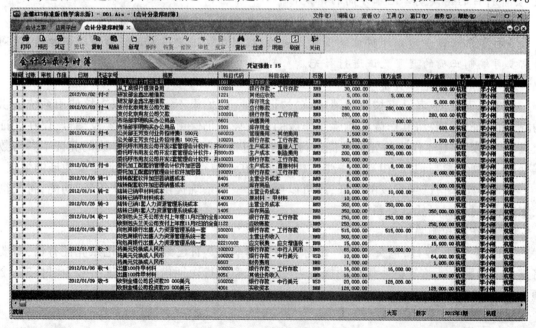

图 3-3-18　会计分录序时簿

(3)选中"2012/01/01 付-1"凭证，执行"编辑—冲销"命令，如图 3-3-19 所示。

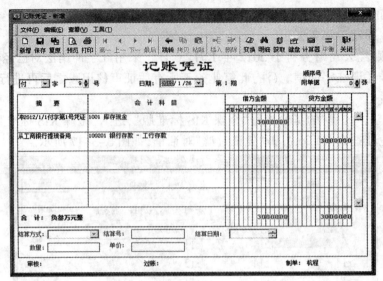

图 3-3-19 系统生成红字冲销凭证

(4)将"摘要"中"从工商银行提现备用"更改为"冲 2012/1/1 付字第 1 号凭证",单击"保存"按钮,将系统自动生成的红字冲销凭证保存起来。

注意:

●红字冲销凭证是针对已经记账的错误凭证而言的（更正记账金额大于应记金额的错误、会计科目的错误或者记账方向的错误）。

●红字冲销凭证可以由系统自动生成,也可以采用手工方式直接输入。

●对于记账错误为会计科目或借贷方向的,在制作红字冲销凭证将错误凭证冲销后,同时需要再编制正确的蓝字凭证进行补充。

3. 作废和删除记账凭证

对于未审核(或者已审核而取消审核)的记账凭证,如果不需要,可以直接使用系统提供的"删除凭证"功能,将其作废或删除。作废的记账凭证仍保留凭证的内容及编号,仅在凭证上显示"作废"字样。作废的凭证不能进行修改和审核。在记账时,已经作废的凭证不参与数据处理,只列入参与记账,相当于一张空白凭证。在账簿查询时,是查不到作废凭证的数据。

如果不想保留已经作废的凭证,则可以再执行一下系统提供的"删除凭证"功能,将其彻底删除,并对未记账凭证重新编号。

实例:作废和删除记账凭证。

2012 年 1 月 26 日,包头财经公司财务科发现本月 2 日已经填制的记账凭证有错,需要将其作废和删除。该笔记账凭证的摘要为"归还工商银行短期借款",凭证字号为"付-3",金额为"101 000 元"。

操作步骤:

(1)以操作员"杭程"的身份执行"金蝶 KIS 标准版",进入"金蝶 KIS 标准版"窗口,执行"账务处理—凭证查询"命令,打开"凭证过滤"对话框,如图 3-3-17 所示。

(2)单击"确定"按钮,进入"会计分录序时簿"窗口,如图 3-3-20 所示。

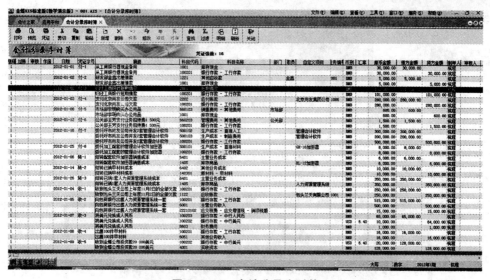

图 3-3-20　会计分录序时簿

(3)选中"2012-01-02 付-3"凭证,执行"编辑—删除凭证"命令,打开"信息提示"窗口,如图 3-3-21 所示。

图 3-3-21　信息提示

(4)单击"是"按钮,系统将该张凭证标注为"作废",如图 3-3-22 所示。

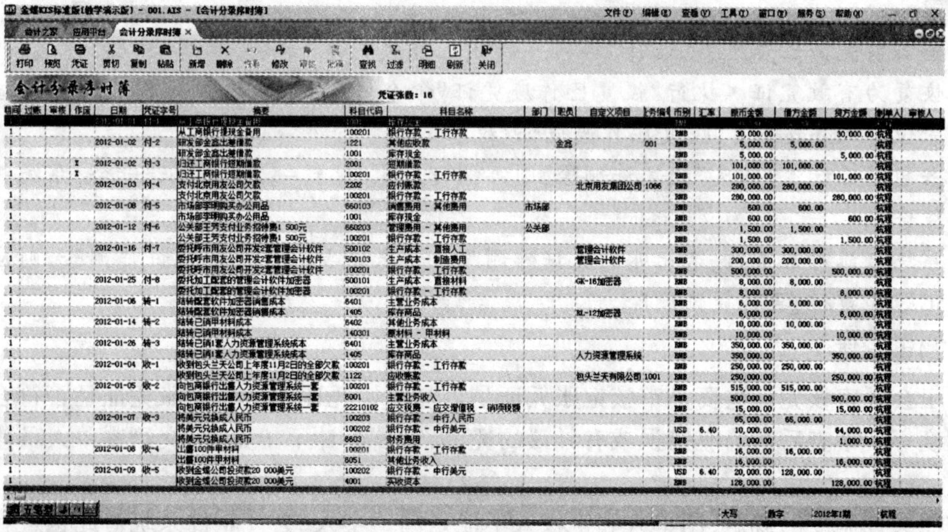

图 3-3-22　标注为作废凭证

(5)此时用鼠标双击该张凭证,系统打开"信息提示"窗口,如图 3-3-23 所示。

图 3-3-23 信息提示

(6)单击"是"按钮,系统显示"作废"凭证,如图 3-3-24 所示。

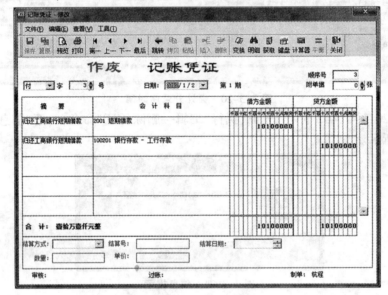

图 3-3-24 显示作废凭证

注意:

●若当前凭证已作废,可选择"编辑—恢复已作废凭证"命令,取消"作废"标志,并将当前凭证恢复为有效凭证。执行"恢复已作废凭证"命令之前,需要更换操作员为 Manager,只有系统管理员 Manager 有"恢复已作废凭证"权限。

●若想对已标注"作废"的凭证删除,则再执行一次"编辑—删除凭证"命令,系统将彻底删除该凭证。

●系统只能对未审核、未记账的凭证作删除。如果需要对已记账凭证作删除,则应先取消凭证记账和审核,再作凭证删除。

(二)审核凭证

由于会计审核凭证主要是审核记账凭证是否与原始凭证相符,记账凭证是否符合当前财会制度等。审查后认为有错误或有异议的凭证,审核会计不予签字,交给制单人员修改后再审核。

按照会计制度的规定,制单人和审核人不能是同一个人,会计软件系统对此也进行了相应的限制。

目前会计软件提供的审核方法有屏幕审核、静态审核（打印输出记账凭证然后进行审核）、二次录入校验,其中最常用的方法是屏幕审核。

实例:审核会计签字。

包头财经公司财务科已于 2012 年 1 月 25 日在"会计组"新增操作员"008 李小刚",系统管理员授权"李小刚"拥有"账务处理"中"凭证审核"权限,"授权范围"为"所有用户"。假设此项操作已经通过"金蝶 KIS 软件[用户管理]"的相关功能完成。并同时在"金蝶 KIS 软件"窗口中,执行"基础资料—核算项目—职员"命令,将该操作员输入单位的职员档案。1 月 26 日以审核会计李小刚的身份进入账务处理系统,对包头财经公司制单人本月已经输入的记账凭证进行审核签字。

操作步骤:

(1)以操作员"李小刚"的身份执行"金蝶 KIS 标准版",进入"金蝶 KIS 标准版"窗口,执行"账务处理—凭证查询"命令,打开"凭证过滤"对话框,如图 3-3-25 所示。

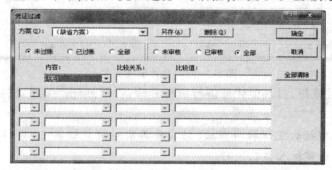

图 3-3-25　凭证过滤

(2)选择"未过账"和"未审核",单击"确定"按钮,进入"会计分录序时簿"窗口,如图 3-3-26 所示。

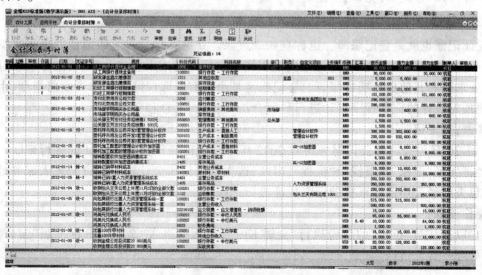

图 3-3-26　会计分录序时簿

(3)单击"审核"按钮,打开一张待审的记账凭证,检查无误后,单击"审核"按钮,系统在凭证的"审核"处自动签上审核人的名字,如图3-3-27所示。如果认为有错误则可以不予处理。

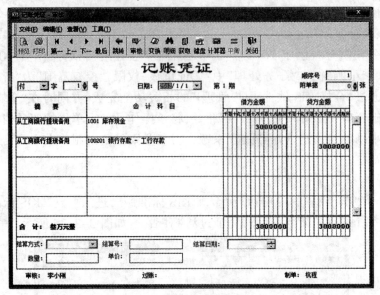

图 3-3-27　会计审核签字

(4)单击"下一"按钮,对其他凭证进行审核处理;否则,单击"关闭"按钮返回。

注意:

● 若要对已经审核的凭证取消审核,则需要再次对该凭证单击"审核"按钮,取消审核。取消审核签字只能由审核人自己进行。

● 凭证一经审核,就不能被修改、删除,只有取消审核签字后才可以修改或删除。

● 用户也可以成批审核记账凭证,通过单击"批审"按钮,完成批审操作。

● 对标记"作废"的凭证,不能进行审核。

(三)凭证记账

凭证记账也就是登记账簿,也称登账或过账。在电算化方式下账簿是以电子数据方式(数据库文件)存放在系统中的。记账凭证审核签字后即可用来登记总账、明细账、日记账、部门账、往来账和其他核算项目账等。登记账簿是由具有记账权限的操作员发出指令,由计算机按照预先设计的记账程序自动进行科目合法性检验、汇总和登记账簿。

实例:凭证记账。

1月26日包头财经公司财务科对2012年1月份已经审核的记账凭证进行记账。该公司已经将凭证"记账"权限授予"杭程",因此,这里就以记账会计杭程的身份进入账务处理系统,对包头财经公司已经审核的记账凭证进行记账。

操作步骤:

(1)以操作员"杭程"的身份执行"金蝶KIS标准版",进入"金蝶KIS标准版"窗口,执行"账务处理—凭证过账"命令,打开"凭证过账"向导,如图3-3-28所示。

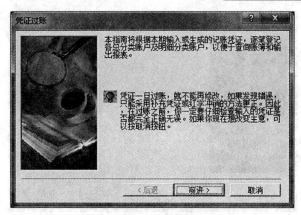

图 3-3-28　凭证过账向导

(2)单击"前进"按钮,进入凭证号连续性检查,如图 3-3-29 所示。

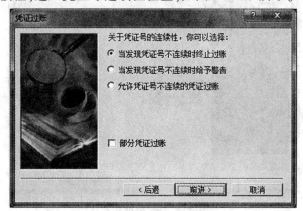

图 3-3-29　凭证号连续性检查

注意:

● 如果用户在"账套选项"中选定"凭证录入时自动填补断号",则用户填制凭证时发生的凭证增加、删除不会引起凭证顺序号的不连续;否则,有可能出现凭证号不连续的情况,用户可以采用系统提供的"凭证查询—编辑—凭证整理"功能,可以将凭证号码重新排列,解决凭证断号的问题。

● 在凭证过账过程中,系统默认是重新进行有关凭证号的连续性检查。用户可以根据情况自行决定是否进行此项检查操作。

● 系统提供部分过账功能,当选取"部分凭证过账"选项时,系统会弹出一张凭证需要过账的过滤条件,此时输入相应的过滤条件并确认之后,系统将对满足过滤条件的凭证进行过账。

(3)单击"前进"按钮,如图 3-3-30 所示。

(4)按"完成"按钮开始过账,显示过账结果,如图 3-3-31 所示。

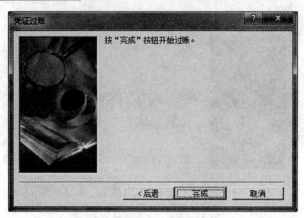

图 3-3-30 开始过账

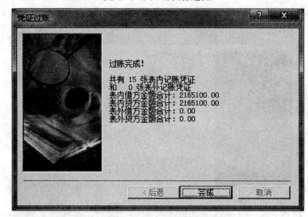

图 3-3-31 过账结果

注意:

● 在记账时,已经作废的凭证不参与记账。在账簿查询时,是查不到作废凭证的数据。

● 在过账前应该对记账凭证的内容仔细审核,系统只能检验记账凭证中的数据关系错误,而无法检查业务逻辑关系。这其中的内容只能由会计人员自己检查。

● 如果选择了"过账前凭证必须经过审核"选项,则在过账时,系统会检查记账凭证是否经过审核;否则,系统不对凭证是否经过审核进行检查,直接过账。

● 凭证过账过程中不只是对记账凭证过账,还要对固定资产变动资料进行过账,一旦过账完成,则这些固定资产资料就不能再进行修改了。

● 为了方便用户对已经过账凭证的修改,系统提供了反过账的功能(Ctrl+F11),进行反过账、取消审核的凭证就可以进行修改和删除了。系统只允许系统管理员有权操作反过账功能。

(四)输出凭证

对于已经输入计算机系统中的记账凭证,根据需要随时可以通过系统提供的输出功能,即通过屏幕或打印机输出凭证。输出凭证包括:查询凭证、科目汇总和打印凭证。

1. 查询凭证

查询凭证有两种方式,既可以通过"凭证录入"命令,也可以通过"凭证查询"命令。前者是通过指定期间、凭证字和凭证号定位凭证,用户在填制凭证时,可以利用"查看—跳转"命令随时定位凭证,随时对未审核的凭证进行修改、删除。后者是可以采用多种方式进行凭证查询,用户可以对查询到的未审核的记账凭证进行修改或删除。针对后者"凭证查询",常用的查询条件有以下三类:

(1)按照是否已经记账查询,包括未记账、已记账和全部。

(2)按照是否已经审核查询,包括未审核、已审核和全部。

(3)按照日期、会计期间、凭证字、凭证号、摘要、会计科目、币别、原币金额、汇率、数量、单价、业务编号、结算方式、结算码、借方金额、贷方金额、制单人、审核人和过账人、核算项目类别等项目内容查询。

实例:凭证查询。

查询包头财经公司 2012 年 1 月份已经记账凭证。

操作步骤:

(1)以操作员"杭程"的身份执行"金蝶 KIS 标准版",进入"金蝶 KIS 标准版"窗口,执行"账务处理—凭证查询"命令,打开"凭证过滤"对话框,如图 3-3-32 所示。

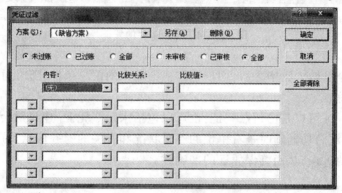

图 3-3-32　凭证过滤

(2)在"内容"处选择"会计期间",在"比较关系"处选择"等于",在"比较值"处选择"1",并且同时选定"已过账"和"全部",如图 3-3-33 所示。

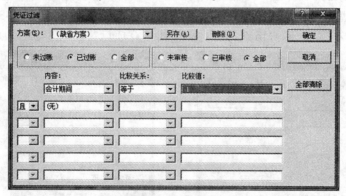

图 3-3-33　凭证过滤

(3)单击"确定"按钮,显示全部符合条件的"包头财经公司 2012 年 1 月份已经记账凭证",如图 3-3-34 所示。

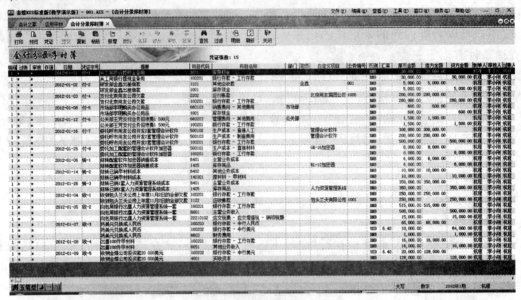

图 3-3-34　符合条件的凭证

2. 科目汇总

在记账凭证全部输入完毕之后,用户可以根据输入的汇总条件,随时对记账凭证进行汇总并生成科目汇总表。

进行汇总的凭证可以是已记账凭证,也可以包括未记账凭证。建议财会人员应在凭证未记账前,经常通过汇总功能随时查看单位的经营状况和有关的财务信息,可以根据数据的异常情况检查工作的失误,从而确保凭证的准确性。

实例:科目汇总。

汇总包头财经公司 2012 年 1 月份科目余额,包括所有币别和核算项目。

操作步骤:

(1)以系统管理员 Manager 的身份执行"金蝶 KIS 标准版",进入"金蝶 KIS 标准版"窗口,执行"账务处理—科目余额表"命令,打开"科目余额表"对话框,如图 3-3-35 所示。

(2)在"币别"处选择"所有币别"并勾选"包括核算项目",如图 3-3-36 所示。

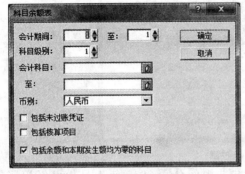

图 3-3-35　科目余额表

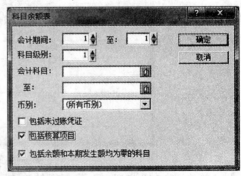

图 3-3-36　科目余额表

(3)单击“确定”按钮,显示包头财经公司2012年1月科目余额表,如图3-3-37所示。

科目代码	科目名称	币别	期初余额		本期发生额		本年累计发生额		期末余额	
			借方	贷方	借方	贷方	借方	贷方	借方	贷方
1001	库存现金	RMB	5,000.00		30,000.00	5,600.00	30,000.00	5,600.00	29,400.00	
		综合本位币	5,000.00		30,000.00	5,600.00	30,000.00	5,600.00	29,400.00	
1002	银行存款	USD	10,000.00		20,000.00	10,000.00	20,000.00	10,000.00	20,000.00	
		折合本位币	64,000.00		128,000.00	64,000.00	128,000.00	64,000.00	128,000.00	
		RMB	620,000.00		846,000.00	819,500.00	846,000.00	819,500.00	646,500.00	
		综合本位币	684,000.00		974,000.00	883,500.00	974,000.00	883,500.00	774,500.00	
1122	应收账款	RMB	250,000.00			250,000.00		250,000.00		
		综合本位币	250,000.00			250,000.00		250,000.00		
1122-01	包头兰天有限	RMB	250,000.00			250,000.00		250,000.00		
		综合本位币	250,000.00			250,000.00		250,000.00		
1221	其他应收款	RMB	2,000.00		5,000.00		5,000.00		7,000.00	
		综合本位币	2,000.00		5,000.00		5,000.00		7,000.00	
1221-101	金鑫	RMB			5,000.00		5,000.00		5,000.00	
		综合本位币			5,000.00		5,000.00		5,000.00	
1221-201	李蓉	RMB	2,000.00						2,000.00	
		综合本位币	2,000.00						2,000.00	
1403	原材料	RMB	30,000.00			10,000.00		10,000.00	20,000.00	
		综合本位币	30,000.00			10,000.00		10,000.00	20,000.00	
1405	库存商品	RMB	1,600,000.00			356,000.00		356,000.00	1,244,000.00	
		综合本位币	1,600,000.00			356,000.00		356,000.00	1,244,000.00	
1405-01	RL-12加密器	RMB	60,000.00			6,000.00		6,000.00	54,000.00	
		综合本位币	60,000.00			6,000.00		6,000.00	54,000.00	
1405-02	人力资源管理	RMB	700,000.00			350,000.00		350,000.00	350,000.00	
		综合本位币	700,000.00			350,000.00		350,000.00	350,000.00	
1405-03	管理会计软件	RMB	800,000.00						800,000.00	
		综合本位币	800,000.00						800,000.00	
1405-04	真皮公文包	RMB	40,000.00						40,000.00	
		综合本位币	40,000.00						40,000.00	
1601	固定资产	RMB	4,320,000.00						4,320,000.00	
		综合本位币	4,320,000.00						4,320,000.00	
1602	累计折旧	RMB		260,000.00						260,000.00
		综合本位币		260,000.00						260,000.00
2001	短期借款	RMB		500,000.00						500,000.00
		综合本位币		500,000.00						500,000.00

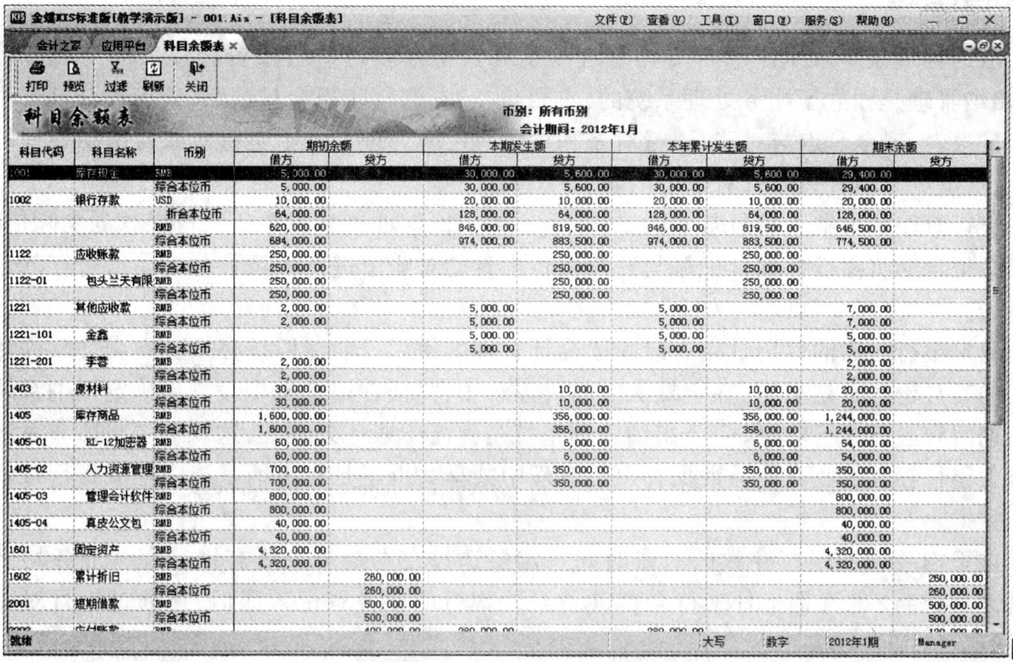

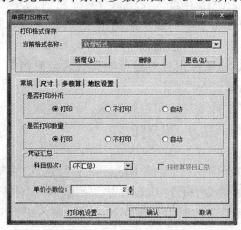

图3-3-37 符合条件的科目余额表

3. 打印凭证

打印凭证是指将未记账凭证或已记账凭证按标准格式输出到打印机。用户应根据具体需要合理地选择打印条件。

根据财会制度的要求,记账凭证作为会计档案中最为重要的部分必须以纸质保存,并且在记账凭证后面贴上必要的原始凭证,按顺序编号装订成册保存。会计电算化后,无论何种方式输入记账凭证都必须要保存手工记账凭证或计算机打印的记账凭证。这里关于会计电算化后记账凭证的输入方式方法已在本书第二篇的第一章中介绍。

在金蝶KIS软件中,有关凭证打印条件参数如图3-3-38所示。

图3-3-38 凭证打印条件参数

二、出纳管理

出纳管理是金蝶 KIS 软件专为管理现金和银行存款这些货币资金提供的一套管理工具。出纳管理是独立于账务处理系统的,主要包括:查询打印现金日记账、银行存款日记账和资金日报表,现金盘点与对账、银行对账和支票登记簿管理。其中银行对账是出纳管理的核心,这里重点介绍有关银行对账的内容。

银行对账是出纳人员最基本的工作之一。为了能够准确掌握单位银行存款的实际情况,企业必须定期将银行存款日记账与开户银行出具的对账单进行核对,并编制银行存款余额调节表。

通常银行对账的启用日期一般晚于会计软件的使用日期,但是必须要在会计软件使用之后的某月份的月初启用。在金蝶 KIS 软件系统中,需要在账套选项设置中确定出纳系统的启用期间和进行银行对账。由于出纳管理系统是独立于账务处理的,这就需要将账务系统中的有关银行存款的收支业务数据在出纳管理中共享,也就是在出纳系统中生成银行存款日记账数据。

这里需要说明银行存款的对账时间一定要选择在本期单位所有银行存款业务均已经记账之后进行,也就是于月末待全部涉及对账银行的业务登记入账后,再通过银行对账功能进行。

在出纳系统中提供了两种对账方式:自动对账和手工对账。自动对账是系统根据对账依据(借贷方向+金额+日期+结算方式+票号)将银行存款日记账与银行对账单进行自动核对勾销。手工对账是自动对账的补充,在自动对账后,可能存在一些特殊的未达账项没有被勾对为已达账项,这就需要通过手工对账进行调整勾销。

依据本书第二篇第一章的有关出纳管理业务处理程序,银行对账通过以下几步完成:录入银行初始余额、登记银行存款日记账、录入银行对账单、自动对账、手工对账、查询银行存款余额调节和出纳轧账。

(一)录入银行初始余额

为了保证银行对账的准确性,在首次使用银行对账之前,必须输入银行对账启用日期时的期初余额,包括银行日记账与银行对账单的期初余额;必须输入银行对账启用日期之前的最后一次手工对账的双方未达账项,包括银行存款日记账和银行对账单的未达账项,并且在此基础上同时要保证银行日记账和银行对账单的调整后余额相等。

实例:录入银行初始余额。

包头财经公司 2012 年 1 月 1 日启用银行对账,银行存款—工行存款日记账期初余额为 620 000 元,银行对账单期初余额为 620 000 元。

操作步骤:

(1)以操作员"成功"的身份执行"金蝶 KIS 标准版",进入"金蝶 KIS 标准版"窗口,执行"出纳管理—银行初始余额"命令,打开"银行存款初始余额"对话框,如图 3-3-39 所示。

(2)输入银行日记账启用期初原币余额"620 000",输入银行对账单启用期初原币余额"620 000",如图 3-3-40 所示。

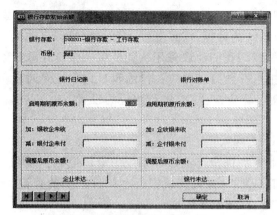

图 3-3-39　银行存款初始余额　　　　图 3-3-40　输入银行存款初始余额

(3)输入完毕后,单击"确定"按钮退出。

注意:

● 如"银行存款"科目有多个明细,用户可使用 ![按钮] 按钮,在各个明细科目间切换。

● 如被指定的银行科目有外币核算,在这里应输入外币余额和外币未达项。

● 银行日记账和银行对账单的"启用期初原币余额"应分别为上次手工对账截止日期的该单位银行存款日记账余额和该单位开户银行对账单余额;"期初未达账"应分别为上次手工对账截止日期到启用日期前的双方未达账项;"调整后原币余额"应分别为启用日期的该单位银行存款日记账余额和该单位开户银行对账单余额。若输入正确,则银行日记账与银行对账单的调整后原币余额应平衡。

● 用户第一次使用银行对账时,应使用"银行初始余额"。在开始使用银行对账之后就不再使用。

● 在录入完银行日记账和银行对账单期初未达账后,就不要再随意调整启用日期,尤其是向前调,这样就会造成启用日期后的期初数不能再参与对账。

● 若某银行科目已经进行过对账,在期初未达账录入中,对于已经勾对或核销的记录不能再修改。

(二)登记银行存款日记账

在金蝶 KIS 软件系统中,由于出纳管理系统是独立于账务处理的,这就需要将账务系统中的有关银行存款的收支业务数据在出纳管理中共享,也就是在出纳系统中生成银行存款日记账数据。在出纳管理中登记和生成银行存款日记账的方法主要有直接录入、从凭证引入银行存款日记账和自动从账务引入数据。

(1)直接录入:是依据审核无误的有关银行收付款凭证数据,按照系统提供的银行存款日记账窗口手工重新录入每笔银行收支业务。

(2)从凭证引入银行存款日记账:是从账务系统中的记账凭证库(已经审核记账的银行收付款凭证)中直接调用,登记银行存款日记账。

(3)自动从账务引入数据:是将账务系统中已经记账的银行存款明细账数据,在出纳管理中编辑日记账记录时可以自动从账务引入这些数据。

这里需要说明,直接录入方式不能共享账务系统的数据,需重复输入有关数据。自动从账务引入数据后还需要对引入的数据进行修改编辑。我们建议采用从凭证引入银行存款日记账方式。另外,用户如果要采用"从凭证引入银行存款日记账"或者"编辑日记账记录时自动从账务引入数据",必须事前在"账套选项—高级配置选项"中进行相应的设置,这一点已经在之前的账套选项设置中讲述。

实例:登记银行存款日记账。

包头财经公司已经将有关银行存款的收支业务凭证全部在账务系统中审核记账,现在通过出纳管理中提供的"从凭证引入银行存款日记账"功能,完成银行存款日记账的登记。(注:这里有关对账银行的业务是截止在 2012 年 1 月 26 日)

操作步骤:

(1)以操作员"成功"的身份执行"金蝶 KIS 标准版",进入"金蝶 KIS 标准版"窗口,执行"出纳管理—银行日记账"命令,打开"银行日记账"对话框,如图 3-3-41 所示。

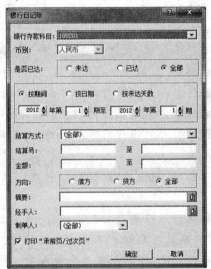

图 3-3-41　银行日记账

(2)单击"确定"按钮,进入"银行存款—工行存款日记账",如图 3-3-42 所示。

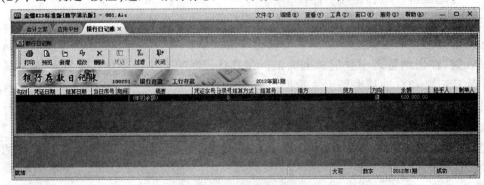

图 3-3-42　工行存款日记账

(3)执行"文件—从凭证引入银行日记账"命令,打开"凭证过滤"对话框,如图 3-3-43 所示。

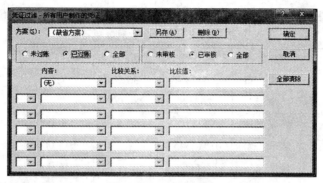

图 3-3-43　凭证过滤

(4)选择"已过账"和"已审核",单击"确定"按钮,显示"信息提示",如图 3-3-44 所示。

图 3-3-44　信息提示

(5)单击"确定"按钮,进入登记完毕的"银行存款—工行存款日记账",如图 3-3-45 所示。

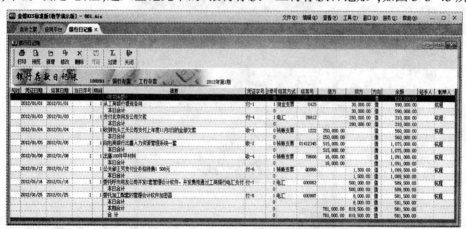

图 3-3-45　工行存款日记账登记完毕

(6)单击"关闭"返回。

(三)录入银行对账单

用户系统记账之后,在开始对账之前,必须要将开户银行出具的银行对账单录入系统中,以便与单位的银行日记账进行核对。录入银行对账单可以手工录入,也可以使用系统提供的银行对账单引入功能。

实例：录入银行对账单。

包头财经公司 2012 年 1 月 27 日收到开户行"中国工商银行包头分行"1 月份银行对账单，见表 3-3-1。(注：这里有关对账银行的业务是截止在 2012 年 1 月 26 日)

表 3-3-1　银行存款对账单

日期	摘要	结算方式	结算号	借方(元)	贷方(元)	方向	余额(元)
2012.01.01	提现	现金支票	0425	30 000		贷方	590 000
2012.01.03	付款	电汇	26812	280 000		贷方	310 000
2012.01.04	收款	转账支票	1222		250 000	贷方	560 000
2012.01.05	收款	转账支票	01412345		515 000	贷方	1 075 000
2012.01.08	收款	转账支票	78666		16 000	贷方	1 091 000
2012.01.16	付款	电汇	G00063	500 000		贷方	591 000
2012.01.25	付款	电汇	G00997	8 000		贷方	583 000
2012.01.26	收款	电汇	R00897		20 000	贷方	603 000

注意：

● 在实际工作中银行对账单的余额方向为贷方，银行对账单的收支记录方向与单位银行存款日记账的收支记录方向是相反的。金蝶 KIS 软件的银行对账功能完全符合这种情况。

操作步骤：

(1)以操作员"成功"的身份执行"金蝶 KIS 标准版"，进入"金蝶 KIS 标准版"窗口，执行"出纳管理—银行对账单"命令，打开"银行对账单"对话框，如图 3-3-46 所示。

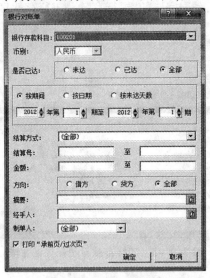

图 3-3-46　银行对账单

(2)单击"确定"按钮，进入"银行存款—工行存款对账单"，如图 3-3-47 所示。

(3)单击"新增"按钮，进入编辑输入"工行存款对账单"窗口，如图 3-3-48 所示。

(4)依据"银行存款对账单"(表 3-3-1)，在"银行存款科目"处选择"100201"，"结算日期"处选择"2012/01/01"，"结算方式"处选择"现金支票"，"结算号"处输入"0425"，"银行借方"处输入"30 000"，"经手人"处选择"成功"，"摘要"处输入"提现"，如图 3-3-49 所示。

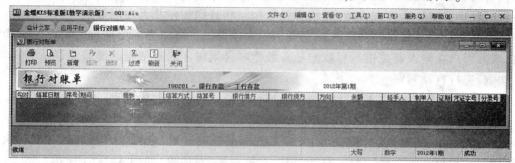

图 3-3-47 工行存款对账单

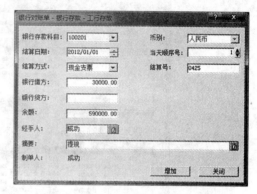

图 3-3-48 编辑输入工行存款对账单　　　　图 3-3-49 编辑输入工行存款对账单

(5)单击"增加"按钮。重复上述步骤，完成其他银行对账单内容的输入，如图 3-3-50 所示。

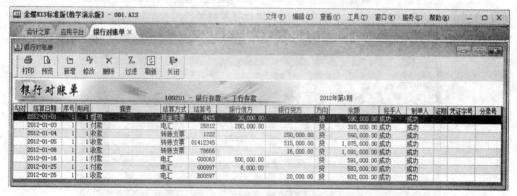

图 3-3-50 工行存款对账单输入完毕

(6)单击"关闭"返回。

(四)自动对账

自动对账是系统根据对账依据，将单位银行存款日记账与开户行银行对账单自动核对和勾对。对于已经核对上的银行业务，系统将自动在银行存款日记账和银行对账单上打上勾对标志，并视为已达账项；对于在勾对栏未写上勾对标志的记录，则视其为未达账项。

在自动对账的依据条件中,借贷方向和金额相同是系统默认的必备条件,其他条件是由用户自行选择,包括:结算方式相同、结算票号相同和日期相差几天之内等。

由于自动对账是以双方对账依据完全相同为条件的,所以为了保证自动对账的正确和彻底,双方用户在输入有关银行存款的业务数据时必须保证对账依据的准确无误。

实例:进行自动对账。

包头财经公司 2012 年 1 月 27 日,对开户行工商银行进行对账处理。

操作步骤:

(1)以操作员"成功"的身份执行"金蝶 KIS 标准版",进入"金蝶 KIS 标准版"窗口,执行"出纳管理—银行存款对账"命令,打开"银行存款对账"对话框,如图 3-3-51 所示。

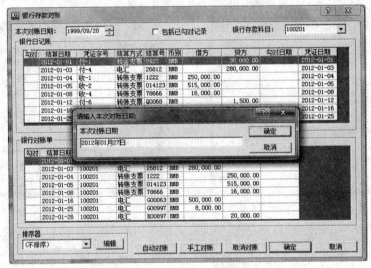

图 3-3-51　银行存款对账

(2)在"本次对账日期"处输入"2012-01-27",单击"确定",如图 3-3-52 所示。

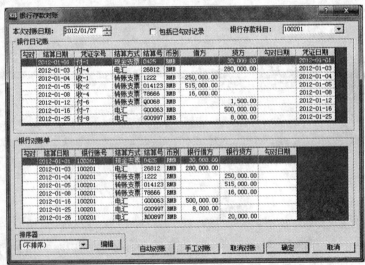

图 3-3-52　银行存款对账

(3)单击"自动对账"按钮,进入"自动对账"对话框,如图 **3-3-53** 所示。

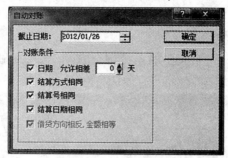

图 3-3-53　自动对账

(4)在"截止日期"处输入"2012/01/27","日期允许相差"处输入"27",其余按系统默认,单击"确定"按钮,系统进行自动对账,并显示自动对账结果,如图 **3-3-54** 所示。

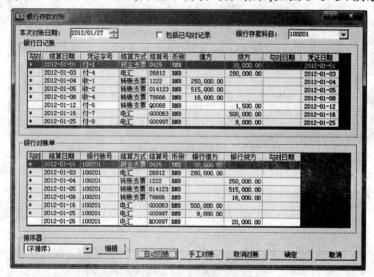

图 3-3-54　自动对账结果

(5)单击"确定"按钮,完成对账返回。

注意:

● 对账日期要与对账截止日期相同。

● 对于已达账项,系统自动在单位银行存款日记账和银行对账单双方的"勾对"栏打上"*"标志。

● 如想取消某笔业务的对账,只需在"银行日记账"和"银行对账单"中找到该笔业务,分别双击,取消勾对标志即可。

(五)手工对账

双方用户在输入有关银行存款的业务数据时,可能存在对账依据的录入不够准确或不全面的情况,从而造成无法实现全面自动对账。手工对账是自动对账的补充,用户自动对账后,可能还有一些特殊的已达账没有对出来,而被看做是未达账项,为了使对账更加准确彻底,可以通过系统提供的手工对账功能进行补充和更正。

实例：进行手工对账。

假设包头财经公司自动对账后存在手工对账的必要。

操作步骤：

(1)假设上述"自动对账"中第4步的系统进行自动对账，并显示自动对账结果，如图3-3-55所示。

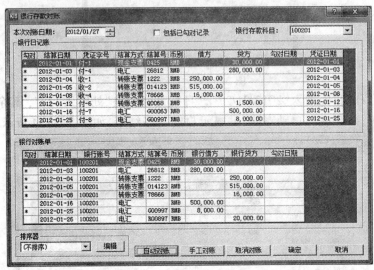

图3-3-55　自动对账结果

(2)从上述自动对账结果中，可以断定其中2012年01月16日业务金额为500 000元的双方记录，由于人工录入银行对账单时的失误，没有输入结算号G00063。导致此笔对账结果为未达账项。对于这笔应勾对而未勾对的账项，可分别双击"勾对"栏，直接进行手工对账调整，如图3-3-56所示。

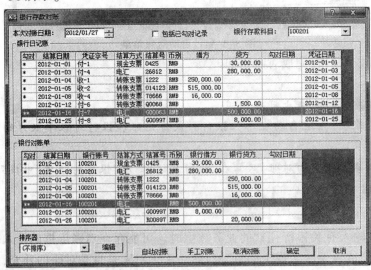

图3-3-56　手工对账结果

(3)单击"确定"按钮，完成对账返回。

（六）查询余额调节表

在对银行账进行对账后，系统便自动对已达账和未达账进行整理，生成银行存款余额调节表。用户可以查询打印银行存款余额调节表，以便检查对账是否正确。

实例：输出银行存款余额调节表。

包头财经公司输出 2012 年 1 月 27 日的银行存款余额调节表。

操作步骤：

（1）以系统管理员 Manager 的身份执行"金蝶 KIS 标准版"，进入"金蝶 KIS 标准版"窗口，执行"出纳管理—银行存款余额调节表"命令，进入银行对账科目选择对话框，如图3-3-57 所示。

图 3-3-57 银行对账科目

（2）选定银行对账科目"100201"，截止日期为"2012/01/27"，显示"银行存款—工行存款"的"银行存款余额调节表"，如图 3-3-58 所示。

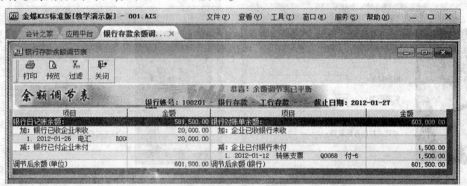

图 3-3-58 银行存款余额调节表

注意：

● 此余额调节表为截止到对账截止日期的余额调节表。

（七）出纳轧账

出纳轧账是将出纳系统所涉及的现金日记账余额、银行存款日记账余额及银行对账单未达项资料等结转至下一期，并对现金日记账、银行日记账加注发生额。

进行轧账后，轧账前的现金和银行存款日记账将不允许再进行修改。如果需要修改，需要进行反轧账才行。执行反轧账操作请系统管理员 Manager 使用 Ctrl+F9。

如果上个期末未进行出纳轧账的操作，则会在本期的任一次轧账中出现提示信息。

为了确保余额调节表的正确性，我们强烈建议按照严格的操作程序逐期进行出纳期末轧账。

实例:进行出纳轧账。

包头财经公司 2012 年 1 月份的出纳轧账日期定为"2012–01–27",进行轧账。

操作步骤:

(1)以操作员"成功"的身份执行"金蝶 KIS 标准版",进入"金蝶 KIS 标准版"窗口,执行"出纳管理—出纳轧账"命令,打开"出纳轧账"对话框,如图 3–3–59 所示。

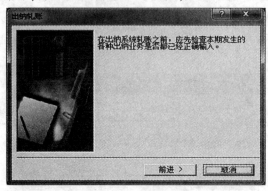

图 3–3–59　出纳轧账

(2)单击"前进"按钮,如图 3–3–60 所示。

(3)在"轧账日期"处输入"2012–01–27",如图 3–3–61 所示。

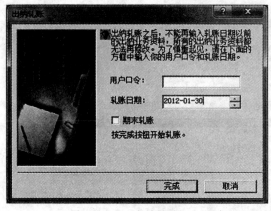

图 3–3–60　出纳轧账

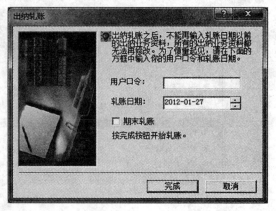

图 3–3–61　出纳轧账

(4)单击"完成"按钮,显示"信息提示",如图 3–3–62 所示。

图 3–3–62　信息提示

(5)单击"确定"按钮,完成轧账返回。

（八）长期未达账

长期未达账审计,用于查询至"截止日期"为止,"未达天数"超过一定天数的银行未达账项,以便单位分析长期未达账原因,避免资金损失。

三、账簿查询管理

单位发生的各种经济业务经过填制凭证、审核凭证和记账之后,用户就可以查询和打印输出各种形式的账簿。它包括:总账、明细账、多栏账、数量金额账、科目余额表等。这里需要说明,在会计电算化系统中查询账簿时也可以包含未记账凭证数据,并且可以进行账簿与凭证联查。

1. 总账查询

总账查询不但可以查询各总账科目的年初余额、各月发生额合计和月末余额,而且还可以输出其相应明细科目的上述情况,以及相应的记账凭证。在输出总账时要先输入查询条件,系统就可以按设定的查询条件显示或打印账簿。

实例:总账查询。

查询科目 1122 至 1231 金额式(三栏式)总账。

操作步骤:

(1)以系统管理员 Manager 的身份执行"金蝶 KIS 标准版",进入"金蝶 KIS 标准版"窗口,执行"账务处理—总账"命令,进入"总账"对话框,如图 3-3-63 所示。

(2)在"会计科目"处输入"1122"至"1231",其他条件为默认,单击"确定"按钮,如图 3-3-64 所示。

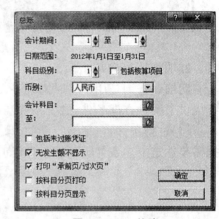

图 3-3-63 总账

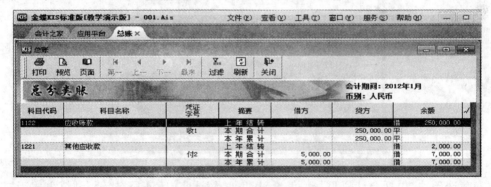

图 3-3-64 总账查询

(3)在上述窗口中分别打开总账科目"1122 应收账款"和"1221 其他应收款"的查询窗口。

(4)双击上述总账查询窗口中的记录,系统会直接联查到记录的明细账,在明细账窗口中双击指定的记录,还可以联查到该记录的凭证,如图 3-3-65 所示。

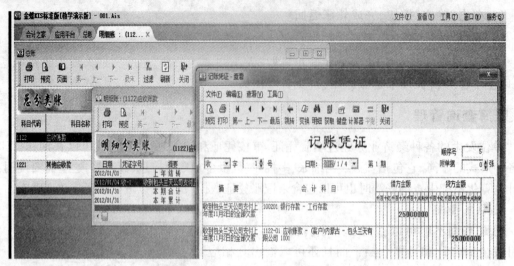

图 3-3-65　账证一体化查询

2. 明细账查询

明细账查询是用于平时查询各账户的明细发生情况,可按查询条件组合输出明细账。系统提供了两种查询条件:过滤条件和筛选条件。

(1)过滤条件:包括会计期间、币别、明细科目范围、非明细科目和未过账凭证等。用户根据需要选定上述条件项目,可以查询或打印符合条件的明细账,如图 3-3-66 所示。

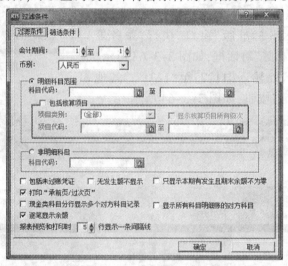

图 3-3-66　过滤条件

(2)筛选条件:包括会计科目、日期、会计期间、凭证字、凭证号、摘要、结算方式、结算号、借方金额和贷方金额等。用户可以分别选取上述条件进行组合后,按组合条件查询。这里需要说明,筛选条件查询是在过滤条件查询的基础上进一步细化查询条件,如图 3-3-67 所示。

图 3-3-67　筛选条件

3. 多栏账查询

多栏账是系统将所选科目的下级科目自动生成为"多栏账"的栏目,并将所选科目作为多栏账名称。用户单位可以使用本功能设计自己所需要的多栏明细账。一般来说,系统将负债、收入类科目的下级科目定义为贷方发生额,系统将资产、费用类科目的下级科目定义为借方发生额,并且允许进行借方和贷方的调整。

实例:多栏账查询。

查询包头财经公司 2012 年 1 月份的"应交增值税"多栏账。

操作步骤:

(1)以系统管理员 Manager 的身份执行"金蝶 KIS 标准版",进入"金蝶 KIS 标准版"窗口,执行"账务处理—多栏式明细账"命令,进入"多栏式明细账"对话框,如图 3-3-68 所示。

(2)单击"增加"按钮,进入"多栏明细账编辑"窗口,如图 3-3-69 所示。

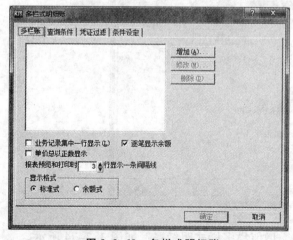

图 3-3-68　多栏式明细账

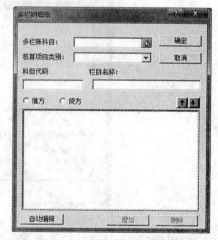

图 3-3-69　多栏明细账编辑

(3)在"多栏账科目"处输入"222101(应交增值税)"。

(4)单击"自动编排"按钮,如图3-3-70所示。

(5)将"应交增值税"删除,将"22210101 进项税额"修改为"借方",如图3-3-71所示。

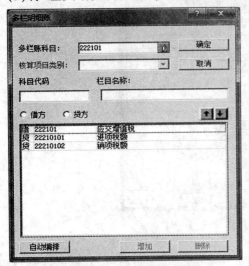 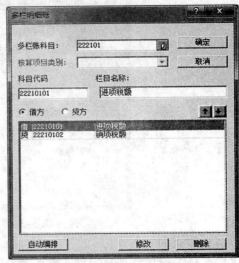

图3-3-70 多栏明细账编辑   图3-3-71 多栏明细账编辑

(6)单击"确定"按钮,弹出"保存多栏账"窗口,如图3-3-72所示。

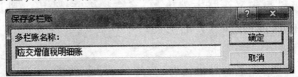

图3-3-72 保存多栏账

(7)单击"确定"按钮,返回"多栏式明细账"对话框,如图3-3-73所示。

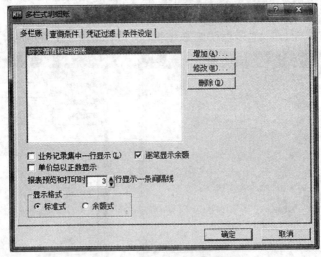

图3-3-73 多栏式明细账

(8)单击"确定"按钮,打开新建的"应交增值税多栏式明细账",如图3-3-74所示。

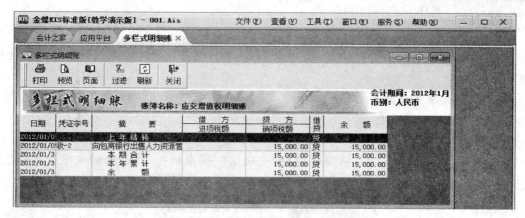

图 3-3-74　应交增值税多栏式明细账

注意:

● 可以通过设置栏目查询多栏式明细账,完成多栏式明细账到凭证的查询方式。

4. 数量金额账

包括数量金额总账和数量金额明细账。

(1)数量金额总账:可以查询有数量核算账户的年初、本期发生、累计发生和期末的数量及金额,并且可以按照多种查询条件显示或打印数量金额总账、明细账直至凭证,如图 3-3-75 所示。

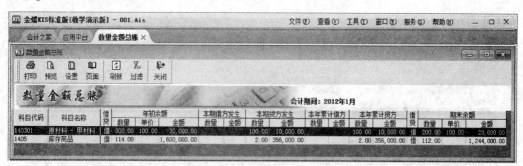

图 3-3-75　数量金额总账

(2)数量金额明细账:直接显示有数量核算明细账户的本期借贷发生和期末的数量及金额,并且可以按照多种查询条件显示或打印数量金额明细账直至凭证,如图 3-3-76 所示。

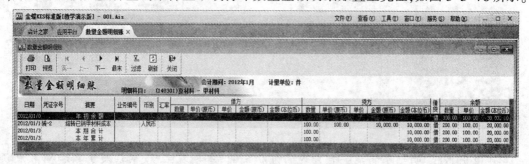

图 3-3-76　数量金额明细账

5. 科目余额表

科目余额表是用来查询和统计各级科目的期初余额、本期发生额、累计发生额和期末余额等,而传统的总账是以总账科目分页设账。因此,会计电算化后建议采用科目余额表代替总账。

实例:科目余额表查询。

查询包头财经公司 2012 年 1 月份的科目余额表。

操作步骤:

(1)以系统管理员 Manager 的身份执行"金蝶 KIS 标准版",进入"金蝶 KIS 标准版"窗口,执行"账务处理—科目余额表"命令,进入"科目余额表"对话框,如图 3-3-77 所示。

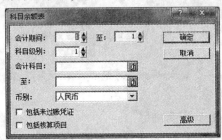

图 3-3-77　科目余额表

(2)将"科目级别"选择为"4","币别"选择为"所有币别",单击"确定"按钮,如图 3-3-78所示。

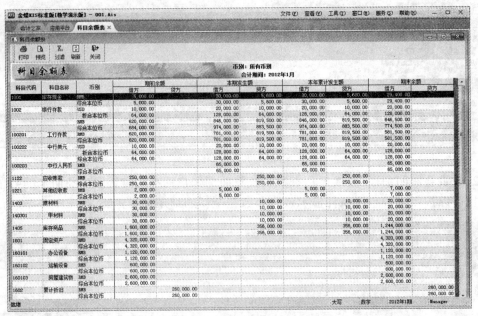

图 3-3-78　科目余额表

注意:

- 可输出总账、明细账的某一时期内的期初余额、本期发生额、累计发生额和期末余额。
- 可输出某科目范围的某一时期内的期初余额、本期发生额、累计发生额和期末余额。

四、辅助账管理

依据第二篇第一章的有关辅助账管理业务处理程序,在金蝶 KIS 软件中,核算项目包括部门核算、职员(个人)往来核算、客户往来核算、供应商往来核算和产品核算与商品核算等其他核算项目属于辅助账核算。有关辅助账核算的初始化工作均在前述的账务处理系统中完成。这里的有关辅助账管理实际上是辅助账日常处理,主要包括:辅助账查询和往来管理。

(一)辅助账查询

辅助账查询包括查询职员(个人)、部门、客户、供应商、产品和商品等核算项目总账、核算项目余额表和核算项目明细表。

1. 核算项目总账

它是以核算项目为依据,全面反映核算项目所涉及科目中借方发生额、贷方发生额及余额。

实例:核算项目总账 2012 年 1 月对包头财经公司核算项目总账。

操作步骤:

(1)以系统管理员 Manager 的身份执行"金蝶 KIS 标准版",进入"金蝶 KIS 标准版"窗口,执行"账务处理—核算项目总账"命令,进入"核算项目总账"对话框,如图 3-3-79 所示。

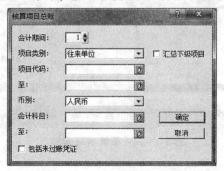

图 3-3-79　核算项目总账

(2)在"项目类别"处选择"职员",单击"确定"按钮,如图 3-3-80 所示。

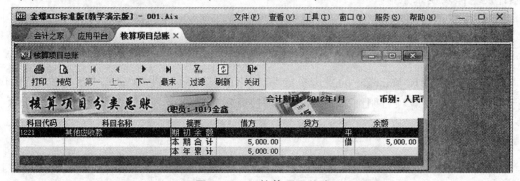

图 3-3-80　核算项目总账

2. 核算项目余额表

它是以核算项目为依据,全面反映核算项目所涉及的期初余额、本期发生额、本年累计发生额及期末余额。

实例:核算项目余额表。

2012 年 1 月对包头财经公司核算项目余额表。

操作步骤:

(1)以系统管理员 Manager 的身份执行"金蝶 KIS 标准版",进入"金蝶 KIS 标准版"窗口,执行"账务处理—核算项目余额表"命令,进入"核算项目余额表"对话框,如图 3-3-81 所示。

图 3-3-81　核算项目余额表

(2)在"项目类别"处选择"职员",单击"确定"按钮,如图 3-3-82 所示。

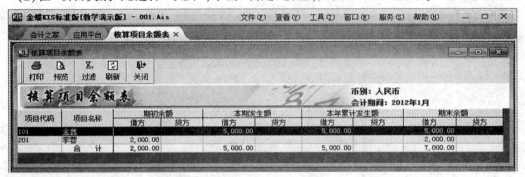

图 3-3-82　核算项目余额表

3. 核算项目明细表

它是以核算项目为依据,全面反映核算项目所涉及科目中的期初余额、本期发生额、本年累计发生额及期末余额。

实例:核算项目明细表。

2012 年 1 月对包头财经公司核算项目明细表。

操作步骤:

(1)以系统管理员 Manager 的身份执行"金蝶 KIS 标准版",进入"金蝶 KIS 标准版"窗口,执行"账务处理—核算项目明细表"命令,进入"核算项目明细表"对话框,如图 3-3-83 所示。

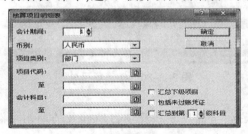

图 3-3-83　核算项目明细表

(2)在"项目类别"处选择"职员",单击"确定"按钮,如图3-3-84所示。

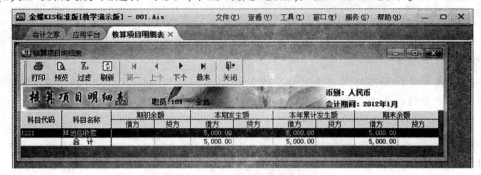

图3-3-84　核算项目明细表

(二)往来管理

往来管理包括个人往来管理、供应商往来管理和客户往来管理。

1. 个人往来管理

个人往来是单位内部职工个人与单位之间的债权、债务关系,传统的处理方式是在"其他应收款"科目下按照职工个人设置建立相应明细账进行核算管理。会计电算化后,我们可以采取个人往来管理的方式进行个人往来账的核销、账龄分析和制作往来对账单(催款单),及时控制职工个人的借款、还款和清欠工作。

实例:个人往来核销。

对1月份的职工个人往来账包括职员金鑫和李蓉,进行核销。

操作步骤:

(1)以系统管理员Manager的身份执行"金蝶KIS标准版",进入"金蝶KIS标准版"窗口,执行"往来管理—核销往来业务"命令,进入"核销往来业务条件"对话框,如图3-3-85所示。

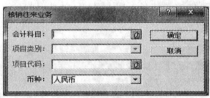

图3-3-85　核销往来业务条件

(2)在"会计科目"处选择"1221(其他应收款)",在"项目代码"处选择职员"101(金鑫)",单击"确定"按钮,进入核销往来业务处理,如图3-3-86所示。

图3-3-86　核销往来业务处理

(3)重复上述两步,完成对职员李蓉的核销。

注意:

● 在"核销往来业务处理"窗口中,"自动核销"按钮是系统提供的自动核销,将所有已经结清的个人往来业务在"核销"栏打上核销标志"*"。

● 若发现有应核销而没有核销的,可双击要核销的那一笔业务即可,完成手工核销。

● 不论是自动核销的,还是手工核销的,再次双击已核销的那一笔业务,可以取消核销标志"*"。

实例:个人往来账龄分析。

对1月份的职工个人往来账包括职员金鑫和李蓉,进行账龄分析。

操作步骤:

(1)以系统管理员 Manager 的身份执行"金蝶 KIS 标准版",进入"金蝶 KIS 标准版"窗口,执行"往来管理—账龄分析表"命令,进入"账龄分析条件"对话框,如图 3-3-87 所示。

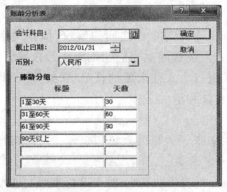

图 3-3-87　账龄分析条件

(2)在"会计科目"处选择"1221(其他应收款)",单击"确定"按钮,进入"账龄分析表",如图 3-3-88 所示。

图 3-3-88　账龄分析表

实例:生成个人往来对账单(催款单)。

生成 2012 年 1 月份的职工个人包括职员金鑫和李蓉的往来对账单(催款单)。

操作步骤:

(1)以系统管理员 Manager 的身份执行"金蝶 KIS 标准版",进入"金蝶 KIS 标准版"窗口,执行"往来管理—往来对账单查询"命令,进入"往来对账单查询条件"对话框,如图3-3-89所示。

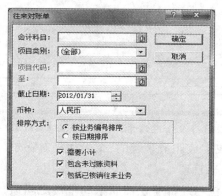

图 3-3-89　往来对账单查询条件

　　(2)在"会计科目"处选择"1221(其他应收款)",在"项目代码"处选择"101(金鑫)"单击"确定"按钮,屏幕显示"往来对账单",如图 3-3-90 所示。

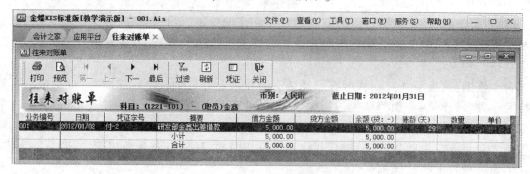

图 3-3-90　往来对账单

　　(3)执行"查看—页面设置"命令,进入"页面设置"对话框,如图 3-3-91 所示。

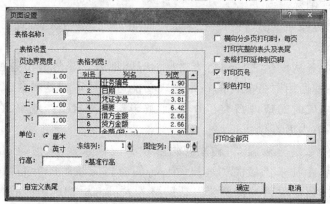

图 3-3-91　页面设置

　　(4)在"表格名称"处输入"个人往来对账单(催款单)",单击选中"自定义表尾"并输入"函证信息:请金鑫同志于 2012 年 2 月 15 日前到我财务科进行清账。"单击"确定"按钮返回。

　　(5)单击"预览"按钮,如图 3-3-92 所示。

图 3-3-92 生成个人往来对账单(催款单)

(6)重复第 2~5 步,完成生成职员李蓉的"个人往来对账单(催款单)"。

2. 供应商往来和客户往来管理

供应商和客户往来是单位与外部有供需联系的单位之间债权、债务关系,传统的处理方式是在"应付账款"和"应收账款"科目下按照供应商和客户设置建立相应明细账进行核算管理。会计电算化后,我们可以采取供应商往来和客户往来管理的方式对往来账进行核销、账龄分析和制作对账单或催款单,及时地控制往来款项的发生和清算工作。

(1)往来账的核销,包括对供应商和客户往来账的核销,也包括个人往来账的核销,就是要及时将往来款项中已经结算完毕的已达账项打上已结清的标志。往来账核销有两种方式,即自动核销和手动核销。

自动核销:是指系统自动将所有已经结清的往来业务打上核销标志"*"。自动核销一般是按照业务号+逐笔+全额等依据进行的,这里的业务号是指业务涉及的往来单位相同;逐笔就是只要两笔一借一贷金额相同;全额是指借方某笔或几笔发生额之和同贷方某笔或几笔发生额之和相等。也就是业务号相同(往来单位相同)并且借贷方金额相等(或者余额为零)的几笔业务都打上核销标志。

手工核销:如果某些往来业务不能够自动核销,则可以通过手工辅助核销,即按指定的键对已达账项打上核销标志。

往来账核销一般是按照"往来科目—往来供应商/客户/个人—核销方式"的顺序进行核销。

(2)往来账龄分析

账龄是指往来业务从发生之日到结清之日的时间期限。账龄分析是往来管理的重要功能,也是财政部对各种通用财务软件的往来管理功能进行评审的基本要求。通过账龄分析对应收和应付款项的拖欠时间整理归类和分析,了解单位收付款工作效率,在采购过程中加强诚实守信,在销售环节中做好销售策略。

通过系统制作的账龄分析表,将输出应付账款和应收账款(其他应收款)科目下所指定的各个账龄期间内各个往来供应商和客户(个人)的应付应收款的分布情况,计算出各种账龄应付应收款占总应付应收款的比例,以帮助财务人员分析特别是应收账款的资金占用情况,便于单位及时催收款项。

对于已经核销两清的往来业务,不存在账龄分析的意义。

(3)生成催款单

催款单是对客户或对本单位职工的欠款催还的管理方式。催款单只能在设置有辅助核算的应收账款和其他应收款的科目中使用。

催款单根据不同的行业预置不同的格式,主要包括两部分:系统预置的文字性叙述和由系统自动取数生成的应收账款\其他应收款催款单。用户可以进行修改编辑,系统自动保存本月所做的最后一次修改。

催款单中可以按条件显示所有的账款和未核销的账款金额。系统中的催款单有两种发送方式:打印后寄发或传真和通过电子邮件(E-mail)发送。

(4)往来对账单

往来对账单是对供应商的债权清算的管理方式。对账单只能在设置有辅助核算的应付账款科目中使用。往来对账单与前述的催款单只是用户单位所处的位置和角度不同而得出的两种结论,往来对账单是站在债务人的位置和角度,催款单是站在债权人的位置和角度。

通过对账,系统会自动检查核对往来明细账与往来总账是否相符,科目总账与往来总账是否相符,并将核对检查结果显示输出。往来对账单的其他方面均与催款单相同。

对于已经核销两清的往来业务,在往来对账单中也应取消"账龄(天)"这个列标题。

实例:客户往来核销。

包头财经公司对 2012 年 1 月份的客户(包头兰天有限公司)往来账进行核销。

操作步骤:

(1)以系统管理员 Manager 的身份执行"金蝶 KIS 标准版",进入"金蝶 KIS 标准版"窗口,执行"往来管理—核销往来业务"命令,进入"核销往来业务条件"对话框,如图 3-3-85 所示。

(2)在"会计科目"处选择"1122(应收账款)",在"项目代码"处选择职员"01(包头兰天有限公司)",单击"确定"按钮,进入核销往来业务处理,如图 3-3-93 所示。

图 3-3-93　核销往来业务处理

(3)单击"自动核销"按钮,系统自动将所有已经结清的往来业务打上核销标志"*",如图 3-3-94 所示。

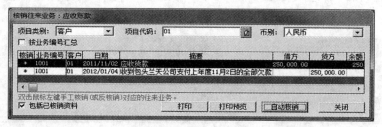

图 3-3-94　自动核销

(4)单击"关闭"按钮返回。

注意：

● 自动核销要求在填制凭证时，输入的辅助信息要严格、规范，特别是对于有业务号的账项，在填制凭证时必须规范输入。这样系统都能自动识别并进行核销，否则只能手工核销。

实例：客户往来账龄分析。

包头财经公司对 2012 年 1 月份的客户(包头兰天有限公司)往来账龄进行分析。

操作步骤：

(1)以系统管理员 Manager 的身份执行"金蝶 KIS 标准版"，进入"金蝶 KIS 标准版"窗口，执行"往来管理—账龄分析表"命令，进入"账龄分析条件"对话框，如图 3-3-87 所示。

(2)在"会计科目"处选择"1122(应收账款)"，单击"确定"按钮，进入"账龄分析表"，如图 3-3-95 所示。

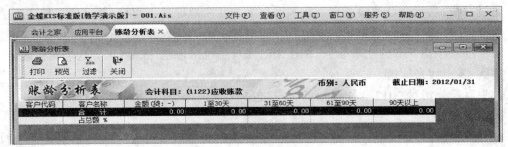

图 3-3-95　账龄分析表

注意：

● 只有进行了往来业务核销，才能正确反映出账龄分析表，帮助企业正确分析往来业务的账龄情况。

● 对于已经核销两清的往来业务，不存在账龄分析的意义。

实例：生成客户往来对账单(催款单)。

包头财经公司对 2012 年 1 月份的客户(包头兰天有限公司)往来整理输出对账单。

操作步骤：

(1)以系统管理员 Manager 的身份执行"金蝶 KIS 标准版"，进入"金蝶 KIS 标准版"窗口，执行"往来管理—往来对账单查询"命令，进入"往来对账单查询条件"对话框，如图 3-3-89 所示。

(2)在"会计科目"处选择"1122(应收账款)"，在"项目代码"处选择"01(包头兰天有限公司)"单击"确定"按钮，屏幕显示"往来对账单"，如图 3-3-96 所示。

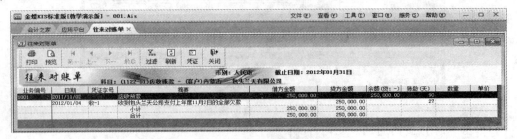

图 3-3-96　往来对账单

（3）执行"查看—页面设置"命令,进入"页面设置"对话框,如图3-3-97所示。

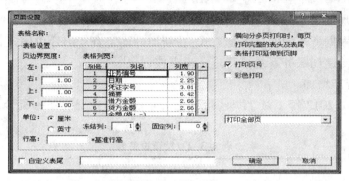

图3-3-97　页面设置

（4）在"表格名称"处输入"客户往来对账单（催款单）",单击选中"自定义表尾"并输入"函证信息:请包头兰天有限公司于2012年2月15日前到我财务科进行对账。",单击"确定"按钮返回。

（5）单击"预览"按钮,如图3-3-98所示。

图3-3-98　生成客户往来对账单（催款单）

注意:

- 对于已经核销两清的往来业务,在往来对账单中也应取消"账龄(天)"这个列标题。
- 有关供应商往来业务参照客户往来业务操作。

第二节　固定资产管理系统的日常使用

固定资产管理系统的日常使用主要包括:固定资产增减管理、固定资产变动管理、固定资产减值准备计提和折旧处理、账务处理和账表查询和打印。

一、固定资产增减管理

电算化固定资产管理系统建立之后,根据有关固定资产增加和减少业务的原始凭证,直接新增或减少相关的固定资产卡片,并同时生成相应的资产增加或减少的机制记账凭证传递到账务系统。这里需要注意,固定资产的增加要区别之前系统初始化时录入的固定资产原始卡片数据。

（一）固定资产增加

固定资产增加的基本渠道主要有：直接购入、接受投资、融资租入、自行建造、接受捐赠和盘盈。用户应根据资产的实际增加方式，在新增的固定资产卡片中输入相应的信息，并同时生成机制凭证传递到账务系统以待进一步审核记账。

实例：固定资产增加。

包头财经公司 2012 年 1 月 27 日，接受包头立信公司投资设备一批价值 280 000 元，详情见表 3-3-2。

表 3-3-2 投资设备表

代码	0014	0015	0016
名称	数码照相机	本田 SUV 越野	LED 投影机
固定资产科目	办公设备	运输设备	办公设备
累计折旧科目	累计折旧	累计折旧	累计折旧
减值准备科目	固定资产减值准备	固定资产减值准备	固定资产减值准备
资产类别	电子设备	运输设备	电子设备
使用部门	财务科	研发部	研发部
入账日期	2012-01-27	2012-01-27	2012-01-27
增加方式	接受投资	接受投资	接受投资
原值	10 000 元	230 000 元	40 000 元
净残值率	4%	5%	4%
折旧方法	双倍余额递减法	平均年限法	年数总和法
预计使用年限	5	15	5
折旧费用分配科目	管理费用/折旧费用	生产成本/制造费用	生产成本/制造费用
减值准备对方科目	资产减值损失	资产减值损失	资产减值损失

操作步骤：

（1）以操作员"杭程"的身份执行"金蝶 KIS 标准版"，进入"金蝶 KIS 标准版"窗口，执行"固定资产—固定资产增加"命令，打开"固定资产变动资料"对话框，如图 3-3-99 所示。

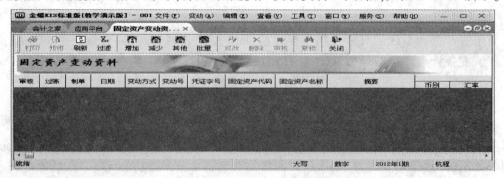

图 3-3-99 固定资产变动资料

(2)单击"增加"按钮,进入"固定资产增加"窗口,如图3-3-100所示。

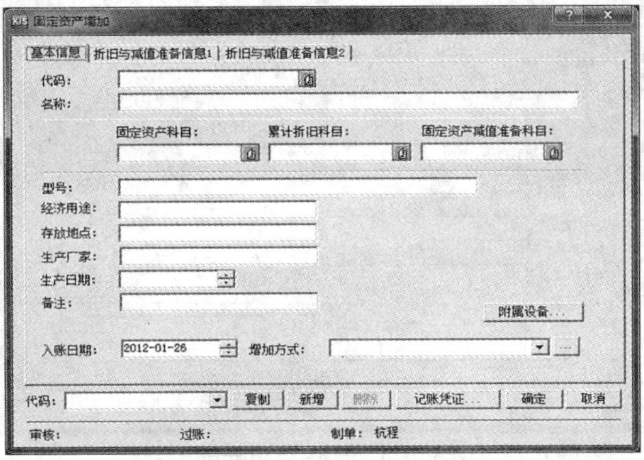

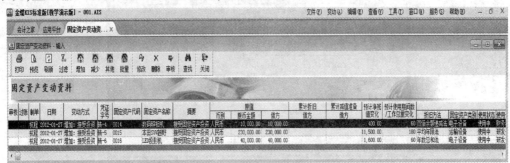

图 3-3-100　固定资产增加

(3)根据表3-3-2资料,将"包头立信公司投资设备"依次输入相应栏目,每个固定资产输入完毕,单击"确定"按钮,完成新增固定资产的卡片录入并生成相关的机制凭证传递到账务系统,直至输入新增的全部投资设备,如图3-3-101所示。

图 3-3-101　新增全部投资设备的卡片登记

(二)固定资产减少

固定资产减少的基本去向主要有:出售、报废、毁损、投资转出和盘亏。用户应根据资产的实际减少去向,在减少的固定资产卡片中输入相应的信息,并同时生成机制凭证传递到账务系统以待进一步审核记账。

实例:固定资产减少。

2012年1月28日包头财经公司市场部不慎将其使用的笔记本2毁损。

操作步骤:

(1)以操作员"杭程"的身份执行"金蝶KIS标准版",进入"金蝶KIS标准版"窗口,执行"固定资产—固定资产减少"命令,打开"固定资产变动资料"对话框,如图3-3-101所示。

(2)单击"减少"按钮,进入"固定资产减少"窗口,如图3-3-102所示。

(3)在"代码"处选择"0004　笔记本2","减少日期"处调整为"2012-01-28","减少方式"处选择为"毁损",其余为默认,如图3-3-103所示。

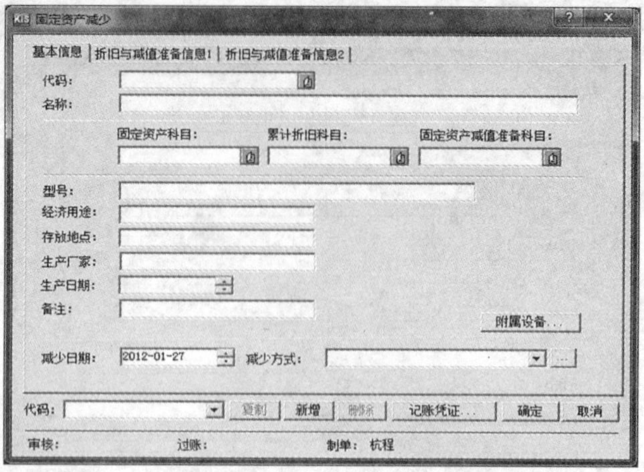

图 3-3-102　固定资产减少

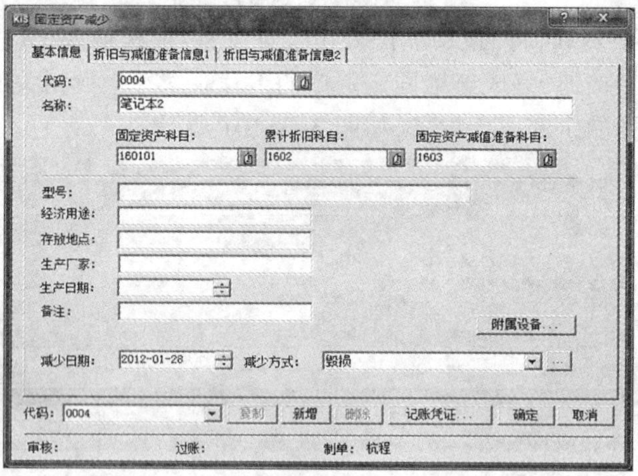

图 3-3-103　固定资产减少登记

(4)单击"确定"按钮,完成减少固定资产的卡片登记并生成相关的机制凭证传递到账务系统,如图 3-3-104 所示。

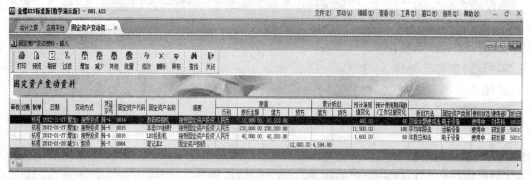

图 3-3-104　毁损固定资产的卡片减少登记

注意:

● 固定资产因毁损而减少时,系统自动计算当期折旧并计入其累计折旧中。

二、固定资产变动管理

固定资产变动是指在资产的日常使用中出现的原值变动、使用部门转移、使用状况变动、资产类别调整、折旧方法调整、使用年限调整、净残值率调整、工作总量调整和累计折旧调整等。在实际工作中出现上述原因发生资产项目变动时,需要通过编制资产变动单进行处理。固定资产变动单是指固定资产在使用过程中由于卡片上的某些项目进行调整而编制的原始凭证。用户根据审批的资产变动单登记调整相关的固定资产卡片,并同时生成机制凭证传递到账务系统待进一步审核记账。需要说明,涉及资产原值或累计折旧变化时需要生成相应的机制凭证,除此之外,用户在卡片中只作相应的项目变化调整。

实例:固定资产变动。

包头财经公司 2012 年 1 月 28 日对有关固定资产的变动情况汇总如下。

1. 公关部为宝马轿车添置新配件 10 000 元。变动方式:固定资产改建和扩建,对应科目:工行存款。

2. 市场部的传真机转移到公关部。折旧费用分配入账科目调整为"管理费用—折旧费用"。

3. 包头财经公司根据业务需要,对公关部的 12 人客车进行资产评估,评估结果为原值 150 000 元,累计折旧 50 000 元。(应对 12 人客车评估的损失列入"管理费用—其他费用—公关部")

4. 将机房设备的折旧方法"平均年限法"改为"年数总和法"。

操作步骤:

第一,公关部为宝马轿车添置新配件 10 000 元。变动方式:固定资产改建和扩建,对应科目:工行存款。操作步骤如下:

(1)以操作员"杭程"的身份执行"金蝶 KIS 标准版",进入"金蝶 KIS 标准版"窗口,执行"固定资产—固定资产变动"命令,打开"固定资产变动资料"对话框,如图 3-3-104 所示。

(2)单击"其他"按钮,进入"固定资产其他变动"窗口,如图 3-3-105 所示。

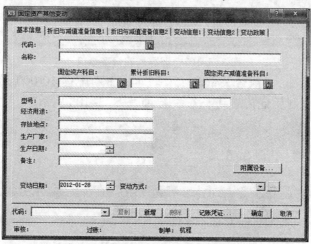

图 3-3-105　固定资产其他变动

(3)在"代码"处选择"0010 宝马轿车",在"变动日期"处输入"2012-01-28",在"变动方式"处添加并选取"增加方式"为"改建和扩建",如图 3-3-106 所示。

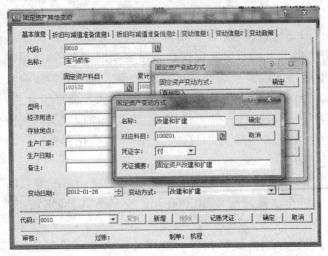

图 3-3-106　编辑固定资产变动

(4)单击"变动信息 2",在"原值调整—本位币"处输入"10 000",如图 3-3-107 所示。

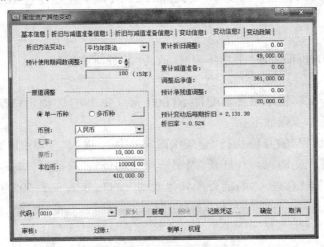

图 3-3-107　调整固定资产原值

(5)单击"确定"按钮,完成公关部为宝马轿车添置新配件 10 000 元的固定资产的卡片登记,并生成相关的机制凭证传递到账务系统,如图 3-3-108 所示。

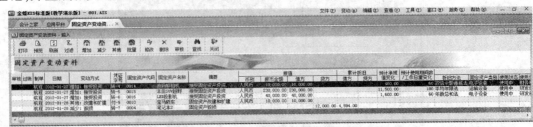

图 3-3-108　改建和扩建固定资产的卡片变动登记

第二,市场部的传真机转移到公关部。折旧费用分配入账科目调整为"管理费用—折旧费用"。 操作步骤如下:

(1)以操作员"杭程"的身份执行"金蝶 KIS 标准版",进入"金蝶 KIS 标准版"窗口,执行"固定资产—固定资产变动"命令,打开"固定资产变动资料"对话框,如图 3-3-108 所示。

(2)单击"其他"按钮,进入"固定资产其他变动"窗口,如图 3-3-105 所示。

(3)在"代码"处选择"0008 传真机",在"变动日期"处输入"2012-01-28",如图 3-3-109所示。

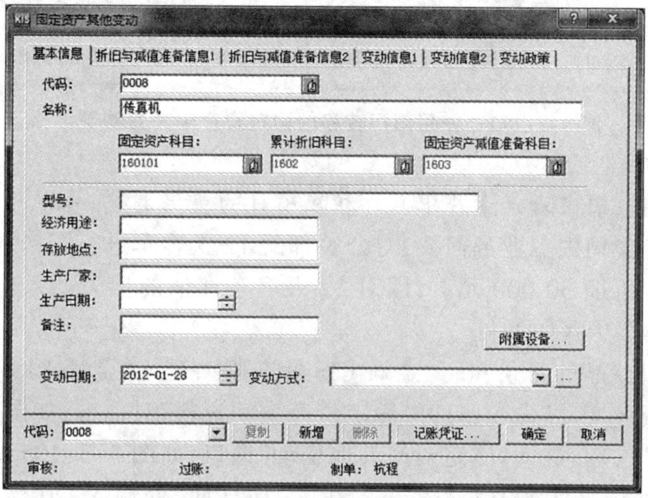

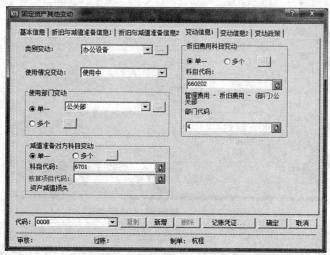

图 3-3-109 编辑固定资产变动

(4)单击"变动信息 1",在"使用部门变动"处选择为"公关部",在"折旧费用科目变动—科目代码"处选择为"660202 管理费用—折旧费用—(部门)公关部",在"部门代码"处选择为"4 公关部",如图 3-3-110 所示。

图 3-3-110 编辑固定资产变动

(5)单击"确定"按钮,完成市场部的传真机转移到公关部的固定资产的卡片登记,如图

3-3-111 所示。

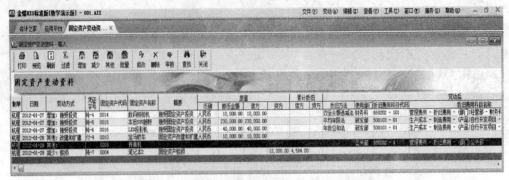

图 3-3-111　使用部门转移的固定资产卡片变动登记

注意：

● 使用部门转移，固定资产卡片中只作相应项目的变化调整。

第三，包头财经公司根据业务需要，对公关部的 12 人客车进行资产评估，评估结果为原值 150 000 元，累计折旧 50 000 元。（因对 12 人客车评估的损失列入"管理费用—其他费用—公关部"）。操作步骤如下：

(1)以操作员"杭程"的身份执行"金蝶 KIS 标准版"，进入"金蝶 KIS 标准版"窗口，执行"固定资产—固定资产变动"命令，打开"固定资产变动资料"对话框，如图 3-3-111 所示。

(2)单击"其他"按钮，进入"固定资产其他变动"窗口，如图 3-3-105 所示。

(3)在"代码"处选择"000912 人客车"，在"变动日期"处输入"2012-01-28"，如图 3-3-112 所示。

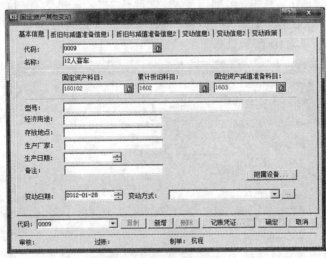

图 3-3-112　编辑固定资产变动

(4)在"变动方式"处添加并选取"减少方式"为"评估的损失"，如图 3-3-113 所示。

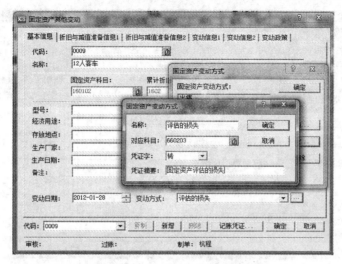

图 3-3-113　编辑固定资产变动

（5）单击"变动信息 2"，在"原值调整—本位币"处输入"-50 000"，在"累计折旧调整"处输入"15 000"，如图 3-3-114 所示。

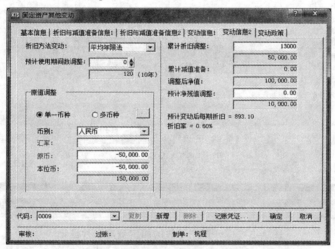

图 3-3-114　调整固定资产原值和累计折旧

（6）单击"确定"按钮，此时系统显示"信息提示"，如图 3-3-115 所示。

图 3-3-115　信息提示

（7）单击"是"按钮，屏幕出现生成的机制凭证的"记账凭证—修改"窗口，如图 3-3-116 所示。

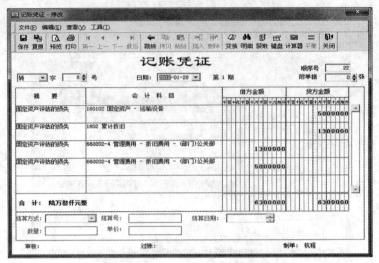

图 3-3-116　评估损失的机制凭证

(8)此时,用户不予理会,单击"关闭"按钮返回,再单击"确定"按钮,完成对 12 人客车进行资产评估的固定资产的卡片登记,并生成相关的机制凭证传入账务系统,如图 3-3-117 所示。

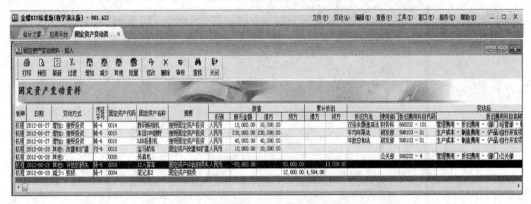

图 3-3-117　资产评估的固定资产卡片登记

第四,将机房设备的折旧方法"平均年限法"改为"年数总和法"。操作步骤如下:

(1)以操作员"杭程"的身份执行"金蝶 KIS 标准版",进入"金蝶 KIS 标准版"窗口,执行"固定资产—固定资产变动"命令,打开"固定资产变动资料"对话框,如图 3-3-117 所示。

(2)单击"其他"按钮,进入"固定资产其他变动"窗口,如图 3-3-105 所示。

(3)在"代码"处选择"0013 机房设备",在"变动日期"处输入"2012-01-28",如图 3-3-118 所示。

(4)单击"变动信息 2",在"折旧方法变动"处选择为"年数总和法",如图 3-3-119 所示。

(5)单击"折旧与减值准备信息 2",在"折旧方法"处选择"年数总和法",单击"确定"按钮。完成将机房设备的折旧方法"平均年限法"改为"年数总和法",如图 3-3-120 所示。

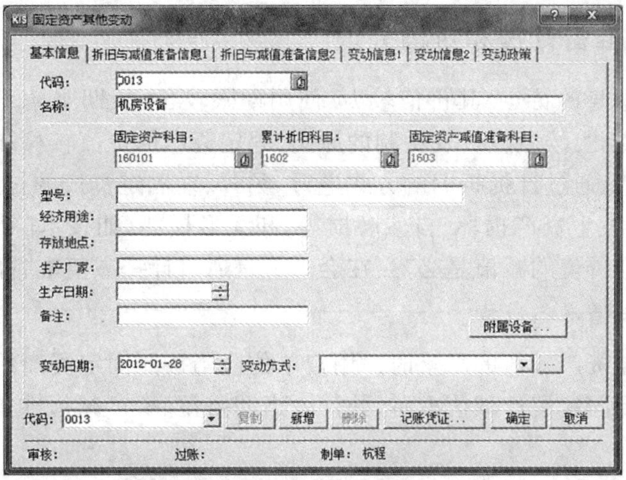

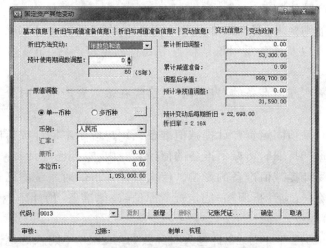

图 3-3-118　编辑固定资产变动

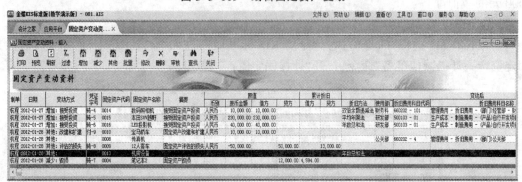

图 3-3-119　编辑固定资产变动

图 3-3-120　折旧方法调整的固定资产卡片登记

注意:

● 折旧方法调整,固定资产卡片中只作相应项目的变化调整。

三、固定资产减值准备计提和折旧处理

由于固定资产本身的特点,其价值较大、使用期限较长,长期服务于单位并为单位在多个会计间期受益。为此,按照权责发生制的原则,固定资产的价值转移和分配也应按其受益期限进行,在会计上是通过计提折旧的方式进行。另外,在固定资产的长期使用过程中,经常会发生有形损耗(如发生资产损坏、自然磨损等)和无形损耗(如技术陈旧、经济环境重大变化等),由此发生资产价值的减值是必然,在会计上是通过计提减值准备的方式进行。

(一)固定资产减值准备计提

当发生引起固定资产减值的因素时,用户单位应当按照固定资产的可回收金额低于其账面价值的差额计提固定资产减值准备,并计入当期损益。资产减值准备应当按照单项固定资产计提。

借:资产减值损失

　　贷:固定资产减值准备

按照现行会计准则要求,资产减值损失一经确认,在以后的会计期间内不得转回。资产报废、出售、对外投资以及债务重组抵偿债务等处置固定资产时,企业应当将相关资产减值准备予以转销。

有关计提固定资产减值准备的对应科目,已经在录入资产卡片时分别对每个固定资产进行设置。

如果本期需要对某项固定资产计提减值准备,用户应于本期计提折旧之前完成计提减值准备。如果固定资产折旧时将减值准备的值计算在内,本期已经计提减值准备的资产,本期的应计折旧额不受计提减值准备的影响,待次月计提折旧时系统将已计提的减值准备自动从应计折旧中扣除。(应计折旧额=固定资产原值-减值准备-预计净残值)

实例:计提减值准备。

由于技术进步,2012 年 1 月 28 日包头财经公司对 2010 年购入的笔记本电脑每台计提 3 000 元的减值准备。

操作步骤:

(1)以操作员“杭程”的身份执行“金蝶 KIS 标准版”,进入“金蝶 KIS 标准版”窗口,执行“固定资产—计提减值准备”命令,打开“计提固定资产减值准备”对话框,如图 3-3-121 所示。

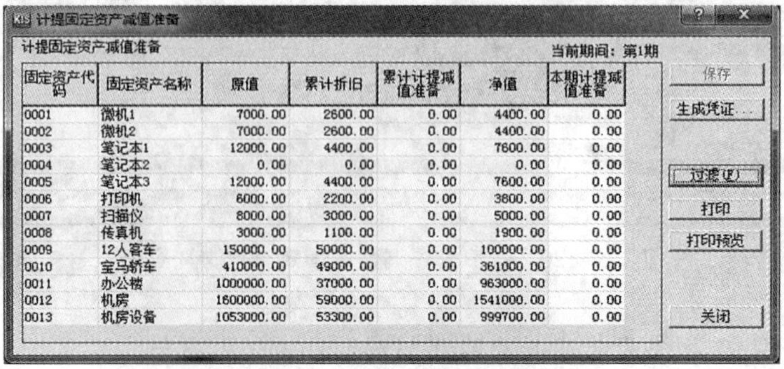

固定资产代码	固定资产名称	原值	累计折旧	累计计提减值准备	净值	本期计提减值准备
0001	微机1	7000.00	2600.00	0.00	4400.00	0.00
0002	微机2	7000.00	2600.00	0.00	4400.00	0.00
0003	笔记本1	12000.00	4400.00	0.00	7600.00	0.00
0004	笔记本2	0.00	0.00	0.00	0.00	0.00
0005	笔记本3	12000.00	4400.00	0.00	7600.00	0.00
0006	打印机	6000.00	2200.00	0.00	3800.00	0.00
0007	扫描仪	8000.00	3000.00	0.00	5000.00	0.00
0008	传真机	3000.00	1100.00	0.00	1900.00	0.00
0009	12人客车	150000.00	50000.00	0.00	100000.00	0.00
0010	宝马轿车	410000.00	49000.00	0.00	361000.00	0.00
0011	办公楼	1000000.00	37000.00	0.00	963000.00	0.00
0012	机房	1600000.00	59000.00	0.00	1541000.00	0.00
0013	机房设备	1053000.00	53300.00	0.00	999700.00	0.00

图 3-3-121　计提固定资产减值准备

(2)分别在"0003 笔记本 1"和"0005 笔记本 3"对应的"本期计提减值准备"处输入"3 000",如图 3-3-122 所示。

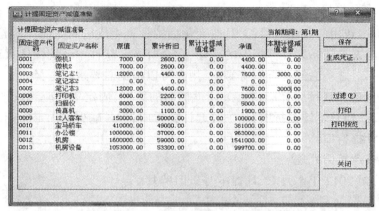

图 3-3-122 计提固定资产减值准备

(3)单击"保存"按钮,再单击"生成凭证"按钮,屏幕出现"计提减值准备"向导,如图3-3-123 所示。

图 3-3-123 计提减值准备向导

(4)单击"前进"按钮,直至完成计提减值准备生成机制凭证传递到账务系统。

注意:

●因为市场部不慎将其使用的笔记本 2 毁损,并已经进行相应的处理。所以,该项固定资产不予计提减值准备。

(二)固定资产折旧处理

在电算化固定资产系统中,每月根据用户录入的资产卡片资料自动计算每项固定资产的折旧,并自动生成相应的机制凭证传递到账务系统。

系统在计提折旧时按照下列要求进行:

(1)系统提供的平均年限法或工作量法是以资产的账面净值作为计提原值,以剩余使用期间数为计提期间数计算折旧。

(2)系统影响折旧计算的因素主要有:原值变动、累计折旧调整、净残值(率)调整、折旧方法调整、使用年限调整、工作总量调整、使用状况调整和计提减值准备。需要说明,在金蝶

KIS 软件中系统默认这些因素的变动均不影响当月计提的折旧额，下月按变化后的值计算折旧，用户可以根据需要进行选择。

(3)部门转移需要相应调整有关折旧费用的分配入账科目，需要说明，在金蝶 KIS 软件中本月不影响折旧费用的分配科目，下月按变化后的设置生成机制凭证。

(4)由上述因素导致系统计算折旧的变动，在金蝶 KIS 软件中系统默认只对今后的累计折旧发生作用，不对之前的累计折旧有影响，用户可以根据需要进行选择。

(5)系统完全遵循现行会计准则有关计提折旧的原则：固定资产应当按月计提折旧，当月增加的固定资产当月不计提折旧，从下月起计提折旧；当月减少的固定资产当月仍计提折旧，从下月起不计提折旧。

实例：固定资产折旧处理。

包头财经公司 2012 年 1 月末，计提本月折旧费月。

操作步骤：

(1)以操作员"杭程"的身份执行"金蝶 KIS 标准版"，进入"金蝶 KIS 标准版"窗口，执行"固定资产—计提折旧"命令，打开"计提折旧"向导，如图 3-3-124 所示。

图 3-3-124　计提折旧向导

(2)单击"前进"按钮，直至完成计提折旧生成机制凭证传递到账务系统。

四、账务处理

固定资产管理系统通过上述有关业务的处理，必然要涉及相关机制凭证的生成，并将生成的机制凭证传递到账务系统。在固定资产管理系统中需要生成凭证或修改凭证的情况包括：资产的增加(新增资产卡片)、资产的减少、资产的变动(涉及原值或累计折旧的变化时)、计提减值准备和折旧处理。

在固定资产系统中生成凭证的具体操作步骤见上述有关业务处理实例。此处仅举例介绍对传递到账务系统中有关固定资产业务的机制凭证进行修改、审核与记账。

实例：有关固定资产机制凭证的修改、审核与记账。

2012 年 1 月 31 日在账务系统中，对传递过来的有关固定资产业务凭证进行修改、审核与记账。

1. 以会计"杭程"的身份登录账务系统，进行凭证修改。

2. 以会计"李小刚"的身份登录账务系统,进行凭证审核。

3. 以会计"杭程"的身份登录账务系统,进行凭证记账。

操作步骤:

第一,以会计"杭程"的身份登录账务系统,进行凭证修改。操作步骤如下。

(1)以操作员"杭程"的身份执行"金蝶 KIS 标准版",进入"金蝶 KIS 标准版"窗口,执行"账务处理—凭证查询"命令,打开"凭证过滤"对话框,如图 3-3-125 所示。

图 3-3-125　凭证过滤

(2)点选"未过账"和"未审核",单击"确定"按钮,进入到"会计分录序时簿"窗口,如图 3-3-126 所示。

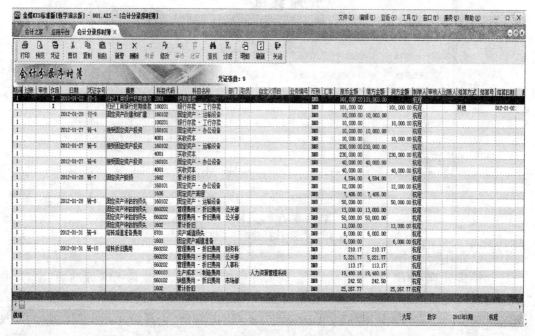

图 3-3-126　会计分录序时簿

(3)选取"固定资产评估的损失"的凭证,单击"修改"按钮,进入"记账凭证—修改"对话框,如图 3-3-127 所示。

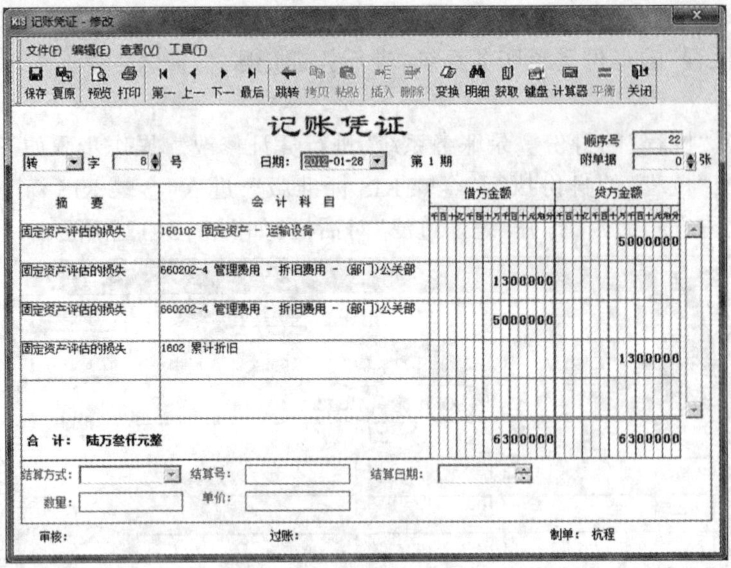

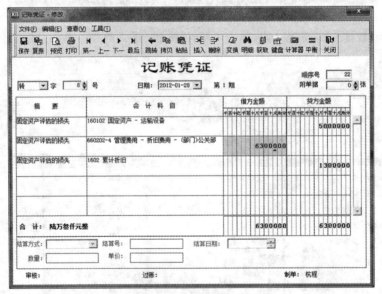

图 3-3-127 记账凭证—修改

(4)将"借方金额"合二为一,调整为"63 000"(13 000+50 000),如图 3-3-128 所示。

图 3-3-128 记账凭证—修改

第二,以会计"李小刚"的身份登录账务处理系统,进行凭证审核。操作步骤如下。

(1)以操作员"李小刚"的身份登录"金蝶 KIS 标准版",进入"金蝶 KIS 标准版"窗口,执行"账务处理—凭证查询"命令,打开"凭证过滤"对话框,如图 3-3-125 所示。

(2)点选"未过账"和"未审核",单击"确定"按钮,进入到"会计分录序时簿"窗口,如图 3-3-129 所示。

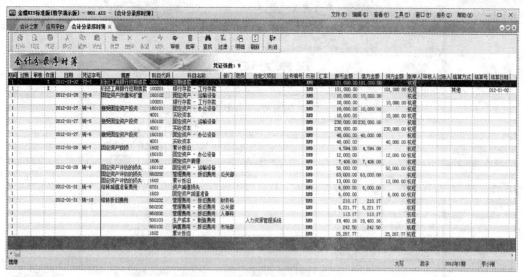

图 3-3-129 会计分录序时簿

(3)选取"固定资产改建和扩建"的凭证,单击"审核"按钮,进入"记账凭证—审核"对话框,如图 3-3-130 所示。

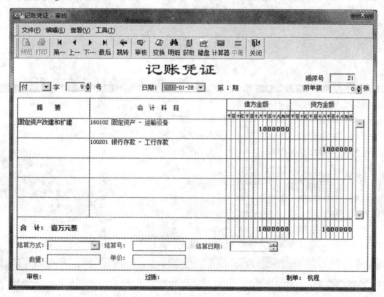

图 3-3-130 记账凭证—审核

(4)经过认真审核无误之后,审核会计员"李小刚"点击"审核"按钮,签字确认,如图3-3-131 所示。

(5)经过上述审核签字后,单击"关闭"按钮返回。重复上述第3~4步,完成对其他有关固定资产业务的凭证审核,如图3-3-132 所示。

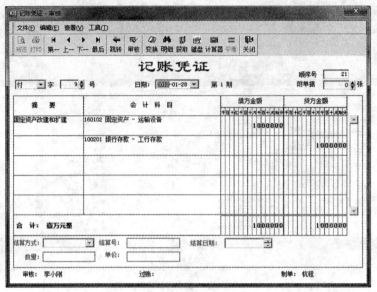

图 3-3-131　审核会计员签字确认

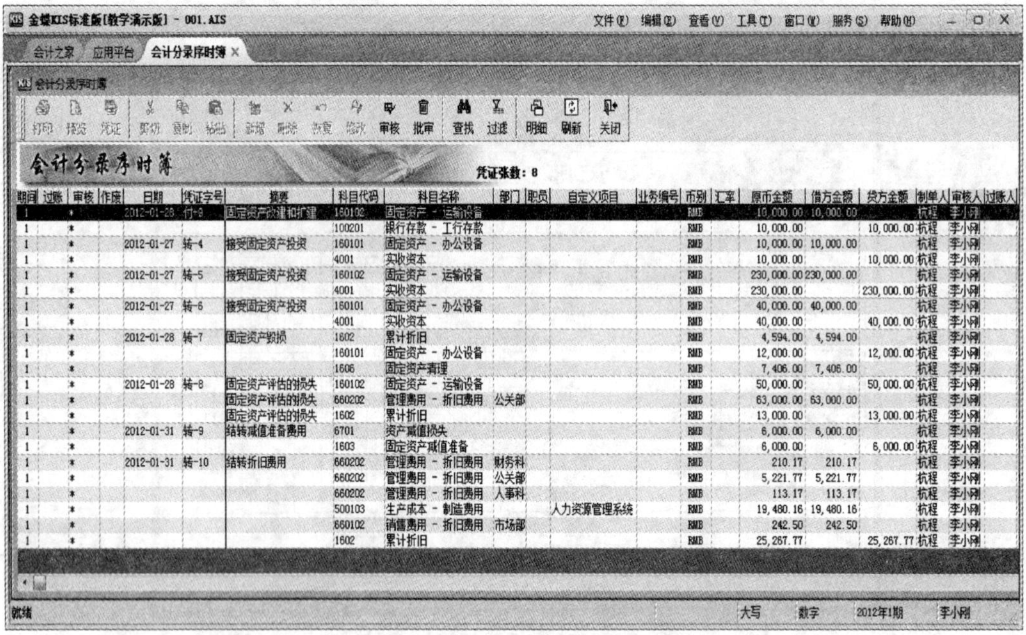

图 3-3-132　固定资产业务的凭证审核

第三,以会计"杭程"的身份登录账务处理系统,进行凭证记账。操作步骤如下。

(1)以操作员"杭程"的身份登录"金蝶 KIS 标准版",进入"金蝶 KIS 标准版"窗口,执行"账务处理—凭证过账"命令,打开"凭证过账"向导,如图 3-3-133 所示。

(2)单击"前进"按钮,直至完成所有已经审核无误的有关固定资产业务的凭证过账,如图 3-3-134 所示。

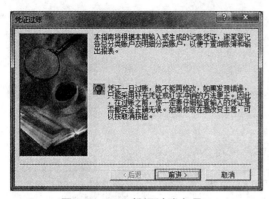

图 3-3-133　凭证过账向导

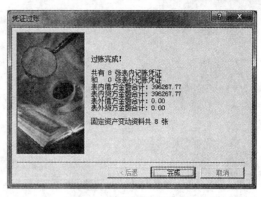

图 3-3-134　凭证过账向导

(3)单击"完成"按钮返回。

五、账表查询和打印

单位发生的有关固定资产增加、减少和变动等业务,经过登记相应的资产卡片并生成机制凭证、审核凭证和记账之后,用户就可以随时查询和打印输出各种形式的固定资产账簿和报表,它主要包括:固定资产清单、固定资产卡片、固定资产及累计折旧明细账、固定资产折旧费用分配表、固定资产折旧表等。这里需要说明,在会计电算化系统中查询账簿时也可以包含未记账凭证数据,并且可以进行账簿与凭证联查。

在金蝶 KIS 软件中,"固定资产"处理窗口右侧的账簿报表部分列出了 15 张关于固定资产的报表。点击其中任意一张报表,进入固定资产报表窗口,如图 3-3-135 所示。双击报表名或选中报表名后单击"确定"按钮,即显示该报表内容。

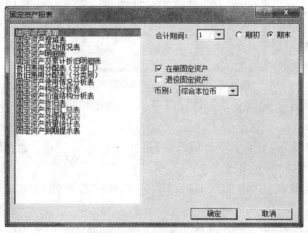

图 3-3-135　固定资产报表

(一)固定资产清单

固定资产清单用于输出已入账的固定资产数据资料清单。在进入如图 3-3-135 所示"固定资产报表"窗口中,选中"固定资产清单",右方显示查询条件,输入完查询条件后,单击"确定"按钮,进入"固定资产清单"窗口,如图 3-3-136 所示。

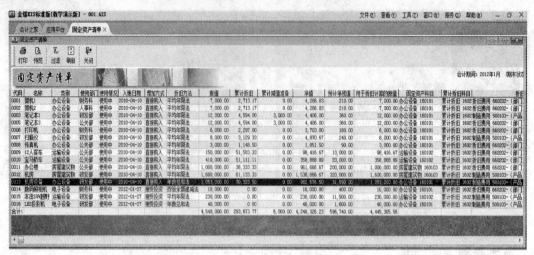

图 3-3-136　固定资产清单

(二)打印固定资产卡片

在进入"固定资产清单"窗口后,如图 3-3-136 所示,系统提供了打印固定资产卡片功能。执行"文件—打印固定资产卡片(A)"命令选项,系统弹出"固定资产卡片打印"条件对话框,如图 3-3-137 所示。

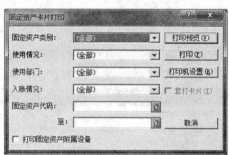

图 3-3-137　固定资产卡片打印条件

(1)固定资产类别:系统默认"全部",可单击下拉按钮选择类别选项,如"房屋建筑物""办公设备"等。

(2)使用情况:系统默认"全部",同时还可通过下拉按钮选择,如"使用中""未使用""不需用""经营性租出"或"融资性租出"。

(3)使用部门:系统默认"全部",同时还可选择固定资产使用的具体部门,如"财务科""人事科"等。

(4)入账情况:系统默认"全部",同时还可选择该选项清单中的"未入账""已入账"或"退役"。

(5)固定资产代码范围:选择固定资产代码的范围,系统默认为空白,表示全部固定资产代码。

(6)打印固定资产附属设备:若选择该选项,表示打印固定资产卡片时,连同固定资产附属设备一起打印出来;否则系统将不打印固定资产附属设备资料。

在如图 3-3-137 所示中,用户还可进行打印设置,最后,在打印预览或打印时,系统将依据条件打印或显示,如图 3-3-138 所示。

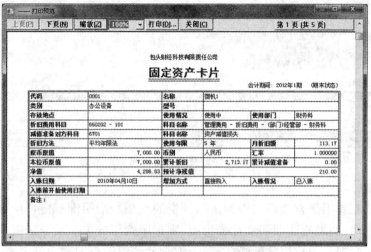

图 3-3-138　固定资产卡片打印预览

另外系统还提供了固定资产套打功能,可以选择选项"套打卡片",就可以根据需要套打出各种格式的固定资产卡片。

(三)固定资产及累计折旧明细账

固定资产及累计折旧明细账用于查询原值及累计折旧发生变动的处理情况,在此窗口中可以查询到在所选期间内所有固定资产数据变化的明细数据。

在进入如图 3-3-135 所示"固定资产报表"窗口中,选中"固定资产及累计折旧明细账",右方显示查询条件,输入查询条件,如图 3-3-139 所示。

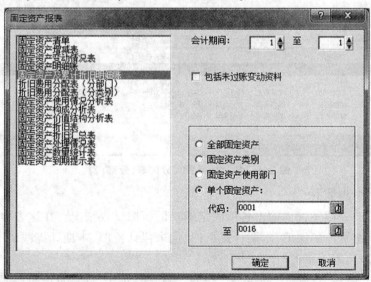

图 3-3-139　固定资产及累计折旧明细账查询条件

单击"确定"按钮,进入"固定资产及累计折旧明细账"窗口,如图 3-3-140 所示。

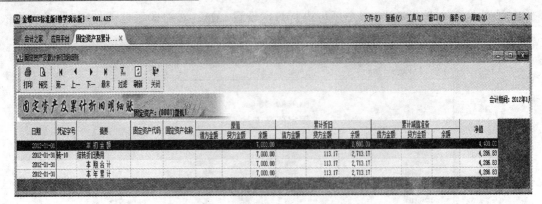

图 3-3-140　固定资产及累计折旧明细账

（四）固定资产折旧费用分配表

折旧费用分配表用于查询固定资产折旧计提的费用分配明细，窗口中可以选择不同期间的数据进行查询，如果所选期间未计提折旧，则折旧费用分配表是一张空表。

系统提供了两种折旧费用分配表样式：一种是分部门的折旧费用分配表，另一种是分类别的折旧费用分配表。

在进入如图 3-3-135 所示"固定资产报表"窗口中，选中"折旧费用分配表（分部门）"，单击"确定"按钮，进入"折旧费用分配表（分部门）"窗口，如图 3-3-141 所示。

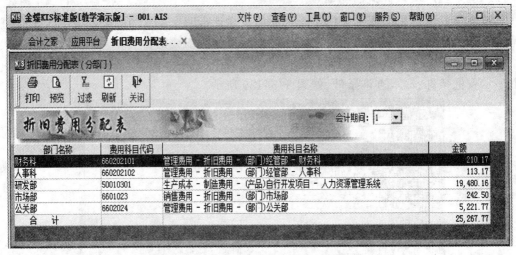

图 3-3-141　折旧费用分配表（分部门）

（五）固定资产折旧表

固定资产折旧表用于查询输出各项固定资产的折旧计提情况，在该表中可以查询所选会计期间各项固定资产的原值、本期计提折旧、期末累计折旧、本期计提减值准备、期末累计减值准备、期末净值等项资料。

在进入如图 3-3-135 所示"固定资产报表"窗口中，选中"固定资产折旧表"，右方显示查询条件，输入完查询条件后，如图 3-3-142 所示。

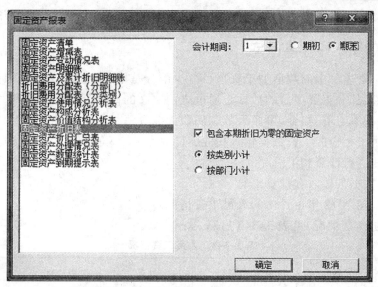

图 3-3-142　固定资产折旧表查询条件

单击“确定”按钮，进入“固定资产折旧表”窗口，如图 3-3-143 所示。

类别	固定资产代码	固定资产名称	期初原值	预计使用期间数	预计工作总量	月折旧率(%)	本期计提折旧	期末累计折旧	本期计提减值准备	期末累计减值准备	期末净值
房屋建筑物	0011	办公楼	1,000,000.00	600.00		0.13	1,333.33	38,333.33			961,666.67
	0012	机房	1,600,000.00	600.00		0.13	2,133.33	61,133.33			1,538,866.67
		小　计	2,600,000.00				3,466.66	99,466.66			2,500,533.34
办公设备	0001	微机1	7,000.00	60.00		1.62	113.17	2,713.17			4,286.83
	0002	微机2	7,000.00	60.00		1.62	113.17	2,713.17			4,286.83
	0003	笔记本1	12,000.00	60.00		1.62	194.00	4,594.00	3,000.00	3,000.00	4,406.00
	0004	笔记本2	12,000.00	60.00		1.62	194.00				12,000.00
	0005	笔记本3	12,000.00	60.00		1.62	194.00	4,594.00	3,000.00	3,000.00	4,406.00
	0006	打印机	6,000.00	60.00		1.62	97.00	2,297.00			3,703.00
	0007	扫描仪	8,000.00	60.00		1.62	129.33	3,129.33			4,870.67
	0008	传真机	3,000.00	60.00		1.62	48.50	1,148.50			1,851.50
	0013	机房设备	1,053,000.00	60.00		1.62	17,023.50	70,323.50			982,676.50
		小　计	1,120,000.00				18,106.67	96,106.67	6,000.00		1,017,893.33
运输设备	0009	12人客车	200,000.00	120.00		0.79	1,583.33	51,583.33			148,416.67
	0010	宝马轿车	400,000.00	180.00		0.53	2,111.11	51,111.11			348,888.89
	0015	本田SUV越野	230,000.00	180.00							230,000.00
		小　计	830,000.00				3,694.44	89,694.44			740,305.56
电子设备	0014	数码照相机	10,000.00	60.00							10,000.00
	0016	LED投影机	40,000.00	60.00							40,000.00
		小　计	50,000.00								50,000.00
		合　计	4,600,000.00				25,267.77	285,267.77	6,000.00		4,308,732.23

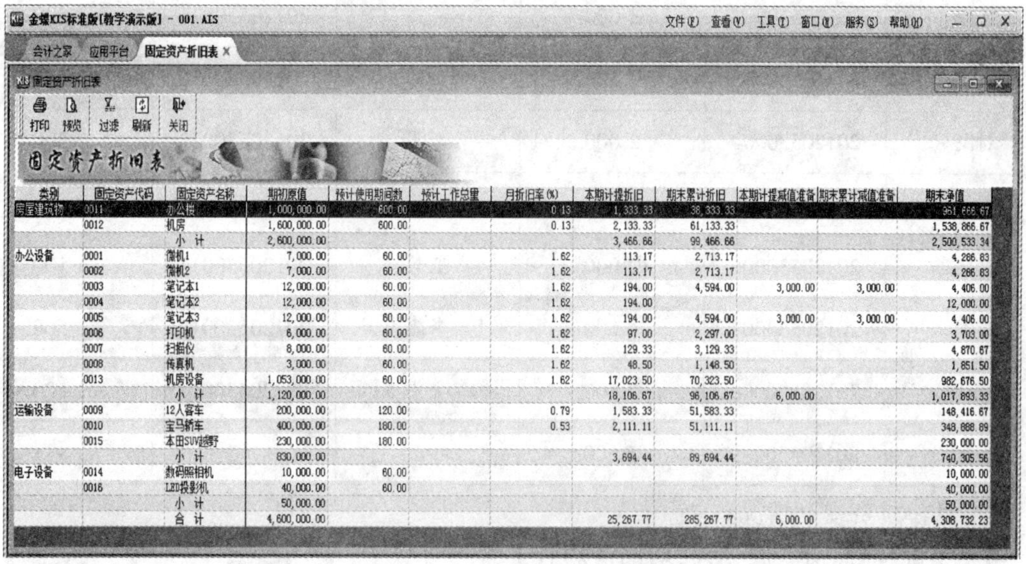

图 3-3-143　固定资产折旧表

第三节　工资管理系统的日常使用

工资管理系统的主要功能就是计算工资和生成机制凭证传递到账务处理。为此，在工资管理系统按照工资核算与管理的要求，进行人员、部门和工资项目及计算公式等一系列的初始设置之后使用电算化工资管理系统进行日常业务处理。它主要包括：工资数据的输入与计算汇总、银行代发工资、工资费用的分配、计提工资附加费、账务处理和工资报表输出。

一、工资数据的输入和计算汇总

对于构成工资表单中的数值型工资项目，少部分是用户根据有关工资核算的原始单据直接填列，另外大部分工资项目的数据是通过之前定义的计算公式计算填列。直接填列的工资项目数据，如基本工资、奖金、事假天数和病假天数等每月都需要进行调整。电算化工资管理系统为此提供了相应的工资数据输入功能，同时系统自动按照初始设置时定义的有关工资项目计算公式进行计算和汇总。

实例：工资数据的输入和计算汇总。

包头财经公司 2012 年 1 月份的人员工资情况。

1. 月初人员工资情况，见表 3–3–3 所示。

表 3–3–3　人员工资情况

姓名	银行账号	基本工资（元）	姓名	银行账号	基本工资（元）
董理	20120530001	5 000	郭丽	20120530010	4 500
杭程	20120530002	3 000	陈亮	20120530011	3 500
成功	20120530003	2 500	李蓉	20120530012	4 500
刘民	20120530004	2 000	李明	20120530013	2 500
史佳	20120530005	3 000	刘芳	20120530014	2 500
徐兵	20120530006	2 000	王芳	20120530015	4 500
邓杰	20120530007	4 500	李霞	20120530016	2 500
李小刚	20120530008	2 500	张华	20120530017	2 500
金鑫	20120530009	5 500			

2. 1 月份工资变动情况。

考勤情况：邓杰请事假 2 天，刘民请病假 1 天。

人员调动情况：因工作需要，月初决定招聘李力（编号 204）到市场部担任营销人员，以补充力量，其中基本工资 2 000 元，其他工资项目按照单位现行规定执行，代发工资银行账号：20120530018。

发放奖金情况：因全年市场部推广产品业绩较好，每人增加奖金 1 000 元。

操作步骤：

第一，月初人员工资情况见表 3–3–3 所示。操作步骤如下：

（1）以操作员"杭程"的身份执行"金蝶 KIS 标准版"，进入"金蝶 KIS 标准版"窗口，执行"工资管理—工资数据输入"命令，打开"工资数据输入"对话框，如图 3–3–144 所示。

图 3-3-144　工资数据输入

（2）在"输入过滤器"处选择"所有工资数据"，在"会计期间"处选择"本期"，单击"确定"按钮，进入"工资数据录入"窗口，如图 3-3-145 所示。

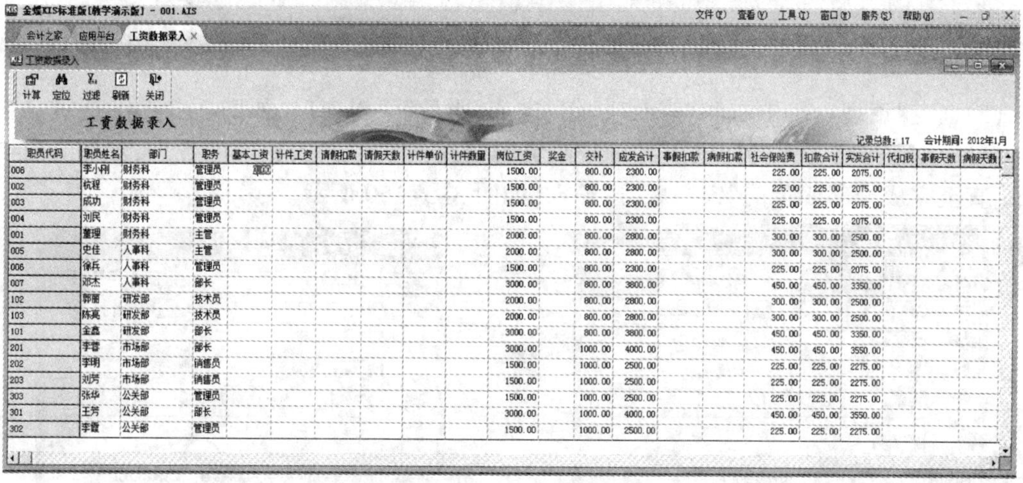

图 3-3-145　工资数据录入

（3）根据表 3-3-3 资料，依次在"基本工资"中输入相应的数据，如图 3-3-146 所示。

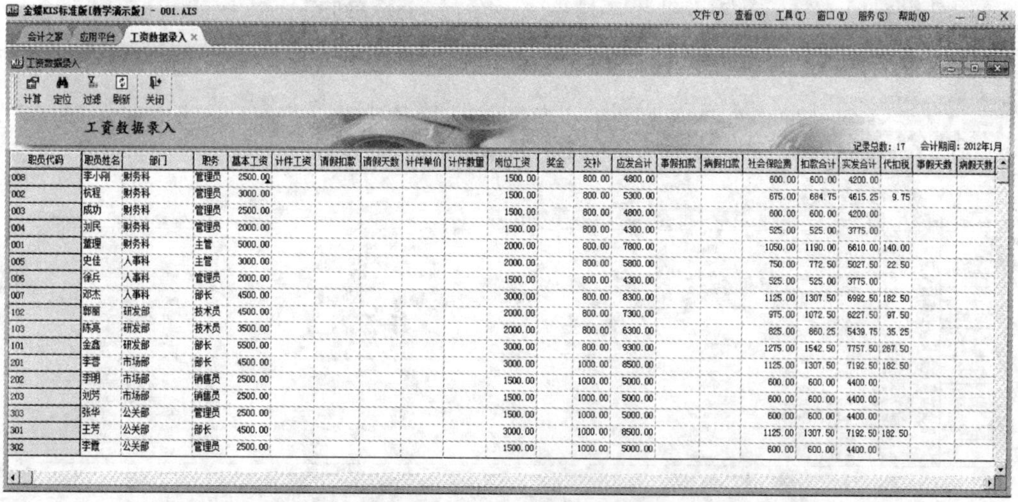

图 3-3-146　录入基本工资

(4)单击"关闭"按钮返回。执行"系统维护—核算项目"进入"核算项目"窗口,如图3-3-147所示。

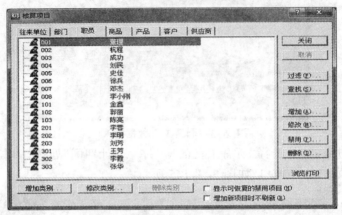

图 3-3-147 核算项目

(5)选定"董理",单击右侧"修改"按钮,进入"职员"编辑窗口,如图 3-3-148 所示。

(6)根据表 3-3-3 资料,依次对每位职员的"银行账号"输入相应的数据,如图 3-3-149 所示,直至完成全部职员的"银行账号"输入,如图 3-3-150 所示。

图 3-3-148 编辑职员

图 3-3-149 输入银行账号

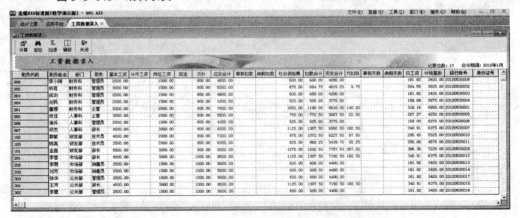

图 3-3-150 银行账号录入完成

第二,1月份工资变动情况。

考勤情况:邓杰请事假2天,刘民请病假1天。

人员调动情况:因工作需要,月初决定招聘李力(编号204)到市场部担任营销人员,以补充力量,其中基本工资2 000元,其他工资项目按照单位现行规定执行,代发工资银行账号:20120530018。

发放奖金情况:因全年市场部推广产品业绩较好,每人增加奖金1 000元。

操作步骤如下:

(1)以操作员"杭程"的身份执行"金蝶KIS标准版",进入"金蝶KIS标准版"窗口,执行"系统维护—核算项目"进入"核算项目"窗口,如图3-3-147所示。

(2)单击右侧"增加"按钮,进入"职员"编辑窗口,如图3-3-151所示。

(3)根据上述资料,依次输入"代码"为"204","姓名"为"李力","部门"为"市场部""类别"为"营销","职务"为"销售员","银行账号"为"20120530018",如图3-3-152所示。

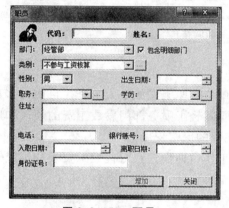
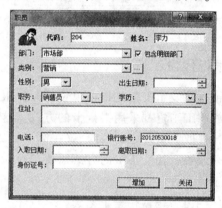

图3-3-151 职员 　　　　　　　　　　图3-3-152 职员

(4)单击"增加"按钮,单击"关闭"按钮返回。

(5)执行"工资管理—工资数据输入"命令,打开"工资数据输入"对话框,如图3-3-144所示。进入"工资数据录入"窗口,如图3-3-153所示。

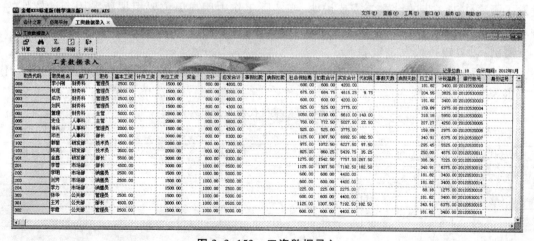

图3-3-153 工资数据录入

(6)分别录入邓杰"事假天数"为"2",刘民"病假天数"为"1",职员李力"基本工资"为"2 000",市场部每人增加"奖金"为"10 00",工资变动调整完毕,如图3-3-154所示。

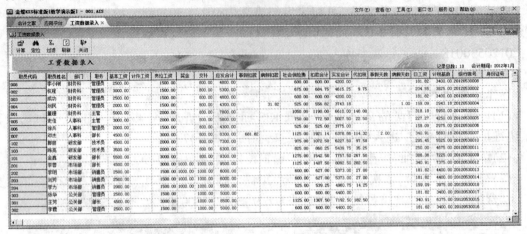

图3-3-154　工资变动调整

二、银行代发工资

银行代发工资就是指由单位的开户银行代替单位向职工发放个人工资。目前大多数单位发放职工工资都采用银行卡的方式。这种方式既减轻了财务部门发放工资的烦琐和避免去银行提取大量现金的风险,又提高了职工个人工资的保密程度。

采取银行代发工资的方式需要单位做好两项工作,即设置银行代发工资表和生成银行代发工资文件。

(一)设置银行代发工资表

设置银行代发工资表是根据代发银行的要求,设置代发工资表中包含项目的相关信息。一般来讲,代发工资表中主要包括的项目有:单位代号、人员编号、银行账号、职工姓名、工资金额和录入日期等。同时用户可以利用会计软件系统提供的页面设置和字体设置等功能对代发工资表作进一步的设置。需要说明,在实际工作中用户单位要根据所采用会计软件的特点设置代发工资表,此处是采用金蝶KIS软件进行操作。

实例:设置银行代发工资表。

2012年1月30日,包头财经公司按照代发工资银行的要求,(见表3-3-4)设置"银行代发工资表"。

表3-3-4　银行代发工资表

单位名称:　　　　　　　　　　　　　　　　　　　　　　　　　　会计期间:

人员代号	职工姓名	身份证号	银行账号	工资金额	录入日期

批准:　　　　　　　　　　审核:　　　　　　　　　　操作员:

操作步骤：

（1）以系统管理员 Manager 的身份执行"金蝶 KIS 标准版"，进入"金蝶 KIS 标准版"窗口，执行"工资管理—银行代发工资文件"命令，打开"工资报表输出"对话框，如图 3-3-155 所示。

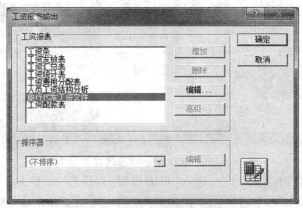

图 3-3-155　工资报表输出

（2）选定"银行代发工资文件"，单击"编辑"按钮，进入"银行代发工资文件定义"对话框，如图 3-3-156 所示。

图 3-3-156　银行代发工资文件定义

（3）依据表 3-3-4 资料要求，设置代发工资表中的项目，如图 3-3-157 所示。

图 3-3-157　设置代发工资表中的项目

（4）单击"确定"按钮，返回，如图 3-3-155 所示。

（5）单击"确定"按钮，屏幕显示定义好的"银行代发工资表"，如图 3-3-158 所示。

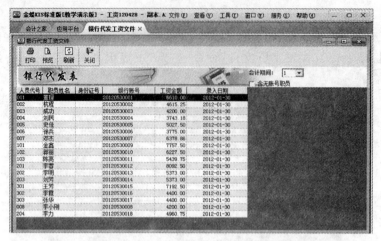

图 3-3-158　定义好的银行代发工资表

（6）执行"查看—页面设置"命令，进入"页面设置"对话框，如图 3-3-159 所示。

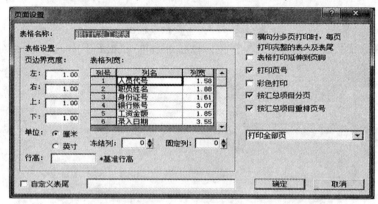

图 3-3-159　页面设置

（7）在"表格名称"处输入"银行代发工资表"，单击"确定"按钮返回。

（8）单击"预览"，进入"银行代发工资表—打印预览"窗口，如图 3-3-160 所示。

图 3-3-160　银行代发工资表打印预览

（二）生成银行代发工资文件

设置银行代发工资文件是指设置向银行提供的代发工资表的文件存放形式（文件类型）和文件中各数据项目的存放格式。金蝶 KIS 软件提供的代发工资文件只有文本文件，即 *.txt 文件。

实例：生成银行代发工资文件。

包头财经公司向代发开户银行提供文件名为"银行代发工资.txt"的文件，该文件格式如图 3-3-161 所示。

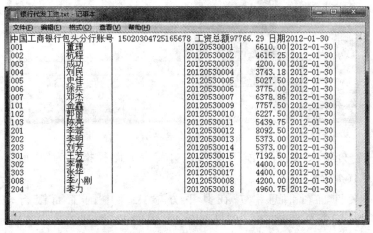

图 3-3-161　银行代发工资文件格式

操作步骤：

●用户在完成上述实例操作的同时，可以紧接其后进行本实例的操作，操作步骤如下：

（1）以系统管理员 Manager 的身份执行"金蝶 KIS 标准版"，进入"金蝶 KIS 标准版"窗口，执行"工资管理—银行代发工资文件"命令，打开"工资报表输出"对话框，如图 3-3-155 所示。

（2）单击"确定"按钮，屏幕显示定义好的"银行代发工资表"，如图 3-3-158 所示。

（3）执行"文件—导出代发工资文本文件"命令，进入"导出代发工资文本文件"对话框，如图 3-3-162 所示。

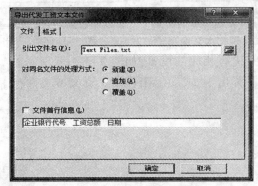

图 3-3-162　导出代发工资文本文件

(4)在"引出文件名"处选择"另存为",进入"另存为"对话框,如图 3-3-163 所示。

图 3-3-163　另存为

(5)在"文件名"处输入"银行代发工资.txt",并将存放路径指定为"桌面",单击"保存"按钮返回,如图 3-3-164 所示。

(6)勾选"文件首行信息"并在其下方输入"中国工商银行包头分行账号 15020304725165678 工资总额 97766.29 日期 2012-01-30",如图 3-3-165 所示。

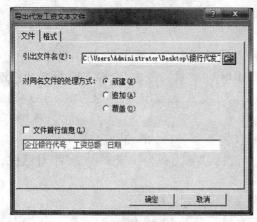

图 3-3-164　导出代发工资文本文件

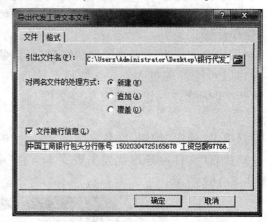

图 3-3-165　导出代发工资文本文件

(7)单击"格式"按钮,并进行相应的设置,如图 3-3-166 所示。

(8)单击"确定"按钮,屏幕出现"成功导出代发工资文本文件!"信息提示,如图 3-3-167 所示。单击"确定"按钮返回。

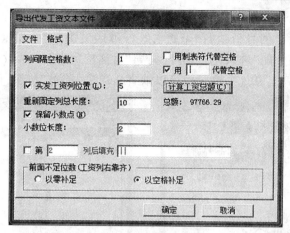

图 3-3-166　导出代发工资文本文件

图 3-3-167　信息提示

三、工资费用的分配

　　经过前述的工资计算和汇总之后，单位的财会部门一般于月末将计算汇总后的工资总额按照用途进行分配。会计电算化后有关工资费用的分配是通过设置工资费用分配和生成机制凭证传递到账务系统两步来完成。在金蝶 KIS 软件中有关工资费用的分配设置和生成机制凭证传递到账务系统是一并完成的。

　　实例：工资费用的分配。

　　包头财经公司有关工资费用的分配情况见表 3-3-5。财务科于 2012 年 1 月 30 日进行工资费用分配。

表 3-3-5　工资费用的分配情况表

部门名称	人员类别	工资项目	借方科目	贷方科目
财务科、人事科、公关部	管理	应发合计	660201 [管理费用—工资费用(部门)]	221101 (应付职工薪酬—工资)
研发部	技术	应发合计	500102 [生产成本—直接人工(产品)]	221101 (应付职工薪酬—工资)
市场部	营销	应发合计	660101 [销售费用—工资费用(部门)]	221101 (应付职工薪酬—工资)

操作步骤：

(1)以操作员"杭程"的身份执行"金蝶 KIS 标准版"，进入"金蝶 KIS 标准版"窗口，执行"工资管理—工资费用分配"进入"工资分配向导"对话框，如图 3-3-168 所示。

(2)勾选"重新计算工资"(视情况也可以缺省)，单击"前进"按钮，如图 3-3-169 所示。

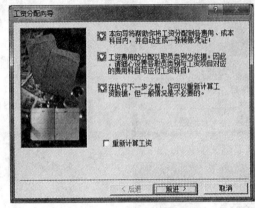

图 3-3-168　工资分配向导

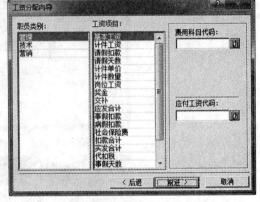

图 3-3-169　工资分配向导

(3)根据表 3-5 有关工资费用的分配情况，人员类别为"管理"，选取"工资项目"为"应发合计"，选取"费用科目代码"为"660201 管理费用—工资费用(部门)"，选取"部门代码"为"1 经管部"，选取"应付工资代码"为"221101 应付职工薪酬—工资"，如图 3-3-170 所示。

注意：

● 在"部门代码"处只需要输入一个部门的代码即可，其余相关的"部门代码"系统自动选取。

(4)根据表 3-3-5 有关工资费用的分配情况，人员类别为"技术"，选取"工资项目"为"应发合计"，选取"费用科目代码"为"500102 生产成本—直接人工(产品)"，选取"产品代码"为"01 自行开发项目—人力资源管理系统"，选取"应付工资代码"为"221101 应付职工薪酬—工资"，如图 3-3-171 所示。

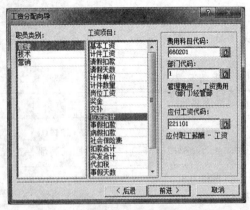

图 3-3-170　管理人员工资费用分配

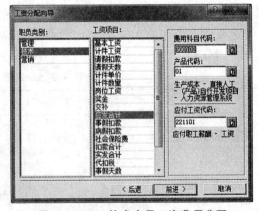

图 3-3-171　技术人员工资费用分配

(5)根据表 3-3-5 有关工资费用的分配情况，人员类别为"营销"，选取"工资项目"为"应发合计"，选取"费用科目代码"为"660101 销售费用—工资费用(部门)"，选取"部门代码"为"3 市场部",选取"应付工资代码"为"221101 应付职工薪酬—工资",如图 3-3-172 所示。

(6)单击"前进"按钮,进入下一屏幕,将"凭证日期"调整为"2012-01-30",如图 3-3-173 所示。

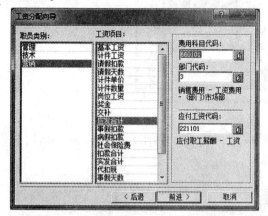 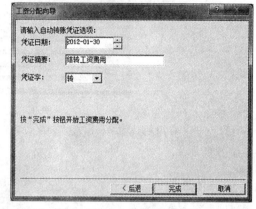

图 3-3-172　营销人员工资费用分配　　　　图 3-3-173　工资分配向导

(7)单击"完成"按钮,系统自动生成一张工资费用分配的转账凭证传递到账务系统。

四、计提工资附加费

计提工资附加费是指按照工资总额的一定比例计算提取的工资性费用,主要包括:职工福利费、工会经费、教育经费和社会保险费(由单位承担的部分)等。这些工资性费用一般于每月末计提,分配计入当期的成本费用中。在金蝶 KIS 软件中,由于工资管理系统的功能所限,无法直接处理这些工资附加费业务,因此可以将这类业务作为期末处理业务在账务系统中直接处理。

五、账务处理

涉及工资核算的账务处理包括:工资费用的分配、工资附加费的计提、各项扣款(病假和事假扣款、个人所得税、个人应承担的社会保险费等)、发放工资等。在金蝶 KIS 软件中,工资管理系统仅仅提供了有关工资费用分配业务处理的功能,其余工资核算业务均需到账务系统中进行。此处仅举例介绍对传递到账务系统有关工资费用分配业务的机制凭证进行审核与记账。

实例:对工资费用分配的机制凭证进行审核与记账。

2012 年 1 月 30 日在账务系统中,对传递过来的有关工资费用分配业务的机制凭证进行审核与记账。

1. 以会计"李小刚"的身份登录账务系统,进行凭证审核。

2. 以会计"杭程"的身份登录账务系统,进行凭证记账。

操作步骤:

第一,以会计"李小刚"的身份登录账务系统,进行凭证审核。操作步骤如下:

(1)以操作员"李小刚"的身份执行"金蝶 KIS 标准版",进入"金蝶 KIS 标准版"窗口,执行"账务处理—凭证查询"命令,打开"凭证过滤"对话框,如图 3-3-174 所示。

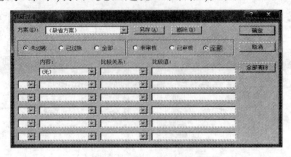

图 3-3-174　凭证过滤

(2)点选"未过账"和"未审核",单击"确定"按钮,进入到"会计分录序时簿"窗口,如图 3-3-175 所示。

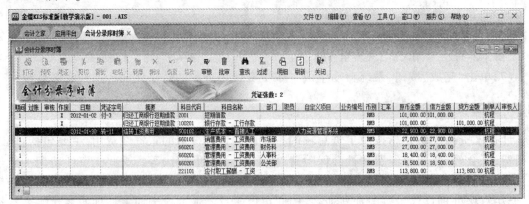

图 3-3-175　会计分录序时簿

(3)选中"结转工资费用"凭证,单击"审核"按钮,进入"记账凭证—审核"窗口,如图3-3-176 所示。

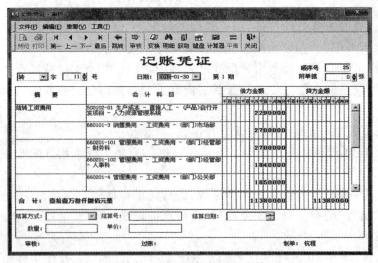

图 3-3-176　记账凭证—审核

(4)经过认真审核无误之后,审核会计员"李小刚"点击"审核"按钮,签字确认,如图3-3-177所示。

图3-3-177　审核会计员签字确认

(5)经过上述审核签字后,单击"关闭"按钮返回。

第二,以会计"杭程"的身份登录账务系统,进行凭证记账。操作步骤如下:

(1)以操作员"杭程"的身份执行"金蝶KIS标准版",进入"金蝶KIS标准版"窗口,执行"账务处理—凭证过账"命令,打开"凭证过账"向导,如图3-3-178所示。

(2)单击"前进"按钮,直至完成已经审核无误的工资费用分配业务的凭证过账,如图3-3-179所示。

图3-3-178　凭证过账向导

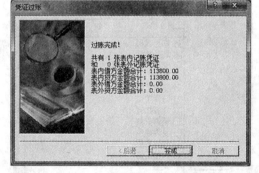

图3-3-179　凭证过账向导

(3)单击"完成"按钮返回。

六、工资报表输出

经过工资的计算汇总和工资费用的分配处理,在工资管理系统中形成的各种工资报表满足了对工资管理的需要。在金蝶KIS软件系统中提供的工资报表主要有:工资条、工资发放表、工资汇总表和工资费用分配表等。

在金蝶 KIS 软件中,"工资管理" 业务处理窗口右侧的账簿报表部分列出了 8 张关于工资的报表。点击其中任意一张报表,进入"工资报表输出"窗口,如图 3-3-180 所示。双击报表名或选中报表名后单击"确定"按钮,即显示该报表内容。

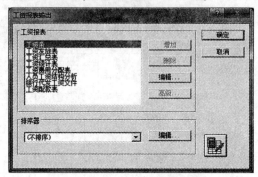

图 3-3-180　工资报表输出

在输出工资条、工资发放表、工资统计表和工资汇总表四项报表时,用户均可以根据需要有选择地输出其中的"工资项目",同时可以根据工资项目利用"数据过滤"功能进行有条件地输出。单击"编辑"按钮系统就会弹出工资项目的"基本信息"窗口。左边打对号选中的工资项目在报表中才能输出,如图 3-3-181 所示。

在"基本信息"中选定工资项目后,如果只想打印输出某一部门或某一类别职员的工资数据,就可以利用"数据过滤"功能进行设置。在图 3-3-182 所示窗口中,单击"数据过滤",系统弹出如图 3-3-183 所示的窗口,利用下拉列表按钮选择设置好过滤条件后,单击"确定"按钮,返回到"工资报表输出"窗口,如图 3-3-180 所示。

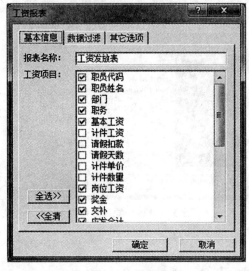

图 3-3-181　基本信息

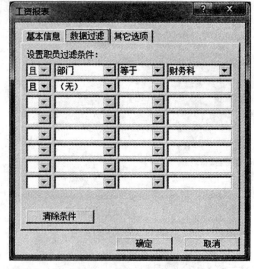

图 3-3-182　数据过滤

(一)打印工资条

工资条是交给职工个人,详细列明职工工资项目的工资清单。一般于每月开工资时打印输出。在"工资报表输出"主窗口,如图 3-3-180 所示,选中"工资条",单击"编辑"按钮,进行"工资项目"和"数据过滤"的选择完毕。返回到如图 3-3-180 所示的"工资报表输出"主窗口,再单击"确定"按钮,进入"工资条打印"窗口,如图 3-3-183 所示。

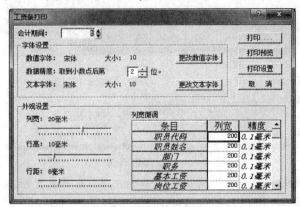

图 3-3-183 工资条打印

(1)会计期间:用户可以自主选择要打印的会计期间的工资条。

(2)字体设置:根据用户的需要可以更改数值或文本的字体,大小等。

(3)数据精度:将光标移动至"小数点调节"位置,再调节数值即可,最多可以调节到小数点后第三位。

(4)外观设置:移动滑竿,可调节列宽、行高以及行距,可精确到毫米。

(5)列宽微调:列宽微调实现对各条项目的列宽分别进行细微调节,而且各个项目的列宽可以完全不同,在项目对应的列宽栏中输入精确的数字即可。

设置好工资条打印格式后,可以通过打印预览查看,如图 3-3-184 所示,再进行打印。

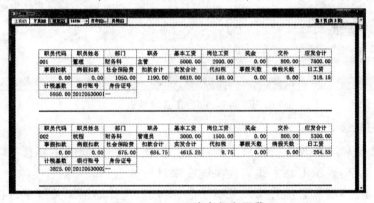

图 3-3-184 工资条打印预览

(二)工资发放表

工资发放表是用户单位向职工发放工资的依据并据以进行账务处理。一般于每月向职工支付工资之前打印输出并据以提现支付工资或制作银行代发工资表。

在"工资报表输出"主窗口,如图 3-3-180 所示,选中"工资发放表",单击"编辑"按钮,除增设了"按部门分页打印"选项之外,其他"基本信息"及"数据过滤"

操作均与"打印工资条"的相关操作相同。

　　单击"高级"按钮,如图3-3-185所示。处理二级表头编辑功能,当要求编辑复杂表格时,就要求使用该功能。具体操作请按图3-3-185的下方提示进行。(此处省略)

图3-3-185　二级表头编辑

　　设置好上述所有条件后,回到如图3-3-180所示的"工资报表输出"窗口,再单击"确定"按钮,即进入"工资发放表"窗口,如图3-3-186所示。

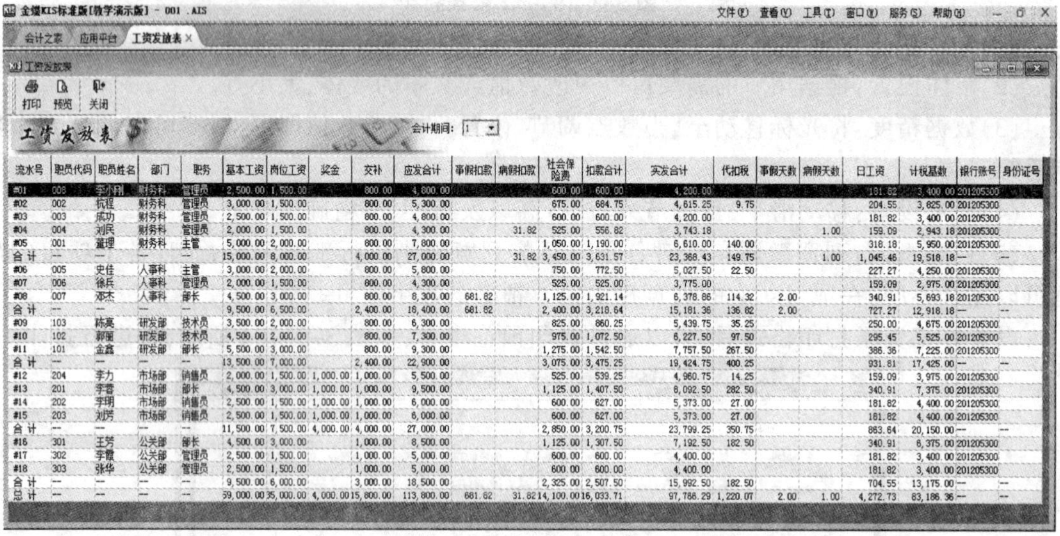

图3-3-186　工资发放表

（三）工资汇总表

工资汇总表编辑功能与工资发放表的相关操作相同,所不同的主要是"其他选项"。

(1)第一关键字:表示汇总方式以此关键字来进行。

(2)第二关键字:表示紧接着第一关键字后,再按所选择的第二关键字进行汇总。例如,当在其他选项中第二关键字选择"职务"后,在工资汇总表中,将在"部门"后再按"职务"进行汇总,如图3-3-187所示。

(3)按第一汇总字分页打印:当选择第二关键字后,才可对该项进行选择,表示打印时将按第一关键字进行分页打印。

部门/职务	人数	基本工资	岗位工资	奖金	交补	应发合计	事假扣款	病假扣款	社会保险	扣税	实发合计	代扣报	事假天数	病假天数	日工资	计提基数
财务科	5	15,000.00	8,000.00	0.00	4,000.00	27,000.00	0.00	31.82	3,450.00	3,631.57	23,368.43	148.75	0.00	1.00	1,045.46	18,518.18
-主管	1	5,000.00	2,000.00	0.00	800.00	7,800.00	0.00		1,050.00	1,190.00	6,610.00	140.00			318.18	5,950.00
-管理员	4	10,000.00	6,000.00	0.00	3,200.00	19,200.00	0.00	31.82	2,400.00	2,441.57	16,758.43	9.75			727.28	13,568.18
人事科	3	9,500.00	6,500.00	0.00	2,400.00	18,400.00	681.82		2,400.00	3,218.64	15,181.36	136.82	2.00		727.27	12,918.18
-主管	1	3,000.00	2,000.00	0.00	800.00	5,800.00	0.00		750.00	772.50	5,027.50	22.50			227.27	4,250.00
-管理员	1	2,000.00	1,500.00	0.00	800.00	4,300.00	0.00		525.00	525.00	3,775.00	0.00			159.09	2,975.00
-部长	1	4,500.00	3,000.00	0.00	800.00	8,300.00	681.82		1,125.00	1,921.14	6,378.86	114.32			340.91	5,693.18
研发部	3	13,500.00	7,000.00	0.00	2,400.00	22,900.00	0.00		3,075.00	3,475.25	19,424.75	400.25			340.91	17,225.00
-部长	1	5,500.00	3,000.00	0.00	800.00	9,300.00	0.00		1,275.00	1,542.50	7,757.50	267.50			386.36	7,225.00
-技术员	2	8,000.00	4,000.00	0.00	1,600.00	13,600.00	0.00		1,800.00	1,932.75	11,667.25	132.75			545.45	10,200.00
市场部	3	11,500.00	7,500.00	4,000.00	4,000.00	27,000.00	0.00		2,850.00	3,200.75	23,799.25	350.75			340.91	20,150.00
-部长	1	4,500.00	3,000.00	1,000.00	1,000.00	9,500.00	0.00		1,125.00	1,407.50	8,092.50	282.50			340.91	7,375.00
-销售员	3	7,000.00	4,500.00	3,000.00	3,000.00	17,500.00	0.00		1,725.00	1,793.25	15,706.75	68.25			522.73	12,775.00
公关部	2	9,500.00	6,000.00	0.00	3,000.00	18,500.00	0.00		2,325.00	2,507.50	15,992.50	182.50			704.55	13,175.00
-管理员	2	9,500.00	6,000.00	0.00	2,000.00	10,000.00	0.00		1,200.00	1,200.00	10,000.00	88.00			363.64	6,800.00
-部长	1	4,500.00	3,000.00	0.00	1,000.00	8,500.00	0.00		1,125.00	1,307.50	7,192.50	182.50			340.91	6,375.00
总计	18	59,000.00	35,000.00	4,000.00	15,800.00	113,800.00	681.82	31.82	14,100.00	16,033.71	97,766.29	1,220.07	2.00	1.00	4,272.73	83,186.36

图 3-3-187　工资汇总表

（四）工资费用分配表

工资费用分配表是按照用户设置定义的工资费用分配通过列表进行反映，并作为工资费用分配记账凭证的依据。在"工资报表输出"主窗口，如图 3-3-180 所示，选中"工资费用分配表"，单击"确定"按钮，即进入"工资费用分配表"窗口，如图 3-3-188 所示。

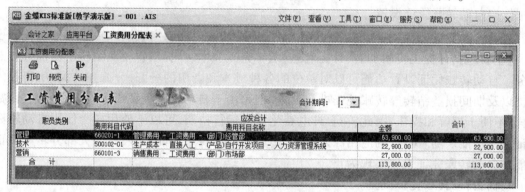

图 3-3-188　工资费用分配表

第四节　账务系统的月末处理

月末处理是指账务处理系统在每个月末需要完成的一些特定的会计工作，主要包括计提工资附加费、计提利息、结转完工成本、期末调汇、结转损益、计提所得税和结转所得税等期末转账凭证设置与转账凭证生成以及期末结账。

每个月的许多期末业务均有较强的规律性，一般来说，期末转账业务主要有以下几个特点：

（1）许多转账业务大多在每个月的月末进行。

（2）期末转账业务是会计部门自己填制的凭证，不必附有反映该业务的原始凭证，且凭证的摘要、借贷方科目固定不变,金额的来源或计算方法也基本不变。

(3)期末转账业务的数据大多来源于账簿,这就要求在处理期末转账业务前必须先将其他具体业务登记入账。

(4)有些期末转账业务必须依据另一些期末转账业务产生的数据,这就要求期末转账需要根据业务的特点分批分步骤来处理。

转账凭证定义与转账凭证生成也称自动转账,就是定义转账凭证的摘要、会计科目、借贷方向以及金额的计算公式,又称定义自动转账分录,之后,由系统按照用户定义的转账凭证自动生成相应的记账凭证。在月末结账之前,有许多成本、费用需要进行转账。这些转账业务分为外部转账和内部转账。外部转账是指月末在其他子系统中进行转账业务处理生成机制凭证传递到账务处理系统;内部转账是指月末在账务处理系统中将某个或几个会计科目的余额或本期发生额结转到一个或几个会计科目中, 这类业务是通过设置转账凭证并生成相应凭证来完成。金蝶 KIS 软件系统提供了以下 3 种转账凭证设置和相应的转账凭证生成方式。

一、自动转账

自动转账包括自动转账凭证设置与自动转账凭证生成。

(一)自动转账凭证设置

自动转账凭证设置就是用户单位可以自行定义转账凭证以完成期末转账业务的凭证设置。它主要包括计提工资附加费、计提利息、结转完工成本、计提所得税和结转所得税等转账业务。自动转账凭证设置功能可以对单位的各种成本和费用的分配、分摊和计提、所得税的计提以及期间损益结转等转账凭证进行设置。但是由于自动转账凭证设置的规则复杂、函数多样,不便于理解和操作,因此,在会计电算化系统运行初期,可以不使用或少使用自动转账凭证设置功能。随着系统的应用深入,可逐步增加自动转账凭证设置,直到大部分转账凭证都能用自动转账凭证设置实现为止。

实例:自动转账凭证设置。

包头财经公司 2012 年 1 月末,对下列业务定义自动转账凭证:

1. 工会经费的计提,摘要为"计提工会经费",计提比例为"2%",见表 3-3-6。

表 3-3-6 计提工会经费

部门名称	人员类别	计提科目	借方科目	贷方科目
财务科、人事科、公关部	管理	660201 (管理费用—工资费用)	660203 (管理费用—其他费用)	221103 (应付职工薪酬—工会经费)
研发部	技术	500102 (生产成本—直接人工)	500103 (生产成本—制造费用)	221103 (应付职工薪酬—工会经费)
市场部	营销	660101 (销售费用—工资费用)	660103 (销售费用—其他费用)	221103 (应付职工薪酬—工会经费)

2. 教育经费的计提,摘要为"计提教育经费",计提比例为"1.5%",见表3-3-7。

表3-3-7　计提教育经费

部门名称	人员类别	计提科目	借方科目	贷方科目
财务科、人事科、公关部	管理	660201 (管理费用—工资费用)	660203 (管理费用—其他费用)	221104 (应付职工薪酬—职工教育经费)
研发部	技术	500102 (生产成本—直接人工)	500103 (生产成本—制造费用)	221104 (应付职工薪酬—职工教育经费)
市场部	营销	660101 (销售费用—工资费用)	660103 (销售费用—其他费用)	221104 (应付职工薪酬—职工教育经费)

3. 社会保险费的计提,摘要为"计提社会保险费",单位应承担的综合计提比例为"25%",见表3-3-8。

表3-3-8　计提社会保险费

部门名称	人员类别	计提科目	借方科目	贷方科目
财务科、人事科、公关部	管理	660201 (管理费用—工资费用)	660203 (管理费用—其他费用)	221105 (应付职工薪酬—社会保险费)
研发部	技术	500102 (生产成本—直接人工)	500103 (生产成本—制造费用)	221105 (应付职工薪酬—社会保险费)
市场部	营销	660101 (销售费用—工资费用)	660103 (销售费用—其他费用)	221105 (应付职工薪酬—社会保险费)

4. 计提本月短期借款利息,按借款余额的18%(年利息率)计算。

5. 单位自行开发完成1套人力资源管理系统,结转完工成本。

6. 计提本月所得税,按本年利润月末余额的33%计算。

7. 月末结转所得税费用。

操作步骤:

第一,工会经费的计提,摘要为"计提工会经费",计提比例为"2%",见表3-3-6。操作步骤如下:

(1)以操作员"杭程"的身份执行"金蝶KIS标准版",进入"金蝶KIS标准版"窗口,执行"账务处理—自动转账"命令,进入"自动转账凭证"对话框,如图3-3-189所示。

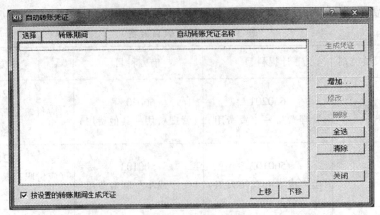

图 3-3-189　自动转账凭证

(2)单击"增加"按钮,进入"设置自动转账凭证"窗口,如图 3-3-190 所示。

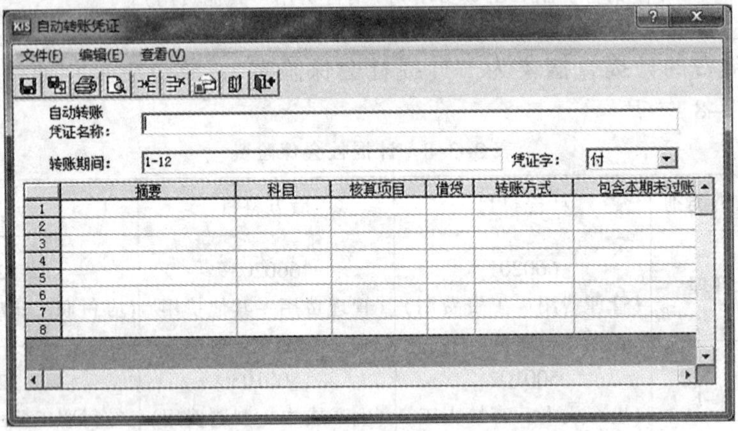

图 3-3-190　设置自动转账凭证

(3)在"自动转账凭证名称"处输入"计提工会经费",在"凭证字"处选择为"转",在"摘要"处输入"计提工会经费","科目"处输入"660203 管理费用—其他费用","核算项目"处输入"101 财务科","借贷"处选择为"借","转账方式"处选择为"按公式转出",在"本位币金额公式"处单击"查看"按钮,进入"自动转账公式设置"窗口,如图 3-3-191 所示。

(4)在"科目代码"处选择为"660201 管理费用—工资费用","项目类别"处选择"部门","项目代码"处选择"101 财务科","币别"处选择为"人民币","取数类型"处选择为"借方发生额",单击"填入公式"按钮,之后单击"*"按钮,依次输入"0.02","公式:"定义为"<660201|部门|101>$RMB.JF*0.02",如图 3-3-192 所示。

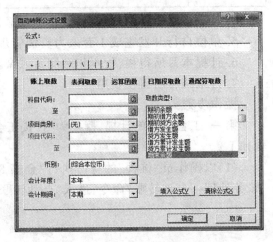

图 3-3-191　自动转账公式设置

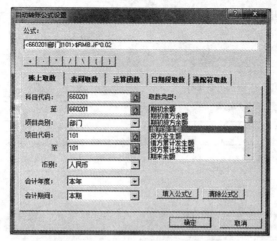

图 3-3-192 自动转账公式设置

(5)单击"确定"按钮,完成公式设置,按"Enter"键,完成此条分录设置,如图 3-3-193 所示。

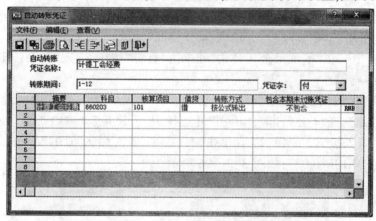

图 3-3-193 设置自动转账凭证

(6)依次进行第 2 条分录设置,在"摘要"处输入"计提工会经费","科目"处输入"660203 管理费用—其他费用","核算项目"处输入"102 人事科","借贷"处选择为"借","转账方式"处选择为"按公式转出",在"本位币金额公式"处单击"查看"按钮,进入"自动转账公式设置"窗口,如图 3-3-191 所示。

(7)在"科目代码"处选择为"660201 管理费用—工资费用","项目类别"处选择"部门","项目代码"处选择"102 人事科","币别"处选择为"人民币","取数类型"处选择为"借方发生额",单击"填入公式"按钮,之后单击"*"按钮,依次输入 "0.02","公式:"定义为"<660201|部门|102>$RMB.JF*0.02",如图 3-3-194 所示。

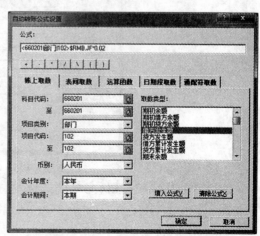

图 3-3-194 自动转账公式设置

(8)单击"确定"按钮,完成公式设置,按"Enter"键,完成此条分录设置,如图 3-3-195 所示。

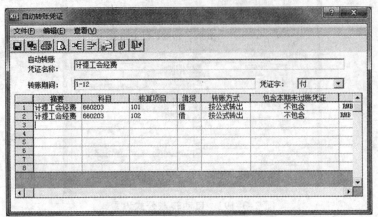

图 3-3-195 设置自动转账凭证

(9)依次进行第 3 条分录设置,在"摘要"处输入"计提工会经费","科目"处输入"660203 管理费用—其他费用","核算项目"处输入"4 公关部","借贷"处选择为"借","转账方式"处 选择为"按公式转出",在"本位币金额公式"处单击"查看"按钮,进入"自动转账公式设置"窗 口,如图 3-3-191 所示。

(10)在"科目代码"处选择为"660201 管理费用—工资费用","项目类别"处选择"部 门","项目代码"处选择"4 公关部","币别"处选择为"人民币","取数类型"处选择为"借方 发生额",单击"填入公式"按钮,之后单击"*"按钮,依次输入"0.02","公式:"定义为"< 660201|部门|4>$RMB.JF*0.02",如图 3-3-196 所示。

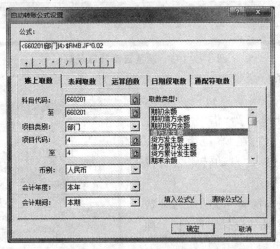

图 3-3-196 自动转账公式设置

(11)单击"确定"按钮,完成公式设置,按"Enter"键,完成此条分录设置,如图 3-3-197 所示。

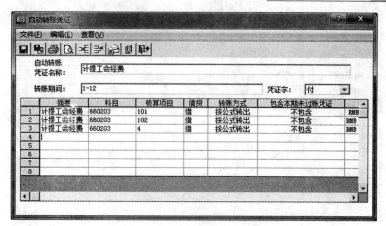

图 3-3-197　设置自动转账凭证

　　(12)依次进行第 4 条分录设置,在"摘要"处输入"计提工会经费","科目"处输入"500103 生产成本—制造费用","核算项目"处输入"01 人力资源管理系统","借贷"处选择为"借","转账方式"处选择为"按公式转出",在"本位币金额公式"处单击"查看"按钮,进入"自动转账公式设置"窗口,如图 3-3-191 所示。

　　(13)在"科目代码"处选择为"500102 生产成本—直接人工","项目类别"处选择"产品","项目代码"处选择"01 人力资源管理系统","币别"处选择为"人民币","取数类型"处选择为"借方发生额",单击"填入公式"按钮,之后单击"*"按钮,依次输入"0.02","公式:"定义为"<500102|产品|01>\$RMB.JF*0.02",如图 3-3-198 所示。

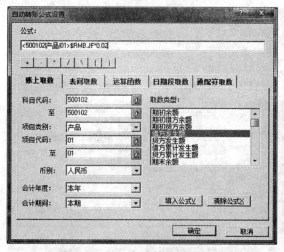

图 3-3-198　自动转账公式设置

　　(14)单击"确定"按钮,完成公式设置,按"Enter"键,完成此条分录设置,如图 3-3-199 所示。

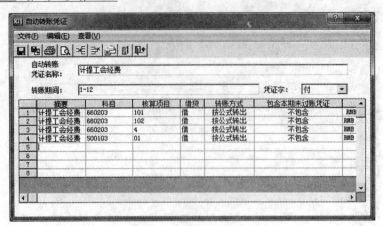

图 3-3-199　设置自动转账凭证

（15）依次进行第 5 条分录设置，在"摘要"处输入"计提工会经费"，"科目"处输入"660103 销售费用—其他费用"，"核算项目"处输入"3 市场部"，"借贷"处选择为"借"，"转账方式"处选择为"按公式转出"，在"本位币金额公式"处单击"查看"按钮，进入"自动转账公式设置"窗口，如图 3-3-191 所示。

（16）在"科目代码"处选择为"660101 销售费用—工资费用"，"项目类别"处选择"部门"，"项目代码"处选择"3 市场部"，"币别"处选择为"人民币"，"取数类型"处选择为"借方发生额"，单击"填入公式"按钮，之后单击"*"按钮，依次输入"0.02"，"公式："定义为"<660101|部门|3>$RMB.JF*0.02"，如图 3-3-200 所示。

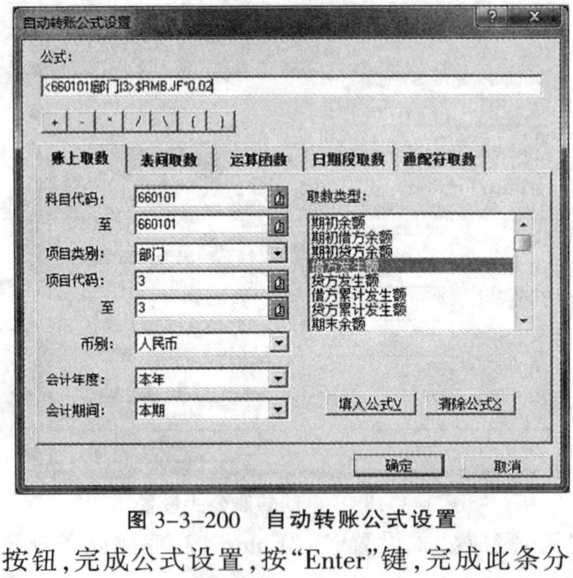

图 3-3-200　自动转账公式设置

（17）单击"确定"按钮，完成公式设置，按"Enter"键，完成此条分录设置，如图 3-3-201 所示。

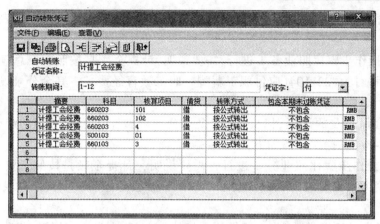

图 3-3-201　设置自动转账凭证

(18)依次进行第 6 条分录设置,在"摘要"处输入"计提工会经费","科目"处输入"221103应付职工薪酬—工会经费","借贷"处选择为"贷","转账方式"处选择为"转入",完成此条分录设置,如图 3-3-202 所示。

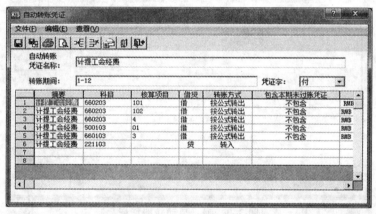

图 3-3-202　设置自动转账凭证

(19)单击"存盘"按钮,完成设置自动转账凭证,单击"关闭"按钮,返回,如图 3-3-203所示。

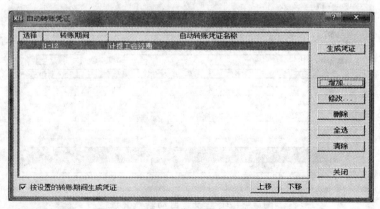

图 3-3-203　完成设置自动转账凭证

第二,教育经费的计提,摘要为"计提教育经费",计提比例为"1.5%",见表3-3-7。操作步骤如下：

本实例的操作步骤比照业务1进行,需要说明,计提金额是按照工资总额的1.5%计算,本业务的贷方科目为"221104(应付职工薪酬—职工教育经费)"。其余分录设置均与业务1相同。

第三,社会保险费的计提,摘要为"计提社会保险费",单位应承担的综合计提比例为"25%",见表3-3-8。操作步骤如下：

本实例的操作步骤比照业务1进行,需要说明,计提金额是按照工资总额的25%计算,本业务的贷方科目为"221105(应付职工薪酬—社会保险费)"。其余分录设置均与业务1相同。

第四,计提本月短期借款利息,按借款余额的18%(年利息率)计算。操作步骤如下：

(1)以操作员"杭程"的身份执行"金蝶KIS标准版",进入"金蝶KIS标准版"窗口,执行"账务处理—自动转账"命令,进入"自动转账凭证"对话框,如图3-3-204所示。

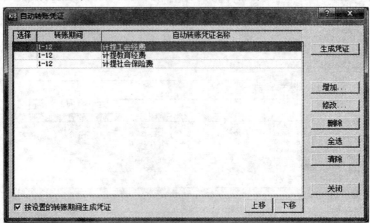

图 3-3-204　自动转账凭证

(2)单击"增加"按钮,进入设置"自动转账凭证"窗口,如图3-3-205所示。

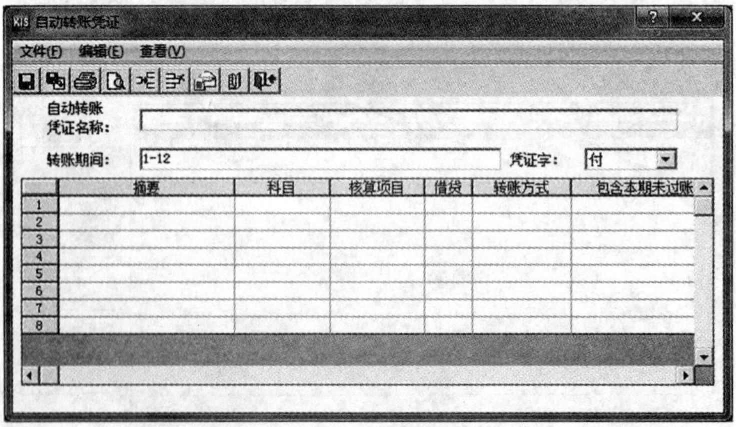

图 3-3-205　设置自动转账凭证

(3)在"自动转账凭证名称"处输入"计提本月短期借款利息",在"凭证字"处选择为"转",在"摘要"处输入"计提本月短期借款利息","科目"处输入"6603 财务费用","借贷"处选择为"借","转账方式"处选择为"转入",按"Enter"键,完成此条分录设置,如图 3-3-206 所示。

图 3-3-206　设置自动转账凭证

(4)依次进行第 2 条分录设置,在"摘要"处输入"计提本月短期借款利息","科目"处输入"2231 应付利息","借贷"处选择为"贷","转账方式"处选择为"按公式转出",在"本位币金额公式"处单击"查看"按钮,进入"自动转账公式设置"窗口,如图 3-3-207 所示。

(5)在"科目代码"处选择为"2001 短期借款","币别"处选择为"人民币","取数类型"处选择为"期末贷方余额",单击"填入公式"按钮,"公式:"定义为"<2001>$RMB.DY",如图 3-3-208 所示。

图 3-3-207　自动转账公式设置　　　　图 3-3-208　自动转账公式设置

(6)此时单击"*"按钮,依次输入"0.18",单击"/",依次输入"12",最后单击"确定"按钮,完成公式设置,如图 3-3-209 所示。

图 3-3-209　完成自动转账公式设置

(7)单击"存盘"按钮,完成设置自动转账凭证,单击"关闭"按钮,返回,如图 3-3-210
所示。

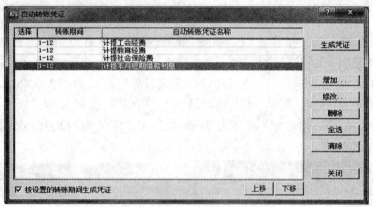

图 3-3-210　完成设置自动转账凭证

第五,单位自行开发完成 1 套人力资源管理系统,结转完工成本。操作步骤如下:

(1)以操作员"杭程"的身份执行"金蝶 KIS 标准版",进入"金蝶 KIS 标准版"窗口,执行
"账务处理—自动转账"命令,进入"自动转账凭证"对话框,如图 3-3-211 所示。

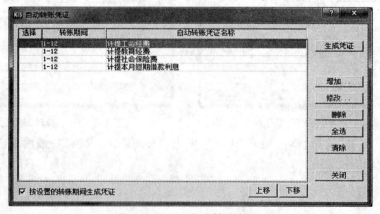

图 3-3-211　自动转账凭证

(2)单击"增加"按钮,进入设置"自动转账凭证"窗口,如图 3-3-212 所示。

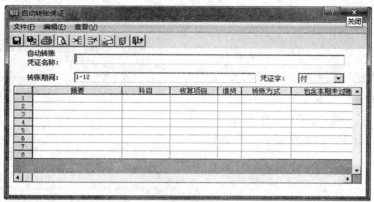

图 3-3-212　设置自动转账凭证

(3)在"自动转账凭证名称"处输入"结转人力资源管理系统完工成本",在"凭证字"处选择为"转",在"摘要"处输入"结转人力资源管理系统完工成本","科目"处选择输入"1405 库存商品","核算项目"处选择输入"02 人力资源管理系统","借贷"处选择为"借","转账方式"处选择为"转入",按"Enter"键,完成此条分录设置,如图 3-3-213 所示。

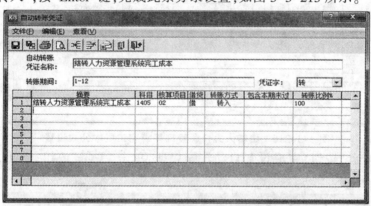

图 3-3-213　设置自动转账凭证

(4)依次进行第 2 条分录设置,在"摘要"处输入"结转人力资源管理系统完工成本","科目"处输入"500101 生产成本—直接材料","核算项目"处选择输入"01 人力资源管理系统","借贷"处选择为"贷","转账方式"处选择为"按公式转出",在"本位币金额公式"处单击"查看"按钮,进入"自动转账公式设置"窗口,如图3-3-214 所示。

(5)在"科目代码"处选择为"500101 生产成本—直接材料","项目类别"处选择"产品","项目代码"处选择"01 人力资源管理系统","币别"

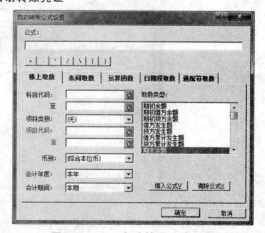

图 3-3-214　自动转账公式设置

处选择为"人民币","取数类型"处选择为"借方发生额",单击"填入公式"按钮,"公式:"定义为"<500101|产品|01>$RMB.JF",如图3-3-215所示。

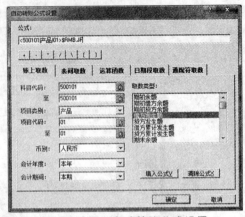

图3-3-215 自动转账公式设置

(6)单击"确定"按钮,完成此条分录设置。

(7)重复第4～6步,完成"500102 生产成本—直接人工"和"500103 生产成本—制造费用"两个会计科目的分录设置,如图3-3-216所示。

图3-3-216 结转人力资源管理系统完工成本公式设置

(8)单击"存盘"按钮,完成设置自动转账凭证,单击"关闭"按钮,返回,如图3-3-217所示。

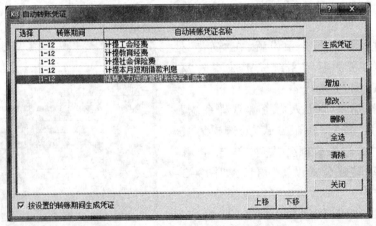

图3-3-217 完成设置自动转账凭证

第六,计提本月所得税,按本年利润月末余额的33%计算。操作步骤如下:

(1)以操作员"杭程"的身份执行"金蝶 KIS 标准版",进入"金蝶 KIS 标准版"窗口,执行"账务处理—自动转账"命令,进入"自动转账凭证"对话框,如图 3-3-218 所示。

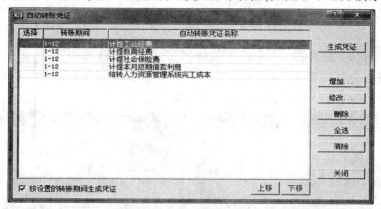

图 3-3-218 自动转账凭证

(2)单击"增加"按钮,进入设置"自动转账凭证"窗口,如图 3-3-219 所示。

图 3-3-219 设置自动转账凭证

(3)在"自动转账凭证名称"处输入"计提本月所得税",在"凭证字"处选择为"转",在"摘要"处输入"计提本月所得税","科目"处选择输入"6801 所得税费用","借贷"处选择为"借","转账方式"处选择为"转入",按"Enter"键,完成此条分录设置,如图 3-3-220 所示。

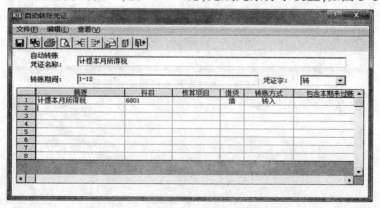

图 3-3-220 设置自动转账凭证

(4)依次进行第 2 条分录设置,在"摘要"处输入"计提本月所得税","科目"处输入"222104 应交税费—应交所得税","借贷"处选择为"贷","转账方式"处选择为"按公式转出",在"本位币金额公式"处单击"查看"按钮,进入"自动转账公式设置"窗口,如图 3-3-221 所示。

(5)在"科目代码"处选择为"4103 本年利润","币别"处选择为"人民币","取数类型"处选择为"期末贷方余额",单击"填入公式"按钮,之后单击"*"按钮,依次输入"0.33","公式:"定义为"<4103>$RMB.DY*0.33",如图 3-3-222 所示。

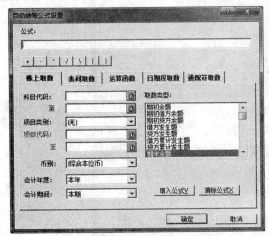

图 3-3-221　自动转账公式设置

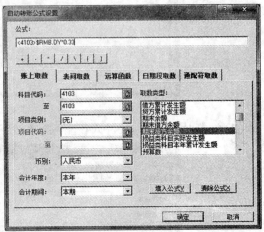

图 3-3-222　自动转账公式设置

(6)单击"确定"按钮,完成公式设置,如图 3-3-223 所示。

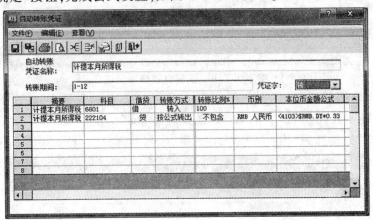

图 3-3-223　计提本月所得税公式设置

(7)单击"存盘"按钮,完成"计提本月所得税"凭证设置,单击"关闭"按钮返回,如图3-3-224 所示。

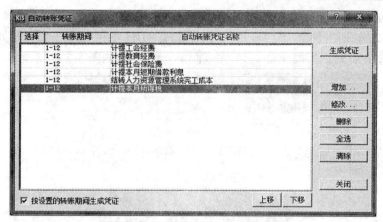

图 3-3-224　完成设置自动转账凭证

第七,月末结转所得税费用。操作步骤如下:

(1)以操作员"杭程"的身份执行"金蝶 KIS 标准版",进入"金蝶 KIS 标准版"窗口,执行"账务处理—自动转账"命令,进入"自动转账凭证"对话框,如图 3-3-225 所示。

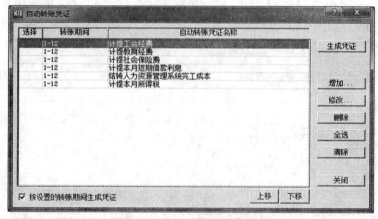

图 3-3-225　自动转账凭证

(2)单击"增加"按钮,进入设置"自动转账凭证"窗口,如图 3-3-226 所示。

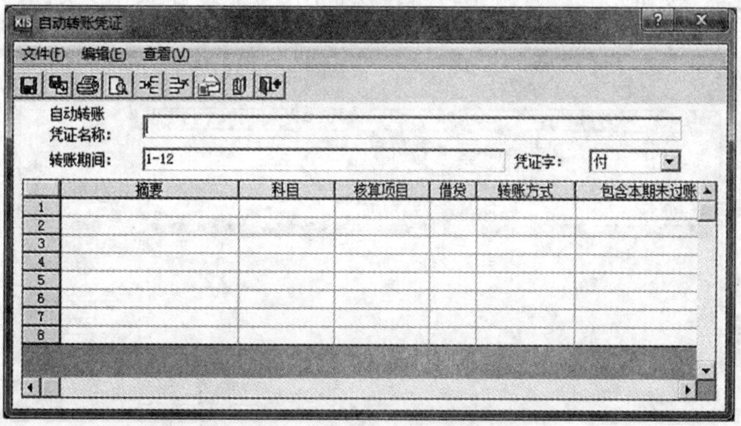

图 3-3-226　设置自动转账凭证

(3)在"自动转账凭证名称"处输入"月末结转所得税费用",在"凭证字"处选择为"转",在"摘要"处输入"月末结转所得税费用","科目"处选择输入"4103 本年利润","借贷"处选择为"借","转账方式"处选择为"转入",按"Enter"键,完成此条分录设置,如图 3-3-227 所示。

图 3-3-227　设置自动转账凭证

(4)依次进行第 2 条分录设置,在"摘要"处输入"月末结转所得税费用","科目"处输入"6801 所得税费用","借贷"处选择为"贷","转账方式"处选择为"按比例转出余额","转账比例%"处为"100%",如图 3-3-228 所示。

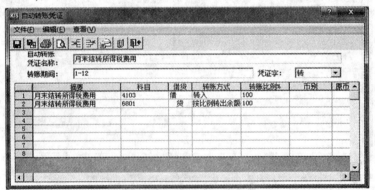

图 3-3-228　设置自动转账凭证

(5)单击"存盘"按钮,完成"月末结转所得税费用"凭证设置,单击"关闭"按钮返回,如图 3-3-229 所示。

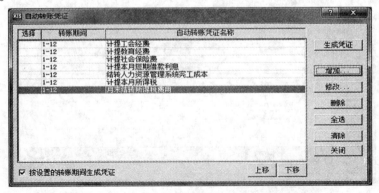

图 3-3-229　完成月末结转所得税费用的凭证设置

注意:

● "本位币金额公式"是指以后让系统自动生成凭证时发生额的数据来源取数公式。输入金额公式有两种方法:一是直接输入金额公式,二是以引导方式输入公式。为了输入公式的精准,建议用引导方式输入金额公式。

(二)自动转账凭证生成

自动转账凭证生成就是按照转账凭证设置定义的会计科目、借贷方向和金额计算公式等自动转账分录,由计算机于月末自动生成转账凭证,并追加到未记账凭证中。这种由自动转账分录生成的记账凭证又称为机制凭证。在此生成的机制凭证需要经过审核、记账后才真正完成结转工作。

由于转账凭证的生成是依据已记账凭证的有关账簿数据,所以进行转账凭证生成之前,要先将有关的记账凭证审核记账;否则,生成的转账凭证数据可能有误。特别是对于一组相关转账分录,必须按顺序依次逐一生成凭证并记账,即在某些转账凭证生成和已经记账的前提下,另一些转账凭证才能生成;否则计算金额时就会发生差错。另外,对于独立转账分录可以在任何时候生成转账凭证。

总之期末转账凭证生成时,一定要遵循经济业务发生的内在联系,按照期末转账业务发生的先后顺序,逐一进行转账凭证的生成并审核记账。针对包头财经公司有关设置转账凭证的期末转账业务,期末转账凭证生成的实际操作顺序是按照该公司期末转账业务发生的先后顺序进行的。具体顺序是:计提工资附加费(包括工会经费、教育经费和社会保险费)—计提短期借款利息—结转完工人力资源管理系统成本—期末调汇—结转损益—计提本月所得税—结转所得税费用。

实例:自动转账凭证生成。

包头财经公司 2012 年 1 月末,对下列业务生成自动转账凭证,并进行审核记账。

1. 计提工资附加费(包括工会经费、教育经费和社会保险费)。计提本月短期借款利息,按借款余额的 18%(年利息率)计算。

2. 单位自行开发完成 1 套人力资源管理系统,结转完工成本。

3. 计提本月所得税,按本年利润月末余额的 33%计算。

4. 月末结转所得税费用。

操作步骤:

第一,计提工资附加费(包括工会经费、教育经费和社会保险费)。计提本月短期借款利息,按借款余额的 18%(年利息率)计算。操作步骤如下:

(1)以操作员"杭程"的身份执行"金蝶 KIS 标准版",进入"金蝶 KIS 标准版"窗口,执行"账务处理—自动转账"命令,进入"自动转账凭证"对话框,如图 3-3-230 所示。

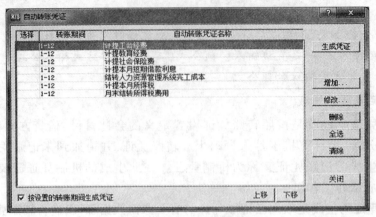

图 3-3-230　自动转账凭证

(2)分别双击"计提工会经费""计提教育经费""计提社会保险费""计提本月短期借款利息"四条,使它们在"选择"处出现"*"标志,如图 3-3-231 所示。

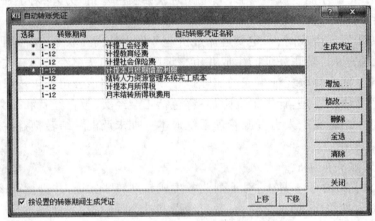

图 3-3-231　自动转账凭证

(3)单击"生成凭证"按钮,弹出"信息提示",如图 3-3-232 所示。

(4)单击"是"按钮,系统弹出"信息提示",如图 3-3-233 所示。

图 3-3-232　信息提示

图 3-3-233　信息提示

(5)单击"是"按钮,系统共计生成 4 张转账凭证,并弹出"信息提示",如图 3-3-234 所示。

图 3-3-234　信息提示

(6)单击"确定"按钮返回。

(7)以审核会计"李小刚"身份登陆"金蝶 KIS 软件"窗口中,执行"账务处理—凭证查询",进入"凭证过滤"窗口,选取"未过账"和"未审核",单击"确定"按钮,进入"会计分录序时簿",如图 3-3-235 所示。

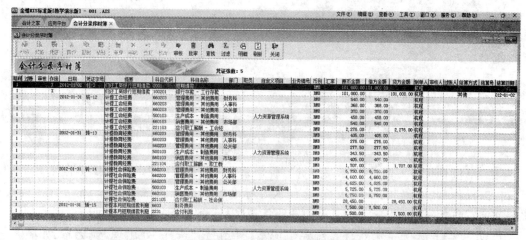

图 3-3-235　会计分录序时簿

(8)单击"批审",完成对生成的上述记账凭证进行审核,如图 3-3-236 所示。

图 3-3-236　完成上述记账凭证审核

(9)以记账会计"杭程"身份登陆"金蝶 KIS 软件"窗口中,对已经审核的上述记账凭证进行记账,如图 3-3-237 所示。至此,上述 4 笔期末转账凭证从"设置"到"生成"到完成记账"结转"。

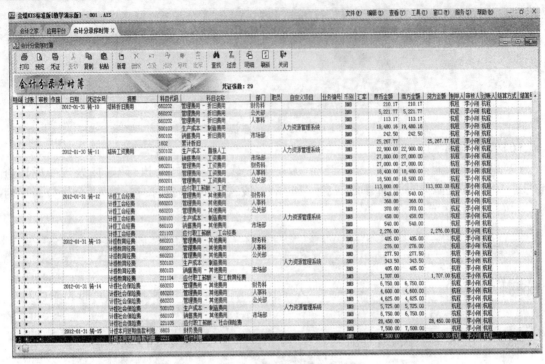

图 3-3-237　完成上述凭证记账

第二,单位自行开发完成 1 套人力资源管理系统,结转完工成本。操作步骤如下:

(1)以操作员"杭程"的身份执行"金蝶 KIS 标准版",进入"金蝶 KIS 标准版"窗口,执行"账务处理—自动转账"命令,进入"自动转账凭证"对话框,如图 3-3-230 所示。

(2)双击"结转人力资源管理系统完工成本",使它在"选择"处出现"*"标志,如图 3-3-238 所示。

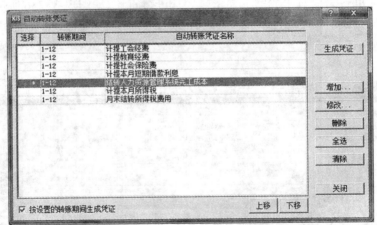

图 3-3-238　自动转账凭证

(3)单击"生成凭证"按钮,弹出"信息提示",如图 3-3-239 所示。

(4)单击"是"按钮,系统生成一张转账凭证,并弹出"信息提示",如图 3-3-240 所示。

图 3-3-239　信息提示　　　　　　图 3-3-240　信息提示

(5)单击"确定"按钮返回。

(6)以审核会计"李小刚"身份登陆"金蝶 KIS 软件"窗口中,执行"账务处理—凭证查询",进入"凭证过滤"窗口,选取"未过账"和"未审核",单击"确定"按钮,进入"会计分录序时簿",如图 3-3-241 所示。

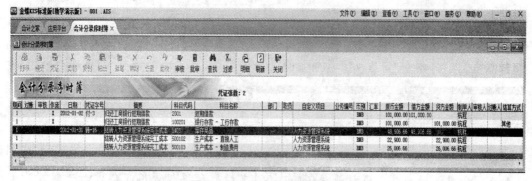

图 3-3-241　会计分录序时簿

(7)单击"审核",完成对生成的上述记账凭证进行审核,如图 3-3-242。

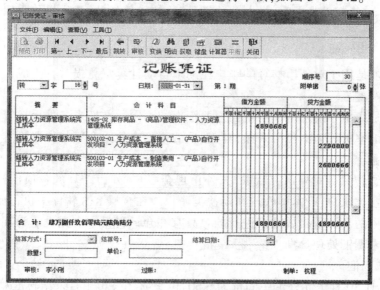

图 3-3-242　完成对上述记账凭证的审核

(8)以记账会计"杭程"身份登陆"金蝶 KIS 软件"窗口中,对已经审核的上述记账凭证进行记账,如图 3-3-243 所示。至此,上述 1 笔期末转账凭证从"设置"到"生成"到完成记账

"结转"。

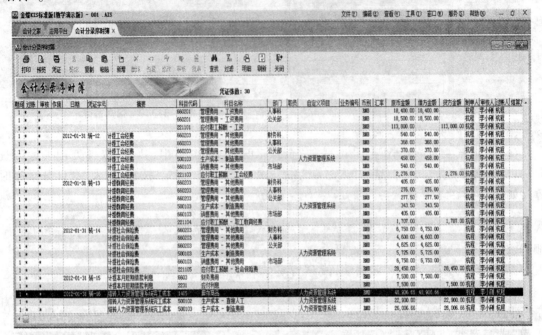

图 3-3-243　完成上述的凭证记账

注意：

●关于公司计提本月所得税业务(也包括月末结转所得税费用业务)，由于到目前为止该公司的"本年利润"账上还没有形成利润额，因此，通过本功能还不能生成"计提本月所得税"的转账凭证。待可以生成"计提本月所得税"的转账凭证时，具体操作步骤同上。

二、期末调汇

期末调汇就是用于对外币核算的账户在期末自动计算汇兑损益，生成汇兑损益转账凭证及期末汇率调整表。

汇兑损益是指由于期末汇率与期初记账汇率的不同，在期末各外币核算账户的外币余额应按照期末汇率折算为本位币余额，调整后的账面本位币余额与原账面本位币余额的差额即为汇兑损益。

汇兑损益结转只针对外币存款账户、外币现金账户、外币结算的各项债权债务账户，不包括所有者权益类账户、成本类账户和损益类账户。在金蝶 KIS 软件中执行此功能时，是根据在会计科目中的会计科目属性来进行的，只有在会计科目中事先设定为期末调汇的科目才可以进行期末调汇处理。

实例：期末调汇。

2012 年 1 月 30 日美元外汇中间价为 6.50，包头财经公司 1 月末结转汇兑损益。

操作步骤：

(1)以操作员"杭程"的身份执行"金蝶 KIS 标准版"，进入"金蝶 KIS 标准版"窗口，执行

"账务处理—期末调汇"命令,进入"期末调汇"对话框,如图3-3-244所示。

(2)单击"前进"按钮,进入外币"期末汇率"对话框,如图3-3-245所示。

图 3-3-244　期末调汇　　　　　　　　　图 3-3-245　期末汇率

(3)输入美元"期末汇率"为"6.50",单击"前进"按钮,进入要求输入核算"汇兑损益"科目的代码,如图3-3-246所示。

(4)在"会计科目"处选择"6603财务费用",单击"前进"按钮,进入下一屏幕,如图3-3-247所示。

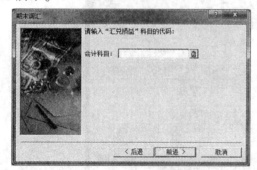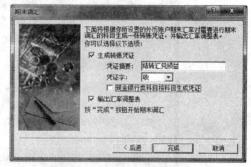

图 3-3-246　核算汇兑损益科目代码　　　　图 3-3-247　生成期末调汇凭证

(5)在"凭证字"处选择"付",单击"完成"按钮,弹出"信息提示",如图3-3-248所示。

图 3-3-248　信息提示

(6)单击"确定"按钮,系统自动生成一张"汇率调整表",如图3-3-249所示。

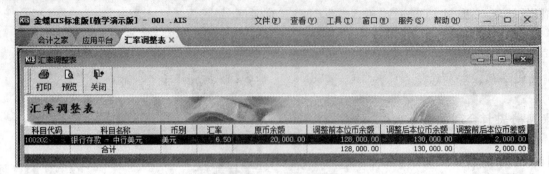

图 3-3-249　汇率调整表

注意：

● 用户可以通过查询"调汇历史记录表"的方式查看到上述系统生成的汇率调整表。

(7)以审核会计"李小刚"身份登陆"金蝶 KIS 软件"窗口中,对生成的上述记账凭证进行审核,如图 3-3-250 所示。

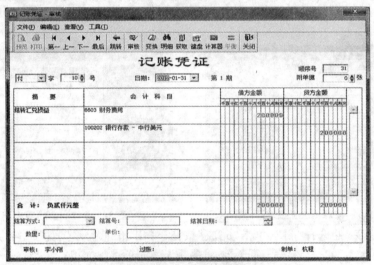

图 3-3-250　审核记账凭证

(8)以记账会计"杭程"身份登陆"金蝶 KIS 软件"窗口中,对已经审核的上述记账凭证进行记账。至此,上述一笔期末调汇凭证从"设置"到"生成"到完成记账"结转"。

注意：

● 由于系统默认期末调汇凭证为一张付款凭证,因此在图 3-3-247 所示的"生成期末调汇凭证"中"凭证字"处选择"付"。

三、结转损益

结转损益就是设置所有损益类科目的本期余额全部转入本年利润科目或本年利润科目的明细科目中,并自动生成结转损益的记账凭证。

在金蝶 KIS 软件中,只有在科目类别中设定为"损益类"科目的余额才能进行自动结转。在日常账务处理中, 损益类科目的余额在每期的期末都要结转到本年利润科目或本年利润科目的明细科目中去。如果要结转本期损益,建议用户最好使用系统提供的"结转损益"功能;否则在输出有关损益类的会计报表时,会出现不正确的数据。

损益类科目主要包括:主营业务收入、主营业务成本、营业税金及附加、其他业务收入、其他业务成本、销售费用、管理费用、财务费用、投资收益、营业外收入、营业外支出和所得税费用等科目。

实例:结转期间损益。

包头财经公司 2012 年 1 月末结转期间损益。

操作步骤:

(1)以操作员"杭程"的身份执行"金蝶 KIS 标准版",进入"金蝶 KIS 标准版"窗口,执行"账务处理—结转损益"命令,进入"结转损益"对话框,如图 3-3-251 所示。

(2)单击"前进"按钮,进入设置转账凭证对话框,如图 3-3-252 所示。

图 3-3-251　结转本期损益　　　　　图 3-3-252　设置转账凭证

(3)单击"前进",进入下一屏幕,如图 3-3-253 所示。

(4)单击"前进"按钮,进入下一屏幕,如图 3-3-254 所示。

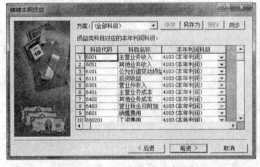

图 3-3-253　设置转账凭证　　　　　图 3-3-254　生成结转期间损益凭证

(5)单击"完成"按钮,生成结转期间损益凭证,如图 3-3-255 所示。

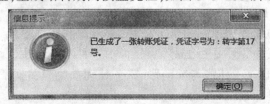

图 3-3-255　信息提示

(6)以审核会计"李小刚"身份登陆"金蝶 KIS 软件"窗口中,对生成的上述记账凭证进行审核。

(7)以记账会计"杭程"身份登陆"金蝶 KIS 软件"窗口中,对已经审核的上述记账凭证进行记账。至此,上述一笔期末结转期间损益的凭证从"设置"到"生成"到完成记账"结转"。

注意:

● 截止到目前为止,通过查询得知,包头财经公司 2012 年 1 月份的"本年利润"账户出现"借方"余额为"48194.11",表明该公司本月亏损为 48 194.11 元,如图 3-3-256 所示。因此,月末不能生成公司计提本月所得税业务(包括月末结转所得税费用业务)的机制凭证。

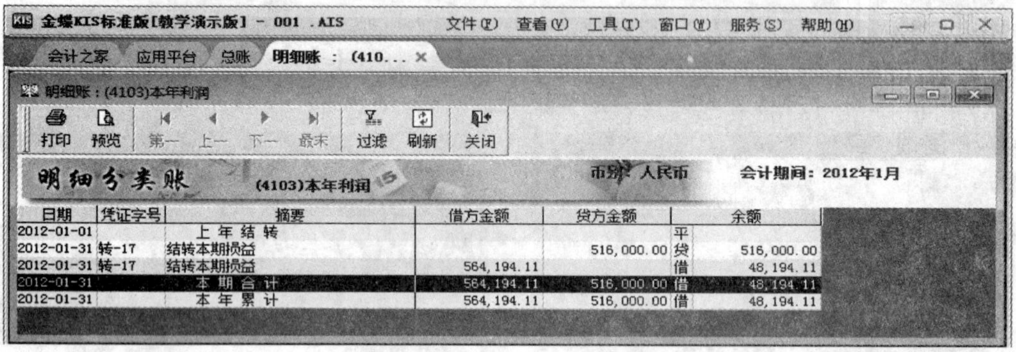

图 3-3-256　查询本年利润账户余额

四、期末结账

每月月底都要进行结账处理,结账实际上就是计算和结转各账簿的本期发生额和期末余额,并终止本期的账务处理工作。

系统的数据处理都是针对于本期的,要进行下一期间的处理,必须将本期的账务全部进行结账处理,系统才能进入下一期间。

在会计电算化方式下,结账工作与手工相比简单多了,结账是一种成批数据处理,每月只结账一次,主要是对当月的日常处理限制和对下月账簿的初始化,由计算机自动完成。

如果当前的会计期间是年度的最后一个会计期间,则此时结账是执行年结过程。年结基本上与日常结账没有什么区别,但年结的实际内容则完全不同于日常结账。年结时,强制用户做系统备份。系统在年结过程中,将所有的凭证及业务资料全部删除,只将有关账务数据的余额及发生额结入到下一年。年结结转到下一年度之后是无法反结账的,因此在进行年结时要特别慎重。进行年结后所有的凭证及业务资料全部都被清除,只有账套备份中留有这些数据资料。必须要仔细保存好这些备份数据,以备查账时能恢复记账凭证及业务资料进行查询等处理。

在结账之前要进行下列检查:

(1)检查本月填制的业务凭证是否全部记账,有未记账凭证不能结账。

(2)月末设置并生成的凭证是否全部记账,否则本月不能结账。

(3)核对总账与明细账、主体账与辅助账、账务处理系统与其他子系统数据是否一致,不一致不能结账。

(4)系统在进行结账之前,还要检查"期末调汇""结转损益""出纳轧账"以及"计提折旧"

四项处理事项是否已经完成。如果其中有一件事项未完成,则系统会提示还有哪些事项没有完成,需确认是否要继续结账。

(5)结账只能由有结账权的人进行。

(6)结账前要进行数据备份,结账后不得再录入本月凭证,并终止各账户的记账工作。

在结账后,如果用户认为所做的结账操作不合适,需要进行回退处理,可选择"期末反结账"进行反结账处理,将当期会计期间退至其上一期会计期间。但是如果已经进行了年结操作,则不能使用该方法。同时注意,这一反结账权限必须由系统管理员掌控。

年结后,除有关部门业务记录结转到下年度外,所有的当年度已过账的凭证及业务资料全部保留在备份账套内,要查看年结前的账套数据资料可采用续改账套文件名的后缀形式打开备份账套,如原账套名为"SAMPLE.AIS",则年结后查询备份账套文件为"SAMPLES.A10",其中后缀名可以为"A+年份"的形式。

实例:月末结账。

包头财经公司 2012 年 1 月末进行结账。

操作步骤:

(1)以操作员"杭程"的身份执行"金蝶 KIS 标准版",进入"金蝶 KIS 标准版"窗口,执行"账务处理—期末结账"命令,进入"期末结账"对话向导,如图 3-3-257 所示。

(2)单击"前进"按钮,系统进入下一屏,要求输入"密码",默认为空,如图 3-3-258 所示。

图 3-3-257　期末结账

图 3-3-258　期末结账

(3)单击"完成"按钮,系统进入选择项,如图 3-3-259 所示。

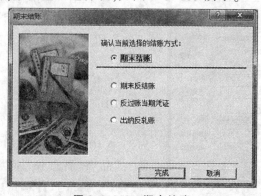
图 3-3-259　期末结账

注意：

● 此时,用户可以根据需要选择"期末反结账""反过账当期凭证""出纳反轧账"操作。

(4)用单击"完成"按钮,系统要求用户作结账前的数据备份,如图 3-3-260 所示。

(5)用户指定备份位置,如图 3-3-261 所示。

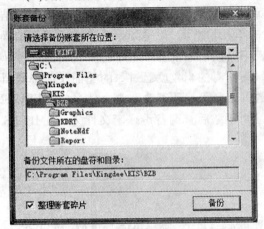

图 3-3-260　要求用户作结账前的数据备份

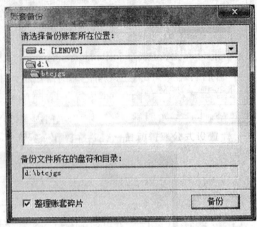

图 3-3-261　指定备份位置

(6)单击"备份"按钮,系统自动完成本期账套结账。

注意：

● 系统完成本期账套结账后,在"金蝶 KIS 标准版"窗口的右下角系统日期变更为"2012年 2 期"。

第四章　报表管理系统

报表管理系统是整个电算化核算系统的最后一个环节，通过报表管理系统的处理结果为单位的投资人和债权人以及有经济利益关系的所有用户提供及时、准确的财务报告。本章依据会计报表管理系统的基本业务处理流程,全面系统地介绍金蝶 KIS 软件的操作过程。它包括报表管理系统的初始设置和日常使用。

第一节　报表管理系统的初始设置

报表管理系统的初始化就是根据用户单位的需求,运用报表管理系统提供的相应功能进行定义报表的结构格式、数据来源和运算关系等一系列的系统初始化工作。目的是建立一套完全适用于单位管理需求的报表管理系统,为单位用户编制各种报表作准备。

一、应用报表模板

所谓报表模板是指已经定义完整报表结构格式和数据来源及其运算关系的报表格式文件。用户在使用报表系统之初所进行的一系列初始化工作实质上是预置报表模板和生成单位常用的报表模板文件。

单位的各种会计报表包括对外报表和内部报表,资产负债表、利润表、现金流量表等是主要的对外会计报表。这些报表的格式是国家统一规定的,因此,通用报表管理系统为用户提供了多个行业的各种标准财务报表格式(模板)。用户可套用系统提供的这些标准报表模板,并在此基础上根据自己单位的具体情况加以局部修改,迅速建立一张符合需要的会计报表,免去了建立报表、定义格式和公式的烦琐工作。

在金蝶 KIS 软件中系统已经内置了多个行业所对应的报表模板,例如,建立包头财经公司账套时,选定的行业性质为新会计准则,为此在报表管理系统中就对应内置了"资产负债表""利润表"和"所有者权益变动表"。这里仅介绍如何对系统提供的现成报表模板进行编辑和保存编辑后生成的报表模板。

(一)调用报表模板

实例：调用报表模板。

包头财经公司 2012 年 1 月末调用所在行业是新会计准则的资产负债表模板。以系统管理员"董理"注册进入金蝶 KIS 软件(注：今后有关报表管理系统的实例操作均为系统管理员"董理")。

操作步骤：

(1)以系统管理员"董理"注册进入金蝶 KIS 软件,打开"报表与分析"窗口,如图 3-4-1 所示。

图 3-4-1　报表与分析

(2)单击"资产负债表"图标,系统进入内置的"资产负债表"数据状态窗口,如图 3-4-2 所示。

图 3-4-2　系统内置的资产负债表数据状态

(3)单击“格式”按钮,系统进入内置的“资产负债表”格式模板状态,如图 3-4-3 所示。

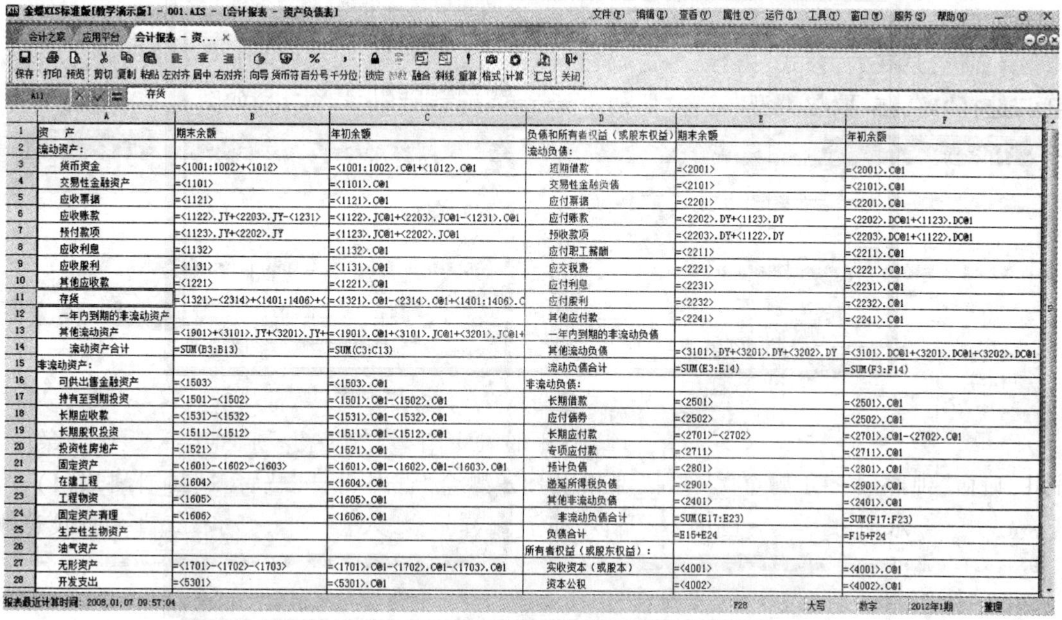

	A	B	C	D	E	F
1	资　产	期末余额	年初余额	负债和所有者权益（或股东权益）	期末余额	年初余额
2	流动资产:			流动负债:		
3	货币资金	=<1001:1002>+<1012>	=<1001:1002>.C@1+<1012>.C@1	短期借款	=<2001>	=<2001>.C@1
4	交易性金融资产	=<1101>	=<1101>.C@1	交易性金融负债	=<2101>	=<2101>.C@1
5	应收票据	=<1121>	=<1121>.C@1	应付票据	=<2201>	=<2201>.C@1
6	应收账款	=<1122>.JY+<2203>.JY-<1231>	=<1122>.JC@1+<2203>.JC@1-<1231>.C@1	应付账款	=<2202>.DY+<1123>.DY	=<2202>.DC@1+<1123>.DC@1
7	预付款项	=<1123>.JY+<2202>.JY	=<1123>.JC@1+<2202>.JC@1	预收款项	=<2203>.DY+<1122>.DY	=<2203>.DC@1+<1122>.DC@1
8	应收利息	=<1132>	=<1132>.C@1	应付职工薪酬	=<2211>	=<2211>.C@1
9	应收股利	=<1131>	=<1131>.C@1	应交税费	=<2221>	=<2221>.C@1
10	其他应收款	=<1221>	=<1221>.C@1	应付利息	=<2231>	=<2231>.C@1
11	存货	=<1321>-<2314>+<1401:1406>+<	=<1321>.C@1-<2314>.C@1+<1401:1406>.C	应付股利	=<2232>	=<2232>.C@1
12	一年内到期的非流动资产			其他应付款	=<2241>	=<2241>.C@1
13	其他流动资产	=<1901>+<3101>.JY+<3201>.JY+	=<1901>.C@1+<3101>.JC@1+<3201>.JC@1+	一年内到期的非流动负债		
14	流动资产合计	=SUM(B3:B13)	=SUM(C3:C13)	其他流动负债	=<3101>.DY+<3201>.DY+<3202>.DY	=<3101>.DC@1+<3201>.DC@1+<3202>.DC@1
15	非流动资产:			流动负债合计	=SUM(E3:E14)	=SUM(F3:F14)
16	可供出售金融资产	=<1503>	=<1503>.C@1	非流动负债:		
17	持有至到期投资	=<1501>-<1502>	=<1501>.C@1-<1502>.C@1	长期借款	=<2501>	=<2501>.C@1
18	长期应收款	=<1531>-<1532>	=<1531>.C@1-<1532>.C@1	应付债券	=<2502>	=<2502>.C@1
19	长期股权投资	=<1511>-<1512>	=<1511>.C@1-<1512>.C@1	长期应付款	=<2701>-<2702>	=<2701>.C@1-<2702>.C@1
20	投资性房地产	=<1521>	=<1521>.C@1	专项应付款	=<2711>	=<2711>.C@1
21	固定资产	=<1601>-<1602>-<1603>	=<1601>.C@1-<1602>.C@1-<1603>.C@1	预计负债	=<2801>	=<2801>.C@1
22	在建工程	=<1604>	=<1604>.C@1	递延所得税负债	=<2901>	=<2901>.C@1
23	工程物资	=<1605>	=<1605>.C@1	其他非流动负债	=<2401>	=<2401>.C@1
24	固定资产清理	=<1606>	=<1606>.C@1	非流动负债合计	=SUM(E17:E23)	=SUM(F17:F23)
25	生产性生物资产			负债合计	=E15+E24	=F15+F24
26	油气资产			所有者权益（或股东权益）:		
27	无形资产	=<1701>-<1702>-<1703>	=<1701>.C@1-<1702>.C@1-<1703>.C@1	实收资本（或股本）	=<4001>	=<4001>.C@1
28	开发支出	=<5301>	=<5301>.C@1	资本公积	=<4002>	=<4002>.C@1

图 3-4-3　系统内置的资产负债表格式模板状态

(二)编辑报表格式

用户采用上述方法调用报表管理系统中内置的报表模板，就可以根据单位的管理需要对其进行格式的重新编辑设置,包括编辑报表的单元属性、行属性、列属性、报表属性和输入项目内容(报表行列标题的名称)等。有关编辑报表格式的具体操作过程将在“自定义报表”中详细讲解。

(三)编辑报表计算公式

用户在调用系统内置的有关报表模板之后,除了要检查该报表模板的格式,与此同时还必须检查该报表模板的公式是否适合本单位的实际需要,如果不一致,则应作出适当调整。

用户在调用报表管理系统中内置的报表模板时，各类报表模板中的数据单元已经设置好了相关的公式。如图 3-4-3 资产负债表格式模板中“期末余额”和“年初余额”两列所属的各项目单元,均显示为单元的公式,说明对应的单元已经设置相关的公式。有关编辑报表公式的详细操作过程将在“自定义报表”中详细讲解。

实例:编辑报表计算公式。

包头财经公司 2012 年 1 月末，对被调用的资产负债表模板中的单元公式进行修改,即存货=材料采购+原材料+库存商品+生产成本+制造费用,未分配利润=本年利润+利润分配。

操作步骤:

(1)在“金蝶 KIS 标准版—报表与分析”窗口中,经过在上个实例中调用“资产负债表”格式模板的操作之后,如图 3-4-3 所示。

(2)在显示的“资产负债表”格式模板窗口中,选定需要修改公式的单元“C11”,即“存货的年初余额"。

(3)单击"向导"按钮,打开"自定义报表公式向导"对话框,如图3-4-4所示。

(4)清空原有的"公式"内容,单击"科目代码"参照按钮,选择"1401 材料采购",在"会计期间"选择"1",在"取数类型"选择"期初余额",单击"填入公式"按钮,如图3-4-5所示。

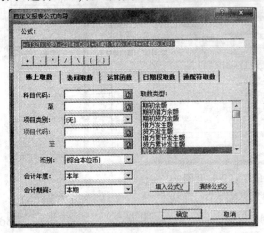
图3-4-4 自定义报表公式向导

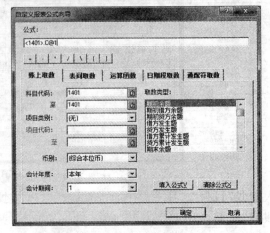
图3-4-5 自定义报表公式向导

(5)单击"+"按钮,重复上述步骤,继续编辑输入存货公式中其他科目,如图3-4-6所示。

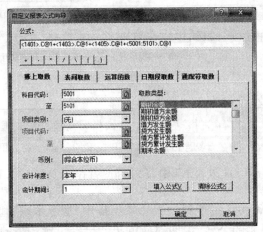
图3-4-6 自定义报表公式向导

(6)单击"确定"按钮,返回到(1)如图3-4-3所示。

(7)重复上述第2~6步,可以完成未分配利润公式的编辑。

注意:

● 单元是组成报表的最小单位,单元名称是由其所在的行和列来标志。行号用阿拉伯数字表示,列标用字母A、B、C……表示。如C11表示第11行第3列的那个单元。

● 组合单元是由相邻的两个或多个单元组成。一般将组合单元视为一个单元。如用A1:B5表示一个组合单元。

● 对于单元公式的编辑,可采用两种方式进行设置:一是直接输入公式,二是利用自定义报表公式向导输入公式。建议初次使用系统的用户利用自定义报表公式向导输入公式为好。

(四)保存编辑后的报表模板

用户调用系统内置的报表模板,根据本单位的管理需要编辑好报表的格式和计算公式后,可以将编辑后的报表模板(如资产负债表)保存覆盖为系统的默认模板或者新增另存为单位的专用模板,以备今后直接调用该报表模板生成会计报表。建议用户多采用后者,将编辑后的报表模板文件新增另存为用户单位的专用模板文件。

实例:保存报表模板。

包头财经公司2012年1月末将编辑好的资产负债表模板新增另存为"包头财经公司资产负债表"模板。

操作步骤:

(1)在"金蝶 KIS 标准版—报表与分析"窗口中,经过在上个实例中对被调用的资产负债表模板中的单元公式进行编辑修改操作之后,如图3-4-7所示。

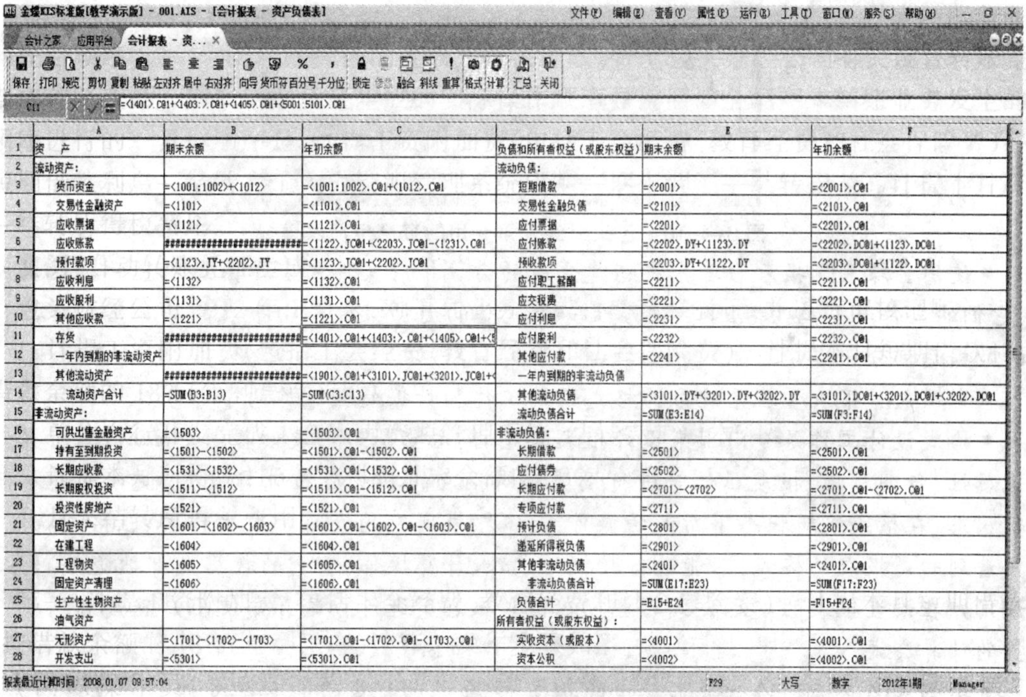

图 3-4-7　编辑后资产负债表模板

(2)执行"文件—另存为"命令,打开"保存报表"对话框,如图3-4-8所示。

图 3-4-8　保存报表

(3)在"报表名称"处输入"包头财经公司资产负债表",如图 3-4-9 所示。单击"确定"按钮,将当前被编辑后的资产负债表模板保存为包头财经公司专用的资产负债表模板。

图 3-4-9　保存报表

注意:

● 编辑修改后的资产负债表模板,在执行"文件—另存为"命令或"文件—保存"命令,模板文件的保存结果是不同的,对于执行"文件—保存"命令后,模板文件将被保存覆盖为系统的默认模板。

● 将当前被编辑后的资产负债表模板保存为包头财经公司专用的资产负债表模板后,可以通过执行"报表分析—自定义报表"命令去打开调用,如图 3-4-10 所示。

图 3-4-10　包头财经公司专用的资产负债表模板

● 使用金蝶 KIS 报表管理系统新建生成的会计报表文件或者是系统内置的报表模板文件,它们的文件类型均为 *.kds。实质上一个完整的会计报表是由报表的结构格式和报表内部的数据两部分组成。

● 金蝶 KIS 报表管理系统分为格式设计工作和数据处理工作两个部分。

● 格式设计工作是专门用来设计报表格式的,主要是为报表设置固定的内容。对报表的单元属性、行列属性、报表属性等进行设置和对报表的单元公式进行设置,使系统进入格式编辑状态。在格式编辑状态下所做的操作,对本报表所有的表页都发生作用。在格式状态下,用户看到的是报表的格式,不能进行数据的录入、计算操作,表页的数据全部被隐藏。另外,建议用户在设置报表的单元公式时也应在格式状态下进行,这样方便用户直接看到所编辑设置的计算公式。

● 数据状态是专门进行数据管理的状态,主要是为报表进行数据处理的。在该状态下,用户看到的是报表的全部内容,包括格式和数据。在数据状态下,用户可以增加或删除数据、审核、计算汇总数据等。

● 在打开的报表窗口中,单击"查看"菜单下"显示公式"命令或直接单击窗口"格式"命令按钮使其凹陷下去时,报表就切换到公式格式状态。单击"查看"菜单下"显示数据"命令或直接单击窗口"格式"命令按钮使其突出时,报表就切换到数据状态。

二、自定义报表

单位的各种会计报表中除了前述的主要对外报表之外，为了加强内部管理仍需要大量的内部报表。因此对内报表，具有多样性和随机性，要求财会人员能够熟练、灵活地使用会计软件提供的自定义报表功能。这里全面介绍金蝶 KIS 报表管理系统有关完成创建新表、设计报表格式、定义报表的数据来源及运算关系等一系列功能。

（一）设计表样

设计表样包括创建新表和设计报表格式两步工作。

1. 创建新表

创建新表就是在报表管理系统中登记注册一张独一无二的空白报表文件。要求这张新创建的报表具有唯一标志的文件名、编号或编码，然后才能在这张报表上设计报表的格式等。

2. 设计报表格式

新表创建完毕后应进行报表的格式设计，报表的格式设计决定了整个报表的外观和结构。在实际工作中，常用的会计报表格式一般是由表头、表体和表尾构成。在金蝶 KIS 报表管理系统中，表头称为"页眉"，表尾称为"页脚"，在表头与表尾之间是表体部分。表体包括列标题、行标题和行列标题交叉处的数值显示区域组成。在金蝶 KIS 报表管理系统中通过下列主要功能进行报表格式设置。

（1）设置报表属性，即设计报表行列、外观、页眉页脚、打印选项和计算选项。

（2）设置单元属性，即对选定单元设置字体颜色、文本对齐、数字格式、边框、定义斜线、删除单元斜线、单元融合与解融、单元锁定与解锁、单元名称参数设置。

（3）设置行属性，即对选定报表的行高、文本对齐方式、数字格式等进行设置。

（4）设置列属性，即对选定报表的列宽、文本对齐方式、数字格式等进行设置。

（5）输入表体行列标题名称，即输入报表表体部分的固定文字内容。

实例：设计表样。

包头财经公司 2012 年 1 月末根据内部管理的需要，依照当月的账务处理数据，编制"货币资金表"，见表 3-4-1。制表说明：（1）表头。标题"货币资金表"设置为黑体、4 号、水平居中，"单位名称：包头财经科技有限责任公司""2012 年 01 月 31 日""单位：元"应设置为宋体、加粗、小 5 号。（2）表体。表体中的列宽均为 400，表体中的文字设置为宋体、小 4 号、水平居中。（3）表尾。"制表人："设置为宋体、加粗、5 号。

表 3-4-1　货币资金表

单位名称：包头财经科技有限责任公司　　　　2012 年 01 月 31 日　　　　　　　　　　单位：元

项目	行次	期初数	期末数
库存现金	1		
银行存款	2		
合计	3		

制表人：

操作步骤：

第一，创建新表。

(1)以系统管理员"董理"注册进入金蝶 KIS 软件，打开"报表与分析"窗口，如图 3-4-1 所示。

(2)执行"自定义报表"命令，打开"会计报表"对话框，如图 3-4-11 所示。

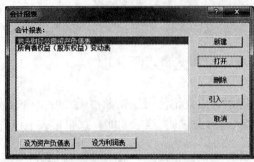

图 3-4-11　会计报表

(3)单击"新建"按钮，进入"自定义报表处理"窗口，如图 3-4-12 所示。

图 3-4-12　自定义报表处理

(4)执行"文件—保存"或"文件—另存为"命令，打开"保存报表"对话框，如图 3-4-13 所示。

图 3-4-13　保存报表

(5)在"报表名称"处输入"货币资金表",单击"确定"按钮返回,即可保存此表。至此,我们创建并保存了一张空白的货币资金表,如图 3-4-14 所示。

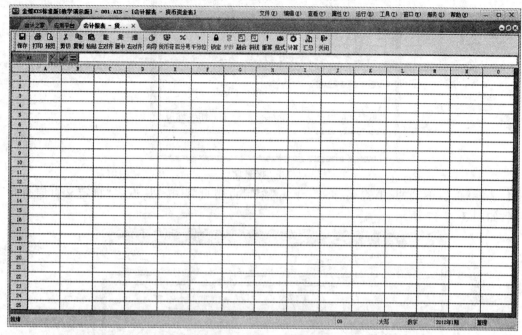

图 3-4-14　货币资金表

第二,设置报表格式。

(1)执行"属性—报表属性"命令,打开"报表属性"对话框,如图 3-4-15 所示。

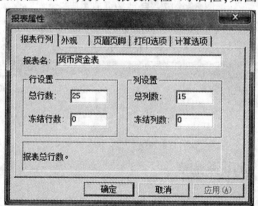

图 3-4-15　报表属性

(2)输入"总行数"为"4","总列数"为"4",单击"应用"按钮。

注意：

● 这里仅需要输入表体部分的行、列数。

(3)单击"页眉页脚"选项,如图 3-4-16 所示。

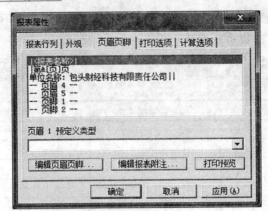

图 3-4-16　报表属性

(4)选择"页眉 1"即"|<报表名称>|",单击"编辑页眉页脚"按钮,进入"自定义页眉页脚"对话框,如图 3-4-17 所示。

图 3-4-17　自定义页眉页脚

(5)单击"报表名称"按钮,系统自动在编辑框中显示"&[报表]",同时系统自动在模拟显示框中显示"货币资金表"字样,如图 3-4-18 所示。

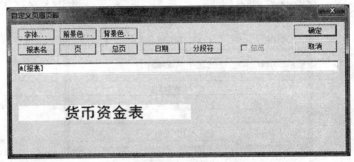

图 3-4-18　自定义页眉页脚

注意:

● 报表名表示取当前报表的名称。

● 用户可以在图 3-4-17 的编辑框中直接输入报表名称"货币资金表"。

(6)单击"字体"按钮,进入"字体"对话框,如图 3-4-19 所示。

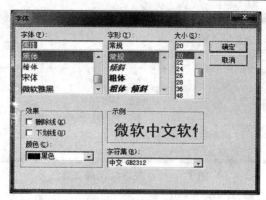

图 3-4-19　字体

(7)选择"字体"为"黑体","大小"为"四号",最后单击"确定"按钮返回,如图 **3-4-20**
所示。

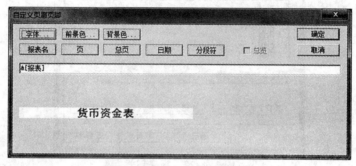

图 3-4-20　自定义页眉页脚

(8)单击"确定"按钮返回,如图 3-4-21 所示。

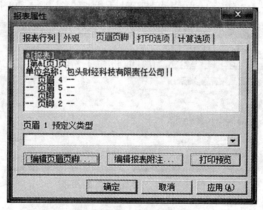

图 3-4-21　报表属性

(9)单击"应用"按钮。选择"l第 &[页]页",单击"编辑页眉页脚"按钮,进入"自定义页眉
页脚"对话框,如图 3-4-22 所示。

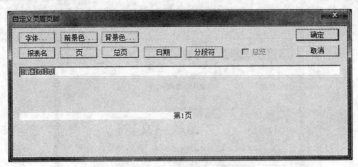

图 3-4-22　自定义页眉页脚

(10)在编辑框中直接删除"I第 &[页]页",单击"确定"按钮返回,如图 3-4-23 所示。

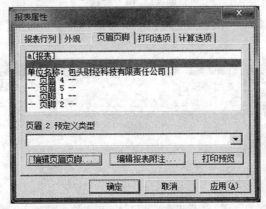

图 3-4-23　报表属性

(11)单击"应用"按钮。选择"页眉 3"即"单位名称:包头财经科技有限责任公司II",单击"编辑页眉页脚"按钮,进入"自定义页眉页脚"对话框,如图 3-4-24 所示。

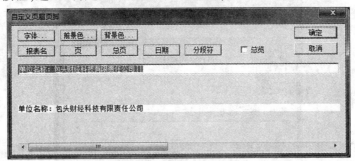

图 3-4-24　自定义页眉页脚

注意:

● 在进行此步骤操作之前,要先设置表体的列宽第 1～4 列均为 400,通过执行"属性—列属性"命令,完成此操作。

(12)在编辑框中"单位名称:包头财经科技有限责任公司I"的右边适当位置输入"2012年 01 月 31 日I"和"单位:元",并勾选"总览"复选框,如图 3-4-25 所示。

图 3-4-25　自定义页眉页脚

(13)单击"字体"选项,进入"字体"对话框,输入"字体"为"宋体","字型"为"粗体","大小"为"小五",如图 3-4-26 所示。

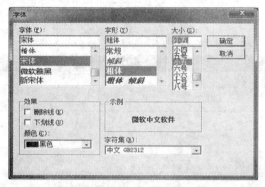

图 3-4-26　字体

(14)单击"确定"按钮返回,如图 3-4-27 所示。

图 3-4-27　自定义页眉页脚

(15)单击"确定"按钮返回,如图 3-4-28 所示。

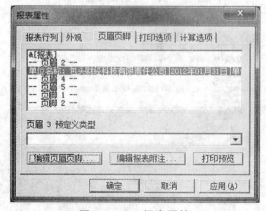

图 3-4-28　报表属性

(16)选择"页脚1",单击"编辑页眉页脚",进入"自定义页眉页脚"对话框,如图 3-4-29 所示。

图 3-4-29　自定义页眉页脚

(17)在编辑框中输入"制表人:",并勾选"总览"复选框,用户可以参照表 3-4-1 所示,适当调整"制表人:"的位置,如图 3-4-30 所示。

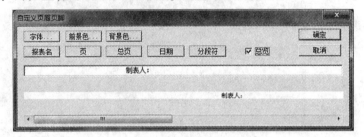

图 3-4-30　自定义页眉页脚

(18)单击"字体"按钮,进入"字体"对话框,输入"字体"为"宋体","字型"为"粗体","大小"为"五号",最后单击"确定"按钮返回,如图 3-4-31 所示。

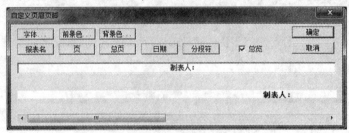

图 3-4-31　自定义页眉页脚

(19)单击"确定"按钮返回,如图 3-4-32 所示。

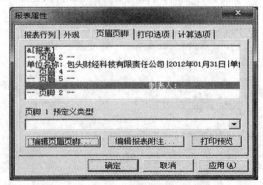

图 3-4-32　报表属性

(20)单击"应用"按钮,再单击"打印预览"按钮,如图 3-4-33 所示。

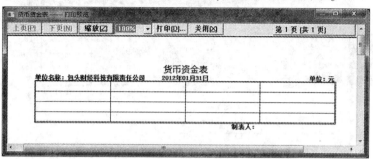

图 3-4-33　货币资金表打印预览

(21)通过观看确认符合要求,单击"关闭"按钮返回,如图 3-4-32 所示,最后单击"确定"按钮返回,如图 3-4-34 所示。

图 3-4-34　货币资金表

(22)选中需要输入内容的单元,直接输入表 3-4-1 所示的相关文字内容,如图 3-4-35 所示。

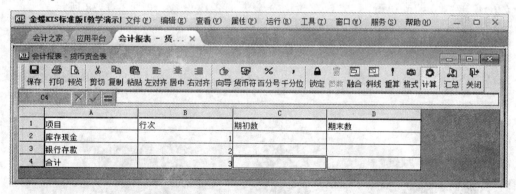

图 3-4-35　输入表体行列标题名称

(23)选择表体所在的组合单元"A1:D4",执行"属性—单元属性—单元属性"命令,打开"A1:D4 单元属性"对话框,如图 3-4-36 所示。

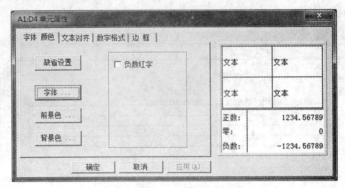

图 3-4-36 A1:D4 单元属性

(24)单击"字体"按钮,进入"字体"对话框,选择"字体"为"宋体","大小"为"小四",单击"确定"按钮返回。

(25)单击"文本对齐"选项,进入"文本对齐"对话框,选择"水平对齐"为"居中",如图3-4-37所示。

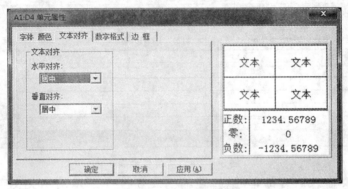

图 3-4-37 A1:D4 单元属性

(26)单击"确定"按钮返回,完成对货币资金表的表体设置,如图3-4-38所示。

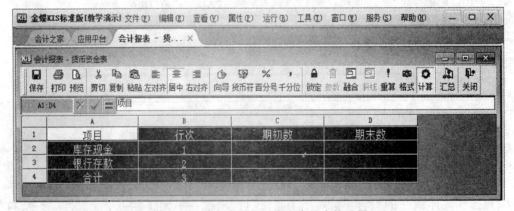

图 3-4-38 完成对货币资金表的表体设置

(27)单击"预览"按钮,进入"货币资金表—打印预览"窗口,如图3-4-39所示。

图 3-4-39　完成货币资金表的表样设计

（二）设置报表运算公式

设置报表运算公式就是通过系统提供的相应功能来确定报表中每个项目的数据来源及其项目之间的数据关系，报表项目的数据采集和表中项目之间的数据关系在会计电算化系统中通常是以计算公式表示。

金蝶 KIS 报表管理系统引入了单元公式、钩稽关系两类计算公式。

单元公式是指为报表数值单元进行赋值的公式。报表处理中，许多单元的数据不是直接录入，而是通过数据运算生成的。单元公式的作用就是从账簿、本表或其他报表以及其他子系统等处调用、运算所需要的数据，并填入相应的报表单元中。

钩稽关系是指报表数据间的钩稽关系。在报表中，不同单元、表页甚至不同报表的数据之间往往存在着某种钩稽关系，如小计等于各分项之和，合计等于各小计之和等。为确保数据的准确性和一致性，需要利用这种数据钩稽关系对报表的数据进行检查。钩稽关系的设置不是必须的，用户根据需要自行决定是否要定义钩稽关系。

在金蝶 KIS 报表管理系统中，报表单元公式的设置方法有两种：直接录入和公式向导录入。

1. 直接录入

双击选择要定义公式的单元后，直接输入以"＝"打头的计算公式，之后按回车键确认。也可以单击选择要定义公式的单元后，在工具栏下的公式编辑栏内输入以"＝"打头的计算公式，之后单击公式前的"√"符号或按回车键给予确认。

2. 公式向导录入

单击选择要定义公式的单元后，单击工具栏上"向导"按钮或执行"编辑—公式向导"命令，按照系统的自定义公式向导设置定义计算公式。这里仅以该种方法举例说明设置报表运算公式。

实例：设置报表运算公式。

包头财经公司 2012 年 1 月末需要对自行设计的"货币资金表"定义以下运算公式，以便生成报表。

1. 单元公式

库存现金期初数：C2=<1001>.C

库存现金期末数：D2=<1001>

银行存款期初数:C3=<1002>.C

银行存款期末数:D3=<1002>

期初数合计:C4=SUM(c2:c3)

期末数合计:D4=SUM(d2:d3)

2. 钩稽关系

期初余额　C4=C2+C3　错误提示　期初货币资金合计数有误!

期末余额　D4=D2+D3　错误提示　期末货币资金合计数有误!

操作步骤:

第一,设置单元公式。

(1)在上个实例中完成对"货币资金表"的表体设置操作,如图 3-4-38 所示。

(2)在显示的"货币资金表"表体窗口中,单击"格式"按钮,如图 3-4-40 所示。

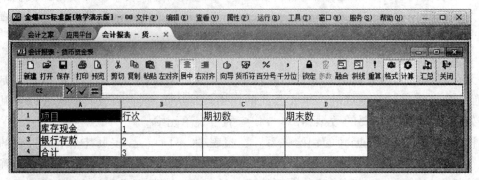

图 3-4-40　货币资金表的格式状态

(3)选定需要定义公式的单元"C2"即"库存现金期初数",单击"向导"按钮,打开"自定义报表公式向导"对话框,如图 3-4-41 所示。

(4)单击"科目代码"的参照按钮,选择"1001 库存现金",选择"取数类型"为"期初余额",并单击"填入公式"按钮,如图 3-4-42 所示。

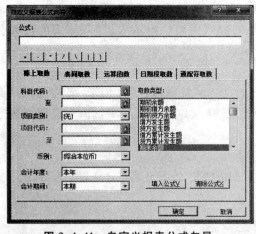

图 3-4-41　自定义报表公式向导　　　　图 3-4-42　自定义报表公式向导

(5)单击"确定"按钮返回,如图 3-4-43 所示。

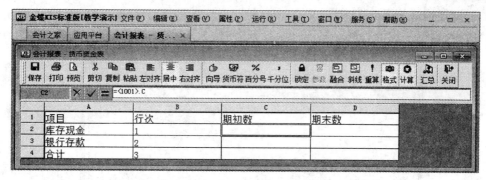

图 3-4-43　货币资金表的表体窗口

(6)单击公式编辑栏前的"√"号,完成定义单元公式"C2(库存现金期初数)"的设置,如图 3-4-44 所示。

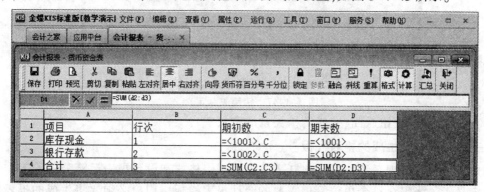

图 3-4-44　完成定义单元 C2 的公式

(7)重复上述第 3~6 步,可以完成其他单元公式的设置,如图 3-4-45 所示。

	A	B	C	D
1	项目	行次	期初数	期末数
2	库存现金	1	=<1001>.C	=<1001>
3	银行存款	2	=<1002>.C	=<1002>
4	合计	3	=SUM(C2:C3)	=SUM(D2:D3)

图 3-4-45　完成定义单元公式

注意:

●单击工具栏上的"向导"按钮或双击选择要定义公式的单元并按"="键,均可以打开"定义单元公式"对话框。

●单元公式中涉及的符号均为英文半角字符。

●需要定义公式的单元 C4 即"期初合计数",可以直接输入公式为"=C2+C3"。同理,也可以直接定义单元 D4 的公式为"=D2+D3"。

第二,设置钩稽关系。

(1)执行"运行—钩稽关系定义"命令,打开"钩稽关系"对话框,如图 3-4-46 所示。

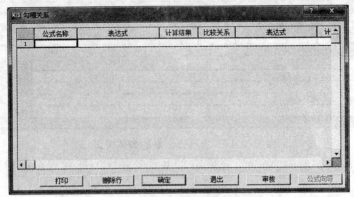

图 3-4-46　钩稽关系

(2)依次输入"公式名称"为"期初余额","表达式"为"C4","比较关系"为"=","表达式"为"C2+C3","条件不满足时的提示"为"期初货币资金合计数有误!"。

(3)重复上述步骤,将钩稽关系为"期末余额　D4=D2+D3　错误提示　期末货币资金合计数有误!"输入,如图 3-4-47 所示。

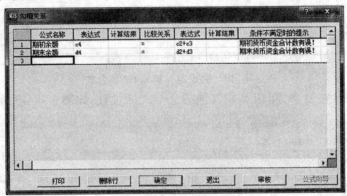

图 3-4-47　钩稽关系定义

(4)单击"确定"按钮返回,完成钩稽关系的定义。

(三)保存自定义生成的报表模板

用户使用报表管理系统经过创建新表、设计报表格式和设置报表运算公式等工作过程已经自定义了一张完全符合单位管理需要的会计报表模板。用户必须要将生成的报表模板完整安全地进行保存,以备随时调用此报表模板生成相应的会计报表。

实例:保存自定义生成的报表模板。

包头财经公司 2012 年 1 月末将自定义完成的"货币资金表"模板文件保存。

操作步骤:

(1)通过以上几个实例的设置工作,全面完成对"货币资金表"的格式设计和计算公式设计,如图 3-4-48 所示。至此,自定义货币资金表的模板文件建立完成。

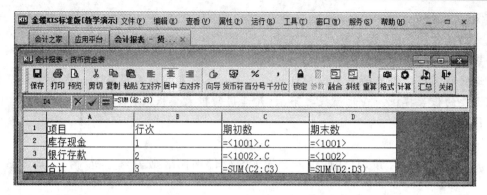

图 3-4-48　完成自定义模板设置

(2)执行"文件—保存"命令,系统自动完成该文件的保存。

注意:

● 用户使用金蝶 KIS 报表管理软件生成的报表文件,即包括只有格式与计算公式的报表模板文件与以后生成的既有格式、公式又有数据的完整报表文件,它们均是以金蝶 KIS 报表管理软件专属的报表文件 *.kds 方式存放。从这一点来讲报表模板文件就是报表文件。这里关键是对于用户新创建的报表模板文件一定要保证其安全完整,今后在调用报表模板生成实际需要的会计报表时一定要另外存放新生成的会计报表。

第二节　报表管理系统的日常使用

按照报表管理系统的基本操作过程,初次使用报表管理系统的用户经过一系列的初始化工作,一个完全适用于本单位管理需要的电算化报表管理系统建立起来。用户就可以使用系统提供的功能编制生成各种对内报表和对外报表。本节将全面介绍报表数据的处理和会计报表的输出。

一、报表数据处理

报表数据处理主要包括生成报表数据和钩稽关系审核等工作。报表数据处理工作必须在数据状态下进行。在整个报表数据处理过程中,系统主要是根据用户已经定义的单元公式、钩稽关系自动进行数据的采集、审核等操作,再辅助以人工的必要数据输入,最后编制出用户满意的各种会计报表。

(一)生成报表

生成报表又称编制报表,就是系统运用已经设置好的报表结构,运用其中的运算公式从相应的数源中采集数据,填入相应的单元中,从而生成报表。整个报表生成过程是在人工控制下的计算机中自动完成。

生成报表的具体流程是:运用自定义或系统内置的报表模板(完全符合用户需要的报表模板)—进入报表数据状态—报表重算—将生成的数据报表保存到指定位置。

实例:生成报表。

包头财经公司 2012 年 1 月末运用自行定义的货币资金表模板生成相应的报表。

注意:

● 这里所采用的报表模板不论是自制的还是系统内置的报表模板,一定是完全符合用户管理需要的报表模板。在此前提之下,打开选用的报表模板文件。

操作步骤:

第一,运用报表模板。

(1)以系统管理员"董理"注册进入金蝶 KIS 软件,打开"报表与分析"窗口,如图 3-4-1 所示。

(2)单击"自定义报表"图标,打开"会计报表"对话框,如图 3-4-49 所示。

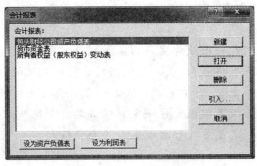

图 3-4-49　会计报表

(3)选择"货币资金表",单击"打开"按钮,进入"货币资金表"格式模板状态,如图 3-4-50 所示。

	A	B	C	D
1	项目	行次	期初数	期末数
2	库存现金	1	=<1001>.C@1	=<1001>
3	银行存款	2	=<1002>.C@1	=<1002>
4	合计	3	=SUM(C2:C3)	=SUM(D2:D3)

图 3-4-50　货币资金表格式模板状态

第二,进入报表数据状态。

单击"格式"按钮,进入"货币资金表"数据状态,如图 3-4-51 所示。

图 3-4-51　货币资金表数据状态

注意:

● 系统默认"报表属性—计算选项—表内计算"为"自动计算",即表示改变任意单元格的公式或数值后,系统自动计算此单元及相关单元。

第三,报表重算。

报表重算是指在编制报表时可以反复使用已经设置的计算公式。同一报表在同一会计日期内多次进行报表计算,生成得到的运算结果是相同的,则在不同的会计期间内就生成不同运算结果的报表。如果在报表生成时系统提示公式有误,则必须重新修改报表的计算公式,修改完毕后,再进行报表计算。

如果系统默认"报表属性—计算选项—表内计算"为"手动计算",即表示改变任意单元格的公式或数值后,系统不自动计算此单元及相关单元。此时,用户可以根据需要重新进行报表计算。

报表重算是在报表的"数据状态"下进行的,通过单击"重算"按钮或执行"运行—报表重算"命令。

第四,报表保存。

如果为了保证用户自定义的货币资金表模板文件完整,则需要将生成的数据报表另外保存为"包头财经公司货币资金表"。

实例:报表保存。

继续前面实例的操作,保存生成的货币资金表。

操作步骤:

(1)执行"文件—另存为"命令,打开"保存报表"对话框,如图 3-4-52 所示。

图 3-4-52　保存报表

(2)输入"报表名称"为"包头财经公司货币资金表",单击"确定"按钮返回。

注意:

● 如果执行"文件—保存"命令,则将生成的货币资金表保存覆盖原有的"货币资金表"

模板文件。

●将当前生成的货币资金表另存为"包头财经公司货币资金表"后,可以通过执行"报表分析—自定义报表"命令去打开调用,如图 3-4-53 所示。

图 3-4-53　会计报表

（二）钩稽关系审核

在实际应用中,只要报表中的数据发生变化,都必须要进行钩稽关系审核。通过审核可以找出报表内部的问题,还可以找出不同报表中存在的问题。

执行钩稽关系审核功能后,系统将按照钩稽关系审核公式逐条审核表内的关系。当报表数据不符合钩稽关系时,系统会提示错误信息。

导致钩稽关系审核出现错误的原因有:单元公式出现语法错误、钩稽关系审核公式本身错误和账套数据源错误等。

如果按照错误信息修改了错误,需要进行"报表重算",并再次进行钩稽关系审核,直到不出现任何错误信息为止。在实际工作中,只有经过钩稽关系审核无误后才将生成的报表文件进行保存以备使用。

实例:钩稽关系审核。

继续前面实例的操作,对"货币资金表"钩稽关系进行审核。

操作步骤:

执行"运行—钩稽关系审核"命令,屏幕出现"信息提示",如图 3-4-54 所示。

图 3-4-54　钩稽关系审核结果

二、会计报表的输出

单位设置的各种报表经过上述报表数据处理编制为可供用户使用的对外报表和对内报表。通过系统提供的报表输出功能实现用户对各种报表的使用。会计报表的输出主要包括:

屏幕查询、磁盘输出和打印输出等形式。

（一）报表屏幕查询

在金蝶 KIS 报表管理系统中，用户根据单位管理需要编制的各种报表，可以通过系统提供的查询功能按不同会计期间查看。执行"查看—会计期间"命令，用户可以按本年度 1 至 12 个月份分期查询。

（二）磁盘输出保存为多种格式文件

将各种报表以文件的形式输出到磁盘上也是一种常用的方式。此类输出对于下级部门向上级部门报送数据，进行数据汇总是一种有效的方式。同时金蝶 KIS 软件系统提供了不同文件格式的输出方式，方便不同软件之间进行数据的交换。输出的文件格式主要有报表文件（*.kds）、数据库文件（*.dbf）、Excel 文件（*.xls）和网页文件（*.html）等。

执行"文件—另存为独立报表文件"命令，可以将当前打开的报表另存为一个独立于当前账套的二进制报表文件，文件类型为（*.kds）。保存后，也可以通过执行"文件—打开独立报表文件"命令，打开调用该文件。通过独立报表文件可以完整地拷贝报表文件，无须再复制整个账套。

执行"文件—引出"命令，可使得引出的数据类型和原来的数据类型相对应。

（三）打印输出

打印输出方式是指将编制出来的报表以纸介质的形式打印输出。打印输出是将报表进行保存、报送有关部门而不可缺少的一种报表输出方式。在打印之前必须要在报表系统中做好打印机的有关设置以及报表打印的格式设置，并且在报表打印之前可以在"预览"窗口中预览。

参考文献

[1]闪四清. ERP 系统原理和实施[M]. 3 版. 北京:清华大学出版社,2012.

[2]董银钢. 会计电算化[M]. 呼和浩特:远方出版社,1997.